国防教育与学生军训文库/学术系列

陈 波 总主编

中国国防教育学研究文集·2019

新时代国防教育与学生军训改革创新

主 编◎陈 波/李先德　副主编◎王群立/余冬平

时事出版社
北京

图书在版编目（CIP）数据

新时代国防教育与学生军训改革创新/陈波，李先德主编.—北京：时事出版社，2019.5（2023.7重印）
ISBN 978-7-5195-0313-0

Ⅰ.①新… Ⅱ.①陈…②李… Ⅲ.①国防教育—教学研究—高等学校—文集 Ⅳ.①G641.8-53

中国版本图书馆 CIP 数据核字（2019）第 079351 号

出 版 发 行：	时事出版社
地　　　　址：	北京市海淀区彰化路 138 号西荣阁 B 座 G2 层
邮　　　　编：	100097
发 行 热 线：	(010) 88869831　88869832
传　　　　真：	(010) 88869875
电 子 邮 箱：	shishichubanshe@ sina. com
网　　　　址：	www. shishishe. com
印　　　　刷：	北京世纪优彩科技有限公司

开本：787×1092　1/16　印张：20　字数：400 千字
2019 年 5 月第 1 版　2023 年 7 月第 2 次印刷
定价：145.00 元
（如有印装质量问题，请与本社发行部联系调换）

教育部哲学社会科学研究重大课题攻关项目

"新时期学校国防教育和学生军训工作体系建设研究"（14JZD052）资助

学生军事训练年度报告（2018）支持

军地国防教育与学生军训协同创新研究基地（2018）支持项目

《国防教育与学生军训文库》
编委会

陈　波（中央财经大学国防经济与管理研究院）
李先德（吉首大学国防教育研究院）
龚泗淇（合肥工业大学军事教研室）
王小敏（赣南医学院军事体育教学研究部）
庞　民（内蒙古师范大学军事教研部）
尹建平（中北大学学工部）
崔云峰（青海大学军事教研室）
杨　新（南京大学军事教研室）
谢素蓉（厦门大学军事教研室）
王欣涛（北京大学武装部）
郭子珂（国防大学专家督导组）
李延荃（国防大学政治学院）
房　兵（国防大学军事管理学院）
刘义昌（军事科学院）
侯　娜（中央财经大学国防经济与管理研究院）
白　丹（中央财经大学国防经济与管理研究院）
王沙骋（中央财经大学国防经济与管理研究院）

《新时代国防教育与学生军训改革创新》
项目组

主　编：陈　波　李先德
副主编：王群立　余冬平
参　编：侯　娜　白　丹　王沙骋　郝朝艳
　　　　余冬平　刘建伟　池志培　王萍萍
　　　　姜树和　杨　熠　吕云霞　李玲玲

总　序

兵者，国之大事，死生之地，存亡之道，不可不察也。

国防教育是关系国家生死存亡的社会工程，是建设和巩固国防的基础，是增强民族凝聚力、提高全民素质的重要途径。学校国防教育是全民国防教育的重要组成部分，是国家培养现代化人才的战略性举措。在学校尤其是普通高等学校设置军事课程，进行学生军事训练，是《中华人民共和国国防法》《中华人民共和国兵役法》《中华人民共和国国防教育法》等赋予普通高等学校的神圣职责，是适应国家高等教育发展和提升人才综合国防素养的需要，也是世界各国的通行做法。

天下虽安，忘战必危。尽管和平与发展仍是时代的主题，但全球性挑战日益增多，新的安全威胁因素不断出现，局部战争和武装冲突时有发生，天下仍不太平。作为世界上最大的发展中国家，中国仍面临多元复杂的安全威胁，生存安全与发展安全互为影响、传统安全与非传统安全威胁相互交织，维护国家统一、领土完整、发展利益的任务艰巨繁重，加强国防教育特别是学校国防教育和学生军训任重而道远……

为加强国防教育和学生军训教学、科研水平，中央财经大学国防经济与管理研究院军地国防教育与学生军训协同创新研究基地、全国国防教育与学生军训协同创新联盟等单位从即日起开启国内首部《国防教育与学生军训文库》的编写工作，文库含学术系列、教学系列等几个子系列，着力展示学校国防教育、学生军训和全民国防教育等领域优秀学人在本领域重大理论与现实问题研究方面的学术成果，亦包括支持高水平教学的教材、教辅参考书籍等，并建立开放型的运行机制，不断补充新的系列和新的选题。

文库出版受到教育部哲学社会科学重大课题攻关项目和教育部国防教育办公室、教育部全国军事教学指导委员会等有关部门、机构的支持和指导，在此一并表示最诚挚的谢意！

教育部全国普通高等学校军事教学指导委员会副主任委员　　陈　波
教育部哲学社会科学重大课题攻关项目（国防教育）首席专家

2018年12月·北京

前　言

为提高我国国防教育，特别是普通高等学校国防教育和学生军训教学科研水平，促进全国从事国防教育和学生军训的管理、教学、科研人员间的交流合作，由全国国防教育与学生军训协同创新联盟、中央财经大学国防经济与管理研究院主办，中国国防教育学年会秘书处、吉首大学国防教育研究院承办的第二届中国国防教育学年会于2018年7月12～13日在湖南吉首大学举行。本次年会的主题是"新时代国防教育与学生军训改革创新"，年会选题紧密结合新时期我国国防教育特别是普通高等学校国防教育和学生军训改革发展中的重大理论和现实问题，涵盖国防教育理论、国防教育实践、国家安全教育、国防素养意识、国防教育学科、军事课程建设、军事教学改革、军事技能训练、军训保障创新等诸多领域。

本次年会得到国家和军队有关主管部门、军地院校、研究院所，特别是长期从事国防教育和学生军训组织、教学、科研工作者的大力支持和广泛参与。年会面向全国从事普通高等学校国防教育和学生军训工作的高校、科研、管理人员以及从事国防教育的其他相关机构人员，共吸引来自全国25个省（自治区、直辖市）的普通高等院校、职业技术院校、军事院校和其他科研、管理机构的150余名代表出席会议。会上涌现出一批具有一定深度的理论研究、案例研究，以及在实践基础上的总结、提炼性研究成果，一定程度上反映了当前我国国防教育，特别是普通高等学校国防教育与学生军训的教学科研水平。本届年会组成独立的论文评审委员会，通过论文查重、匿名评审等环节，最终从众多来稿中评出优秀论文一等奖15篇、二等奖20篇、三等奖38篇，其他入围论文39篇。现将年会获奖论文汇编成册，供交流、学习。本论文集收录的是获年会优秀论文二、三等奖的部分论文，获年会一等奖的论文已先期收入《国防教育研究

(2018)》。汇编原则上仅对论文格式进行了统一编排，不对论文内容做大修改，论文内容由作者本人负责。

  正如本次会议主题所显示的那样，新时代学校国防教育与学生军训既面临难得的发展机遇，也面临很多的问题和挑战，机遇与挑战同在，唯其如此，才需要一代代学人的艰苦努力和不懈奋斗。让我们携起手来，为推动中国国防教育与学生军训教学和科研的发展繁荣而贡献我们的智慧、才华，并为之不懈努力。

编者

2018 年 12 月

目 录 CONTENTS

国防教育学科建设

关于完善中小学国防教育体系建设的思考 …………………… 003
新时代高校国防教育功能研究 ………………………………… 009
对地方高校国防教育建设的思考 ……………………………… 015
新时代高职院校国防教育育人功能研究 ……………………… 022
普通高等院校国防教育学科建设与发展研究 ………………… 029
普通高校国防教育规范化建设研究 …………………………… 035

军事课程教学

论高校国防教育的"四个课堂" ………………………………… 043
论 PBL 教学模式对高校传统军事课堂五大要素的转变 ……… 049
基于总体国家安全观的高校国防教育课程改革研究 ………… 056
提高高校军事理论课教学实效性的途径研究 ………………… 061
基于三维教育目标的军事理论教学思考 ……………………… 067
对军事理论"课程思政"的思考 ………………………………… 074
重庆红色文化资源在军事理论课教学中的作用思考 ………… 080
高校军事理论课程教学存在的问题及创新改革探究 ………… 086
网络育人视角下普通高校军事课混合式教学模式的实践研究 … 093
普通高校提升军事理论课教学实效性路径探析 ……………… 100
军事理论课教学中的案例应用与策略 ………………………… 108
地方高校军事理论课的翻转课堂建构 ………………………… 113
筑牢关键环节,夯实军事理论课教学实效性的根基 ………… 120
新时代新形势下深化高校军事理论课教学改革 ……………… 127
混合式国防教育课程中的问题教学 …………………………… 134
涛声依旧:讲授法在军事理论课教学中的运用 ……………… 143
从高校军事课教育现状看大学生国防教育工作突破 ………… 151

如何上好医学院校的军事理论课 ················· 157

军事技能训练

高校学生军训安全问题与应对策略研究 ················· 165
地方高校学生军训教官队伍建设培养探析
　　——以赣南师范大学为例 ················· 172
论"中国短兵"在军事技能训练中的应用 ················· 176
新时代普通高校大学生军事技能训练实践课程模式创新探索 ················· 184
"双一流"高校军训工作现状及问题解决路径探究 ················· 193
新时代发挥学生军训的育人作用，占领大学生的思想主阵地 ················· 200
退役大学生士兵担任军训教官的实践与探索 ················· 209
高校学生军训突发事件治理研究 ················· 215

国家安全教育

新媒体时代加强大学生总体国家安全观教育的对策探索 ················· 225
围绕总体国家安全观创新高校国防教育内容的思考 ················· 231
总体国家安全观视域下普通高校国防教育的意蕴与创新 ················· 236
适应新时代要求，构建普通高校国家安全教育与国防教育融合
　　发展的新体系 ················· 241
当代大学生非传统安全认知现状分析 ················· 249
发挥陕西教育资源优势 强化国防安全观念培养 ················· 255

军民融合国防教育

普通高校国防教育中的军民融合研究 ················· 265
军民融合战略下高职院校定向直招士官生素养培育研究 ················· 271
国防教育在校园文化中的研究与探索 ················· 276
论新时代全民国防教育的传承与创新 ················· 281
新时代国防教育与大学生爱国情怀的培育初探 ················· 288
新时代高校国防教育与思想政治教育融合的思考 ················· 295
努力成为助力人才强军兴军的新时代的优秀派遣军官 ················· 302

国防教育学科建设

关于完善中小学国防教育体系建设的思考

李剑利　王　星[*]

摘　要：国防教育的重点是学校的国防教育。中小学国防教育在国防教育法体系中都有明确的规定，但与高中、大学和其他人员的国防教育相比，规定略显粗糙，不成体系。本文认为，应当从建强工作机构、规范教材资料、完善教学活动、强化考核评价等方面加强中小学的国防教育体系建设，重点解决好"谁来管、怎么管、教什么、怎么教"的问题，健全国防教育进教材、进课堂机制，真正达到国防教育进学生头脑的目的。

关键词：中小学；国防教育；体系建设

习近平总书记在党的十九大报告中强调："国防是全民的国防，要加强全民国防教育，巩固军政军民团结，为实现中国梦强军梦凝聚强大力量。"《中华人民共和国国防教育法》第六十条明确规定："学校的国防教育是全民国防教育的基础。各级各类学校应当设置适当的国防教育课程，或者在有关课程中增加国防教育的内容。"在高中、大学阶段，国防教育有学生军训这一重要载体和实现形式，得到了较好开展。小学和初中（以下简称中小学）阶段国防教育，国家教委在 1997 年颁布的《小学、初中国防教育纲要》（以下简称《纲要》）、2017 年教育部《关于开展中小学国防教育示范学校创建活动的通知》（以下简称《通知》）为中小学开展国防教育提供了基本依据。但调查发现，相当一部分学校领导认为，国防教育就是开个讲座、办个活动，没有从提高全民国防素质的高度和深度去理解和认识。对于设立专门的国防教育课，不少中小学校仅仅是停在嘴上、写在纸上。由于缺乏相关制度支撑和管理约束，普遍存在重视程度不高、活动开展不深入、学科教育渗透不够等问题，小学和初中阶段国防教育没有得到较好落实。中小学阶段是国防心理品质培养的关键时期，是世界观、人生观、价值观形成期和培养期。俗话说"三岁看大，七岁看老"，说明了早期教育的重要性，也从一个侧面阐释了中小学时期教育时机的不可再生性。在这个时期，认真培养中小学生的国防心理品质，是国防建设的重要战略举措，是国防教育的重要使命。加强中小学国防教育，

---

[*] 作者简介：李剑利（1978 年~），男，哲学硕士，现任山西省阳泉市矿区人武部副部长；王星（1980 年~），男，现任山西省军区综合训练队教员。

既是党和国家始终高度重视的一个战略问题，也是落实党的十九大"增强全民国防观念，提高国防动员和后备力量建设质量"要求的基础性工程。

一、健全领导管理体系

中小学国防教育是复杂的社会系统工程，涉及军地多个部门、服务国防建设大局，必须以机制创新为动力搞好顶层设计，形成"教育行政部门主导、学校主抓、军地联动、师生同向发力"运作机制，使各方力量协调运转，不断推动国防教育落地落实。

（一）强化国防教育工作的组织领导

坚强的领导力量是中小学国防教育的根本保障。《国防教育法》第六条规定，地方各级人民政府领导本行政区域内的国防教育工作。驻地军事机关协助和支持地方人民政府开展国防教育。国防教育的责任主体是地方政府。各级教育行政部门作为政府的工作部门，要做好中小学国防教育的领导和筹划，自觉肩负起国防教育的领导责任，完成计划方案，实施办法、督导检查、军地协调等任务。学校应该成立国防教育领导小组或工作小组，具体由一名领导负责，切实肩负起国防教育的直接责任，统筹学校国防教育的具体工作，建立国防教育工作制度，实现国防教育制度化、规范化，将国防教育工作放在和日常教学工作同等重要的位置上，以健全的组织机构确保国防教育的有序进行。

（二）建立教育者先受教育的机制

学校教师和行政管理人员是中小学开展国防教育的具体执行者和组织者。学校通常缺少专职的国防教育师资，国防教育岗位常常由学校政工干部、班主任、校外辅导员等兼任，他们或缺少国防及军事知识、或缺乏中小学校教学经验，直接影响了实际教育效果。要提高中小学国防教育的效果，没有一支观念超前、业务精湛、知识渊博的教师队伍是难以做到的。各级教育行政部门要有计划地举行管理干部和各学科教师国防专题培训班，也可以在各类教学培训中融入一定有关国防的课程，开阔他们的视野，增强国防观念，提高国防教育工作的能力水平。学校要改变当前国防教育师资以兼职为主的现状，在教师编制中设立专职国防教育教师岗位，真正建立一支既具有丰富的国防及军事知识，又具有一定的中小学校教学经验的国防教育师资。拓宽国防教育教师的选配渠道。建立军地国防师资交流对接机制，校际间国防教育资源共享交流机制，教育行政部门可以协调当地驻军现役官兵和文职人员担任中小学国防教员，以满足当前中小学开展国防教育的需要。

（三）建立军地教育资源共享机制

各地驻军应当为中小学提供国防教育资源。驻军单位具有军事设施、武器装备和专业人才的优势，要主动为中小学国防教育提供帮助。各教育行政部门和学校要积极与驻军协调，经有关部门批准，利用军事活动日、国防教育日、军营开放日，有计划地组织师生走进军营、走近军人，以观看军事汇报演练、参观军史荣誉馆等形式，让同学们见证军人血性、感受军营变化、了解国防建设成就、激发学生的崇军尚武热情。学校和驻军要搞好需求对接，完善学习培训、沟通协调、报告工作、检查督导等一系列工作机制，自觉站在国防大局下思考问题，合理利用优秀的国防教育资源，推动中小学国防教育规范运行、深入开展。

二、规范教材资料体系

国防教育大纲是中小学开展国防教育的基本依据，依据国防教育大纲搞好教材建设。教材建设要努力形成以学科教材为主体、专门国防教育读本为补充、指定课外读物为拓展的教育资源体系。

（一）突出学科教材对国防教育的渗透

《纲要》对任课老师结合所教课程对国防教育进行渗透性教育提出了要求，"学校要组织语文、政治、历史、地理、体育等各科教师认真学习本纲要，掌握本纲要的教学内容和要求，把握教育要点，教学中做到国防教育的思想性、知识性和趣味性有机结合，采用形象直观、自然渗透、寓教于乐、生动活泼的教育形式，不断提高教育效果。"

教育部制定的《语文课程标准》开篇也明确，九年义务教育语文课程的改革，应以马克思主义和科学的教育理论为指导……在培养学生思想道德素质、科学文化素质等方面发挥应有的作用。历史、政治等学科的教材，也对青少年的人生观、世界观、价值观的形成具有重要的影响。可见，教材的国防教育功能不言而喻。

但是我们现在多数中小学使用的教材，国防教育功能大大缺失。2016年网上流传的一篇文章《关于对小学语文课本内容的调查报告》，引起了不少读者的关注，也给我们敲响了警钟。为贯彻落实《关于加强和改进新形势下大中小教材建设的意见》，进一步做好教材有关工作，2017年7月6日国务院决定成立国家教材委员会。建议在修订教材时，要充分考虑学科教材的国防教育功能。

（二）完善中小学国防教育读本建设

当前，中小学国防教育没有统一规范的教材。大多数中小学在进行国防教育时，要么临时找几种国防报刊照本宣科；要么编印的国防教育读本不分年级"一刀切""一锅煮"。教育部门要组织专业力量根据《大纲》编写《中小学生国防教育》专门读本。小学阶段建立家乡、祖国、首都的概念，认识国旗、国徽、党旗、军旗，了解其图案的意义；了解"七一""八一""十一"等纪念日的来历，知道中国共产党、人民解放军、中华人民共和国的缔造者；知道中国人民解放军是祖国的保卫者，会讲一些战斗英雄的故事、一些基本的国防知识。为增强国防教育读本的可读性，在编撰中小学教材时，要针对中小学生的不同年龄特点，区分层次和重点，以基础性知识为主，突出教材的理论性、系统性、职能性、故事性和趣味性，并配以图片、卡通、漫画等图解，做到浅显易懂，寓教于乐，使得中小学国防教育教材建设走上系统化、规范化和标准化的轨道。在初中阶段，相对系统地介绍中国饱受屈辱的近代史和中国人民英勇抗击外来侵略的艰苦历程，介绍中国人民解放军和中国的国防现状；重点讲授一些国防知识，如国家、国防、国防教育的概念，战争与和平的含义及其关系，还要了解一些杰出军事家，以及公民的国防义务等。

（三）拓展中小学课外国防知识阅读

课内阅读只是中小学教育的一个部分，中小学生能力素质、视野境界的提升需要靠大量的课外阅读。提高中小学生国防意识和能力最终还是要靠广泛的课外阅读。教育部推荐的中小学必读书目中要适当增加有关国防和军事的读物，如《兵法三十六计》《战争之魂》等军事题材书籍。还要引导学生关注《国防天地》《兵器知识》等国防科普资料，让学生明确"国无防则不安"和"居安而思危"等深刻道理，感受古人为国"马革裹尸"的悲壮情怀。

三、完善教学活动体系

教学活动应当以学科渗透教学为主体，以国防专题课为补充，以定期国防教育活动为引领，经过长期的文化氛围熏陶，达到增强中小学生国防教育意识的效果。

（一）注重学科教学渗透，让学生在日常学习中接受教育

在中小学课堂教学中有机渗透国防教育是任课教师应当担负的责任。任课教师应该潜心研究各学科中的国防教育因素，发挥教学艺术，让学生在学习知识的过程中相应提高国防教育素养。中小学语文教材中有一些反映军事、国防、爱国题材的文章，有的介绍英雄人物，有的介绍伟人的事迹，有的记述历史事件的过程。在这一前提下，国防教育的渗透理应立足于课文阅读教学，通过阅读教学对那些蕴含国防教育因素的课文进行深入的剖析。好的课文可以将学生带入作者所描述的军事或国防情节之中，或

以山河的壮美加深学生热爱祖国的情感；或以时代英雄可歌可泣的事迹坚定学生保家卫国的雄心。历史课更是国防教育的生动教材，教育学生牢记有国无防的教训和无防国危的意识，从民族历史的阵痛中，激发为捍卫民族尊严、维护国家主权奋发图强的责任感和使命感，强化学生危机意识和国防观念。音乐课通过教《义勇军进行曲》《打靶归来》等军歌，歌唱人民军队，讴歌英雄人物；美术课通过画飞机、军舰等，对学生进行爱军队、壮军威教育；体育课进行基本的军体拳、武术等军事技能教育和训练培养。总之，各学科都要找准国防教育的切入点，潜移默化地开展国防教育。

（二）注重开展专题教育，让学生在专题教育中接受教育

在现有的条件下，各学校普遍认为课程安排紧、教学任务重、考试压力大，教师没有时间教、学生没有精力开展专题教育活动。因此，足额开设国防教育课程有难度。但要充分利用国旗下讲话、主题班会、宣传栏、黑板报等平台，搞好国防教育知识普及，教育学生自觉站在履行国防义务的高度接受国防教育。

（三）注重大项活动引领，让学生在参与活动中接受教育

纪念教育活动是开展国防教育的有效载体。党的十八大以来，习主席亲自倡导推动设立烈士纪念日、国家公祭日，建立党和国家功勋荣誉表彰制度，每逢重大纪念日都要举行纪念活动。如近年来，国家隆重举行纪念抗战胜利70周年、纪念红军长征胜利80周年、庆祝建军90周年等系列活动。中小学结合国家纪念日举行纪念活动，开展"不忘国耻""居安思危""祖国在我心中"等内容的座谈会、故事会、知识竞赛、演讲比赛，以此把活动引向深入。

《革命烈士保护法》明确，教育行政部门应当以青少年学生为重点，将英雄烈士事迹和精神的宣传教育纳入国民教育体系。教育行政部门、各级各类学校应当通过举办缅怀先烈、清明祭扫等仪式，将英雄烈士事迹和精神纳入教育内容，让学生在强烈的仪式感中增强国防意识，加深对爱国主义、集体主义、社会主义的精神理解和价值认识。旗帜鲜明地反对、抵制、批驳虚化和丑化英雄人物，以及否定歪曲革命历史的言论，使学生从小树立起崇尚英雄、敬仰先烈的价值追求。

此处，还可以利用寒暑假举办军事冬（夏）令营或军训活动，进行阅兵式、分列式、射击、战地救护等方面的军事训练，提高中小学生的军事技能。

（四）注重国防文化滋养，让学生在浓厚氛围中接受教育

优秀的国防军事文化深植在红色沃土里，蕴含在传统文化里，彰显在时代精神里。坚持寓国防教育于校园文化建设中，是增强国防教育吸引力，彰显国防教育生命力的长久之策，要发挥军事文化的滋养和熏陶作用。在学校图书馆、校园文化墙、楼道走廊、教室墙壁要悬挂张贴英雄画像和国防标语等，烘托浓厚的文化氛围。建立固定的"威武军人、杰出校友"荣誉墙或橱窗，大力宣传学校历年军人校友的先进事迹，发挥校友示范作用。利用好微博、微信以及各地的国防教育微信公众号等新媒体，不定期地向中小学推送国防知识信息，打破"面对面""被动式"传统国防教育形式，实现自主式学习。还可组织观看与国防相关的影视作品等，使青少年学生在活动中潜移默化地接受国防教育，增强国防观念。

四、健全考核评价体系

（一）完善工作考核机制

坚持把中小学国防教育纳入学校评选创优的基本条件，纳入中小学年度考核和绩效考核的重要内容；建立军地联合通报、联合表彰、联合教育的评估机制；定期对各学校国防教育开展情况进行考评；发挥考试指挥棒效果，在学生会考、升学考试中，适当加入国防知识的考查，调动教师学生的积极性。

（二）科学设定考核指标

把组织领导、制度落实、教材教案、活动开展、文化氛围、师资水平、学生国防意识等作为中小学国防教育考核的主要内容，合理设定各项权重比例，并赋予不同分值，变定性考核为量化考评。

（三）注重考核结果应用

持续开展"中小学国防教育示范学校"命名工作，国防教育要端正奖优罚劣的鲜明导向，不断激发驻军、教育行政部门、各中小学开展国防教育的主动性与创造性。

新时代高校国防教育功能研究

刘铭枢*

摘　要： 国防教育是建设和巩固国防的重要途径，而高校作为国防教育的重要阵地，不仅承担着培养社会主义建设人才的重任，同时也肩负着提升大学生国防意识和国防能力的使命。当代大学生生活于和平年代，物质生活和精神生活丰富，思想观念日趋多元。在这样的大背景下，充分发挥高校国防教育的地位作用就显得尤为必要。基于此，本文重点探究新时代高校国防教育的功能，并在此基础上就其实现路径做了进一步思考。

关键词： 高校；国防教育；功能；实现路径

国无防不固，民无防不安。国防的重要性不言而喻，国防教育旨在提高公民国防意识和行为能力，属于国防建设的重要组成部分。高校国防教育是针对大学生群体开展的教育活动，对于提高大学生国防意识以及促进大学生的全面发展具有重要意义。

一、新时代高校国防教育的功能

国防教育是党和国家提出的一项重大而紧迫的战略任务，要实现中华民族伟大复兴的梦想和强军目标就必须加强国防教育。习近平总书记多次强调国防教育的重要性，要求增强全民国防观念，强化国防意识和国土意识，发挥国防教育在党和国家工作中的地位作用。大学生群体既是国防教育的主要对象，又是国防教育的重要推动力量。加强高校国防教育，对于提高大学生国防素质，增强我国国防力量以及实现强军目标都具有十分重要而深远的意义。具体而言，新时代高校国防教育的功能主要集中在以下几点。

（一）国家政治稳定和强军建设的需要

国防教育本身带有很强的政治性，直接关系国家政治稳定，属于国家根本利益教育。国防教育的出发点在于"国防"二字，直接目标就是为政治稳定服务、为人民服务。所以在探究国防教育功能时，应该将维护政治稳定功能放在首要位置。一方面，高校国防教育能够提升当代大学生的政治素养，通过有目的、有计划地学习国防知识，传播党和国家的政治观

---

*　作者简介：刘铭枢（1982年~），河北师范大学硕士，现任河北建材职业技术学院机电工程系学生工作办公室主任、团总支副书记，讲师。

点，引导大学生国家意识和核心意识的形成，促使大学生坚持正确的政治立场，发挥维护政治环境稳定的作用。高校国防教育会随着政治的发展而发展，国防教育对于巩固政治制度有着极为特殊的意义，有助于构建稳定的政治环境。另一方面，国防教育已成为许多国家加强军队建设的重要措施。美国在高校还设立了后备军官训练团，大学生毕业后直接为预备役或现役部队服务。与美国一样，俄罗斯、英国、印度等国家也将国防教育纳入到国防建设的规划体系中，作为维护政治稳定和强军建设的基础工程。国防教育具有国防安全保障和教育的双重属性，对于一个国家和政治稳定和军队建设的影响极其重大而深远。习近平总书记多次提出强军目标，把人民军队建设成为世界一流军队，那么要实现"强军梦"就必须加强国防教育。新时代高校国防教育需要为人民军队建设培养高素质人才，为现代化军队建设和高科技军事斗争夯实人才资源。再者，加强新时代高校国防教育还有助于弥补传统国防教育制度的不足，提高我国现役军官的学历层次和知识素养，以便于尽快满足现代化战争以及未来科技战争的需要。此外，高校国防教育能够充分发挥高校的智力与科技优势，将军事训练与高校教育模式相结合，能够减少国家军费开支，形成长效的军事人才培养体系。

（二）加强和改进高校思想政治教育的有效载体

高校国防教育与思想政治教育在目标上存在一致性。相对而言，高校思想政治教育所涵盖的内容更广，但两者都侧重于对学生理想、信念、意志和品质方面的培养。所以，国防教育可以成为加强和改进高校思想政治教育的有效载体。国防教育从军事训练的角度，培养当代大学生的国家意识和爱国精神，这与思想政治教育的育人目标是一致的。国防教育丰富了思想政治教育的内容和形式，对高校思想政治教育起到了有效的促进作用。大学生是国家重要的人才储备资源，为了提高他们的思想政治素质，形成正确的世界观、人生观、价值观，就必须进行系统深入的思想政治教育。目前，我国已经进入了中国特色社会主义的新时代，只有持续加强思想政治教育，才能帮助当代大学生更好地融入社会主义建设的伟大事业中。国防教育通过严格的军事训练等方式能够有效地克服"以自我为中心"的思想，提高大学生的社会责任感和使命感，激发大学生的爱国热情和积极向上的意识，提高他们独立生活和克服困难的能力。与此同时，高校国防教育能够强化国防后备力量，对当代大学生进行军事训练，传授军事知识，这种"寓兵于民、育军于校"的教育方法能够有效地补充高校思想政治教育的方法和内容。此外，从政治学角度来看，高校思想政治教育与高校国防教育同出一辙，都是国家意志即人民意志的体现。新时代背景下，全国各族人民都积极投入到中国特色社会主义现代化建设的伟大事业中，个人意志与国家意志高度统一。作为即将走上社会主义现代化建设道路的大学生来说，有必要通过国防教育来提高他们的思想认识和政治素养。国防教育将"军人"的意识和品质"嫁接"到大学生身上，培养尚武精神，有助于他们认清自身所需要承担的使命和责任，确立正确的人生目标和方向，将自身命运和国家发展紧密结合起来，以便于将来更好地投身于中华民族伟大复兴的事业中。可以说，国防教育进一步丰富了高校思想政治教育的内涵和作用，已成为当前高校思想政治教育的重要载体。

(三) 当代大学生人才培养的必然要求

第一，健康人格的塑造。健康人格的塑造是推广素质教育的核心，也是促进个体融入社会发展和推动社会变革的重要内容，是体现高校教育社会价值的必然要求。新时代的到来，为高校国防教育开展营造了良好的社会和文化氛围，习近平总书记多次强调国防教育的重要性，并对国防教育提出了新的更高的要求。大学生是一个充满激情活力的群体，高校国防教育包含有塑造健康人格的内容，对于从小生活在优越环境下的当代大学生来说，国防教育能够促使其从思想习惯上发生转变，严格的教育和训练正是塑造当代大学生健康人格的客观需求。国防教育从大学生认知着手，重视爱国主义教育，培养学生国家意识、大局意识，同时有计划地培养学生的积极情感，促使大学生形成积极向上、敢于拼搏、坚强勇敢、团结协作的品质，提高他们的心理承受能力。并且，通过持续性的国防教育能够内化为大学生的内在素质。国防教育某种程度上讲就是在"接受严格的军训和管理"，带有一定的自律性和强制性，对大学生意志品质产生严峻考验，能够有效地提升他们的心理素质，这种育人功能是其他教育方式无法比拟的。

第二，理想信念的培育。理想信念的培育是新时代高校国防教育的重要内容之一。高校国防教育所包含的爱国主义、艰苦奋斗、自强不息等精神，能够对当代大学生理想信念的形成产生强大的驱动力。高校国防教育将军人的优秀品质和坚定的理想信念传输给大学生群体，增加大学生的责任感和使命感，有助于他们形成正确的理想信念，加强对不良思想和文化诱惑的抵抗力。当今社会环境复杂多元，在国家改革开放的过程中，多元化的文化形态无疑增加了大学生建立正确理想信念的难度，在这种情况下更需要发挥国防教育的作用。大学阶段是思想信念培育的重要阶段，当前高校以思想政治教育为载体，形成对大学生理想信念的教育体系，而国防教育在培育大学生理想信念方面有着独特的优势，军人身上所具有的精神品质和理想信念对于大学生的影响是非常直接且富有感染力的。国防教育通过对军人素质观念的灌输，来提高大学生的思想认识，提高大学生的觉悟性，进而更好地抵制各种错误思想的侵蚀。再者，理想信念培育是新时代高校国防教育的政治任务，是高校开展德育工作的根本要求。高校国防教育能够帮助当代大学生克服思想上的懈怠和作风上的散漫，认清当前国际形势，体会新时代中国特色社会主义的优越性，提升大学生群体的政治素质和民族精神，引导他们更加热爱党和人民，增强民族自豪感和爱国主义情怀，进而上升为坚定的爱国爱党信念，自觉维护国家和人民的根本利益。此外，高校国防教育在促进大学生形成正确理想信念的同时，最终目的也是为了巩固国防，增强大学生群体的凝聚力和战斗力，将理想信念转化为强大的保家卫国与建设美好国家的动力。

第三，国防意识和集体观念的培养。新时代高校国防教育能够引导学生清醒地认识国家安全形势，增强大学生的忧患意识，将个人命运与国家命运结合起来，能够始终将国家安全摆在第一位。所以，国防意识培养是新时代高校国防教育的一大重要功能，也是对大学生进行爱国主义教育和国家安全意识教育不可或缺的重要内容。通过对国防知识的学习，能够让大学生了解国家军队建设思想，掌握国家国防状况，认清国际战略格局，增强自身的国防意识。以大学生军训为例，军训是大学生入学时的必修课，通过一定阶段的军事训练，能够规范学生的日常行为，锻炼学生的意志品质，促使大学生掌握基本的军事技能，并在军训的过程中增强热爱国家和参与国防建设的意识。再者，新时代高校国防教育都增设一些教育活动，通过邀请专家或军队专业人才开展国防知识讲座、设立国防教育宣传日以及到国防教育基地开展社会实践等形式，能够有效地培养大学生的国防意识。与此同时，由于多方面原因，当代大学生普遍缺失集体观念，不能正确处理个人与集体、小我与大我的关系，以自我为中心的思想认识不利于个人和社会发展。大学生的可塑性强，新时代高校国防教育具有团体性特点，有助于对大学生集体观念的培养，通过国防知识教育、军事训练和实践活动，能够充分发挥国防教育在学生集体观念和协作精神培养方面的作用。以军事训练为例，在军事训练过程中，通过人与人之间的互相配合和帮助，再结合"官教兵、兵教兵"的训练方式，能够加深大学生对集体主义的认识，引导当代大学生不断进行自我教育，更多地关注自己的集体和身边同学，增强大学生的集体荣誉感。

二、新时代高校国防教育功能的实现路径

国防教育的生命在于其功能的实现。目前来看，我国高校国防教育已经形成了一套"国防知识+军事训练"的教育模式，但在具体实施中

所体现的国防教育效果又存在很大差异。尤其是许多高校国防教育的内容和形式过于单一，在很大程度上限制了国防教育功能的发挥。新时代高校国防教育需要进一步改进和深化，要充分利用高校资源，积极融入创新元素。

（一）加强军、校合作

新时代高校国防教育功能的发挥需要建立在有效的军、校合作基础上。就军训而言，为了增强军训效果，开展标准化训练，丰富军训内容，高校可以加强与部队的合作，在条令条例和队列训练的基础上，有计划地增加训练项目，如轻武器射击、军事地形学、军体操及现代化作战等，将技术性和应用性结合起来。有条件的高校还可以向当地驻地部队寻求合作，邀请部队专职教员来担任国防教育兼职教师，还可以邀请部队宣讲员到校开展座谈会、典型学习和专题讲座。这样能够有效地提升当地大学生对国防教育的兴趣，扩大国防教育的影响力。同时，高校还可以邀请已经投身于国防事业的毕业生回母校进行国防宣传教育，进而更好地激发学生的国防情感。此外，高校可以与部队合作来拓宽国防教育的途径，组织大学生到部队参观交流、进行慰问演出，或邀请部队英雄模范和先进人物到学校举办报告会，拉近大学生与军人的距离。高校还应该配合武装部做好大学生征兵入伍工作，鼓励和支持当代优秀大学生走进部队，将个人的军人梦与国家的"强军梦"统一起来，为国防事业发展贡献力量。有条件的高校还可以开设专门的军事人才培养班，既可以向部队输送优秀的高素质人才，又可以为部队提供学习培训，提高军事人才的科学文化水平。

（二）强化忧患意识和危机感教育

改革开放以来，我国社会发展稳定，人民的物质生活和精神生活水平不断提升。生活在和平年代的当代大学生缺乏忧患意识和危机感。习近平总书记明确提出了强军思想，提出维护国家主权和领土完整是中华民族根本利益所在，中国的每一寸领土都绝不可能分割出去。尽管现代生活富裕了，世界主流是和平与发展，但我们必须清醒认识到当前极为严峻复杂的国家安全形势，必须树立忧患意识，做到居安思危，有备无患。近年来，高校国防教育在国防忧患意识和危机感教育方面有所不足，进入新时代后有必要强化，积极开展战争与和平辩证关系教育、国家潜在安全风险教育以及国耻教育等，引导当代大学生克服贪图享乐、麻痹大意思想，提高他们参与国防建设的热情。再者，目前我国周边安全环境复杂，与美国等强国的军事技术相比仍有较大差距，所以，强化国防忧患意识和危机感教育也是保障国家安全的需要。换个角度讲，强化国防忧患意识和危机感教育，引导当代大学生认识到国防建设不仅仅是军队和军人的事，而且与每一个公民息息相关，这样就有助于当代大学生自觉履行国防义务，树立全民国防意识。此外，强化忧患意识，需要引导大学生准确认识自身在国防事业建设中的地位和作用，即便将来走上工作岗位，也能够主动关心和支持国防事业，始终保持民族危机感和警惕心，保持对党和国家的忠诚。在党和国家需要之时，能够及时地挺身而出，担负起维护祖国安全和领土完整的神圣职责。

（三）重视校园国防文化建设和国防教育基地建设

校园文化建设和国防教育基地建设是丰富新时代高校国防教育内容的重要途径。相对于军事理论课程和军训来说，校园国防文化和国防教育基地更具可挖掘性。一方面，校园文化建设是高校教育教学管理的重头戏，是大学生学习和生活所积累形成的个性模式。校园文化作为影响大学生思想价值观念的重要环境因素，能够成为新时代国防教育的重要资源。为此，高校国防教育需要在校园内努力营造国防文化氛围，将国防教育融入各种校园文化活动中，利用校园广播、网络平台、校报校刊、橱窗宣传栏以及文艺表演等形式，积极宣传国防知识和国防政策。高校应该要求各院系开设国防教育宣传专栏，在阅览室增加关于国防建设的书籍资料，可以定期组织学生观看国防教育题材的影片，引导和鼓励学生成立军事爱好或有国防志向的社团。同时在信息化时代，各高校应该在校园网络平台上积极开设国防教育专栏和论坛，发挥网络宣传的高效性和便捷性，及时在平台上更新资源，宣传最新的国防知识和军事动态，将"强军梦"与学生个人的学习生活紧密联系起来，为大学生提高国防意识提供有效载体。另一方面，加强国防教育实践基地建设。当代大学生是一个充满活力的群体，依靠课堂理论教育和军事训练还不够，国防教育不能仅仅停留在校园范围内，还需要走出校园，走向社会实践。高校除了可以组织学生参观军事博物馆、革命纪念馆和爱国主义教育基地，在烈士纪念碑前开展缅怀先烈活动，还可以与部队联系，开展走进军营活动，亲身感受军人的生活，体会军人的意志品质并将其内化为自身素养。

总之，国防教育已成为各高校培养大学生国防意识和能力的重要载体。高校国防教育不仅是维护政治稳定、加强军队建设以及改进高校思想政治教育的需要，而且对于促进学生健康人格的形式、理想信念的培育以及国防意识和集体观念的培育都具有重要意义。新时代背景下，各高校需要提高对国防教育功能的认识程度，树立积极主动的国防教育观，从最大化发挥国防教育功能的角度着眼，采取多种有效形式来促使国防教育取得更好效果。

对地方高校国防教育建设的思考

姜信茂[*]

摘　要： 现阶段我国军队正面临前所未有的制度化改革，作为体系改革的重要环节之一，兵员的入口关如何确定，决定了军队人员能力素质的平均化水平是否能长期保持高起点并具备稳中求进的趋势。针对2017年招收义务兵必须达到大专以上学历的标准设置，释放出从国家层面对高校的国防教育提出了更高要求的信号。基于此，就地方高校如何开展国防教育建设，笔者提出"教育目的性的拓展、教育制度化的改进、师资专业化的配备以及教育创新性的探索"四个方面的思考拙见，以期正确认识高校国防教育教学活动，完善教学过程，提高教育质量。

关键词： 国防教育；目的性；制度化；创新性

一、教育目的性的拓展

世界各国军队募集兵员的方式大致分为征兵制、募兵制两种。随着军队的发展建设，武器装备高科技化、专业分工综合化等特点逐步显现，对军人能力素质的要求逐步提高，同时对招收军人的知识结构、服役观念、身体素质提出了更高要求。

多数国家根据自身国情，在军队的人员建设上提出实现职业化军队的目标，具体的方式即招募机制由征兵制向募兵制转变，招募对象从以往的适龄青年向具有一定知识储备以及愿意长期服役的青年过渡。应该注意到对职业化军人的理解已经提升到一定高度：具有正确服役观念、具备相应知识储备、具有良好身体素质才符合未来招收兵员的基本条件。正因如此，近年来多数国家兵役制度向募兵制过渡，通过募兵制度带动职业化军队的建设。

如今我国军队职业化建设逐步推进，兵员素质需求逐年提升，为能尽快实现军队现代化和职业化，自2017年起义务兵招收要求具备大专以上学历，同时加大从院校直招士官、军官人数，提高兵员素质入口关，从制度上加速推进职业化进程[①]。

这一发展特点，对高校国防教育提出了新的要求，即在国防教育的

---

[*] 作者简介：姜信茂（1959年~），男，辽宁大连人，学士学位，现任广东环境保护工程职业学院军事教研室主任，副教授，主要从事国防教育方面的研究。

① 王威：《大学军事教程》，国防大学出版社2017年版，第61页。

目的上,也就是从最终目标上拓展了为军队输送优质兵员的这一具体内容。军事课在普通高校的开展,体现了我国国防教育不只是国防安全观念意识教育,提高青年学生的综合素质教育,使其覆盖社会各个领域,形成良好的社会道德风尚。更重要的是通过军事课使他们掌握一定的军事基础知识和技能,结合所学专业知识,为改善后备兵员知识结构,为信息化战争输送高素质后备兵员打下良好的基础,特别是能够为军队输送具有正确服役观念、具备相应知识储备、具有良好身体素质和军事素养的兵员。所以,高校国防教育建设势必成为拓展高校教育目的的重点建设之一。

二、教育制度化的改进

学校国防教育在于增强学生国防意识,以传授与国防有关的思想、知识和技能等为主要教育内容。但因初级、中级教育期间教育体制问题,造成现阶段步入高等学校阶段的学生,在国防教育的体系学习上存在着知识断档、认识断层、技能不足等现实问题。那么,如何在高等教育期间有效提升国防教育质量?笔者认为在教育制度化上主要有以下两个方面的问题亟待解决。

(一)将国防教育作为必修课程融于高等教育之中

鉴于高等教育期间,学生在校时间稳定、授课内容系统、身体素质完备等特点,将国防教育制度与高等教育内容相互融合,依托学分制这一平台,强化国防教育制度化落实。

国防教育是教育体系中的一部分,从形式上看,基本是按照教授、实践、考核这一闭环回路开展实施,这一点与现行教育制度基本吻合。从这方面入手,将国防教育中的国防知识与国防思想归于理论课程,将国防技能和身体素质作为实践课程进行分类,补充完善至高等教育全过程,依托学分制这一平台,倒逼学生加强自主学习,确保达到教育目的。

自 20 世纪 80 年代中期教育部在部分高校进行大学生军事训练试点以来,军事课作为必修课被纳入教学计划。几十年来,以军事技能和军事理论为主要内容的军事课教学逐步得到完善,为培养高素质后备兵员和提高教育质量起到了重要作用。广东环境保护工程职业学院是 2010 年新组建的高职院校,建院伊始由于各种原因,仅在新生入学两周内进行军事技能训练和开设军事理论知识讲座。随着这项工作的逐年深入,院领导和有关部门感受到军事课带来的教学效果,遂根据教育部、总参谋部、总政治部《普通高等学校军事课教学大纲》要求,于 2017 年将军事理论教学时数调整为 36 学时,在 20 个教学周内进行教学,学生成绩记入学生档案①。

国防教育不仅使学生学到了一定的军事理论知识和获得了一定的军事技能训练，同时还培养了学生的组织纪律性和吃苦耐劳的精神，这对于提高学生综合素质具有独特的地位和作用。大学生入学第一件事就是接受紧张而艰苦的军事训练，体验军营生活，感受人民军队的严格纪律性和好思想、好作风，这会在当代大学生心灵深处留下难以磨灭的烙印。刻苦、紧张、严谨、高效的军事课也获得了家长及社会的认同感，课后的问卷调查显示，家长们乐见通过军事训练改变学生日常生活中的懒散懈怠习性，锻炼他们的意志品德、平衡他们的心态等实际效果，均持强烈的支持态度，这种训练也得到了社会的广泛支持和认同，为营造良好社会风气奠定了基础。

为确保学校在国防教育中起到积极作用，应将国防教育作为院校教育评估的重要组成部分，纳入必修教育课程，消除以往高等教育中国防教育唱配角的消极做法。从体制上突出国防教育的重要性，将国防教育融入高等教育的全过程，用国防教育效果促进军事人才培养，最终达到爱国教育、素质教育和学历教育"三赢"的局面。

（二）从强制性和统一性方面完善国防教育内容

国防是全民的国防，采取硬性手段让学生了解国防、读懂国防、参与国防、献身国防是国防教育有别于其他专业教育的特殊之处。因此，国防教育存在着一定的强制性，无论是从教育方式还是从教育内容上，都有一定的体现。国防教育不能像其他专业领域教学采用的就业诱导和兴趣引导教学模式，更多的是用强制性与兴趣性相结合的方式，以具有生命力的教学方法，去开启立德树人教育；同时强调从思想统一上评估这种国防教育。基于以上强制性和统一性的判断，反推现行的教育中存在的弊端问题，如教育对象阶段性教育分划不精细、教育内容在高等教育教学阶段缺乏统一性两大问题较为明显。

国防教育的理论教学上突出"历史促进理论、理论支撑未来、未来需要实践"这一教育闭环设计，最能论证国防理论的以及最能获得教育认同感的是靠党史、军史中具体的事例开展教学。所以在国防教育理论授课过程中，应注重教学内容学习的递进性，消除不同年级共同课目的国防教育大课讲授，依托阶段划分精准教授，使学生能够在知识层次递进的前提下长期受教育，最终牢固树立国防意识。

在教育素材的统一性上，因各校教育中还未能形成一个相对一致的评

---

① 教育部、总参谋部、总政治部：《普通高等学校军事课教学大纲》，2002年。

估标准，缺乏内容统一、划分明确的教育素材，配套的系统教育资源相对匮乏，应从国家层面进行教材的编纂，依托专业国防教育队伍开展长期授课。

教育的长期化保证、教学的统一规范为国防教育的效果提供了根本保障，是高等院校未来在国防教育改革中最亟待解决的问题，所以应该高度重视，及早完成相关制度化改革进程。

当代大学生思想活跃，可塑性强，接受能力快，特别是刚迈入大学校门的学生，他们充满对大学的好奇和渴望，国防教育使学生接受了爱国理念，丰富了"青年强则国家强"的认识。加之国防教育的理论和实践相结合，多媒体教学，专家学者的公开讲演，各种媒体关于军事思想、国防建设、国际战略环境乃至军事高技术应用和武器装备的信息化等，都极大地增强了学生的感性认识，能够激发他们的爱国热情。

《国防教育法》指出："学校的国防教育是全民国防教育的基础，是实施素质教育的重要内容。"所以普通高校国防教育建设是教育面向现代化、面向世界、面向未来的需要，是适应我国人才培养的战略目标和加强国防后备力量建设的需要，是提升兵员质量的需要。搞好高校国防教育建设意义深远、任务艰巨，是当下建设一流高校极其重要的一个方面。

三、师资专业化的配备

现有高校国防教育的师资力量主要是以接受部队转业的曾从事与军事理论研究相关工作的干部为主要力量，形成专职教师队伍；以挖掘有部队经历或是作为军事"发烧友"的教师、军事爱好者，成为辅导员，形成第二教学力量；以外聘原军队专业教官为教学师资的补充力量。

专职教师队伍，其实人员数量有限，一所院校也就1~2名，优点是因其长期于军队服役，政治理论水平高，思想把握性强，具有扎实的军事知识基础和军事技能历练，更具有强烈的爱国意识和居安思危的国防意识。他们是学校军事教学的骨干，是完成国防教育工作的带头人，几乎每所学校都注重了这个层次的教师引进工作。他们授课效果好，学生愿意学，课堂效果好。所以，选好主要教学人员，强化专职教师队伍建设是师资队伍建设的首选和重点。

第二教学力量人数较之专职教师数量要多得多，是学校完成国防教育工作的主体，也是决定学校国防教育教学水平和质量的主要力量。中国人民解放军是一所保卫国土领空、拥有高科技武器装备，同时立德树人的"大学校"。普通高等学校教师队伍中也不乏军事"发烧友"，他们往往在军事的某一领域或某一方向有着专注、深刻的理解和较好的素养。把他们充实到军事教学队伍中，站到国防教育教学工作第一线，充分调动这些人的工作积极性，是目前推进国防教育建设的重要途径之一。尽管辅导员队伍，在国防教育的基本素养上，还不是很平衡，较之专职教师、军事"发烧友"还有一定的差距，但他们是学校进行国防教育建设不可或缺的重要师资力量。他们了解学生，与学生有着多方面的交流与互动，大多数辅导员被学生视作贴心人、陪伴友，把他们推向军事理论教学讲台，也会受到学生的喜爱。从辅导员职称晋升所需条件来看，这也是其达到所必需的最低教学时数的需要。对兼职军事理论教师的辅导员进行必要的国防教育专业知识与能力培训，是稳定这支队伍的必要做法，也是国防教育建设提升师资力量的重要途径。

对于国防教育补充师资力量，各学校都有自己的一套做法。外聘原军队专业教官为常规做法，学校支付其授课课时费，课程结束则合作关系解除。

有的单位还探索派遣军官进驻高校，进行教学活动。比如北京市曾经由国防大学军训办公室的4个教研室近50名教师和空军指挥学院的10名军官，承担了北京地区部分高校军事理论课的授课，很受学生们的欢迎[①]。但是，不是每一所高校都能坐拥这样的教学资源环境，着眼本校资源，挖掘本校潜力，调动一切积极因素形成自己的教学力量是国防教育师资队伍建设的根本所在。

可见，国防教育师资专业化的发展应该从构建自身专业教学队伍入手。首先是接受部队转业或择业的具有军事理论研究素养的干部，作为学校军事教师队伍中的骨干教师；其次挖掘有部队经历或是作为军事"发烧友"的教师以及辅导员，形成学校军事教师的主体；最后外聘部队专业教官或与有关部门协调，以部队专业军事教师为辅助教师力量。

北京大学党委副书记叶静漪教授在谈到国内高校军事课师资队伍建设的问题时建议，"高校应将国防教育师资队伍建设纳入人才培养、引进和建设总体规划，健全选聘配备、培养培训、职称评定、考核评估等制度，建设一支理想信念坚定、师德高尚、理论功底扎实、教学效果良好的高水平国防教育师资队伍"。[②]

四、教育创新性的探索

国防教育是系统工程，上至国家规划、下至每个教育环节，都需融入

---

① 王婧凌：《中国国防报》，2016年12月21日。
② 王婧凌：《中国国防报》，2016年12月21日。

大量的精力来组织实施。如何更加有效地开展好这一系统工程，笔者主要从以下三个方面进行创新思考与探索。

（一）军民融合，相互教学

依托军队现实教育资源，将为院校国防教育在教育即时性、舆论导向性、素材完备性上进行完美补充。当前要以党的十九大精神为指导，深入贯彻落实军民融合发展国家战略，深化部队与院校深度融合、协同创新；同时，地方院校的教育也可以参与到军队新兵的基础教育环节。从现阶段军队思想政治教育的发展上看，义务兵入伍期间的思想教育最为关键，也最为基础，如果学校国防教育作为基础教育能够延伸至军队，这些带有专业色彩、具有浓郁专业特色的"国防教育＋"将对部队新兵教育起到良好的激励作用。这种军队教育渗透院校、院校辅助军队的融合教育，整合了教育资源，符合军地协同发展的路子，达到了分层实施、精准培育的教育目的。

（二）依托网络，丰富资源

现阶段国防教育素材虽然丰富，规定的授课内容也颇有"高""大""全"的特点，但是在内容接地气方面还有很多阻碍。因此，院校应该以本校专业为基本出发点，以解决青年学生普遍存在的共性问题为着眼点，依托网络，整合资源，丰富教学内容，解决实际问题。我们在军事理论教学中，结合当下情况，以网络视频、"慕课"学习、"易班"浏览等方式，强调对红军长征精神的学习和抗美援朝精神的理解。伟大的长征精神：就是把全国人民和中华民族的根本利益看得高于一切，坚定革命的理想和信念，坚信正义事业必然胜利的精神；就是为了救国救民，不怕任何艰难险阻，不惜付出一切牺牲的精神；就是坚持独立自主，实事求是，一切从实际出发的精神；就是顾全大局、严守纪律、紧密团结的精神；就是紧紧依靠人民群众，同人民群众生死相依、患难与共、艰苦奋斗的精神[1]。学习、重温长征精神，最核心的一点就是建立对新时代中国特色社会主义"两个一百年"目标实现的信念和对共产主义的信仰。有了这个信仰，当代大学生才会有致力于中华民族伟大复兴的热心与激情，才会有实现社会主义核心价值观的勇气与动力。抗美援朝精神：中国人民和中国人民志愿军为了祖国的安全和民族的尊严奋不顾身的爱国主义精神；英勇顽强，舍生忘死的革命英雄主义精神；不畏艰难困苦，始终保持高昂士气的革命乐观主义精神；为完成祖国和人民赋予的使命，慷慨奉献自己一切的革命忠诚精神；为了人类和平与正义而奋斗的国际

---

[1] 《红军不怕远征难》编写组：《红军不怕远征难》，人民出版社2004年版。

主义精神[①]。体现了中华民族精神的精华，在我们民族的发展史上永放光辉。学习、重温抗美援朝精神的核心是继承和发扬那样一种自力精神，靠自己的力量，以自力精神实现"两个一百年"奋斗目标，以自力精神实现对共产主义信仰的奋斗。新时代人民解放军队伍更加迫切需要这样的子弟兵。

（三）军地协同，强化实践

军事技能、军事素质等方面的具备是国防教育的一个重要目标。因此，结合院校专业特点，由军队相关机构辅助组训，有针对性地选择军队教官走向大学讲台，是提高国防教育质量有效的途径之一。加强军地间协同，从教育制度上以量化指标为具体要求，切实让广大学生在校期间从思想根源上对军队有长期且深刻的认识。比如，主题节日祭拜先烈，重走红色景点，请专家或先进人物作专题报告，参观爱国主义教育基地，利用部队开放日走进部队营区等，实行军地协同。有的院校模拟部队训练进行军事教学，对青年学生进行全方位培训、强化实践。

"国之脊梁在于军、军之血肉在于民"，国防教育是全民离不开的爱国主义教育、是维护国家根本利益的奉献牺牲教育。地方院校国防教育建设只有走出拓展目的性、改进制度化、锻造专业化师资队伍、创新教育方法和途径，才能为未来军队输送具有爱国主义、具备牺牲奉献精神的优秀高学历人才，才能培养出具有国防意识的专业技术人才，才能不辱高校使命，为国家和军队的发展做出贡献。

---

① 军事科学院军事历史研究部：《抗美援朝战争史》（第三卷），军事科学出版社2000年版。

新时代高职院校国防教育育人功能研究

程娟娟[*]

摘　要：新时代我国高职院校国防教育在高等教育领域和国防教育领域均起到重要作用。然而，在高职院校开展国防教育的过程中，也暴露出很多问题。究其原因，是由于我国在国防教育理论领域的研究尚处于初级阶段，高职院校国防教育也刚刚起步，国防教育作为专门的理论研究领域还未形成体系。本文以南京高职院校为例，对我国高职院校国防教育育人的发展、现状和现实障碍进行分析，并对新时代高职院校强化国防教育育人功能提出现实可行的举措。

关键词：新时代；高职院校；国防教育

高职院校肩负着培养新时期实现中华民族伟大复兴的接班人和为"大国工匠"输送新鲜血液的使命。研究高职院校国防教育育人功能，既是总体国家安全观中建立全民国防的体现，也是高职院校教书育人的人才培养目标，同时又是提升新时代高职院校毕业生综合素质的内在要求。

这里以 CNKI 数据库为研究对象，通过对比分析，借此对"高职院校国防教育"的研究情况进行具体的数据说明。论文检索条件如下：篇名检索项包含"高职院校国防教育"，"时间"不设限定，来源类别为全部"文献"。根据以上检索条件，仅检索到 2006 年至 2017 年文献累计 76 篇，2006 之前无数据。其中 2012 年发表论文数量最多，为 15 篇，2017 年发表论文数量较前两年相比有所提高；截至 2018 年 5 月 18 日暂无本年度"高职院校国防教育"相关论文发表（见图 1）。

整体而言，在高职院校尚未形成国防教育理论研究氛围，相关理论文献发表量极少。这反映出，在高职院校中对"国防教育"这门学科关注度低，相关教师和研究室学科建设和学科研究意识淡薄，学科发展尚未成熟；高职院校重"教"，不重"学"，"研究"意识更为淡薄。国防教育在高职院校成果极少，形式单一，整体学术水平不高；理论多，实践少；研究视域狭隘；缺乏资金资助项目；整体学科建设处于无序状态。综上，对我国高职院校国防教育育人的研究任重而道远，成长路程还很漫长。

---

[*] 作者简介：程娟娟（1982 年～），东南大学在职研究生学位，现任南京信息职业技术学院大学生就业指导中心科长，助理研究员，讲师（思政）。

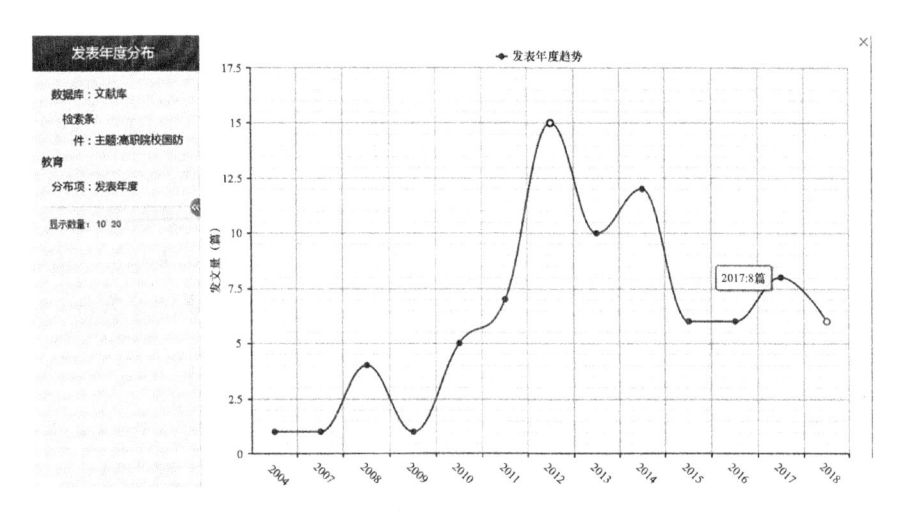

图1　CNKI 数据库中历年高职院校国防教育文献发表数量统计图

一、高职院校国防教育的涵义

（一）国防教育的定义

《中国军事百科全书》中对国防教育的定义如下："国防教育是为巩固和加强国防而对公民进行的教育，是国家国防建设的组成部分，教育事业的重要内容。"[①]《国防教育学》中对国防教育的定义是"捍卫国家主权、领土完整和安全，防御外来侵略、颠覆和威胁，对整个社会全体公民进行有组织、有计划的国防政治、思想品德、军事技术战术和体质等诸方面施以影响的一切活动"。[②] 结合各相关理论分析，新时代国防教育的定义为捍卫国家主权、领土完整和安全，防御外来侵略、颠覆和威胁，对公民有组织、有计划地进行理论教育和实践训练，以树立新时代总体国家安全观，达成全民国防的目标。

（二）高职院校国防教育的定义

根据《中华人民共和国国防教育法》第十五条："高等学校应当设置适当的国防教育课程……并可以在学生中开展形式多样的国防教育活动"；第十六条规定："学校应当将国防教育列入学校的工作和教学计划，采取有效措施，保证国防教育的质量和效果"，高职院校的国防教育应为捍卫国家主权、领土完整和安全，防御外来侵略、颠覆和威胁，对高职院校学

[①]　姜思毅：《中国军事百科全书》，军事科学出版社1997年版。
[②]　武炳、张彦斌、杜景山：《国防教育学》，国防大学出版社2000年版。

生有组织、有计划地进行理论教育和实践训练，以树立高职院校学生新时代总体国家安全观，形成全民国防的意识。

（三）高职院校国防教育的意义

高职院校是我国高等院校建设事业中的一种重要形式，也是我国职业教育的重要组成部分，承担为实现中华民族的伟大复兴输送高技能型人才和应用型人才的重要任务，也是培养我国"大国工匠"人才的摇篮。因此，在高职院校进行全面的国防教育，指导学生树立正确的人生观、价值观和世界观，培养学生的爱国主义主人翁意识，对维护国家和平发展，具有不可忽视的意义。

（四）高职院校国防教育的内容和特点

新时代高职院校国防教育有"三结合"内容：结合时事，对学生进行国防思想的宣传；结合教学，对学生进行国防知识的传授；结合军训，对学生进行国防技能的培养。在当今中国，宣传高校国防思想，就是宣传马克思主义军事理论、毛泽东军事思想、邓小平新时期军队建设思想、江泽民国防和军队建设思想、胡锦涛关于国防和军队建设的论述、习近平关于国防和军队建设与改革的重要论述等①。以南京高职院校为例，新时代的国防知识内容分为国防概述、军事思想、国际战略环境、军事高技术和信息化战争五个部分，囊括国防要素、国防历史、国防法律法规，我国各阶段军事思想，我国周边安全环境现状与特点，军事高新技术及其应用，信息化战争发展、特点及案例等内容。目前高职院校军事技能的培养主要依托军事训练，以培养学生的尚武精神，增强学生的综合素质。

高职院校国防教育的两大特点是时代性和实践性。在各时间阶段，高职院校国防教育都和本阶段国家对国防建设的要求相适应，处于不断变化和发展的过程中。不同阶段国家对高职院校国防教育赋予的使命和要求也不尽相同，因此各时间阶段高职院校国防教育的目的、内容和方式方法也各不相同，这就是高职院校国防教育的时代性。高职院校国防教育遵循理论联系实际、军事理论课程和军事训练相结合的教育特点，使得学生在军事理论中学习军事训练，在军事训练中体会军事理论。

二、高职院校国防教育育人功能现状

《德育原理》中明确："学校德育是教育者按照一定的社会或阶级要求，有目的、有计划、有系统地对受教者施加思想、政治和道德等方面的

---

① 习近平：《十二届全国人大一次会议解放军代表团全体会议上的重要讲话》，人民出版社2013年版。

影响,并通过受教育者积极的认识、体验与践行,以使其形成一定社会与阶级所需要的品德教育活动,即教育者有目的地培养受教育者品德的活动。"① 高职院校国防教育育人功能体现在对高职院校学生进行爱国主义、主人公意识等方面的教育,使得学生树立总体国家安全观,形成全民国防的思想。

(一) 高职院校国防教育育人功能分析

国防教育作为高职院校人才培养方案中不可或缺的一环,通过其专有内容和特定的教育形式,提高学生认知水平,完善学生知识架构,促进学生"德智体"的发展和提升。同时,国防教育尤其是其中的军事训练,对磨练学生意志、增强学生纪律性、培养学生团队合作意识和集体主义意识,对提高学生的"逆商"、增强学生心理承受力、培养积极乐观的心态有巨大作用。

(二) 高职院校国防教育育人功能成效

我国国防教育和军事训练自1985年开始试点,目前普通高等院校的国防教育已纳入《中华人民共和国兵役法》。《中华人民共和国兵役法》第八章第四十五条指出:"普通高等学校的学生在就学期间,必须接受基本军事训练";第四十六条指出:"普通高等学校设军事训练机构,配备军事教员,组织实施学生的军事训练"。高职院校通过国防教育的具体实施,发挥其特有功能。

1. 在高职院校实现与发挥国防功能

高校国防教育是以建设强大国防为目的,以教育为手段,以社会主义、爱国主义、革命英雄主义、民族精神、国防精神和国防知识、技能为基本内容,有计划地对大学生进行培养国防意识、树立国防观念、激励大学生们热爱祖国、建设祖国和保卫祖国的综合教育活动。在国防教育之下,高校学生爱国意识、国防意识有显著提高,在校生积极参加大学生征兵,毕业生也将入伍作为自己报效祖国和服务社会的一种形式。2015年、2016年江苏省连续两年每年有超过2100名的高校学子选择参军。我国高校有2000余所,每年大学毕业生超700万人,在国防教育育人功能的发挥下,高校已然成为军队优质兵源的战略储备基地。

2. 在高职院校实现与发挥育人功能

国防教育兼理论与实践为一体,军事理论教学具有知识综合性、教学严谨性、内容实时性、方式信息性、范围尖端性等"高精尖"特点;军事训练教学具有纪律严格性、课堂严肃性、榜样激励性、操作体能性等特

---

① 黄向阳:《德育原理》,华东师范大学出版社2000年版。

点。理论联系实际，督促学生在接受军事理论学习和军事训练之后，提高思想政治觉悟，增强爱国主义信念，树立总体国家安全观；培养学生集体主义和主人公意识，尚武精神，艰苦奋斗勇于挑战的作风；培养过硬的身体素质、心理素质和精神意识。因此，高职院校的国防教育不仅为校风、学风的建设提供坚实基础，更是培养了新时代的革命接班人，体现高职院校服务社会、服务国家的重要功能。

（三）高职院校国防教育育人功能出现的问题及原因

虽然获得许多令人欣慰的成绩，但高职院校国防教育育人功能的发挥仍遇到不少障碍，体现如下。

第一，国防教育在高职院校中重视不够。国家纷纷出台相关法律法规和政策性文件明确表示对国防教育在高校发挥功能的重视，但落实到地方高校，尤其是高职院校，仍处于"边缘化"的尴尬境地。拿笔者所在的南京地区高职院校为例，学校重军事训练、轻军事理论，简单地认为开一门不满20课时的"军事理论课"就能将军事理论的内容完全教授，完成了校内的国防教育。加之国防教育作为一门新学科，尚未形成课程体系，发展还不成熟，许多高职院校对此认识不足，更无从提起课程设计和人力、物力的投入了。更有院校将国防教育视作一项任务，无论是军事训练还是军事理论学习，均以应付为主。虽然这样的做法是极少数，但对于国防教育在高职院校中的发展环境而言显然是不利的。

第二，高职院校国防教育的实施保障不力。国防教育的育人功能想要在高职院校得以实现，必须从顶层设计开始，综合包括院办、教务、学工、宣传、团委、后勤、安全及各个二级学院的合力支持；也需要资金、人力、设备、场地、教材、服务等多方面的协作。在高职院校，国防教育在全院教学中属于"非主流"学科，经过种种平衡后，落到国防教育学科上的经费已是杯水车薪。经费不到位，学科建设得不到重视，无法对授课教师进行培训和升级；授课教师水平得不到提高，课程教学方式单一，学生就越不重视，课程就越会得到质疑。由此产生恶性循环。

种种一切表明，我国高职院校国防教育的功能、价值及其重要性没有得到充分了解和认识，国防教育强大的育人功能根本没被发掘，十分可惜。从学生到其他老师和院校领导，乃至国防教育授课教师对高职院校国防教育都抱有轻视的态度，这样的现实让满怀热情的国防教育者们无法正常开展教学活动，更别说课程创新了。

高职院校国防教育在发展过程中壁垒重重，受到的障碍错综复杂，总结成因如下。

第一，认识误区。有的院校认为国防教育更应该放在校外进行，学生在校期间时间太短，没有必要进行系统的学科建设和实行；作为高职院校更是应该将培养学生专业技能为主，高职院校的责任应在为社会输送高技能型人才。更有院校更是直接忽略军事理论，认为只要执行军事训练即是完成了国防教育，导致国防教育的功能不能完全体现。

第二，环境因素。目前我国的发展已经取得了举世瞩目的伟大成就。面对和平稳定的环境，虽然国家十分重视国防教育，特别是国防教育在高校中发挥的作用，但落实到地方高校，并没有得到相应的重视，国防教育的育人功能层层弱化，无法发挥应有的作用。高校对国防教育的认识存在偏差，使得国防教育在校内陷入尴尬境地，影响了国防教育在高校应发挥的作用和功效。主流宣传不到位，导致学生对国防教育主观上无法认同，仅求课程的通过，对其内涵和外延均不能充分认识。

三、实现高职院校国防教育育人功能的途径

"高校是全民国防教育的基础和主阵地，高校的全体教职员工和学生都是受教育者，其中学生是重点对象。"[①] 高职院校作为我国高等院校的重要组成部分，肩负教书育人、服务社会的重要责任。想要实现高职院校国防教育的育人功能，使其服务学生、服务社会、服务国家，就必须研究其功能发挥途径和保障措施。研究南京高职院校国防教育案例后，总结有以下可行的途径。

（一）制度建设

一是建立健全地方高职院校国防教育法律法规。总结现有涉及高职院校国防教育的法律法规及其相关文件有：《兵役法》《国防教育法》《普通高等学校军事课教学大纲》等。因此，各级立法部门应出台相应的法规或条例，地方政府应出台可供高校实施的政策性文件，做好法律保障和制度建设。

二是建立高职院校国防教育的领导管理体系。要将国防教育工作纳入高职院校党政重点工作和学院重点工作中去。明确职责与分工，顶层设计，统一领导。加大对国防教育的人力和物力投入，专款专用，保障良好的建设环境。

（二）师资力量建设

师资水平对国防教育在高职院校中的发展及功能实现具有举足轻重的作用，师资队伍的水平影响着国防教育效果。高职院校首先需要梳理出国防教育教师资格选拔机制，吸引一批政治正确、知识渊博、乐学善授、乐

---

① 石虎：《普通高等学校国防教育的功能研究》，武汉理工大学，硕士学位论文，2008年。

观积极和综合身体素质过硬的教师组建专业团队。同时高职院校亦可聘请军事院校、地方人武部、军事院所、军队等专家作为校内国防教育师资团队的培养导师，对校内国防教育教师团队进行定期培训，以提高校内教师团队的专业性。此外，要对校内校外师资力量进行考核，不提倡"终身制"，多为团队提供新鲜血液，以增强团队的核心能力。

（三）课程改革

把握国防教育在高职院校一"理论"、一"训练"的结合形式。把握住课堂教学和实践教学，校内学习和校外学习，线下学习和线上学习，"三步走"对课程进行丰富和创新。细化理论教学的各个知识点，结合时事，利用学生乐于接受的形式进行课程讲授，避免一味的"灌输"；要求课件美观，所有资料来源准确且把握热点，避免照本宣科；教授过程中，教师仪态端庄大方，穿着规定服装，授课语言规范。开展丰富多样的校外活动，利用特定节假日或纪念日组织学生积极参加国防教育活动。学期结束可将校内学习和校外学习情况综合考虑评定成绩。开发国防教育平台，利用"两微一端"把握线上学习空间，可以让学生自我管理、自我开发，教师审核，以提高学生的兴趣。

四、结语

国无防不立，面对更加错综复杂的国内外安全环境，国防教育的功能将日益突出和重要。通过高职院校国防教育育人功能的实现，为进一步培养学生爱国热情，提高国防意识，树立学生新时代总体国家安全观；为完善高职院校教书育人作用，服务社会、报效祖国；为我国实现中华民族伟大复兴营造稳定、和平、发展的氛围提供坚实基础。

普通高等院校国防教育学科建设与发展研究

边宏广 刘建宏*

摘 要：加强对大学生的国防教育，是全民国防教育的重要内容之一，抓住了普通高等院校的国防教育就是抓住了国防教育的生命线和补给线。然而，现有形势下普通高等院校缺乏除了军训之外系统的国防教育学科建设，造成了当前大学生普遍缺乏完整的国防思维、应征入伍后受过高等教育的优势不明显等不良现象。因此，探索普通高等院校国防教育学科建设，对于加速部队战斗力生成、推进科技强军战略具有重大而深远的意义。

关键词：普通高等院校；国防教育；学科建设

学科建设是普通高等院校发挥人才培养、科学研究和社会服务三大功能的重要基础，也是普通高等院校建设的核心。学科质量是普通高等院校教育质量的基本保证，学科创新是普通高等院校科技创新的基础工程，学科实力是普通高等院校的核心竞争力。学科建设包括学科方向建设、学科队伍建设，以及科研、人才基地建设。学科方向是学科建设的关键，是学科发展的根本和源动力；学科队伍建设是学科建设的核心，是学科可持续发展的根本保证；基地建设是学科建设的保证，是学科上规模、上水平的基本保障。在普通高等院校国防教育中，清楚当前学科建设现状，进一步明确学科的定位和发展思路，制定科学的学科发展战略，对于加强当代大学生的国防思维，发挥国防教育在人才培养、服务军队建设中的作用，有着重要的现实意义。

一、普通高等院校国防教育学科建设现状

1985 年，普通高校首先开展以军事理论课教学和军事训练为主要形式的国防教育试点工作，经过 20 多年发展，高等院校全面开展国防教育的条件日趋成熟，特别是 2001 年《国防教育法》颁布后，教育部、总参谋部、总政治部也联合下发了《教学大纲》等文件，大大促进了普通高等院校国防教育学科建设的发展。普通高等院校军事课有了统一的教学大纲、统编的课程教材、规范的教学内容，并初步形成了一支综合素

---

* 作者简介：边宏广（1973 年~），现任唐山师范学院党委常委，副教授，主要从事国防教育方面的研究；刘建宏（1969 年~），现任唐山师范学院武装部长，高级政工师，主要从事思想政治教育研究。

质较好的教师队伍。多数大中专院校都将军事理论和军事训练作为公共课，结合形势与政策，列入教学计划，有的高校还开设了辅修课程，开展相关科研工作，国防教育取得了较好的效果。然而，国防教育毕竟是一门全新的学科，在当前高校中仍存在着影响其发展的问题。其主要表现在以下四个方面。

（一）对国防教育的思想认识不到位，缺乏学科方向建设，直接影响了国防教育学科的地位确立

《国防教育法》虽已颁布多年，但由于宣传和普及力度不够，有的领导对高校开展国防教育的目的和意义认识不足，认为地方高校搞点军事训练足矣，没有必要开设军事理论课，只是因为国家法律法规和上级部门文件的规定，才勉强把该课程列入学校教学计划，实际上并不重视。此外，有些从事该课程教学的教师也对高校国防教育的重要意义和发展前景缺乏应有的认识。由于目前国家学科目录中还没有国防教育这一学科，缺乏学科方向定位，这些教师在职称评聘、申请课题和开展研究等方面困难重重。久而久之，严重打击了他们工作的主动性和积极性，在一定程度上也影响着高校国防教育课程的建设和发展。

（二）学科队伍建设较薄弱，科研经验不足，影响国防教育学科建设的深入开展

良好的师资力量和学术骨干，是加强普通高等院校国防教育的人才保障。从全国范围来看，一类高校多数已进行了多年的军事训练、军事理论教学试点，拥有一支较好的师资队伍，一般每所院校军事教研室有4~6名专职教师，但因近年不断扩招学生，其师资力量也只能勉强满足其本校的教学需要，难再支援其他高校的教学。不难看出，国防教育学科建设师资力量仍然严重不足。二类高校多数成立了军事教研室，并由行政干部兼任教研室主任，却没配备专职教师；少数院校领导是重视的，虽配备了1~2名专职教师，但大量的军事理论课教学工作还要由保卫处、学生处的行政干部或学生辅导员兼职承担。三类高校一般没有设立军事教研室，自然没有专职教师，多数院校都只是安排一两名某行政部门的干部或学生辅导员兼职负责国防教育工作。

（三）国防教育课程内容体系不完整，系统性较差，教学内容零散，人才基地建设欠缺

规范教学活动，提高教学质量，是加强普通高等院校国防教育学科建设的前提。当前高校普遍存在国防教育课教学不够规范的问题：第一，军事训练方面，学生实际训练的时间和科目普遍达不到《教学大纲》的要求。一、二类高校学生军事训练的教官一般由省教育厅和军区统一调配，帮训教官在数量上勉强能保证学生训练的需要，实际训练时间一般在 8～12 天，有的学校只训练 5～7 天；训练科目仅限于队列、停止间转法、齐步、正步、跑步等，与《教学大纲》的要求有很大差距。三类高校因教官数量和经费保障等原因，学生实际参加训练的时间一般还会短，训练科目更少。第二，在军事理论教学方面，一类高校一般安排 36 学时、2 学分，院校能严格按公共课的标准安排教学，授课班级学生数在 120 人以下，教学效果较好。二类高校多数达不到《教学大纲》的要求，教学效果较差，这些学校一般安排 18～36 学时，1～2 学分，授课班级学生数多达 250 人，教师大多数是学生辅导员、行政干部等兼职教师。三类院校军事理论课教学就更不规范了，大多没有按《教学大纲》要求开设该课程，但为了应付上级教育行政主管部门的检查和评估，这些高校一般在每年新生入学时安排 3～5 天的军事训练，此间顺便请军训教官或学生辅导员老师开设一两次国防教育知识讲座，就算是完成了这门课程的教学，此类院校在普通高等院校中所占比例较高。

（四）学科教学的基础设施短缺，尤其是现代化教学技术应用欠缺，再加上学科基地建设严重滞后，影响了国防教育学科建设质量的提高

主要体现在：第一，军事训练设施、场地不足。普通高等院校的招生规模日益扩大，而训练的设施、场地没能及时地增加，进行军事训练时不得不在一个标准体育场安排 3000～5000 名学生，难免出现队伍站不开，正常训练项目难开展的问题。第二，教学硬件设施不足。多数普通高等院校的教室、多媒体器材等教学资源数量不够，加上一些院校教务部门存有偏见，军事理论课经常被安排在下午或晚上，学生学习情绪本不高，又缺少多媒体教室，内容过于抽象，影响教学效果。第三，现代化教学技术应用欠缺，从而导致国防教育学科教学资源分配不均，不能充分共享。第四，国防教育基地建设严重滞后，大学生的预备役身份与能力大相径庭。

二、普通高等院校国防教育学科建设的意义

（一）加强国防教育学科建设，注重当代大学生国防思维生成，快速形成战斗力是国防安全的需要

国防思维的生成是一个潜移默化的过程，因此需要加强国防教育的学科建设，只有完整系统的学科教育，才能帮助大学生生成、强化国防思维。因此，加强国防教育学科建设，注重当代大学生的国防思维生成，吸纳高学历、高技能的大学生入伍，并且快速形成战斗力是国防安全的需要。

(二) 加强大学生国防教育学科建设，强化主体大学生的忧患、责任、奉献意识

改革开放以来，我们国家抓住世界总体趋于和平的大好时机，以经济建设为中心，埋头苦干，综合国力得到明显增强。但随着经济繁荣，我们的国防意识却相对淡漠了，国防教育放松了。尤其是现在的大学生长在红旗下，远离炮火和硝烟，生活在幸福甜蜜之中，越来越缺乏忧患、责任、奉献意识。因此需要加强国防教育的生命线和补给线——普通高等院校的大学生这一群体的国防教育，强化他们的忧患、责任、奉献意识，这也是我们普通高等院校国防教育学科建设质量的考核指标。

(三) 加强大学生国防教育学科建设是科技强军战略的必然要求

加强大学生国防教育学科建设是大学生应征入伍工作的前提。大学生应征入伍工作在缓解大学生就业严峻形势的同时，更重要的是能够充实高技术部队的技术骨干力量，有利于军队培养一支高素质的人才队伍，有利于加强中国军队的现代化建设，提高部队战斗力。这个政策将为推进科技强军战略、加速部队战斗力生成模式转变和军事训练转变做出新的更大贡献。然而在校期间，系统、全面的国防教育学科教学是不能跨越的，否则将造成当前大学生普遍缺乏完整的国防思维、应征入伍后受过高等教育的优势不明显的不良现象，从而不利于科技强军战略的实现。

三、普通高等院校国防教育学科建设及改进措施

从学科建设路线来看，传统的学科建设，是学科知识经过长期、自然的积累形成比较成熟的逻辑概念体系，学科的精神规范得到了学科内外同行的公认，学科声誉和价值得到社会的公认，建立了内在观念建制之后，再带动外在社会建制的确立。这是一条符合学科建设基本规律的"由内而外"的传统路线。但也是一条效率非常低下，被动自生的路线。因为在外在建制没有确立的情况下，学科缺少有组织、有目的的研究环境和专门的足够的支持资源，需要很长的时间克服无数困难和障碍。虽然国防教育还没有成为一门真正意义上的学科，其内在观念建制尚未形成，但是作为一门潜在学科，它已经符合了学科成立条件，如果条件允许并经过努力是可以迅速成长成熟的。本文认为，从适应我国国防教育事业发展需要的方面考虑，迫切需要建立国防教育学科来提供教学和理论上的指导，我们可以在内在建制尚未成形的情况下，从以下几个方面着手，充分发挥外在建制对内在建制的强大推动作用，来加速学科内在建制的成长。

（一）提高认识，确立国防教育学科的基础地位

国防教育法制化，在国务院学位办修订学科门类目录中应明确国防教育学科的基础地位。普通高等院校国防教育学科建设发展要有所突破、有所发展，必须有法律做保障，要立法，而且上级教育主管部门应明文规定普通高等院校必须开设国防教育课程，并作为评估高校办学水平的一个指标，与学校招生人数相挂钩，促进普通高等院校领导的重视。国防教育应逐渐成为一个学科，进行持续研究发展，争取各方面的投入和建设。教育主管部门应指令性明确规定国防教育在普通高等院校整体课程设置中的重要地位。它是必修课程之一，纳入教学计划，并将其考试成绩计入升留级条件之中，与学校推荐就业工作直接挂钩，在大学生"村官"、选调生、"三支一扶"、创业等优惠政策上建立必然联系。

（二）切实加强大学国防教育师资队伍正规化建设

第一，建立一支高素质的国防教育专业师资队伍是提高大学国防教育教学质量的关键。教师是教学第一线的组织和实施者，如果没有一支坚强的、高质量的教师队伍，教学质量就难以提高。国防教育专业师资队伍建设，可以实行"择优选调""两条腿"走路的方针，即主要从高校国防教育战线从事教学工作有丰富经验和相当水平的教员中选调，以他们为教学骨干。

第二，对目前的军事课教师进行培训，如举办学习班、脱产学习等，提高他们的军事素质。其师资队伍建设还必须加强领导，建立必要的规章制度，督促和激励教师进取，做到政治上爱护、思想上帮助、工作上支持、生活上关心，尽可能解决教师的实际困难，以解后顾之忧。同时，制订出中、长期国防教育教师培养规划，逐步建立和完善国家、省市、高等学校三级教师培训制度，有计划、有目的地培训中青年教师。方式上可以采用在职深造、短期培训、交流学习、外出（包括出国）考察等多种手段，开阔视野，提高教学科研的综合能力。

第三，军事教师（指专职教师）队伍的职称、学历结构，从长远发展来看，是关系到国防教育课程的深入发展、质量提高的关键因素，今后要组建成职称、学历结构合理的教师队伍，军事教师的70%应具有大学本科学历、30%具有硕士学位，军事教研室的职称构成应接近1∶2∶4∶3（教授∶副教授∶讲师∶助教）。

（三）开设远程国防教育授课，使国防教育学科发展实现网络化、信息化

信息技术的发展使我国的教育在教学形式、教育模式、办学形式、教学制度、教育思想、教学内容、高校功能、学校管理和教学组织形式等方

面发生了一场前所未有的革命性变革。在军事教学领域，网络基础设施建设、网上教学资源建设，正在飞速发展。尤其是国防教育，随着国防建设本身信息化建设的大踏步前进，以及国防教育在教学内容上跨学科、牵扯技术层面多等因素，信息化教育的任务更加迫切。当前，部分军事院校已然在国防教育方面取得了较大进展，如国防大学建成了"战役指挥训练模拟系统"，根据信息化条件下作战的特点和规律，采用微电子技术、多媒体网络技术，解决诸兵种联合战役的模拟训练问题，使战役训练方式发生了根本性变化；海军指挥学院利用集信息浏览、图书资料、虚拟网站、电子邮件、文件传输、远程登录等多项服务功能于一体的校园网与军内广域网联接，使海军中高级指挥人才教学训练实现了网络化。一方面，国防教育信息化的任务极为迫切、艰巨；另一方面，信息化教育在各授课点同时展开需要大量设备投资，信息化教育建设不能脱离我国国情和教育投资整体水平的约束。为此，促进信息技术在国防教育中的应用，不但能满足信息化教育所需，而且可最大程度地利用相关设备、资源的规模效应。

（四）搞好国防教育学科相关教材建设，完善国防教育课程的内容体系

为确保国防教育质量的不断提高，应大力提倡结合实践开展国防教育的教材、软课题研究工作。国家有关领导部门应予以支持和关照，创造条件，招标研究课题，召开学术研讨会，使我国的国防教育沿着科学化管理的轨道不断发展。

（五）根据军兵种、区域的不同，探索依附于基础国防教育学科设置的"订单式人才培养"的特殊国防教育

换句话说，就是根据国防的需要、部队的需要，对具有相关特长的大学生进行重点培养教育。譬如，现代战争讲究以远程和高空精确打击为主的"非接触性战争"，可以借用科研机构院校和学习相关技术的普通高等院校进行"订单式"的国防教育培养，以实现国防人才的无缝对接。因此，这部分国防人才在成才之前可以拟定培养模式和标准，并和大学生应征入伍同时进行，以提高人才培养使用的效率和质量。

综上所述，国防教育学科建设和发展任重而道远，现实留给我们的时间比较紧迫。当前国际局势的紧迫性，要求我们普通高等院校应高速、高效强化在校大学生的国防思维和忧患意识以应对复杂的局势，让我们携手为加强普通高等院校国防教育学科建设，为科技强军战略，为国防建设贡献自己的一份力量。

普通高校国防教育规范化建设研究

王群立*

摘　要：本文依据我国当前国防教育的现状，指出加强高校国防教育规范化建设的重要意义，探讨高校国防教育规范化建设的必要性，分析当前高校国防教育存在的问题，并提出相应的措施和对策，以促进高校国防教育的发展，使其在人才培养中发挥应有的作用。

关键词：普通高校；国防教育；规范化建设

国防教育是一个国家为了捍卫主权、领土完整和安全，抵御外来侵略，有组织和有计划地对全体公民在国防政治、国防知识、国防形势、军事技术、国防技能等多方面施以影响的教育活动。习近平总书记指出，要加强全民国防教育，增强全民国防观念，强化全民国家意识。《中华人民共和国国防教育法》规定：国防教育是建设和巩固国防的基础，是增强民族凝聚力，提高全民国防素质的重要途径。其目的是弘扬爱国主义和革命英雄主义精神，提高民族凝聚力和国民忧患意识，增强全民的国防观念，建设和巩固国防，维护国家的安全和统一。

"国家兴亡，匹夫有责。"高校实施国防教育是国家战略发展的需要，是新时代国防建设的重要组成部分，是提高全民素质的需要，是和平年代储备国防后备力量的需要，是国防现代化建设的需要。国防教育作为大学生的一门必修课，是高校立德树人的重要途径，它关系到党和国家的前途和命运。大学生是国家的未来和希望，作为祖国培养的高素质人才，担负着祖国未来事业继承和发展的重任，接受国防教育是义不容辞的神圣使命和职责。国防教育在国防后备力量建设中是其他形式不可替代的，具有重要的战略意义。

一、普通高校国防教育规范化建设的意义

我国高校国防教育要得到更大发展，真正实现在高等学校国防教育的教学目标，全面提高国防教育质量，培养全民国防意识和大批新时期国防后备力量，当前无论教学手段和教学规范化建设都存在着许多问题。

纵观我国高校国防教育发展的历史，自1955年7月30日第一届全国

---

* 作者简介：王群立（1967年~），男，湖南保靖人，硕士，吉首大学国防教育学院高级政工师，主要从事国防教育、思政教育研究。

人大二次会议通过《中华人民共和国兵役法》公布施行，高校国防教育至今已有50多年的历史。2001年《国防教育法》的颁布实施，2006年教育部、总参谋部、总政治部联合印发《普通高等学校军事课教学大纲》以来，也已走过十多年的历程。

然而，我国当前高校国防教育状况自颁布《兵役法》以来虽有所成就，但要满足我国现实国情的需要，有效应对国际形势，却不容乐观。据了解，当前全国近3000所高校真正全面实施国防教育的却不到50%，呈现出东部强于西部、南方强于北方的局面。多数高校的国防教育存在流于形式，普遍不受重视，疲于应付，政令不畅，思想不统一，落实力度不强，检查措施不到位，国防教育机构设置不合理、职能不明确，教材泛滥，军训时间长短不一，不按大纲要求行事，缺乏专业师资队伍，经费投入不足，场地、设施设备严重不足等问题，这是我国高校国防教育发展滞后的重要原因，更是我国高校国防教育发展的瓶颈所在。

二、普通高校国防教育规范化建设的主要内容

（一）规范国家教育行政部门的职能和责任

国家教育行政部门主要负责高校国防教育的学科建设和教学实施，要将高校国防教育放在国家思想政治教育的总体系中，作为一门独立的学科加以建设。国家教育行政部门负责高校国防教育师资的培养和教学的开展，要鼓励高校国防教育的教学和科研活动，为其提供与其他学科同样的教学科研场所和经费，并对高校国防教育开展的情况定期检查和评估。同时，国家教育行政部门要对高校学生的爱国主义和国防意识教育承担责任。

（二）规范军事部门的职能和责任

军事部门主要负责高校国防教育中教师的军事理论培训和学生军事技能训练。负责为教师的军事理论培训提供教学条件，为学生军事技能训练提供教官和训练装备、训练场地。同时，军事部门对高校学生的军事素养和军事技能训练效果承担责任。

（三）规范高校国防教育的机构名称

当前，自教育部国防教育办公室以下，各省市学校国防教育机构一般都以"学生军训工作办公室"命名，高校内一般以"学生军训工作教研室"命名，不能准确反映其职能，这种情况严重影响了高校国防教育工作的严肃性及其内涵建设。学生国防教育被称为"学生军训工作"虽是我国国防教育的历史产物，但随着国际国内形势发展的需要，我国高校国防教育的内容已经不能满足于现状，其军事理论课程、各种国防教育文化艺术

宣传活动等相关内容，已经成为国防教育的重要组成部分。其名称中的"学生军训工作"已经名不副实。为此，笔者认为，"学生军训工作委员会"应该改称为"学生国防教育工作委员会"，"学生军训工作办公室""学生军训工作教研室"也应该改为"学生国防教育办公室"和"学生国防教育教研室"。

（四）规范国防教育组织机构的隶属关系

当前，我国高校国防教育组织机构普遍存在着设置不合理、职能不明确、隶属关系模糊等问题，尤其是从事国防教育的国防教育教研室，名称混乱（如军事理论教研室、学生军训教研室、军事理论课教研室等）、隶属不一（如分别设置在人武部、学工部、学生处、保卫处、社科部、公共基础部、教务处、体育教研室、思想政治教研室等，甚至合二为一）。由于机构设置混乱，很难划清职责，国防教育的学科地位仍然是"名不正、言不顺"，必然被边缘化。这样国防教育就难以有效开展，质量也难以提高。

我们都知道军事教学与国防教育虽然有相通之处，但其教学内容和目标并不一致。同时，高校国防教育也不能简单地将军事院校的军事课内容照搬进高校的教室。尤其是将国防教育划入思想政治课或体育课的做法，只强调思想教育或体育训练都是错误的，都是把国防教育的功能片面化、局限化了。所以现在高校国防教育的现状是值得我们反省的，规范组织机构迫在眉睫。

（五）规范国防教育学科的地位

高校国防教育要作为一个独立的学科进入课堂，作为大学生的一门必修课，要在高校中长期坚持、蓬勃发展、取得成绩，规范国防教育课程的独立地位就显得格外重要。当前，我国高校的国防教育几乎被边缘化，成为"豆芽课"。只有将高校国防教育建成一个完整的知识体系，机构设置才能得到保障，才有利于教师队伍的建设、教材的编写、教学的开展，规范化学科地位方能得以实现，国防教育水平才会得到提高，国防教育教学质量才有保障。所以，规范国防教育课程在高校中的独立学科地位，将其纳入高校课程建设总体规划和教学评估体系，是课程建设的首要任务。

规范国防教育的学科地位，一要在思想上重视，国家要下发文件确立国防教育的重要性和学科地位，将国防教育作为硬指标与高校的评估机制联系起来；二要重视国防教育的教研室建设，在全国高校统一设立国防教育教研室，做到有教有研、科学发展。

（六）规范并统一国防教育教材

当前，高校国防教育的教材混乱，各个省市甚至很多高校各自用各自的教材。有地方院校编写的，也有军队院校编写的。虽然各个版本书名不同，编者不同，但内容都大同小异。

高校军事课程不能照搬军事院校或军队使用的教材。教材建设是反映课程发展水平高低的重要标志，一流的课程水平必然要求具有一流的教材，规范的名称体现科学的内涵。组织全国高校国防教育的权威专家，共同编写一套适合高校国防教育实际情况的教材至关重要。在组织教材的编写、审查、出版和评估工作中，尽快完善管理体制，以便提高教材质量，并统一大纲下发使用，从而保证高校国防教育教学的实施。

（七）规范高校国防教育教学科研制度

高校国防教育教研室要制定教学方法研究制度，研讨授课提要、思路和重点，讨论教学方法和教学内容改革，以及现代化教学手段的使用、课件的研制等。同时，高校国防教育教研室要制定学术研究制度，组织参加国防理论学术研究活动，聘请国防教育的专家到校作学术交流报告等，从各个方面为提高师资业务水平创造条件，从根本上提高教学质量。

（八）规范国防教育经费、设施和设备保障

我国高校国防教育起步较晚，高校数目和学生数量基数较大，迫切需要国防教育经费、设施和设备的落实。设施设备既包含国防教育硬件，也包含国防教育软件。规范高校国防教育经费、设施和设备保障，应主要做好以下三个方面的工作。

1. 规范国防教育经费的来源

根据组织机构的安排，经费应该由教学和军训两个部门共同负担，在思想教育的课程中（如教材、师资、教室设备、资料库的建设）应该由教学部门负担，而在军事训练的耗费上可以由国家提供教员、场地和装备。具体而言，经费的出处可以分为两类，第一类是在教育部门每年的预算中专门拨给各所高校国防教育经费，第二类是从国家每年的预算中专门拨给各个军事训练基地国防教育经费，完成相应的学生军事训练任务。

2. 确保国防教育经费的落实

第一，加强高校领导者的国防教育学习。尤其是加强高校领导者对《中华人民共和国国防法》的学习，引起高校各级领导对高校国防教育的重视。确保高校国防教育能在政策上得到支持、从经费上得到保障，使高校国防教育的设施设备有计划、有目的地逐年添置与更新。

第二，规范国防教育专项经费审计制度。《中华人民共和国国防法》中规定，"国防教育经费和社会组织、个人资助国防教育的财产，必须用于国防教育事业，任何单位或者个人不得挪用、克扣。"同时也规定"违反本法规定，挪用、克扣国防教育经费的，由有关主管部门责令限期归还；对负有直接责任的主管人员和其他直接责任人员依法给予行政处分；构成犯罪的，依法追究刑事责任"。虽然该法中有经费的使用规定，也有处罚办法，但是由于缺乏相应的审计制度，导致虽"有法可依"却难以执行。

3. 加快完善国防教学设施和设备建设

国防教学设施和设备建设是高校国防教育发展的必备条件。没有良好的教学设施设备，很难取得高质量的教学效果。高校国防教育理论抽象，内容复杂。在教学中，沿用传统的办法已很难将抽象的理论形象化、复杂的内容简明化。要解决国防教育教学设备不能适应现实教学需要的问题，应从以下几方面着手：一是制定长远规划，分步实施，逐步进行建设，减少一次性大投入给学校带来的经费上的压力；二是探索与周边高校协作的新机制，对教学设施（军训基地）进行分工建设，共同使用，形成区域性教学设施的大配套和大循环；三是充分利用高校原有的国防教学设施，通过附加硬件设备，扩大软件系统来增加多媒体教学的功能，从而有效地解决经费不足与教学需要之间的矛盾；四是依托高校所在地的学生军训基地，解决高校学生军事训练装备和场地建设的困难。

（九）规范高校国防教育师资队伍

建设一支思想稳定、数量适当、结构合理、业务娴熟的专职教师队伍，是高校国防教育教学规范化建设的必要条件。抓好高校国防教育学科教师队伍的建设，一是要在提高认识的基础上，按照有关规定确定专职国防教育教师编制，努力做到定编人员到位；二是要从具有良好政治素质，热爱国防教育事业，有较高的国防教育专业水平，能够承担国防教育教学任务、具有省级以上国防教育教学岗前培训及有高校教师资格的人员中选配和培养国防教育专职教师；三是要吸纳军队院校硕士以上优秀毕业生，通过教师资格考试和国防教育教学资格培训，进入高校担任国防教育教学；四是选拔地方院校硕士学位以上优秀毕业生，通过教师资格考试并送军队院校进修，而后进入高校担任国防教育教学工作。

三、加强高校国防教育规范化的措施

（一）建立高校国防教育教师考核制度

按高校教师考核的规定、标准和方法，对国防教育教师在政治思想、教学质量、教师工作、科研成果等方面进行全面考核，考核结果与职称、评奖和工资挂钩，通过物质和精神激励，调动国防教育教师教学和科研的积极性，有效地保证高校国防教育教学的质量。

（二）将高校国防教育纳入学校教学评估体系

将高校国防教育建设列入学校教学评估体系，作为教学评估体系的重要组成部分。对国防教育的师资队伍建设、教学条件与利用、教学建设与改革、教学管理和教学效果都需要依照普通高校教学工作评估体系的标准制定和执行。在学校办学指导思想中，将高校国防教育融入学校的教学思想观念。树立"国家兴亡，匹夫有责"的思想，将教育的重要地位提高到维护国家安全的高度。建立起与自身办学特点相吻合，与社会特点和国防需要相关联的国防教育教学观念，并明确学校第一责任人的责任。

（三）建立高校国防教育教学检查制度

高校国防教育教研室要会同学校有关部门采用定期检查和不定期抽查相结合的方法，对学生到课情况、教师的授课情况、教师的教案质量、学生的课堂纪律以及对教学的反映、教学设备的使用状况等进行检查，做到国防理论教学的每个环节都顺畅运行，确保国防理论教学建设有效开展。同时，定期组织学生和国防教育教师之间的评教评学活动、国防教育教师之间的教学观摩活动，在过程中不断吸取意见，提高教学水平。

（四）建立高校国防教育科研评估制度

对高校国防教育教研室的教学科研成果进行定期评估。依照高校国防教育的科研人员水平、争取的科研项目数量、学科的科研平台效果以及科研成果质量，对高校国防教育教研室进行检验评估，按照评估结果对高校国防教育教研室进行打分和定位，将教研室的科研经费与教研室的科研评估结果挂钩，以此激励高校国防教育教研室将教学与科研相结合，多出科研成果，不断提高国防教育水平。

军事课程教学

论高校国防教育的"四个课堂"

姜春英　肖本新　吴友华[*]

摘　要：在推动军民融合深度发展背景下的高校国防教育工作，要以"强军梦"为统领，依托新生军训、军事理论教学、社团活动、网络新媒体平台等四个课堂，充分发挥各自效能，使其相互补充、相互配合，不断提高高校国防教育的影响力、感染力，以及时代性、实效性。

关键词：强军梦；高校国防教育；四个课堂

党的十八大以来，习近平主席站在时代发展和中华民族伟大复兴的战略高度，明确提出了"强军梦"伟大使命。"强军梦"不只是中国军人的梦，是需要全党、全军、全国人民共同构筑的梦。在推动军民融合深度发展、深入开展爱国主义教育的背景下，"强军梦"的提出不仅对国防和军队产生深远影响，而且也为新形势下的高校国防教育赋予了时代内涵、提出了更高要求、指明了发展方向。因此，新形势下加强高校国防教育，要以"强军梦"为统领，积极探索新路径，依托"四个课堂"，即新生军训、军事理论教学、社团活动、网络新媒体平台，充分发挥各自效能，使其相互补充、相互配合，不断提高高校国防教育的影响力、感染力，以及时代性、实效性。

一、完善高校国防教育第一课堂：新生军训

军训既是大学新生入学后的第一课，也是接受高校国防教育的第一课，在培养学生德智体全面发展和加强国防后备力量建设方面起到重要作用。但问卷调查显示，虽然大学生普遍对军训这顿"大餐"抱有很大期望，希望它"既营养又美味"，但是实际情况是"饭"的种类和质量让人无法恭维，很多学生不仅没有"吃好"，而且没有"吃饱"，甚至处于"饥肠辘辘""营养不良"的状态。究其原因，目前的高校军训情况主要存在三大弊端：军训的硬件设施和师资力量缺乏保障，军训的内容设置和手

---

[*] 作者简介：姜春英（1981年~），女，山东烟台人，硕士，重庆旅游职业学院公共基础部副教授，主要从事高校思想政治教育和国防教育方面的研究；肖本新（1965年~），男，湖北武汉人，本科，湖北工业大学武装部讲师，军事教研室主任，主要从事高校国防教育研究及大学生征兵工作；吴友华（1960年~），男，重庆人，本科，重庆大学学生工作部副处级职员，主要从事高校国防教育研究及大学生征兵工作。

段运用脱离时代,军训的后期成果和长期影响难以维持。为此,国家于2013年发布的《教育部 总参谋部 总政治部关于全面提高学生军事训练质量的通知》(教体艺[2013]1号)(以下简称《通知》)已经告诉我们:必须对大学生军训进行大刀阔斧的改革。

(一)更新观念,深化战略认识

"人才是兴军之本",尤其是在我军深入开展信息化军事训练、加快转变战斗力生成模式、加速实现两个转变的背景下,提高军人素质,加强高素质军事人才队伍建设是实现强军目标的必然要求。"大学生作为高技术人才队伍的主体,无论在年龄、知识还是素质方面都是高素质新型军事人才的首选培养对象。"[①] 因此,进行大学生军训改革,首要任务是更新观念、深化认识、统一思想,具体说来就是:要更新"军训只是一门必修课"的观念,要深化"军训事关国家安全和国防建设全局"的认识,要统一"军训服务于'强军梦'战略目标"的思想。

(二)规范管理,加强组织领导

首先,健全组织领导体系。加强国家层面统筹协调,以教育部国防教育办公室作为军地双方军训工作开展的统领机构,在党政军各级部门以及各高校成立学生军训领导小组和学生军训工作办公室,把学生军训工作纳入经济社会发展总体规划,纳入党政机关目标绩效管理考评体系,纳入国防和军队改革体系,纳入军民融合式培养人才机制,纳入高校人才质量培养评估体系,进一步加强、规范高校军事教研室和武装部建设,确保学生军训工作有领导抓、有专人管。

其次,健全综合保障机制。在各级政府财政预算中设立军训专项经费,科学制定学生军训基地建设规划,把军训基地建设及国防教育活动开展纳入城市文化发展和军民共建项目中,建立健全国家主导、学校主体、社会参与的学生军训风险管理机制,形成包括安全培训、过程管理、保险赔付、伤害预防的学生军训风险管控制度。最后,健全奖惩激励机制。建立一套覆盖各级党政机关、军队和军事院校、高校、企业等多主体的奖惩激励机制,把学生军训工作实施情况纳入政府、军队和学校工作考核评价体系,加强学生军训工作的绩效评估和行政问责。建立监测评估和年度报告制度,完善军事师资选拔和培养机制,制定军事教师专业技术职务评聘办法,制定军训教官行为规范和奖惩退出机制。

(三)优化内容,对接时代要求

《通知》强调要"坚决杜绝单纯追求汇报演示效果,只重视队列等科

---

① 姜春英:《强军梦与高校国防教育》,载《陕西学前师范学院学报》,2013年第3期。

目训练而偏废其他科目训练的形式主义倾向"，要"拓展军事技能训练的深度和广度，拓展平战结合的实用性训练内容"，如"开展军用枪射击、单兵战术、障碍跨越、捕俘拳、定向越野、野外生存、无线电测向、规避灾害、防空逃生、自救互救等课目训练"。传统的军训内容既不能适应当代军事形势的发展，也无法应对社会中各种突发公共事件，因此要根据大学生的特点，与时俱进地创新优化军训内容，以增加军训的实用性和实战性。应将生化袭击防护、战场救护、紧急疏散、防火防震防爆、野外生存、自我防卫、轻武器使用等具有平战结合、军地两用性质的课目纳入其中并作为军训的主要内容，在提高学生应急避险、自救互救和战场生存能力的同时，还可以培养学生的组织协调能力、团队协作精神以及临危不惧的心理素质，全面锻炼学生的军事素质，为培养高素质后备兵员和提高全民国防动员能力打下坚实基础。

（四）科学施训，注重长期效果

首先，军训教官方面。目前困扰高校的问题主要体现为一是教官数量不足，二是教官素质参差不齐，导致高校即使有好的军训课目设计，但是却没人教或教不好。因此，有必要拓宽军训教官来源渠道，可以通过充分挖掘高校学生自身潜力，即通过培养学生教官，形成"部队和学生教官共同施训""部队主训，军学共训"的机制。高年级品学兼优的学生骨干在寒暑假期间到部队集训后，经严格考核合格后才能获取学生教官的资格。通过培养一支稳定的学生教官队伍，为巩固军训成果提供了有力保障，军训结束后可充分发挥学生教官在学生管理工作中的作用，用军训的标准管理塑造学生，以继续保持军训成果，使军训摆脱短期突击的传统模式，形成具有长期性和可持续性的军训文化。其次，军训时间安排方面。"大学生的思想观念和各项素质的形成是一个渐进的过程。依据心理学的强化理论，学生行为如果不断受到强化，是可以形成习惯的。"[1] 因此，对于军训这门"必修课"，必须要不断"复习"，应将军训在时间和频次上加以延长。

二、规范高校国防教育第二课堂：军事理论教学

军事理论教学是高校国防教育的主阵地，对于巩固军训成果和激发学生的爱国热情、树立国防观念具有重要作用。目前，军事理论课程虽然已经成为普通高校大学生的一门公共必修课，但是离规范化还有较大距离。

---

[1] 车小英：《高校大学生军训成果长效化的探索与思考》，载《湖北函授大学学报》，2014年第3期。

因此，应该从以下两个方面进行重点突破。

（一）增强思想认识，高度重视军事理论教学工作

军事理论教学地位的弱化和边缘化现象在高校中十分突出，目前，很多高校为了给专业课腾出更多课时，将看似与专业无关联的军事理论教学安排在军训期间以讲座形式开展，军训结束，军事理论教学也随之结束。根据相关调研发现，军事理论课能够按照公共必修课形式开展的高校很少，而能够严格落实《普通高等学校军事课教学大纲》36学时规定的高校就更少了。在《通知》中强调的"高等学校不得以讲座代替军事理论教学，要严格按照公共必修课的教学要求，加强教学管理，严肃军事理论教学考试"这句话就鲜明地指出了当前高校普遍存在的问题。因此，国家相关部门要像重视思想政治理论课一样重视军事理论教学，像建设思想政治理论课一样建设军事理论教学，确保军事理论课程在高校教学体系中的重点建设地位。还要及时制定《高等学校军事课程建设标准》，加强高校军事课教学指导委员会建设，强化对高校军事理论教材编写的组织领导，加大军事理论课在"慕课"、"微课"、精品课程上的开发建设力度。

（二）理顺体制编制，加强军事课程师资队伍建设

目前，在军事教师的机制编制管理方面存在的问题主要表现在：一是军事教育机构建设不规范。按照国家规定，应该设立武装部和直属军事教研室，而大多数高校只有武装部而没有军事教研室，而且很多高校的武装部要么合并到学生处，要么合并到思政部，要么合并到体育院系或保卫处，有的甚至没有武装部，那么军事教研室的命运就可想而知了。二是军事师资队伍建设不规范。专职军事教师数量很少甚至没有，大多采用外聘或辅导员兼职，军事理论课教师的来源不畅、专业化水平较低、学历层次偏低、科研能力不足、缺乏培训进修机会等。因此，国家相关部门应明确军事教研室在高校中的编制实体地位，使其在高校组织机构中享有独立行使职能的权利，使军事课教师获得归属感。同时，要拓展军事课教师的来源渠道，探索"专兼结合，以专为主"的道路，加强对办公条件和科研经费的保障力度，加大军事课教师的培训培养力度，完善军事理论课教师专业技术职务评聘办法，从而建设一支政治强、业务精、素质高的军事课教师队伍。

三、搞活高校国防教育第三课堂：大学生社团活动

大学生社团是校园文化的重要载体，是提高大学生综合素质的有效途径，也是开展国防教育的重要渠道。"高校军事类社团由一群喜欢军事历

史、爱好武器装备、关心国际国内军事格局,渴求国防知识的热血青年组成"①,社团宗旨以激发爱国热情、普及国防知识、增强国防观念、提高军事素养、提高自我能力为主。积极的军事类社团活动可对学生的爱国情感、国防意识、国防行为的提升起到潜移默化的作用,是军事理论课堂教学的有益延伸和补充,可以极大地拓展高校国防教育的内涵和空间。鉴于当前高校国防教育师资力量不足、课时不多、覆盖面不大的现状,高校要充分利用大学生社团的覆盖性、自发性、灵活性特点,充分挖掘学生自身的潜能,发挥学生的主体作用,同时给予相关指导。依托丰富多彩的社团活动,在校园中营造浓厚的国防文化氛围,形成关注国防、热爱国防、参与国防的舆论导向,从而不断提高高校国防教育的影响力、号召力和感染力。

整理归纳全国高校军事类社团活动,主要包括以下十类:一是举办各类军事讲座,除了邀请军事专家、学者来校进行公开讲座外,社团内部定期组织由会员主讲的小讲座;二是举办国防理论类型的竞赛,如国防主题知识竞赛、国防主题征文比赛、国防主题演讲比赛、国防主题辩论赛、军旅歌曲大赛等;三是举办国防技能类型的竞赛,如举办真人CS野战赛、兵棋推演比赛、军事趣味运动会等;四是参观爱国主义教育基地、红色革命圣地及参观军营等;五是定期举行军事图片展览、军事手抄报展览、军事模型展览等;六是定期播放军事题材影片和纪录片;七是协助学工处、武装部开展征兵宣传工作;八是完成每周升国旗活动;九是开展公益性质的志愿活动,如"关爱老兵"志愿服务活动、募捐军训服温暖农民工活动等;十是进行体能训练,如学习军体拳、防身术等。

四、创建高校国防教育第四课堂:网络新媒体平台

国务院在2015年印发的《关于积极推进"互联网+"行动的指导意见》(国发[2015]40号)中指出,"互联网与各领域的融合发展具有广阔前景和无限潜力,已成为不可阻挡的时代潮流。"在互联网时代,新媒体无孔不入,已深刻地渗入当代大学生的生活之中,对他们的思维方式、行为模式、学习方式等产生了巨大影响。新媒体以其特有的交互性、即时性、开放性、便捷性、个性化优点,为高校国防教育在创新和拓展教育载体、教育资源、教育模式等方面提供了良好契机和难得机遇。因此,高校要利用网络工具和资源积极开辟国防教育的新阵地、新平台,促进高校国

---

① 齐文娟等:《浅谈高校学生军事类社团对军事理论课教学的促进作用》,载《大学教育》,2015年第6期。

防教育与网络新媒体的有机融合。

（一）创办国防教育新闻网站

在学校网站中设立专门的国防教育专栏，将军训报道、军事理论教学成果、征兵宣传、军事资讯、国防知识宣传整合起来，除了报道军训新闻和将军事课的优秀学生作业展示出来外，要及时将大量军事资讯、军事前沿动态，以及大学生关注的军事焦点、热点、难点问题上传网络并定期更新，同时链接全国各地优秀国防教育网站，让学生通过集时代性、知识性、趣味性于一体的网站专栏，进一步得到深入的国防教育。

（二）开设国防教育网络课程

"网络化教学将彻底打破多少年来人们习惯的教学模式，引发教育领域里的一场革命，而在大学生军事理论课中实施网络教学也是势在必行。"[1] 目前，"慕课""微课"方兴未艾，教师可以有针对性地将一些教学重点、难点问题录制成"慕课""微课"，供学生课外学习。或将已经开发的国防教育网络课程作为选修课让学生利用课外时间学习，如在"爱课程"网和"智慧树"网均有国内重点高校开设的军事理论网络课程，学习完毕并考核合格，可以获得认证证书，这种方式可以弥补本校师资力量不足的弱点，使学生接受到其他高校的优质教育资源。

（三）搭建国防教育社交平台

微博、微信、QQ是当前普遍使用的大众交流平台，高校国防教育应主动融入微博网络社区、微信朋友圈、QQ群中去。开设博客、微博、微信公众号，由学生负责日常维护管理，及时发布国防消息和军事动态，从知名公众号中搜集遴选出具有趣味性和知识性的军事小说、军事视频、军事游戏等，在寓教于乐中使学生养成经常关注军事信息的习惯。

总之，要紧紧围绕"强军梦"战略目标，对高校国防教育进行大刀阔斧的改革，通过完善第一课堂、规范第二课堂、搞活第三课堂和创建第四课堂，构建一套具有时代性和实效性的高校国防教育模式，使关心国防、热爱国防、参与国防成为大学生的思想共识和自觉行动，激发大学生的爱国之心、强国之志、报国之行，为实现"强军梦"提供强有力的智力支持和人才支撑。

---

[1] 张占武、常维东：《普通高校军事理论课教学规律及其特点分析》，载《黑龙江高教研究》，2015年第10期。

论 PBL 教学模式对高校传统军事课堂五大要素的转变

胡志荣[*]

摘　要：PBL 教学模式运用于高校军事课堂，促使传统课堂五大教学要素的发生转变。教学理论从"行为主义学习"转变为"建构主义学习"，教学目标从"重在掌握知识"转变为"重在发展思维能力"，师生角色由"教师输出者—学生接收者"转变为"教师引导者—学生探究者"，教学主体由教师主体转变为学生主体，教学考核评价由较为单一的"终结性考试"考核评价转变为多元的"形成性兼具终结性"考核。这五大要素的转变有利于军事课堂效果的提升和学生能力的培养。

关键词：PBL 教学模式；传统军事课堂；建构主义学习

一、引言

目前我国高校军事课的教学，大多仍沿用传统教学模式，即教师在讲台讲，学生在座位上听，两者泾渭分明。军事课教师根据教材，借助多媒体或黑板板书的形式向学生传授军事知识，学生在座位上听讲、做笔记，在课后对相关知识点予以必要的复习。这种传统模式的教学过程中，教师是教学过程中的唯一"主宰"，是知识的传授者，学生是知识的被动接收者，学习内容的主要来源是较为单一的军事理论教材。这种传统教学模式被概括为"教师传递知识—学生接受知识"模式。

PBL 教学模式是指基于问题的学习（Problem-Based Learning，PBL）的教学模式。PBL 模式以问题为学习导向，以学生为教学中心，以贴近学生日常生活面对的复杂而有意义的真实性问题为基础，使学生通过对问题的自主探究掌握相关知识，提高相关技能，发展相关思维，培养学生自主学习和深度学习习惯的教学方法。在教学过程中，教师的主要任务是提供学生所需要的学习材料，引导学生解决拟真情境中的问题，通过锻炼学生发现、分析和解决问题的能力来发展学生的思维能力。

PBL 教学模式为高校的教学改革提供了一种新的思路，它被越来越广

---

[*] 作者简介：胡志荣（1984 年~），男（汉族），江西永丰人，福建师范大学历史学硕士，现任西南石油大学军事教研室副主任，讲师，主要从事国防教育研究。

基金项目：四川省科技厅 2018 年度软科学发展项目"规范社会力量参与学校国防教育研究"（项目编号：18RKX0024）；2017 年西南石油大学教师教学研究项目"PBL 教学模式在军事理论课教学中的研究与实践"（2017JXYJ–43）。

泛运用到各学科教学中,尤其是医学、数学、法学等课程,在高校思想政治教育课程教学中也得到运用实践,取得了较好的育人效果。当前,部分高校的军事理论课程的教学,也在积极展开 PBL 教学实践,这一教学模式的运用,对军事课堂的传统教学模式造成了巨大的冲击,下文将着重分析 PBL 教学模式是如何改变传统教学五大要素的。

二、PBL 教学模式对传统军事课堂五大要素的转变

(一)教学理论上:从"行为主义学习"到"建构主义学习"的转变

高校军事课堂的 PBL 教学模式运用,在教学理论上将"行为主义学习"理论转变成"建构主义学习"理论。

传统的高校军事课堂教学,它是以行为主义学习理论为指导的。简单地说,这种理论认为,学习是个体对外部刺激做出的被动反应,学习的过程是一个"外部刺激—个体反应"的过程。所谓"外部刺激"就是指教师传授知识和技能,"个体反应"是指学生掌握知识和技能。在行为主义学习理论指导下的传统军事课堂教学,强调的是军事教师对军事理论相关知识和技能的传授,重在以学生对军事知识的接受程度、对军事技能的掌握程度评价教学质量的好坏。

建构主义学习理论则反对行为主义学习理论将学习描述为"外部刺激—个体反应"模式,认为学习是学习者根据得到的信息主动地建构意义,而非被动地接收信息刺激。具体地说,学习是学习者根据自身已有的知识和经验,主动地将所获得的外部信息进行选择、加工和处理,得到属于自己的新的知识和理解,这就是建构主义学习。所以,建构主义学习理论反对"填灌式"教学,而主张教学者要重视学生原有的知识经验,重视学生自己对问题的理解,以此为依据,引导学生从原有的知识经验中生长新的知识经验。

高校军事课堂的 PBL 教学模式的运用,就是将传统课堂的"行为主义学习"转变成"建构主义学习",它不仅在于使学生掌握军事理论知识与技能,更注重以贴近学生生活的军事问题为切入点,让学生通过思考交流将军事知识建构并内化成自己的理解,将军事技能建构成自己的技能,获得属于自己的意义。同时,以学生发现问题和解决问题的思维能力培养、学生国防意识、使命担当意识的生成作为教学理论的实际运用效果和教学质量评价的标准之一。

(二)教学目标上:从"重在知识掌握和价值观养成"到"重在思维能力发展和正确价值观树立"的转变

高校军事课堂的 PBL 教学模式运用,在教学目标上将"重在知识掌握

和价值观养成"目标转变成"重在思维能力发展和正确价值观树立",突出能力培养的目标。

在教学中,教学目标是向导,制约着其他教学要素,也是教学评价的主要标准和尺度。目前,高等学校军事课程仍沿用2007年修订的《普通高等学校军事课教学大纲》,大纲课程目标规定:"军事课程以国防教育为主线,通过军事课教学,使大学生掌握基本军事理论与军事技能,达到增强国防观念和国家安全意识,强化爱国主义、集体主义观念,加强组织纪律性,促进大学生综合素质的提高,为中国人民解放军训练后备兵员和培养预备役军官打下坚实基础的目的。"[1] 根据大纲的要求,军事课程每一章节内容的具体教学目标,通常分为知识目标、能力目标、情感态度价值观目标三大块。

但是,在现实的教学实践中,上述军事课的三大教学目标,往往突出的是知识目标和情感态度价值观目标。因为高校军事课堂通常采用传统教学模式,以教师课堂讲授或专家讲座形式为主,师生间接触较少,通常又缺乏课后交流和互动的平台。此外,高校国防教育在各高校的现实运作中,军事课程的课时普遍被压缩,导致教学课时紧迫。凡此种种因素的存在,其结果是军事课授课过程中,教师往往在有限时间内首先注重的是军事知识的传授,其次才是学生爱国情感态度、国防意识和社会主义核心价值观的养成。学生在学习过程中,以对军事知识的获得为主要学习目标,在接收到知识的基础上获得一定程度的情感态度价值观的体验和感受。这种传统教学模式,确实是"教师传递—学生接受"的单一教学方式,虽然能使学生在较短时间获得较多军事知识,但忽略了对学生分析问题和解决问题能力的培养以及创新思维的锻炼,反过来又将导致学生对接收的大量信息缺乏真正的理解,从而使知识目标也大打折扣。

PBL教学模式在军事课堂的运用,除了达成知识和情感、态度、价值观目标外,更为强调对学生能力目标的实现,尤其是对学生发现问题和解决问题思维能力的培养锻炼。在PBL教学模式运用中,学生可以通过自身学习发现问题,或者带着教师提出的贴合生活情境的现实问题,通过搜集资料、相互讨论交流等方式共同解决问题,这是一个自主学习的过程。在这一过程中,学生根据自己的知识基础以及想达到的知识目标,紧扣问题展开思维活动,进行自主探究,在学生自主探究进展受阻

---

[1] 教育部、总参谋部、总政治部关于印发新修订《普通高等学校军事课教学大纲》的通知(教艺体 [2007] 1号)。http://www.moe.gov.cn/s78/A17/twys_left/moe_1061/moe_796/s3289/201001/t20100128_81135.html。

时，教师通过层层引导，学生思维步步跟进，最终解决问题。整个过程中，学生不仅主动获得相关知识，而且其"发现、分析、解决"问题的思维能力获得极大的发展，同时在此过程中，也容易使学生获得情感体验，树立正确价值观。因此，PBL教学模式，是学生"自学—自主探究"的模式，它的运用，使军事课的教学目标发生了从"重在知识掌握和价值观养成"到"重在思维能力发展和正确价值观树立"，以突出能力目标为主的转变。

（三）师生角色上：由"教师输出者—学生接收者"向"教师引导者—学生探究者"的转变

军事课堂 PBL 教学模式的运用，将师生角色由传统课堂的"教师输出者—学生接收者"转变为"教师引导者—学生探究者"。

军事课传统教学模式下，教师往往是课堂的主体，是知识权威的象征，是知识的输出者；而学生是课堂的听众，是知识的被动接收者。两者的角色在某种程度上是对立而非互补的，知识的传递是单向而非双向的。而在 PBL 教学模式下，课堂的主体由教师变为学生，教师的角色由知识的输出者转变为课堂的组织者、教学的指导者，教师的作用从传统的传递知识转变为辅导学生学习，是学生学习的高级伙伴或合作者。学生则由知识的被动接受者转变为学习主体，是教学信息的加工者、知识的主动建构者。简言之，军事课堂的传统教学，忽视学生如何学，注重教师如何教；PBL 教学模式，强调学生如何学，重视教师如何引导。

（四）教学主体及效果上：由教师主体转变为学生主体，强化学习效果的转变

军事课的 PBL 教学模式，能较好地将通常以教师为主体的传统课堂转变为以学生为主体的课堂，学生虽不是教学活动的设计者，但是教学活动的中心，在问题的提出、资料的搜集、问题的探究、小组的合作交流讨论、成果的总结汇报、学习活动的反思等方面占据主体地位。这种课堂教学主体的转变，相对传统课堂，更有利于教学效果的提升。

教学活动是由师生共同完成的，教师与学生共同对待的教学活动，如果不能形成交叉，则不能达到教学目标，不能实现较好的教学效果。一般来说，教学活动的开展，通常会有三种结果：① 一是教师与学生所对待的教学活动完全脱离（如图1），表明教师与学生拥有各自对待的教学活动，这种情况最糟糕，很难达成教学效果；二是教师与学生对待的教学活动部

---

① 徐文彬：《教学主体新论：教学主体与教学活动中的主体辨析》，载《教育理论与实践》，2007年第8期，第54页。

分一致（如图2），这种情况是教学实践中最常见的，教学效果一般；三是教师与学生对待的教学活动完全一致（如图3），这种情况较少见，是理想的教学状况，也是教师教学活动的最高追求。

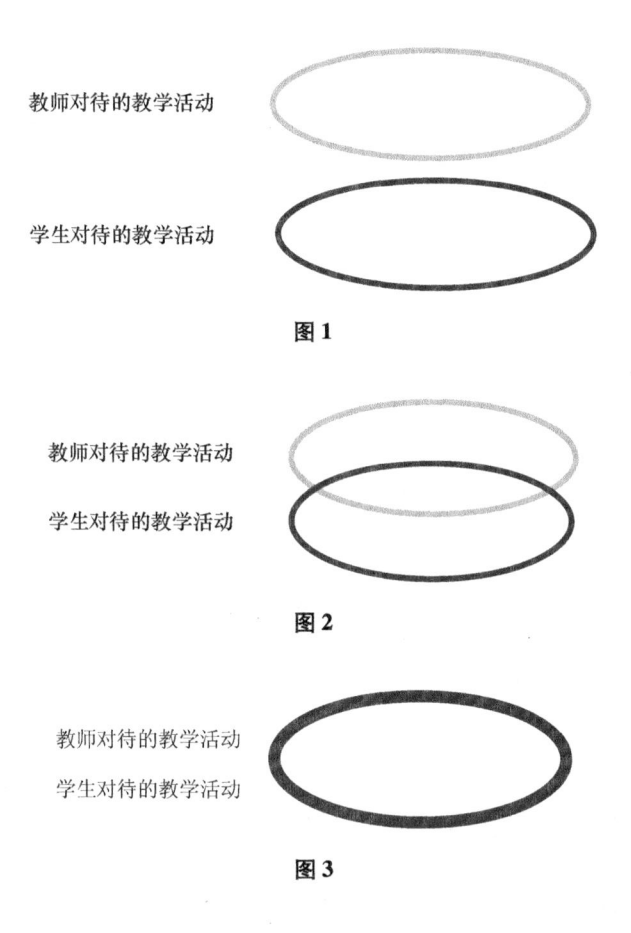

教师对待的教学活动

学生对待的教学活动

图 1

教师对待的教学活动

学生对待的教学活动

图 2

教师对待的教学活动
学生对待的教学活动

图 3

那为什么说 PBL 教学模式在军事课中的运用，能更好地提升教学效果呢？因为，第一，在该模式下的军事课堂中，问题的提出有两个来源：一是老师根据学生知识基础，按照教学目标，提出具有典型性、针对性且适合学生能力的问题；二是由学生在探究知识的过程中自主提出问题。不管是教师还是学生提出问题，两者对待的教学活动出现交集的概率较传统课堂更大，甚至可以完全一致。第二，在资料的搜集分析、对问题的自主探究和解决以及小组的交流讨论等过程中，学生是主体，教师是辅助者、引导者，教师与学生两者对待的教学活动基本是一致的。第三，在成果的总结汇报和活动反思阶段，学生仍是主体，教师的主要工作是对学生的总结反思进行补充或纠正。在这个过程中教师与学生双方展开的教学活动也基本是一致的。可以说，PBL教学模式下的军事课堂，犹如大海中的航船，学生们是舵手，自主驾驶航船到达目标港口，锻炼的是他们自己的航海技术能力；老师犹如老船长，只在需要的时候，适时地进行航向的指引纠正。因此，PBL模式的运用，改变了传统军事课堂教师为主体的状况，能很好地发挥学生学习主体作用，最大限度地将教师与学生对待的教学活动一致化，学习效果也能得到较大提升。

（五）教学考核评价上：由"终结性考试考核"到"形成性+终结性考核"转变，由"单一评价"到"多元评价"转变

传统的军事课堂，因重在军事知识和技能的传授，其考核方式往往重在期末一次性的纸质知识性测验，以考试分数为结果考核学生学习状况。这种考核方式可称之为"终结性考试考核"，它突出的是对学生知识结构水平的考核，忽视了对学生综合能力的考核。

在教学评价上，传统做法存在两个问题：一是注重对教师评价，忽视对学生评价，对教师评价则突出对教师的课堂教学评价，一般集中在教学过程的精彩与否、教学方法多与少、板书的有无与工整、教态自然与否、普通话标准与否等方面，忽视了教学目标的达成、教师对学生学习兴趣的培养成效、对学生能力的锻炼等方面。另外，忽视了对学生学习状态、能力效果等方面的评价。二是对学生的评价往往以教师单一评价为主，缺乏师生在评价中的交流，其结果是容易出现评价的不全面、不合理甚至不公平问题，导致学生可能对评价结果的不满和抵触，从而完全否定教师教学工作，这都不利于学生的发展与成长。

PBL教学模式运用于军事课堂，带来了考核评价方式的变化。PBL模式下的考核评价，不仅关注对教师的评价，也注重对学生学习状态和效果的考核评价。对学生的考核评价，一方面不排斥传统的纸质考试测验方法，另一方面更突出对学生学习过程中的考核和形成性评价。具体来说，PBL模式下的军事课堂考核评价：一是强调对学生学习整个过程的动态考核评价，如学生提出问题到解决问题的过程中准备是否充分、查阅资料是否用心、思考是否深入、讨论是否积极并且有质量、与同学的互动交流是否有效、解决问题是否合理、是否善于总结、成果汇报思路是否清晰、能力是否得到提高等。二是重视学生的自评和互评，通过这两种方式，使学生进一步认识自身知识和能力的优势与缺陷，增加学生之间的了解，促进学生自我提高。所以，PBL模式下的评价，是一种多元评价，注重的是对学生能力的考评，不仅能使考核评价更合理、更全面，而且更有利于发挥评价的激励作用和纠错功能。

三、总结与思考

综上所述，PBL 教学模式在高校军事课堂的运用，将军事课程的理论性和实践性结合得更为紧密，促使传统军事课堂五大教学要素发生转变。这种转变的最大特征是将学生由课堂知识的被动接收者转为建构知识的主人，从而有利于发展学生的思维能力，提高学生交流合作能力，促进学生养成深度学习习惯，有利于学生追求自我发展，适应了素质教育的要求。同时，我们也要看到，虽然 PBL 教学模式成为包括军事课程在内的众多学科争相采用的一种教学方式，但其对军事课程带来的挑战也是不容忽视的。首先是对军事课教师能力水平的挑战，如对教师的多学科知识储备、教学理念、教学方法手段、组织协调、交流沟通能力等提出更高的要求。其次是对现有军事课课程大纲、教材开发和课程设计带来的挑战。PBL 模式的运用，对军事课大纲与时俱进的修订、对新的军事课教材的开发、对传统课程设计等都提出了质疑与新要求。再次是对高校教育管理模式的挑战，PBL 模式的运用，对高校教学管理体制，对相关教学资源等都提出了新的要求。总之，PBL 教学模式在高校军事课堂的运用实践，很大程度上改变了传统军事课堂的面貌，引起了教学诸要素的变革，同时也给学生、教育工作者和管理者提出了新要求和新挑战。

基于总体国家安全观的高校国防教育课程改革研究

蒋百平[*]

摘　要：在高校开展总体国家安全观教育工作有着重要的现实意义。本文分析了总体国家安全观在高校国防教育中存在的问题，提出从规范课程教学内容、强化教师队伍建设、深化教学方法改革、完善教育评价体系等方面着手，进一步提升总体国家安全观在高校国防教育中的效果。

关键词：总体国家安全观；高校；国防教育

党的十八大以来，党中央高度重视国家安全问题，提出了总体国家安全观，党的十九大又进一步将总体国家安全观纳入了新时代中国特色社会主义基本方略，从顶层设计的高度为国家安全保驾护航。习近平总书记曾指出，"当前我国国家安全内涵和外延比历史上任何时候都要丰富，时空领域比历史上任何时候都要宽广，内外因素比历史上任何时候都要复杂，必须坚持总体国家安全观，以人民安全为宗旨，以政治安全为根本，以经济安全为基础，以军事、文化、社会安全为保障，以促进国际安全为依托，走出一条中国特色国家安全道路。"高等学校作为人才培养的主阵地，开展国防教育的目的在于让学生了解我国国防现状，培养学生爱国情怀，增强国防意识，培养国防人才和鼓励人才积极投身于国防现代化建设工作。因此，高校有必要加强总体国家安全观教育工作，加强对学生的国防精神培养工作。

一、在高校开展总体国家安全观教育工作的重要意义

（一）是贯彻落实习近平新时代中国特色社会主义思想的必然要求

认真学习贯彻落实党的十九大精神和习近平新时代中国特色社会主义思想，及时准确和深入地将党的新思想和新理论进教材、进课堂、进学生头脑，是高校当前和今后一个时期的首要政治任务。总体国家安全观作为习近平新时代中国特色社会主义思想的重要内容，如何及时准确深入地将总体国家安全观和习近平强军思想进教材、进课堂、进学生头脑，培养新

---

[*] 作者简介：蒋百平（1981年~），男，广西灌阳人，广西大学公共管理硕士学位，现任广西工商职业技术学院党委组织部（党委统战部、党委教师工作部、学院人事处）部（处）长，副教授，主要研究方向为思想政治教育、人力资源管理。

时代高校大学生国防精神，坚定"四个自信"，成为今后一个时期高校国防教育工作的重要内容。因此，在新时代高校国防教育过程中，只有全面深刻把握总体国家安全观，清醒认识中国国家安全所面临的新形势、新任务，才能真正认清高校进行国防教育改革的必要性和紧迫性，才能真正把学习贯彻落实党的十九大精神和习近平新时代中国特色社会主义思想与高校教育教学改革工作结合起来，推动高校的改革发展和进步。

（二）是贯彻落实高校国防教育工作职责的必然要求

国防是国家综合实力的体现，最为核心的就是国民精神。如果国民没有了基本的国防精神和国家安全意识，国防建设工作就无法开展，国防建设就无法取得成效，国防工程没有实质性的发展，国家安全就得不到保障。《中华人民共和国国防教育法》专门就高校国防教育工作提出了明确的要求，这也就说明在高校开展国防教育工作具有重要的现实意义。总体国家安全观作为新时代中国国防建设的指导思想，理应成为高校开展国防教育工作的首要内容，也应成为高校开展国防教育工作和日常教学工作的根本任务，才能有效推动总体国家安全观的进教材、进课堂、进学生头脑。只有通过及时、准确、深入地开展新形势下国防精神进教材进课程进学生头脑工作，不断地对青年学生进行国防精神教育，才能强化学生的国防意识和国防精神，才能确保高校国防教育工作的根本任务落到实处。

（三）是贯彻落实高校立德树人根本任务的必然要求

立德树人是高校的根本任务，高校大学生作为社会主义的建设者和接班人，必须要具有强烈的国防意识和国防精神。总体国家安全观站在中华民族繁荣昌盛发展的高度，遵循安全和发展的辩证法，将发展和安全摆在同样重要的位置，是发展的安全观，是我们党治国理政水平的又一次提高。因此，在高校深入开展总体国家安全观的学习宣传和贯彻落实，对于增强青年大学生的国防意识、国防观念、爱国主义精神和革命英雄主义精神等都具有重要的意义，有利于提升青年大学生的综合素质，坚定理想信念，确保高校立德树人根本任务得到有效落实；也有利于推动全民国防教育的深入开展，为国家的建设以及国防的巩固奠定一个良好的基础，确保国家的安全与发展得到根本保障。

二、总体国家安全观在高校国防教育课程中存在的问题

（一）教学内容缺乏顶层设计

教学内容在高校国防教育活动中起到了十分重要的作用，高校国防教育的目的和意义最终都要通过对教学内容的选择与组织体现出来，教学内容质量的优劣对整个国防教育水平的高低起至关重要的作用，教学内容更

为具体化的形式就是教学计划、教学大纲和教材。总体国家安全观是在党对新形势下国家安全的形势判断和规律把握基础上，提出的国家安全新思想、新论断、新要求，是习近平新时代中国特色社会主义思想的重要组成部分，也是当前高校国防教育的重点教学内容。目前，由于高校军事理论课大纲尚未及时修订，教材编写并未统一要求，从而导致总体国家安全观在高校国防教育工作中进大纲、进教材没有得到真正落实，课堂教学内容的要求也并未统一，从而使全面深入推动总体国家安全观进课堂尚未得到真正有效落实，自然很难对学生起到入耳、入脑、入心的教学效果。

（二）教学资源及教学模式单一

我国现阶段在普通高校国防教育过程中，缺乏健全的师资力量成为困扰国防教育工作的关键因素，也使得各高校国防教育在教学资源打造、教学辅助资料编写和教学要点统一上缺乏力量，对于打造总体国家安全观教育的教学优质资源建设等考虑不足。同时，部分高校在国防教育工作开展过程中，其教育模式仅限于单一的报告、演讲以及知识竞赛等，缺乏经常性、深入性以及实战性，用传统的教学方法开展新时代总体国家安全观教育，缺乏教育针对性和吸引力，难以充分激发青年大学生对于国防知识的学习积极性，从而使得高校的国防教育工作难以取得良好的成果。

（三）教育教学评价体系不完善

在我国现阶段的高校国防教育工作中，青年大学生对于总体国家安全观认知程度不足，其参与到国防教育过程中的积极性也不够。因此，如何有效地引导青年大学生积极学习国防教育内容，不断激发和培养青年大学生国防精神，成为各高校的重要课题。而当前高校国防教育实际工作中，仍缺乏一套合理的教育教学评价体系以及激励机制，从而导致青年大学生在国防教育学习过程中往往抱有走过场的心理，在这种情况下，学生更多是单调被动地进行国防知识的接受，一旦教师在教育教学过程中忽视了对教育方法的合理选择，很容易导致学生对教育内容产生一定的抗拒心理，这也将直接影响到高校国防教育的效果。

三、提升总体国家安全观在高校国防教育课程中效果的几点措施

（一）加强进课程工作，规范教学内容

高校在进行国防教育的过程中，要将军事理论教学纳入高校人才培养方案和教学计划中，落实军事理论教学学时和学分，并将军事理论课程成绩计入到学生档案中。同时，应将总体国家安全观作为军事理论教学的主要内容，研制课件并规范教学要求，进一步加强教学管理工作。同时，要

将总体国家安全观具体化地写入人才培养方案、教学计划、教学大纲和教学材料，成为国防教育教学的具体内容，并对这四者进行统一，从而形成对教学内容的有效规范，以保证教学目标的达成，切实使总体国家安全观在高校国防教育中的教学内容得到有效保证。

（二）强化教师队伍建设，提升教学水平

教师作为知识的传授者，其个人水平将直接关系到教学工作的水平。军事理论教师需要拥有良好的军事素质以及知识素养，才能够推动国防教育工作的顺利开展。高校应将国防教育教师队伍纳入学校教师队伍建设总体规划统筹安排，依据军事教学相关要求开展教师队伍建设工作，制订合理的人才引进与培养计划，有针对性地开展总体国家安全观等新时代国防建设与国防教育工作新形势、新精神的业务培训，推动国防教育教师提升自身知识技能和国防素质，提高其运用信息化手段开展教学工作的水平，形成将新时代国防精神、国家安全元素及现代教育技术相融合的教学能力，提升国防教育课堂教学的吸引力和亲和力。

（三）深化教学方法改革，创新教育模式

为确保高校国防教育成果，就必须要在现有的基础上突破，不断扩展丰富教育内容，创新优化教学效果的教育模式。有针对性地结合大学生思想实际，对教育内容进行拓展与丰富，准确阐释总体国家安全观及习近平强军思想。构建专题教学模式，突出教学重点，从军事理论课教师队伍中遴选骨干教师开设专题，讲授总体国家安全观内容，积极邀请行业专家等到校开展总体国家安全观的专题讲座，提高专题讲座的质量。积极推动高校教师运用现代信息技术手段，建设总体国家安全观信息化专题，在有限的教学空间与时间里，采取灵活多样的方式提升课堂教学效果。尝试理论教学和实践教学相结合的教学模式改革，通过开展参观国防教育基地等方式增强大学生国防意识与观念，有效激发学生学习军事理论课程的积极性。

（四）完善教育评价体系，形成激励导向

要改变以往仅以课程论文单一考核的方式，积极探索构建以专题论文为主，学习态度评价和学习过程考核相结合的全过程评价模式，从而构建起课堂教学考核、实践过程考核和专题论文考核相结合的考核评价机制。要通过将课堂考勤、专题研讨、课堂互动和实践过程参与情况相结合，构建课堂学习表现考核评价机制；要通过组织开展专题研讨表现和学习过程师生互评工作，构建师生多元参与的评价模式；要充分发挥教师评价的主体作用，通过把关主题论文质量，重点考核学生对总体国家安全观的掌握水平，考核学生对新时代国防教育内容的了解情况，充分考核学生开展国

防教育的理论学习效果；从而逐步构建起师生参与的国防教育课程过程性考核评价模式。

总体国家安全观是高校国防教育的重要内容。开展好总体国家安全观教育，对于培养社会主义合格建设者和接班人具有重要而现实的意义，也是增强大学生国防意识与国防观念的重要途径之一。因此，高校国防教育教师需要在具体的教学实践中，将总体国家安全观的教育放到重要位置上，不断改革教学方法，提升教学效果，在培养学生军事素养与综合素质的同时，进一步增强青年大学生总体国家安全观意识，进一步树立青年大学生的爱国主义精神，推动高校国防教育和全民国防教育工作向前发展。

提高高校军事理论课教学实效性的途径研究

朱　皓　范金怡*

摘　要：十九大报告提出优先发展教育事业，深化高校课堂教育改革。本文从军事理论课堂的实效性内涵和教学现状入手，深入地研究了整个课堂教学过程中高校及师生层面反应的问题，结合当前军事理论课堂教学的积极意义，提出高校军事理论课堂的改革应合理运用优化的社会资源，以交互式学习模式为基准，设立特色学科和教师教学体系，优化大学军事理论课堂的课堂教学实际效果。

关键词：军事理论课；国防教育；实效性

习近平主席在党的十九大报告中指出，军队是人民军队，国防是全民国防。历史一再证明，国防是一个国家生存与发展的安全保障，也是公民安全利益与发展利益的现实体现。国防教育法明确规定：国家支持、鼓励社会组织和个人开展有益于国防教育的活动。高校作为国防教育活动的组织者，要加强师生国防教育，巩固军政军民团结，为实现"中国梦""强军梦"凝聚强大力量。

一、军事理论课的实效性内涵

2017年10月18日，习近平总书记代表第十八届中央委员会向党的十九大作报告，在"提高保障和改善民生水平，加强和创新社会治理部分"，首先谈到的就是"优先发展教育事业"，加快一流大学和一流学科建设，实现高等教育内涵式发展。课堂教学是高校教学的重要组织形式之一，军事理论课教学作为传播和获取国防知识的重要渠道，是高等教育战略性发展的必要条件。高校军事理论课教育的实效性，是指军事理论教育对大学生的国防观念和行为产生的实际效果。这种效果既体现为大学生对国防知识和军事技能的掌握，也表现为大学生运用国防知识和理论分析、判断和选择自身行为价值取向的能力。

正确、合理、适当的军事理论教育是大学生学习国防知识的重要途径和有效载体，也是自觉履行国防义务的表现方式之一，这种教育的实际后

---

* 作者简介：朱皓（1982年~），女，江苏连云港人，南京工业大学马克思主义基本原理专业硕士，现任南京工业大学生物与制药工程学院学生事务办公室主任，助理研究员，主要从事大学生思想政治教育和国防教育方面的研究；范金怡（1979年~），女，江苏南通人，现在南京工业大学主要从事大学生思想政治教育和国防教育方面的研究。

期反应就是大学生国防意识、国防观念、爱国热情显著增强，以及民族气节、意志品质迅速提升。但是想要通过军事理论课的教育，引导国防观念与师生的思想和行动精准地融为一体，真正实施起来是非常有难度的。

二、军事理论课的"拮抗"现状

目前，军事理论课教育的根本目的仍是传播国防知识、国防观念和国家安全意识，加强大学生的组织纪律性、爱国主义精神和集体主义精神。然而，现有的军事理论课课时有限，没有统一版本的新教材，理论知识的讲授缺乏完整性和系统性。在这种现实情况下，很难真正深入培养学生的"总体安全观"和"大国防观"。因此，现阶段，我国高校的军事理论课教育仍存在许多亟待解决的问题，主要体现在以下两方面。

（一）高校缺乏内动力，课程吸引力下降

落实高校国防教育为什么难？主要就是因为高校创立军事理论专业系统学科难，建强国防专家师资队伍难，创新军事理论教育教学模式难。以军事理论课程主导的高校国防教育课在高校设立的时间较短，高校专业研究国防教育的人才资源不足，部分高校并未真切认识到学科的价值和地位，导致对课程体系的研究和投入的内动力不够、教学质量不高。在部分高校，国防教育甚至不是作为独立的学科存在，一些问题由此引发，例如高校排课时，军事理论课常为其他课程让路；教师难评高级职称，教学人才就难保留，缺失了独立学科设置、人才资源等内动力，军事理论课程无法真正起到传播国防知识，实现国防教育实效性作用的根本目的。军事理论课作为高校的一门边缘学科，涉及军事、政治、经济科技等诸多方面，由于课时有限，又不可能全部囊括，学生只能领悟到浅层的知识，求知欲被遏制，课程的吸引力随之下降。对许多学生而言，国防和爱国教育的最基础也最潜移默化的教育活动变成了"回忆"，变成了九年义务教育阶段的每天出操和升国旗，变成了学生脑海里的基本爱国意识，从这些方面看，高校目前的以军事理论课程为基础的国防教育方式，其作用是不够的，要真正让国防知识成为学生日常生活、精神思想所接纳的实效性知识，任重道远。

（二）"教"与"学"的断层现象

军事理论课课堂实效性的根本目的就是实现最大化的教学效能。在高校系统的几年学习之后，学生不仅能获得系统的国防知识和基本技能，还能培养个人正确的情感态度和价值观。要达此目标，就需要具备各种综合条件。其中必要的一点就是，"教学"应该是由教师的"教"和学生的"学"两个方面黏性连接组成的，教师和学生是教学过程的双主体，教学

过程中，双主体应该在各自的领域中进行观点的交流和思想的碰撞，形成相互理解、共同提高的最终局面。然而，在现在的高校军事理论课堂上，往往是由教师"要学生学"而不是"学生要学"的单方面作用，当教师在花费大量时间心力去查阅国防知识相关资料，深入了解相关前沿信息的基础上详细构思筛选教授内容时，往往面对的是无动于衷的冷漠的"低头族"学生群体，似乎对手机认真钻研的"学"比教师的"教"更具吸引力。可想而知，在这样的"教""学"过程中，双方的思想是断层的，导致单一、被动和陈旧的课堂学习模式的形成。最终，军事理论课堂的教学不但没有提升，反而在退化。学生在课堂有限的时间内，以最低效率取得最差的效果、获得最差的效益。

三、军事理论课教学的"激动"意义

高校传统军事理论课堂的教学模式不仅能较全面地保证学生获得系统的国防知识、基本的技能和技巧，同时启发学生爱国之心、报国之心，引领师生对现有的国防知识做更深刻地发现、感悟、积累。

（一）教师素质增强教学效率

如今高学历的大学教师自身素质强，能认真钻研，善于深入思考研究，通过长期的课堂教学经验，高效严密地组织教科书和自身拓展的内容教授学生扎实的军事理论知识基础，详细阐述知识点的作用、构成、原则，提炼出国防知识的精华。学生通过教师深入浅出的讲解，只需融入课堂教学的思路节奏，便可在课堂中或多或少地吸收教师的知识精华，花费课后更少比例的时间精力便可"学习国防知识成为国家人才"。并且，当今高校教师人才以青年一代占据主导数量，青年教师紧跟时代发展节奏，高效利用电子技术，通过将PPT以及白板展示等先进教学辅助手段结合板书的模式，引导学生积极地对课堂内容做出建构性的反应，从而促使学生主动、有效地学习国防知识。这样的模式既体现了课堂教学的灵活性，也是教师对课堂教学节奏把握得当的反映[1]。例如，在对军事理论知识中某一定义的讲述过程中，通过PPT而不是口头介绍增强了学生感官聚焦和听觉的双重冲击，这种传授知识的途径实现了培养学生学会针对特定的情境中出现的问题去运用知识寻求答案的能力[2]。

（二）创新模式提升教学质量

学生的课堂主体身份只有在教师的充分指导下才能实现，但是教师的

---

[1] 刘良琴：《浅谈如何提高课堂教学实效性》，载《海峡科学》，2008年第12期。
[2] 刘良琴：《浅谈如何提高课堂教学实效性》，载《海峡科学》，2008年第12期。

教学不仅是"授之以鱼",更重要的是要"授之于渔",通过高效的上课质量,真正实现教学的"教是为了不教,学成为自己想学、自己去学"的目的。从高校层面,如今许多高校都从不同角度设置了新型的军事理论课教育体系,现在学生可根据自己的喜好选择中国国防概况、军事高科技知识、国际战略格局与我国周边安全形势、现代国防理论、国防教育史、信息化战争研究等课程中的任意科目学习国防知识,给学生以选择的权利,尊重了学生实现自我价值的表现,拓展了学生学习的广度和深度,引发了学生学习国防知识的积极性,明显激发了学生的爱国热情和国家荣誉自豪感。除了传播国防知识、常规军事理论外,很多高校还将军事知识融入不同专业的教学中,学生不仅对专业有了更深刻的了解,还通过专业与军事热点问题的联系,增强了专业的认同感和荣誉感。

从教师层面,如今许多高校军事理论课教师采用大学生喜闻乐见的方式进行教学,突出交互式教学,即以学生为主体,学生认同教师教授的军事理论知识,教师也乐于服务学生,帮助学生真正深刻了解国际安全形势、周边安全等国防知识热点问题。这种高质量、高水平、高素质的国防教育使得学生真正在思想上形成了关心国防、热爱国防、献身国防的"雁阵效应",为实现"中国梦""强军梦"汇聚磅礴力量,真正实现了军事理论课教学的深度发展。

四、军事理论教学的改革方向

国防教育作为一场真正的耐力持久战,国家、社会、高校、学生肩上的责任都重大。要建设世界一流大学,要创设一流的国家国防教育,如何让大学生青年心中的国防火把熊熊燃烧,增强新时代国防教育的时代性和感召力?就要对以军事理论课为基点的课堂教学进行改革,并且不是从某一部分进行改革,而是要对整体进行优化,教师或者学生都只能是课堂教学中的一个组成部分,要实现师生结构统一体,要实现所有部分的有机联系和互动,这是教育改革所必须领悟的道理。由此,只有使用系统的模式方法才能深入地分析课堂教学各要素,才能深化课堂教学改革[①]。

(一) 社会资源优化模式

结合当前普通高校国防教育资源稀缺的现状,高校国防教育可积极与优秀的社会力量合作,做到合理配置国防教育资源,提高普通高校国防教育资源利用效率。目前,我国国防教育社会组织的数量和志愿者群体在国

---

① 张敏、王婉玲、叶海玲:《创新教学模式,提高课堂教学实效性》,载《西安邮电学院学报》,2007年第3期。

家有关部门和机构的支持下发展迅速，覆盖范围不断拓展、质量也日益提升，引导社会力量参与国防教育已经具备坚实的资源能力基础。例如，可以借鉴辽宁省的模范举措，"拓荒者"辽宁省国防教育基金会与辽宁省征兵办、省国教办、省教育厅联合主办"辽宁省征兵宣传进校园"活动，奔赴14座城市、52所高校宣传演出，在各高校掀起大学生参军热，这股正向、积极的社会力量已经发展成为深化国防教育的重要力量，真正实现了国防教育高校社会结合化的目标[①]。

（二）创设特色学科与师德体系

以军事理论课为基准，高校国防教育的目标、内容、实施与评价等往往由相关政策严格限定。改革应赋予高校应有的办学自主权，明确"教指委"的学术共同治理功能，构建各具特色的高校国防教育课体系。在学校努力创设特色学科的同时，教师也应该切实增强自身的师德意识。做到以德立身、以德立学、以德施教。教师要真正做到密切关心学生对国防知识有何不懂、有何想懂，并通过合理的方式与学生交流上课情况，让学生对老师的课程评分，教师以此及时改正不适合的教学方式，从而增强学生课堂参与的积极性。同时，教师也要让学生明白：教师期待学生对课堂的评价。这样的评价能激发学生参与的欲望，其实效性也就显而易见了。当每位教师都能关注学生课堂参与实效性时，当每位教师都能理直气壮地说自己设计的课堂教学能让每位学生都有效参与时，又何愁学生的综合素质与能力得不到培养和发展呢？

（三）"交互式"教学方法

令许多教师困惑的是：虽然学生参与课堂的积极性有了明显提升，但是教学效果仍不容乐观，大学生对国防知识和军事技能的掌握，运用国防知识和理论分析、判断和选择以及安排自身行为价值取向的能力仍未得到有效的培养和提高。这是为什么呢？究其原因，是教师过多地关注了学生参与的量，而忽略了参与的质，即参与的实效性。"交互式"教学模式在切实提高学生课堂参与实效性上下功夫，"交互式"教学模式体现的是一种新型的师生关系，其特点是着眼于培养学生特定的、具体的、用以促进理解的策略，教师的教与学生的学围绕某一问题或课题进行平等交流和多边互动，这种双方的信息交流和输入反馈是一种自由的学习模式，灵活利用的学生和老师的自觉能动性，在不同思想观点的交流碰撞中，激起师生双方学习互动的主观能动性和深入研究的积极性，教师能准确把握学生对

---

① 杨方旭：《对创新我省高校国防教育的研究》，载《中国经贸导刊》，2009年第18期，第87页。

知识的理解层次，同时学生能清楚课堂教学的目标，师生双方互相支持和促进，而不是一味地将教师的理想信条和知识体系灌输给学生。

（四）**课堂氛围优化**

良好的教学氛围有助于激发学生的参与热情，有助于学生以良好的心态从容地参与课堂教学活动。根据课堂氛围的设计、组织，保证军事理论学习的循序渐进，并使学生获得条理清楚、科学系统的国防专业知识，保证学生学习思维的连续性，启发诱导学生不断向知识的更深层次探索思考，潜移默化地推动学生学习的自主能动性。在这种以课堂为单位时间内，人的大脑发挥最好的功能活动，也就是学习的黄金阶段，学习成效得以发挥最大化。大学课堂以"课"为单元，固定的时间、固定的课程、固定的班级成员，真诚自由的课堂教学环境都在无形之中给学生以亲切的归属感。《乌合之众》一书中曾提及类似这样的观点：1000个聪明人聚到一起处理问题时只有情绪没有智商。而对于一个学习群体而言，这种观点却是不成立的，100个学生在同一个课堂学习，哪怕只有部分同学认真听讲，给予老师积极的回应，也会带活课堂气氛。这种课堂教学过程就是一个互相感染融合的黏性过程，有利于形成发展学习共同体和可持续的学习兴趣。在这种氛围中，学生一定能够对教师传授的知识文化产生自己的价值判断，在与同学相互融合的黏性过程中，取其精华、去其糟粕，最终构建起国防知识图谱。

国家、高校和教师若能通过类似这样的精心设计的、符合学生年龄特点及心理特点的、满足多层次学生需求的、不同规模的、形式多样的、节奏多变的教学活动，学生也就可以在能力所及范围内能饶有兴致地、目的明确地参与到军事理论课堂教学中来，并最大限度地获得体验，享受成功的喜悦。

基于三维教育目标的军事理论教学思考

时 慧*

摘 要：本文采用问卷调查方法，基于布鲁姆关于教学目标认知、情感、技能三大目标分类法，发现在提高学生知识水平、思想意识、实践能力方面，军事理论教学仍需要改善。在此基础上，从教学本身出发，挖掘发现军事理论课堂在教师知识的传授、课堂氛围的营造、课程长效性方面还存在问题。因此，需要采取有针对性的措施，提高教学内容高质性、教学形式多样性、教学行为实效性。

关键词：三维目标；军事理论课；教学质量

2018年是全面贯彻党的十九大精神的开局之年，是决胜实现国防和军队建设2020年目标任务的关键一年。国防教育作为国民教育的重要组成部分，在提升民族自信心、凝聚力方面发挥着重要的作用。当代大学生作为未来祖国建设的中坚力量，其国防教育的重要性不言而喻，其中高校军事理论课扮演着至关重要的角色。

为了保证军事理论课的教学质量，教育部、总参谋部、总政治部2002年专门下发《普通高等学校军事课教学大纲》（以下简称《大纲》），并于2007年重新修订。大纲规定军事理论课的课程目标为："军事课程以国防教育为主线，以军事理论教学为重点，通过军事教学，使学生掌握基本军事理论与军事技能，增强国防观念和国家安全意识，强化爱国主义、集体主义观念，加强组织纪律性，促进综合素质的提高，为中国人民解放军训练储备合格后备兵员和培养预备役军官打下坚实基础。"[①] 根据布鲁姆教学目标分类法，大体可以将军事理论教学目标概括为认知、情感和动作技能三个方面，这也是目前教育领域内比较公认的教育目标划分标准。

一、三维教育目标实现情况

为了探究目前军事理论课教学目标的实现情况以及教学中存在的问题，笔者于2018年3月使用问卷星网站对江苏省三所高校随机抽取的228

---

* 作者简介：时慧（1992年~），女，江苏连云港人，东南大学教育学硕士，现任南京铁道职业技术学院军事理论课教师（助教）。

① 教体艺：《教育部 总参谋部 总政治部关于印发新修订的〈普通高等学校军事课教学大纲〉的通知》，http://www.moe.edu.cn/publicfiles/business/htmlfiles/moe/s3289/201001/81135.html，2007年1月24日。

名同学开展了"普通高校军事理论课教学效果"的问卷调查,其中本科院校学生 169 名、高职院校学生 59 名。以下结合问卷调查结果以及自身工作实践,从三维目标实现情况发现军事理论教学中存在的问题。

(一)知识水平层次

大纲规定,从知识水平层面,通过教学,应该让学生掌握基本军事理论与军事技能,在军事理论课方面,更侧重于基本军事理论。目前,高校军事理论教材涉及的内容大致包括国防概述、军事思想、国际战略环境、军事高技术与信息化战争五大部分,涉猎广泛,基本可以满足对高校学生进行国防教育的需要。但从教学效果来说,还存在以下两个方面的不足。

一是知识的感知范围,即知不知道的问题。主要表现在部分学生修完军事理论课之后对一些基本国防常识依然不甚了解,比如军衔的识别、重要国防教育纪念日的判别、防空警报的识别、拒服兵役严重性的认识等等,出现这种情况的很大一部分原因是老师在课堂上没有涉及或者对一些基本国防常识缺乏强调,使得学生在这方面的感知欠缺。军事理论课本身作为通识类课程,相较于其他专业课程来说受重视程度不高,学生主动学习兴趣较低,因此更需要教师在课堂中激发学生学习兴趣,拓宽学生知识面。在调查中,有超过一半的同学觉得学习完军事理论课之后收获一般(见图 1),可见,教学内容的广度还需要加强。

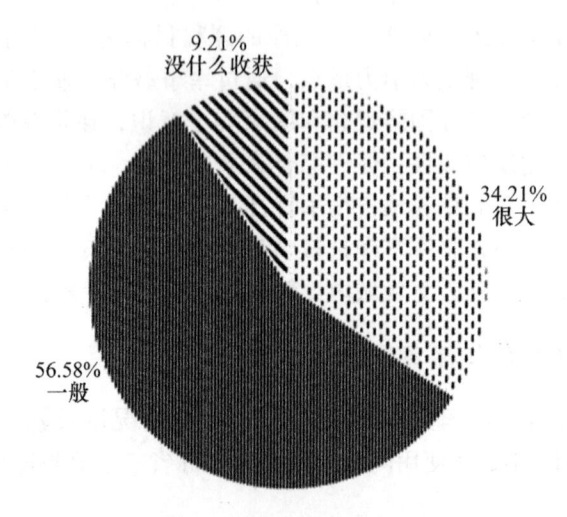

图 1 学完本课程的收获

二是感知的准确性,即知道的对不对。在教学中,保证知识的及时、准确是最基本的要求,尤其军事理论课教学内容关系到学生国防意识形态的建立甚至价值观的养成，更加需要教师在教学过程中谨言慎行。在调查学生是否在课堂中发现教师教学错误时，有0.44%的同学表示经常发现，有32.89%的学生表示偶尔会发现教学内容错误，只有29.82%的同学表示从来没有，没注意过的比例29.82%也是旗鼓相当，这样的比例分配值得教师深思授课内容的科学性问题。能发现授课老师内容错误表示这些同学对一些国防常识是了解的，在表示"从来没有"及"没注意过"的同学中，不排除多数是本身就对国防知识不了解从而无法判断，这种情况下，传授正确的国防知识就显得更重要了。

（二）思想意识层次

大纲指出，在思想意识层面应该增强学生的国防观念和国家安全意识，强化爱国主义、集体主义观念，加强组织纪律性。思想意识是指导实践的行动指南，因此显得尤为重要，结合具体的教学实践，本文认为在这一层面还存在两个问题。

一是对国防重要性的认识。尤其在目前国内这样一个相对和平安定的环境中，人们较少感受到国防兴衰对国内外局势带来的直接冲击，因此人们普遍关心个人当下眼前利益的获得感。在"象牙塔"中生活的大学生虽然思想意识形态更加活泼，但即便是上完军事理论课，依然有很多同学将注意力集中在兴趣爱好的拓展、专业学习方面，较少关心国防。"国防是军队的事"思想依旧比较普遍；国防义务、权利意识淡薄，征兵难、拒服兵役现象频频出现。问卷中只有21.94%的同学表示平时经常关心国防相关的新闻。

二是对军事理论课这门课程的态度。军事理论课虽然是普通高校必修课，但学生对课程的认同感并不是很高。学生本来就对公共课兴趣不高，再加上军事理论课授课内容规范性不强、授课过程单向、考核方式随意等现象的存在，就更影响了本门课程在学生心中的地位。尤其在职业院校中，许多学生对自身的定位职业化，就业导向明显，缺少作为一名高校大学生的社会责任感和情怀，因此修军事理论课更多的只是为了学分，同时这种课程态度也会直接影响下一届学生对军事理论课的期待。

（三）实践能力层次

在实践能力层次，大纲表示应促进学生综合素质的提高，训练储备合格兵员和培养预备役军官。既要了解基本军事技能，又要提高各方面素质，不仅为随时应征、补充兵员做准备，还要为国家国防建设做贡献。从技能来看，还存在两个不足。

一是基本素质待增强。主要表现为军事理论学习对学生日常生活行为的影响，侧重于课程对学生影响的广度与深度，比如平时组织纪律性、自制力的养成。由于高校国防教育效果缺乏长效性、持续性，因此经常出现军训期间养成的良好习惯军训结束后持续时间短暂；学生较少思考所学专业与国防建设的联系，因而很难将专业学习转化为国防建设的动力，比如学习化工、生物等领域的同学毕业后是否愿意从事军工类工作以及被激发的国防热情能否有效转化为参军报国的实践等。

二是国防基本技能待提高。对于学生来说，与生活息息相关的基本技能掌握度依然较低，比如灭火器的使用，虽然多数高校军训期间开展了消防演练，但是灭火器的使用细则普及率却不是很高，学生亲自操作灭火器的机会较少；野外生存基本训练，在山里迷路后不知道基本应对措施等现象依旧普遍。在问卷中，对于需要加强的知识方面，"应急避险与救护"以及"综合训练（行军、野外生存等）"占比较高，分别为 75.44% 和 71.05%（见图2），可见，对于基本军事技能的普及还有待加强。

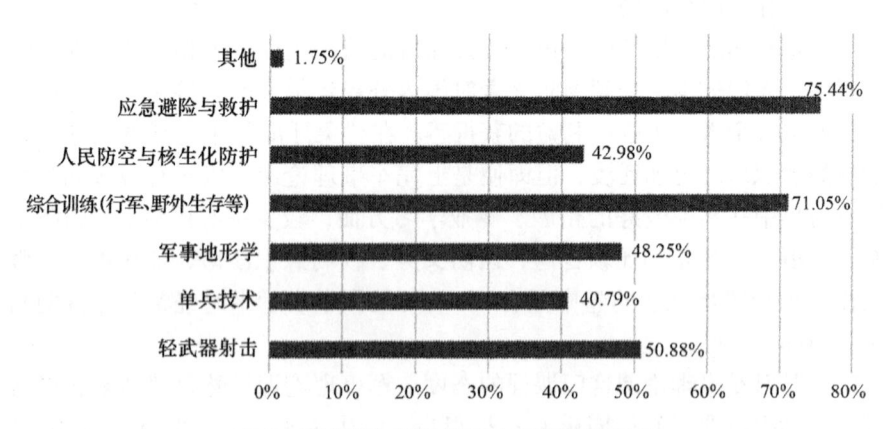

类别	百分比
其他	1.75%
应急避险与救护	75.44%
人民防空与核生化防护	42.98%
综合训练(行军、野外生存等)	71.05%
军事地形学	48.25%
单兵技术	40.79%
轻武器射击	50.88%

图2　有必要加强的知识补充有哪些方面

二、军事理论课教学存在的问题

通过调查分析可以发现，军事理论教学在三维目标的实现方面还存在改进空间，而这些现象的背后则是军事理论课教学中存在的问题，从认知、情感、技能角度主要表现在以下三个方面。

（一）教学内容枯燥，知识广度深度不足

就师资而言，是否是专职、是否有部队经历等直接影响教学内容的广度。有过部队经历的老师讲授的内容更具有权威性，而目前大多数军事理论课教师都是兼职教师。不仅如此，由于目前高校军事理论课教师人员来源广泛，部分教师由于自身本职工作的原因，在备课方面存在照搬现成模

板的现象，参考并依赖教材，课件内容陈旧甚至错误，较少积极主动思考如何拓展教学内容。

同时，在讲授过程中，多数教师仅仅满足于知识的简单传授，教师缺乏对内容的严谨思考与见解，照本宣科，在教学过程中教师的被动思考自然也使得学生思考的积极性降低，从而缺乏对内容的全面把握；或者是大谈自己观点，在缺乏科学依据的情况下以抒发自身情绪为主，有些甚至存在误导学生的情况，这极大地影响了学生知识获取的准确度。

（二）教学手段单一，较难引起兴趣

目前我国军事理论课以传统课堂授课为主，但多数课堂在提高感染力、营造良好课堂氛围方面并没有发挥传统课堂的优势。教学中缺乏积极有效的互动，学生参与感不强，课堂学生抬头率仍然有待提高。

就教学呈现而言，教师的口头语言、肢体语言以及 PPT 呈现效果都影响着学生对课程的兴趣。要想引起学生共鸣，首先就应该让学生感兴趣。虽然 PPT 效果相对于内容而言重要性不是第一位，但是如果效果好则可以达到锦上添花的作用，而多数教师呈现出的 PPT 还存在结构混乱、文字太多等基本制作问题。除此之外，教师能否声情并茂、抑扬顿挫地讲解知识也是是否能够吸引学生注意力的重要因素。教学过程是相互的，只有双方都感兴趣，才能产生良好的课堂气氛；如果教师有气无力、磕磕绊绊，必然会影响学生的听课兴趣。

（三）教学过程单向，长效性欠缺

主要是指教师大多是站在自身完成教学任务的角度进行授课，较少考虑课程与学生实际学习生活的关系。缺乏有效引导，学生很难主动清晰定位自身的国防角色，较难意识到自身学习生活与国防之间千丝万缕的联系，因而也就很难将军事理论转化为国防实践。

同时，教学效果缺乏长效性。表现在课程对学生的影响局限，在提升学生综合军事素质、培养学生学习能力方面的作用时间有限。学生仅满足于课程考试取得相应学分，即便是课堂效果良好或者学到某种技能，但是缺少相应的记忆强化、动作巩固，依旧会遗忘，持续时间不长。

三、新形势下加强军事理论教学效果的措施

虽然和平与发展是时代的主题，但是国际局势纷繁复杂，国与国之间的竞争越来越激烈，表现形式越来越多样化，"弱国无外交"是不争的事实，国防的强大需要每一个人的努力。因此，加强大学生国防教育，提升军事理论教学质量显得尤为重要，针对教学认知、情感、技能三维目标的实现情况以及教学中存在的问题，可以从教学内容、教学方式、教学行为

三个方面予以加强。

（一）提高教师专业水平，增强教学内容高质性

任课教师从"大众化"走向"精英化"，加强师资队伍衔接性。目前军事理论课教师师资队伍中存在不少辅导员或者其他行政人员兼职的情况，因此流动性较强。曾经教授过军事理论的教师多，但是专家级别的师资少。因此，在师资队伍引进方面，需要把好"入门关"，考核应聘者国防知识掌握情况，了解应聘人员对国防教育的见解，吸引真正热爱国防教育事业的人加入国防教育师资队伍中；同时还要优化年龄结构，以老带新加强队伍稳定性；在培训方面，加强培训的连贯性、专业性，及时普及最新国防政策，提高军事理论课教师的整体专业水平。

在教学过程中需要意识到，虽然军事理论课程的内容有基本大纲，但是要想真正提高学生的国防素质，仅仅把内容局限于教材是不够的。国防的内容非常广泛，涉及政治、经济、军事、教育、科技等领域，因此，需要教师在授课过程中打开学生的思路，感知不同的领域在国防中的表现。这就需要教师主动优化自身的知识框架，涉猎不同的学科领域，积极思考总结，探索交叉学科可能，在以大纲要求的教学内容为本的基础上不断丰富教学内容。

（二）优化教学艺术，带动教学方式多样性

教师的专业水平和教学艺术是不能划等号的，授课教师在加强专业学习的同时还需要提高课堂表现力。"所谓大学教师课堂教学艺术，就是大学教师在课堂教学的内容、技能、方法等方面给人以美的享受的那些东西。"[1] 可见，在保证教学内容的基础上，还需要注意内容呈现的效果。

美国著名心理学家艾伯特·赫拉别恩曾提出过一个公式：信息交流的效果 =7% 的语言 +38% 的语调语速 +55% 的表情和动作，可见肢体语言的重要性。苏联著名教育家马卡连柯也曾明确指出："教育技巧，也表现在教师运用声调和控制面部表情上。"[2] 因此，作为一名军事理论课教师，首先要注意自己的着装大方得体，有条件最好着军装，以体现课程的庄重性；其次是表情、语言要配套，讲述我国近代屈辱的国防史就不能云淡风轻，要语重心长，将学生带入"落后就要挨打"的情境中等；手势需得体大方，不能太频繁、太夸张等等。

除了教师本身因素以外，利用合适的教学辅助工具也能让课堂氛围取得意想不到的效果。首先是最基本的 PPT 展示，需要教师合理选择教学内

---

[1] 孙绵涛：《大学教师的课堂教学艺术》，载《教师教育学报》，2015年第2期。
[2] 马卡连柯：《论共产主义教育》，人民教育出版社1979年版，第270页。

容,尤其涉及武器装备介绍时,避免图片和视频的堆砌,同时还应该注重视觉效果,适当选择体现科技感的PPT呈现方式,让学生感受到教师在制作课件时认真的态度,这也是一种无形的影响。当然,除了PPT常规呈现外,教师还可以适当借助"慕课"、"3D签到"、直播、弹幕等体现时代特色的工具。适当的使用不仅可以提高教学效率,还可以拉近与学生的距离,引起学生的共鸣。

(三)以学生成长为本,提高教学行为实效性

高校国防教育实效性,是指国防教育对大学生的国防观念和行为产生的实际效果。这种效果既体现为大学生对国防知识和军事技能的掌握,也表现为大学生运用国防知识和理论分析、判断和选择以及安排自身行为价值取向的能力。[①]因此,实效性也是教学效果的一个重要衡量标准。

现代认知心理学指出,教学的过程是信息交流与传递的过程,是学生主动构建知识的过程。在信息交流传递过程中,对于信息的传播也有一定的要求。根据传播学的原理,要想保证信息传递与交流的有效性,传播者必须了解接受者对信息的态度、文化背景以及有关的知识基础等。[②]因此,要提高教学实效性,需要认真研究学生,包括学生知识背景、专业背景、兴趣爱好等,并且在教学过程中将这种对学生的了解有效呈现出来,加强学生的参与度,增强学生被重视感,只有这样,国防教育才更具有针对性,效果才会更突出。

在教学过程中,不但要实现"教书"目标,还要实现"育人"目标。在传授正确国防理论的前提下帮助学生树立正确的人生观、价值观、社会公德、职业道德,培养学生自主学习能力、逻辑思维能力等;需要尽量结合学生的专业,让学生切身体会到自身国防责任的重大,从而提高自身思想觉悟,有效转化为国防实践。除此之外,学校还应该在学生在校的不同阶段、不同年级举办不同的国防教育活动,比如国防知识和技能比赛、合唱比赛、进军营活动、退伍老兵经验谈等活动,不断固化国防教育成果,保证国防教育能对学生毕业后的工作生活产生良好影响。

---

① 马从兵:《高校国防教育实效性论析》,载《教育与职业》,2013年第11期。
② 韩孟华:《中学语文教学对象分析与研究方法》,载《齐齐哈尔师范高等专科学校学报》,2006年第2期。

对军事理论"课程思政"的思考

戴谋元　李先德*

摘　要：习近平主席在全国高校思想政治工作会议上强调，要坚持把立德树人作为中心环节，把思想政治工作贯穿教育教学全过程，实现全程育人、全方位育人。"课程思政"就是在教育教学过程中，将知识传授、能力培养与思想政治教育有机融合，实现育人目标的教育教学理念。军事理论课程蕴含丰富的课程思政元素，在教学过程中，必须突出"课程思政"理念，努力实现"立德树人"的根本要求。

关键词：军事理论；课程思政

高等学校承担着培养中国特色社会主义事业的建设者和接班人，培养担当民族复兴大任的时代新人的重大使命，完成这项重大使命，思想政治教育起到重要支撑作用，是打基础、铸灵魂的工程。习近平总书记在全国高校思想政治工作会议上强调，要坚持把立德树人作为中心环节，把思想政治工作贯穿教育教学全过程，实现全程育人、全方位育人。他的重要讲话，为高校开展思想政治教育指明了方向。高等学校既要重视"思政课程"，更要深入开展"课程思政"，才能实现全员、全过程、全方位育人的目标。军事理论课教学，是大学生军训的重要内容，从一定意义上说，它既是军事课，又是思政课，在国防教育和德育教育中具有其他教育所不可替代的作用，是大学生思想政治教育的重要阵地和课堂。发挥好军事理论教学中的"课程思政"作用，让军事教育与思想教育同向同行，形成协同效应，能充分实现"立德树人"的根本任务，实现军事理论教学的目标。

一、军事理论课程与思政课程同旨同向，蕴含丰富的"课程思政"元素

高等学校的思想政治教育是一项塑造人的灵魂的复杂系统工程，具有广泛的内容和多方面的任务。它主要是以理想信念教育为核心，深入进行正确的世界观、人生观、价值观教育；以爱国主义教育为重点，深入开展民族精神教育；以基本道德规范为基础，深入进行法律法规教育及公民道德教育；以大学生全面发展为目标，深入进行素质教育。思想政治教育的

---

* 作者简介：戴谋元（1966年~），男，湖南邵东人，硕士，湖南大学人民武装部副部长，主要从国防教育方面的研究；李先德（1963年~），男，湖南吉首人，湖南省国防教育研究院院长，教授，博导，主要从国防教育方面的研究。

最终目的是培养中国特色社会主义事业的建设者和可靠接班人。

军事理论课程是高校国防教育的重要内容之一，主要包含中国国防、军事思想、国际战略环境、军事高技术、信息化战争五大板块的教育教学。教学大纲规定了课程的性质和课程目标，是高校学生的一门必修课。它以马列主义、毛泽东思想、邓小平理论、"三个代表"重要思想、科学发展观和习近平新时代中国特色社会主义理论为指导，以国防教育为主线，以军事理论教学为重点，使学生掌握军事理论与军事技能，增强国防观念和国家安全意识，强化爱国主义、集体主义观念，加强组织纪律性，促进综合素质提高，为培养高素质社会主义事业建设者和保卫者服务，为中国人民解放军训练和储备合格后备兵员和培养预备役军官打下坚实基础[①]。

由此可以看出，军事理论课程中蕴含着丰富的"课程思政"内容，它与思想政治教育的目标具有一致性。它们都是使受教育者自觉加强思想道德修养，提高政治觉悟，强化爱国主义观念，增强民族凝聚力，形成中国特色社会主义的思想政治观念，成为中国特色社会主义的建设者和可靠接班人。

同时，我们还可以看出，军事理论课教学内容与思想政治教育的内容具有相融性。思政课的"两课"主要是马克思主义理论课和思想品德课，主要内容包含理想信念教育、爱国主义教育、基本道德规范教育和基本素质教育。而军事理论课的五大板块，其中的许多内容在"两课"中都有涉及，只是侧重点和方向放在军事领域，如军事法律法规、毛泽东军事思想、邓小平新时期军队建设思想、江泽民国防与军队建设思想、胡锦涛国防与军队建设思想、习近平新时代中国特色社会主义思想及强军目标、国家综合安全和形势教育等。

另一方面，军事理论课教学与思想政治教育的方法具有相通性。都需要进行引导、灌输。要进行理论授课，要理论联系实际，要充分利用多种教学手段，要充分调动大学生的主观能动性，引导他们积极主动思考，要积极开展互动教学、案例教学等。

还有，军事理论课教学与思想政治教育的效果具有互补性。军事理论课程与思政课程尽管同旨同向，但军事理论课程不能用纯"思政课程"来替代，它还具有军事教育的特征。学生对军事充满好奇，都有揭开军事神秘面纱的冲动。因此，军事理论教学是从另一个方向和角度对学生进行思想教育，教育的针对性、有效性、吸引力更强，感染力更丰富，对学生思想政治教育的效果更突出，所以军事理论教学的效果与政治思想教育具有互补性。

---

① 参见《高等学校军事课教学大纲》。

二、牢固树立"课程思政"理念，在军事理论教学中突出育人目标

"课程思政"概念的提出，并不是"思政课程"文字秩序的简单调换，它是一种新的教育理念，其内涵和取向都发生了根本性的变化。它要求知识传授与价值观教育同频共振，突出了教育教学最根本的任务是"立德树人"，是培养德智体美全面发展的人才，这种理念回归到了教育的最本质的功能——育人。可以说，"课程思政"是为回答"高校培养什么样的人、如何培养人以及为谁培养人"这些根本问题而采取的一项具体措施，是扎根中国大地建设"双一流大学"重要举措，必将会引起高等学校全方面的教育教学改革。

军事理论课本身就具有很强的政治属性和军事属性，是一门综合课程，涉及政治、军事、经济、文化、科技、历史、地理、思想、战争、法规、外交、时事等诸多方面内容，它既是无产阶级政治、军事观教育，更是深度的现实思想政治教育。军事理论教师要深刻认识军事理论课程所蕴含的"课程思政"，牢固树立"课程思政"理念，在教育教学中突出"思政"教育功能，突出育人目标。要深度挖崛丰富的"课程思政"内涵，将马克思主义战争观、无产阶级军事观、社会主义核心价值观和爱国主义精神教育"基因式"融入教育教学中，去武装学生头脑，培塑学生报效祖国的心灵品质。如果在教学中没有做到突出育人的目标，就会导致课程教学中知识传授、能力培养与价值引领之间的割裂，那么，军事理论教学就失去了"灵魂"，迷失了"方向"，达不到教学目标。

三、军事理论课的"课程思政"应把握的几个关键问题

如何发挥好军事理论课的"课程思政"功能，这需要军事理论教师自身对国防教育富有热情，有正确的认知、理解和判断，要有扎实的价值引领基本功。因为国防和国防教育都是为了保证国家综合安全，具有强烈的阶级性，必须有坚定正确的政治立场、明确的是非观念，教师的国防价值观念必须符合党和国家的国防战略方针。如果你灌输的知识、思想、理念、价值追求偏离了习近平新时代中国特色社会义思想，甚至背道而驰；如果在教学中，你的负能量渲染过多，消极情绪弥漫……这些都会造成思想观念混乱，引发负面情绪，甚至被反动阶级利用，对国家、对社会带来不可估量的不稳定因素，严重的会造成社会动荡和动乱，危及国家安全。因此，在军事理论教学中，强化"课程思政"，突出价值观的引领责任重大，应做好以下几个方面的功课，把握好这几个关键问题。

一是深刻理解教学大纲规定的教学内容和要求，掌握内涵和精神实质。军事理论课的五大板块，虽然在性质上存在很大的差异性，有知识介绍类、思想理论类、形势分析类、科学普及类、事实陈述类，各章教学目标也不同，分别为爱国主义教育、战争观方法论教育、国家安全观教育、军事创新教育、战争常识教育，但是每一章节都存在思想引领、价值引导作用。"中国国防"主要是让学生了解国防基本知识，激发爱国热情。"军事思想"主要是进行无产阶级科学战争观和战争方法论教育，提高学生全面、辩证地分析问题的能力。"战略环境"主要是让学生认清我国所处的战略环境和面临的安全形势，树立强烈的危机意识和机遇意识，增强国家综合安全观。"军事高技术"主要是培养学生对军事科技的热爱，培养创新精神，激发学习科学技术、报效祖国的热情。"信息化战争"主要是让学生了解信息化战争的特征和发展趋势、信息化战争与国防建设的关系，树立敢打必胜的信心。掌握这些教学目标和基本要求，就能有针对性地选择教学内容和教学策略，达到"课程思政"的目标。

二是找准军事理论课"课程思政"的切入点。思想政治教育是潜移默化、逐步渗透的，不可能靠一堂课就能解决思想问题。习近平指出，思想政治工作从根本上说是做人的工作，必须围绕学生、关照学生、服务学生，不断提高学生的思想水平、政治觉悟、道德品质、文化素养，让学生成为德才兼备、全面发展的人才[①]。我们要充分发挥军事理论课课堂教学的主"阵地"作用，针对一些大学生不同程度地存在理想信念模糊、政治信仰迷茫、价值取向扭曲、社会责任感缺乏、诚信意识淡薄、艰苦奋斗精神淡化、团结协作观念较差、心理素质欠佳等问题，在教学中寻找切入点，突出问题导向，突出课程教学的主题，紧扣时代发展，回应学生关切，巧妙地寓新时代中国特色社会主义思想和社会主义核心价值观的精髓要义于多样化课堂教学之中，在引人入胜、潜移默化中实现教育目标。比如，通过树立无产阶级战争观的教学，帮助学生确立无产阶级的世界观；通过对研究指导军事问题的方法论的教学，帮助学生掌握唯物的、辩证法的科学方法论；通过国防历史和国防成就和周边安全环境教学，增强学生爱国主义精神，激发学生民族自豪感，树立民族自信心，增强国防意识、忧患意识；通过分析政治、经济、科技、教育、外交等与军事的关系，帮助学生提高从多层次、多角度研究分析问题的能力；通过军事高技术教学，让学生了解各国之间的军事差距，激发学生学习科学技术、勇攀科学高峰的热情；通过信息化战争教学，让学生掌握现代战争的新形态，树立

---

① 习近平在全国高校思想政治工作会议上的讲话。

国家综合安全观，全方位维护国家安全利益。这些切入点契合学生探求军事奥妙的心理，又将思想教育嵌入其中，达到"课程思政"的目的。

三是军事理论"课程思政"也要因事而化、因时而进、因势而新。军事理论课的教学非常具有挑战性，授课对象的专业各不相同，课时量大，教学内容更新快，需要教师精心设计、认真组织。

"因事而化"就是要针对不同专业，从学生专业角度的视角，区分军事理论的共性内容，结合学生所学的专业内容，有的放矢，这样才能更贴近学生，教学才会更有亲和力，更接地气。在教学中，要根据学生的专业特点，把准各种不同专业学生的思想脉搏，了解他们的关切与渴求。学生思想认识的疑惑是学生思想关切的集中反映。在课程教学中，要以"改革开放取得的伟大成就"和"强军目标的现实成果"等丰富的事实为依据，从学生专业的视角来解读国防建设的成就，从专业角度来讲解某种先进武器装备，学生可以通过"可感触到的物质事实"厘清模糊认识。教师通过摆事实、讲道理，旗帜鲜明地积极回应学生的思想关切，解开学生的思想疙瘩，帮助学生解疑释惑。事实胜于雄辩，以事实摆道理，做到了以理服人，引导学生思想认识向积极、健康、正确的方向发展，就做到了"因事而化"。

"因时而进"，就是军事理论课程要紧跟时代发展，围绕时代主题，紧扣时代脉搏、顺应时代潮流、反映时代要求，要捕捉军事理论教学中的关键时机，因时制宜，应时而动，顺时而进。在中国特色社会主义新时代，实现中华民族伟大复兴的"中国梦""强军梦"就是时代的主题，就是时代最强音，是时代号角。军事理论教学中就要以各行各业的时代楷模的奋斗精神为教材，引导学生练就过硬本领，投入到中国特色社会主义新时代的伟大征程中，做时代新人，担当时代重任，用"中国梦""强军梦"激扬青春梦，用"中国梦""强军梦"激活学生的理想追求，点亮理想的灯、照亮前行的路，激励学生敢于有梦、勇于追梦、勤于圆梦，自觉把个人的理想追求融入国家和民族的事业中，自觉报效祖国，勇做走在时代前列的奋进者、开拓者。

"因势而新"，就是军事理论课程要适应形势的演进，根据国际国内形势新变化、世界新变局、军事新态势、社会新变革，根据教育技术的新发展，教育对象的思想新动态、教育发展的新规律不断改进教学手段，完善教学内容，创新教学方式。要理论联系实际，提高军事理论课的针对性和实效性，增强吸引力和感染力。比如，可广泛采用多媒体、插播视频、案例教学、互动式教学、研讨式教学等学生容易接受的教学方式，可开设军事类选修课、专题讲座等，来补充教材内容没有涉及的新知识、新形势、新动态。可以充分发挥网络"新阵地"作用，实现国防教育信息化，增强吸引力，提高学生参与的积极性。总体来说，"因势而新"就是要抛弃僵化落后的陈词滥调，不老调重弹，要乘势、借势、用势，要研究新情况新问题，不与时代脱节，要创新手段，推陈出新，掌握学生的新需求，激起学生的思想共鸣，引导学生投入时代大潮中，做时代新人。

四是要提高军事理论课的严肃性。军事理论课具有鲜明的政治性，政治一定是严肃的。因此，军事理论教师首先自己必须有一个严肃的态度、严谨的作风，对军事理论课的学问要敬畏。要一丝不苟地把握好教材中的每一个知识点，对理论和问题的探究一定要有科学的态度，要处理好大纲要求与教学实际的关系、传统认知与学术前沿的关系。在课前储备时要围绕"课程思政"精选案例，在处理生动、保密及事实真相上，要保持科学态度，不能无中生有，胡说八道。课件制作与课堂板书要整洁、规范有序。同时教师自己要为人师表，要有良好的形象，着装要整齐，举止要端庄，语言表达要流畅，言传身教地感染学生。对课堂纪律要严格要求，要进行考勤，实行军事化管理，维护好课堂秩序，这也是在抓学生养成教育，是"课程思政"题中应有之义。

当然，当代大学生个性更鲜明、思想活跃、眼界开阔、知识结构立体，获取知识的能力强、手段多。这样的教育对象，对军事理论教师来说也是一个挑战，需要自己知识渊博，理论功底深厚，才能对学生有说服教育的能力。在实际教学过程中，既便教师能力再强，也会遇到有个别学生提出许多刁钻的问题，甚至提出一些与主流意识形态敌对的问题故意为难授课教师。对此，军事理论教师必须理直气壮进行批驳，以正确的价值导向进行引导，进行说服教育，对无理取闹的现象必须予以制止，严肃纪律，以维护课程的严肃性。

五是军事理论课程评价必须突出"课程思政"导向。课程评价包括课程建设、课程定位、教师教学状况、学生学习效果，只有在课程评价中突出"课程思政"导向，"课程思政"的理念才会贯穿到课程教学当中，才会引起教育行政主管部门、教师和学生多方面的重视。在课程评价体系中，对课程建设中的课程结构、课程内容、教材建设、教学管理、课程目标完成情况方面要蕴含思想政治教育，突出"课程思政"内涵，甚至要有一些量化考评标准；课程定位方面的课程指导思想，必须既是国防、军事教育又是思想政治教育，突出爱国主义精神培塑；教师教学状况评价中，要看其教学内容中思想政治教育的含量，教学内容是否与思想政治教育相契合；学生学习效果评价，主要看学生学习态度，学习过程中的表现，特别是考核学生对一些问题的认识、理解和看法，这最能突出"课程思政"的效果。所以在军事理论课程评价的方方面面，一定要突出"课程思政"导向，才能实现军事理论教学的目标。

重庆红色文化资源在军事理论课教学中的作用思考

柴俊青　何巧艺*

摘　要：习近平总书记在十九大报告中强调坚持走中国特色强军之路，全面推进国防和军队现代化。报告中指出要加强全民国防教育，提出开展"传承红色基因、担当强军重任"主题教育。在军事理论课教学中充分利用红色文化资源这一重要资源，能够发挥其独特的育人功能。一方面，在课堂教学中引入红色文化资源有利于丰富教学内容，提高学生的学习兴趣，提升军事理论课的教学效果；另一方面，重庆独具的"红岩精神"所展现的忠诚、进取、不怕牺牲、甘于奉献，在新时期仍展现出强大的时代张力，充分发挥其在第二课堂中的作用有助于激发学生的认同感和爱国热情。

关键词：红色文化资源；重庆；军事理论课

一、新时代背景下红色基因的重要意义

红色基因是中国共产党发展过程中形成的精神内核，是凝聚信仰、理想、信念的精神力量。党的红色基因是传承理想信念的"接力棒"，已经成为社会主义核心价值观的文化基因构成。红色基因作为一种重要的历史资源和时代资源，其蕴含着优良的革命传统和革命精神，承载了中国共产党在历史长河中壮阔的革命史、奋斗史和英雄史，是实现中华民族伟大复兴"中国梦"的宝贵财富，是弘扬优秀传统文化，传承民族精神，培育社会主义核心价值观的重要资源。红色基因对大学生思政教育和社会主义核心价值观教育具有重要作用，是促进大学生全面发展和健康成长的重要精神支撑，更是大学生坚定理想信念、为社会主义事业奋斗终生的动力源泉。

进入新时代，红色基因仍然以其恒久的生命力在党的建设、学校思想政治教育等各方面发挥着重要作用。2016年年初，党中央关于"学党章党规、学系列讲话，做合格党员"的"两学一做"教育专题活动在全党范围内深入展开，强调要突出党的红色基因、不断汲取党性营养，从而开启了我国政治生态的新征程。它要求我们在工作中发扬党的优良传统和革命精神，争做合格党员，并将党的理想信念、群众路线等红色基因不断地传承

＊ 作者简介：柴俊青（1988年~），男，硕士，现任重庆大学辅导员、军事理论课教师、军事理论课课题组成员，主要从事学生党建、军事理论课教学研究等；何巧艺（1989年~），女，硕士，现在重庆大学工作。

下去，坚定执着、实事求是、艰苦奋斗、攻坚克难、依靠群众，焕发拼搏和奋进的精神，在务实创新中实现我党工作的持续进步和不断发展。

纵观近代中国和中国共产党发展的历史长河，红色基因的传承起到重要作用。红色革命圣地、红色英雄人物、红色故事及其体现出的红色革命精神等红色文化资源作为其重要的载体，见证和突出体现了红色基因的传承。在军事课正在逐渐成为高校教学安排重要一环的新时代，如何运用红色基因，如何运用当地的红色文化资源开发新的教学环节，使其在军事理论课教学过程中发挥旗帜力量和时代作用，是需要高校和军事理论课教师思考的重要课题。

本文对学院 186 名上军事理论课的学生以发放问卷的形式进行了调查研究，在了解学生对军事理论课教学看法，分析现阶段存在的问题的前提下，探究了红色文化资源，尤其是重庆本地红色文化资源对军事理论课教学的作用。回收问卷 186 份，有效问卷 171 份。

二、当前军事理论课教学存在的主要问题

军事理论课是对学生进行国防教育以及爱国主义教育的一种重要形式，在通过军训提升军事技能的同时，依靠课堂教学对国际国内形势和周边环境、军事战略的讲解，使学生掌握基本的军事理论，增强学生的国防观念，抵御历史虚无主义等思想的侵蚀，提高国家安全意识，增强爱国和集体意识。鉴于其重要性，教育部将军事课（包括军事理论课和军事技能训练）列入高校教学计划，作为大一学生的必修课。

随着国防教育越来越受到高校的重视，军事理论课的教学进行得如火如荼，高校和学生对军事理论课的反响不一。从教学现状来看，近年来的军事理论课实效不容乐观。课堂效率低、教学效果差等问题正逐渐成为困扰军事理论课教学的主要问题。诚然，一门课程的教学效果受到学生兴趣、教材设置、教学安排、教师水平等多方面因素的影响，但其中对课程教学老师而言，专业性、教学方法和教学形式无疑是相对重要和容易改进的方面，同时也是能够显著提高学生学习体验效果的主要途径。反映在调查问卷的数据分析上，68.4% 的学生认为任课教师照本宣科的教学方法是自己上课不愿听讲的主要原因，他们对任课教师专业性和知识广度的要求越来越高；57.3% 的学生不能持续关注任课教师演示文稿的展示，对能够增加参与度的体验式教学、第二课堂需求强烈。

（一）军事理论课教师队伍专业性有待提高

自 2007 年教育部要求将军事课纳入高校教学计划，各高校着手组建自己的军事理论课教学队伍，但因为军事课除了军事理论课教学外，还包括

军事技能训练。与其他课程相比，军事理论课授课时间段集中，课时少，对军事理论课任课教师的要求相对偏低。现阶段军事理论课的任课老师构成相对单一，专业性上参差不齐。近年来随着对军事理论课的教学重视度加强，教育部、各省市对军事理论课任课教师的培训和研修增多，但是由于绝大部分教师并非专业从事军事理论课教学，因此教师队伍专业素质和水平的提升仍然需要较长的一段时间。

（二）照本宣科的灌输式教学导致听课效率低

现阶段军事理论课的教学任务相对较重，在教学内容多教学课时少的现实情况下，大部分的任课教师为完成教学任务，普遍采用的都是照本宣科式的教学，创新度较低。在军事理论课考核相对简单、容易通过的现状下，很多学生受实用主义的影响，认为课程与自己的就业、未来出路关系不大，学习兴趣相对较低。52.0%的学生认为军事理论课教师必须对时事有较多了解才会使课程更加生动。35.1%的学生对研讨式学习更感兴趣，希望军事理论课学习过程中加入研讨环节。

在这种情况下，如果任课教师仍然使用陈旧的教学方法，学生很难提高兴趣。加之随着社会的高速发展，科技日新月异的变化，大学生与社会信息对接度越来越高，在军事训练之余，如果不能有新鲜和吸引注意力的信息体现，很难提高他们的学习兴趣和听课的效率。这就导致军事理论课上的"三多"现象：睡觉的学生多、玩手机的学生多、私下交流的学生多。要改良教学效果就必须改进教学方法。

（三）教学展示形式单一导致课堂教学效果差

在教学内容固定的前提下，教学形式成为提高学生兴趣和关注点的又一个关键。35.1%的学生对观看视频更感兴趣，56.1%的学生希望有更多的课外学习机会。视频观看作为成本低且实施性强的教学形式，被绝大多数的任课教师采用，也起到了不错的效果。但由于现阶段军事理论课教师的构成体系相对单一，专业从事军事理论课教学的任课教师很少。另一方面，军事理论课的课时相对较少，任课教师授课压力较大。因此在开发新的教学形式上关注度不足。

但随着高校其他课程教学模式和教学手段的逐渐增多，第二课堂、"慕课"等方式的使用愈加频繁，现代大学生对于通识类教育第二课堂、翻转课堂的接受度和兴趣度也越来越高，仅仅使用演示文稿，尤其是知识性很强的演示文稿进行教学的实效性越来越低，教学形式改良的需求越来越迫切。

三、重庆红色文化资源的主要物质形态和精神内涵

嘉陵江与长江相汇而生重庆。重庆，被称作山城，又被称为渝都。除

了是国家四大直辖市之一外，还是国家中心城市、超大城市、国际航运中心，是国务院定位的国际大都市。其地理区位的重要性和在中国近代史上的重要政治地位，使重庆这个历史名城在思想传播方面，以及抗战期间、新中国成立后各个时期均扮演了重要的角色。在留下一系列遗迹、遗址等纪念场所的同时，也孕育了重庆独有的忠诚、进取、不怕牺牲、无私奉献的"红岩精神"。

"人文与科学相济而衍重大"。重庆大学作为一所创办于20世纪20年代的高校，创立之初即确立了"研究学术、造就人才、佑启乡邦、振导社会"的办学宗旨，崇尚磨砺意志和爱国意识。从抗日战争期间，随着政治经济文化的西移，国立重庆大学以开放的胸怀欢迎中央大学，到新中国成立后院系调整贡献出大多数的实力院系，再到新时代为"一带一路"建设添砖加瓦，重庆大学的发展史也反映着重庆的发展，重庆大学展现出的精神也成为重庆精神的一部分。

（一）重庆以及重庆大学的红色文化资源

重庆的红色文化资源主要体现在思想传播、抗战文化、新时期新贡献几个方面。其表现形式主要有影视或舞台作品、烈士陵园和红色遗迹、纪念馆等。

作为最早传播共产主义和组建马克思主义党团组织的地区之一，董庸生、萧楚女等共产主义先驱，在20世纪20年代便开始在重庆传播马列主义，使重庆成为国内马克思列宁主义萌芽最早、基础牢固的区域，也因此成为中国共产党在重庆开展思想传播和革命斗争活动之始。开国十大元帅中的两位：刘伯承和聂荣臻，心存救国救民之志，在此时受共产主义思想感召，加入到党组织中，开启了一生为党和国家的事业奋斗的篇章。现在在刘伯承元帅故乡重庆开州以及聂荣臻元帅故乡重庆江津仍存有两位元帅的旧居及纪念馆，以文字和物品等史实材料记载着两位元帅一生的贡献和辉煌。20世纪30年代开始，中国共产党由周恩来主持在重庆设立中共南方局和八路军办事处，以此领导当时整个南方地区的革命斗争，留下了大量的红色文化遗迹，如红岩村、渣滓洞、白公馆等。其中根据渣滓洞真人真事撰写的文化作品《江姐》被搬上舞台和荧屏，广为流传，影响深远。

抗日战争时期，作为战时首都和世界反法西斯战争的中国指挥中心，重庆则发挥了更为重要的作用。许多国内外的仁人志士在这个时期来到重庆为中国的抗战出力，而日本帝国主义对重庆的破坏和摧残更是愈演愈烈。据统计，因抗战和持续近七年的轰炸形成的遗迹有700多处，其中包括民盟旧部、冯玉祥旧居、"六五"隧道惨案旧址，中央大学在此期间迁入重庆大学，重庆大学目前还留有中央大学会场旧址。在大轰炸期间，重庆大学工学院三次遭到破坏，受到数百枚炸弹摧残。在重庆大学75周年校庆时，重庆大学校友出资捐建大轰炸纪念碑，以此号召重庆大学学生铭记历史，勿忘国耻。

进入新时期，重庆仍在各方面努力发挥作用。抗洪抢险、三峡移民、渝新欧铁路，无不昭示着重庆精神。自1992年开始，为了配合三峡建设，重庆三峡库区共计移民百万人，解决了困扰全世界水利工程的移民难题。2016年10月，位于重庆万州的三峡移民纪念馆开馆并面向社会开放，通过文字、物品、影像等多种形式，记录了三峡库区的历史并构建了三峡移民的记忆空间，截至2018年参观人数已超30万人，向世人展示了三峡文化以及三峡移民对三峡建设所做出的巨大贡献。渝新欧铁路，全称渝新欧国际铁路联运大通道，起于重庆，沿途经过6个国家抵达德国杜伊斯堡，开通于2011年，截至目前开行班列超过1000列，几乎占到全国中欧班列的一半。2016年习近平总书记首次国内视察即选择到重庆，在果园港听取了渝新欧国际铁路开行的介绍，习近平总书记指出，"一带一路"建设为重庆提供了更大平台，重庆发展潜力巨大、前途光明。

（二）重庆红色文化资源的精神内涵

一系列重庆的独特红色文化资源，内核是重庆所蕴含的红色基因。近代以来的共产党人，将重庆这座山城的地理特征内化为不可替代的"红岩精神"，这其中，坚定信念对党忠诚、不怕牺牲甘于奉献、艰苦奋斗积极进取是"红岩精神"最突出的特征。

坚定理想信念、忠于党的事业。当前大学校园实用主义日益突出，社会价值日益多元，理想信念缺失成为急需解决的重要问题，作为军事理论课教师在教育学生树立崇高理想、坚定理想信念方面负有不可推卸的责任。以杨闇公、赵世炎为代表的共产主义先驱，即使受尽酷刑仍坚持崇高的理想信念，为党的事业献出了宝贵的生命；以毛泽东、周恩来、刘伯承、聂荣臻为代表的老一辈党和国家领导人在重庆生活和工作的足迹，正是他们为党和国家事业贡献青春，为人民幸福生活积极奔走的真实写照。

不怕牺牲、甘于奉献的精神。在对日本帝国主义、国民党反动势力斗争的过程中，无数先烈抛头颅洒热血，重庆作为斗争最为激烈的战场之一，也凝聚和沉淀了许多共产党人的鲜血。抗日战争中的重庆大轰炸，死难人数超过万人，但彼时的重庆仍然作为反法西斯的重要指挥中心和军事力量的主要输出地为抗日战争贡献自己的力量；与国民党反动势力斗争阶段，仅渣滓洞一处在解放前的大屠杀中就有三百余名烈士殉难，其中还包括妇女和儿童，但所有牺牲的烈士无不面对屠杀昂首挺胸，对革命的未来充满希望。

艰苦奋斗、积极进取的精神。重庆的红色文化资源集中体现了艰苦奋斗的优良传统。在艰苦的斗争时期，物资匮乏生活拮据，共产党人的革命意志却从未动摇。进入新时代，重庆的建设和发展也见证了广大人民群众在党领导下艰苦奋斗的精神，牛角沱大桥、人民大礼堂、轻轨等重大工程，依靠的是重庆人民从最原始的肩挑手扛到现在需要在重大科研项目上攻坚克难，才造就了现在的"桥都"、轨道穿墙。新时代的社会主义建设，仍然需要发扬艰苦奋斗、积极进取的精神，去实现对美好生活的向往。

四、在军事理论课中引入红色文化资源对教学的积极作用

重庆大学作为严格执行教育部文件精神的高校，在军事课尤其是军事理论课教学中积极探索和创新教学形式和教学方法，获得了比较好的效果，学生对军事理论课的满意度持续保持在90%以上。在此次调研中，针对35.1%的学生对观看视频更感兴趣，56.1%的学生希望有更多的课外学习机会，在军事理论课的教学过程中也针对性地进行了探究。

首先在教学过程中对影视作品，尤其是红色影视作品进行了有针对性的放映，《江姐》《战狼》《建国大业》《建党伟业》等一系列红色影片对学生产生视觉乃至心灵的震撼。93.0%的学生表示观看红色影视作品后受到了震撼，39.8%的学生受到触动、感动落泪。由此可见，在军事理论课教学中引入红色影片对学生的爱国主义教育作用明显。

同时，学校及其他二级学院也注重第二课堂的作用，在课程教学过程中，穿插红色遗址、纪念馆、校史馆、军事教育基地的参观。此类活动受欢迎度高，在专门针对红岩村纪念馆参观活动的调查中，有94.7%的学生表示对参观感兴趣，参观过后学生评价和受教育程度显著高于课堂教学。学校同时重视纪念日对烈士和死难者的纪念和瞻仰活动：在重庆大轰炸纪念日会拉响防空警报，举行默哀活动；在清明节或党团活动日举行烈士瞻仰活动，号召学生学习先烈的奋斗和奉献精神。通过对先辈事迹了解也有利于学生坚定理想信念，93.3%的学生在学院组织参观聂荣臻纪念馆后表示，聂荣臻元帅一生的奋斗和为党和国家事业甘于付出的精神感染了自己，在为祖国未来事业付出和奉献方面想做出更多的努力。

总之，红色文化资源作为一种重要的教学资源，在大学生理想信念教育、爱国主义教育等方面具有明显效果和优势。在军事理论课教学过程中，将第一、第二课堂有机结合，能够有效解决灌输式教学和教学形式单一等问题，使整个军事理论课教学过程趋于完整，更契合了传承红色基因的时代要求。

高校军事理论课程教学存在的问题及创新改革探究

李相林　赵　林[*]

摘　要：高校军事理论课程作为国防教育的有机构成，在培育大学生爱国主义精神方面发挥了重要作用，在整个教育体系中占有举足轻重的地位。尤其是素质教育改革背景下，高校军事理论课程教学的开设，丰富了学生军事知识内涵，增强了其国防观念、民族意识，同时还能效培育他们良好的身心素质、军事素质以及思想素质。但从客观维度上讲，受多重因素影响，高校军事理论课程教学中还存在不少问题，与预期目标相去甚远，其相关研究备受学术界关注和热议。本文基于对高校军事理论课程教学存在问题及影响因素的分析，就其创新改革进行了研究。

关键词：军事理论课程；教学问题；影响因素；创新改革

高校军事理论课程教学以马列主义、毛泽东思想、邓小平理论为指导，面向现代化国防建设及未来，力争培育大学生良好的军事理论与素养，使之成为合格的社会主义接班人。通过系统的高校军事理论课程学习，大学生对我国周边环境及安全挑战的认知更加清晰，进一步提升其民族荣辱感，并为现代化军事装备力量增强奠定扎实的人才基础。从长远的角度讲，军事理论课程不单单是我国高等教育体系的有机构成，更是关系到国家安全及利益的社会活动，理应得到重视和关注。高校应积极响应国家政策文件号召，最大限度地突出自身人才培育价值。

一、高校军事理论课程教学存在的问题

在系列先进思想的引导与科技的支持下，高校军事理论课程教学实效得到了明显改善，为培育大学生爱国主义精神提供了强大助力。但从客观维度上讲，高校军事理论课程教学中亦存在不少问题，具体体现在以下几个方面。

（一）重视不足

纵观高校军事理论课程教学现状，其作为一门必修课，虽占有相当

---

[*] 作者简介：李相林（1963年~），男，1989年毕业于重庆大学成人教育学院，现工作于重庆大学航空航天学院，担任学生办公室主任；赵林（1972年~），男，四川苍溪人，硕士，现工作于重庆大学学生工作部（武装部），正科级职员，任军事教研室主任、重庆市军事课教学指导委员会会员，主要从事国防教育及大学生思想政治工作研究。

高的地位，实则学校重视不足。部分高校开设军事理论课程教学的初衷仅仅是为了完成任务，相关制度体系匮乏，某种程度上影响了师生参与的积极性。目前来看，不管是师资力量还是教学设施，都难以支持高校军事理论课程教学的创新改革。尤其是随着高等教育普及化、大众化，生源数量急剧增长，加之高校教学资源有限，无暇顾及军事理论课程建设，不愿投入过多的时间、精力在此门课程上。而对于学生而言，军事理论课程学习的动机也仅是为了取得学分，时常出现旷课、逃课等现象，教学效果自是不尽如人意。即使有些高校应国家政策号召，相继开设了军事理论相关课程，但其质量却是有待商榷。单就课时安排上，由于重视不足，高校更偏重于学生专业发展，对军事理论课程无限压缩，远未达到大纲要求，形式主义严重。

（二）观念落后

思想观念是行为实践的先导，决定了高校军事理论课程教学最终成效。在很长一段时期内，传统应试教育在我国占有重要地位，即使在素质教育改革的今天，依旧有着深远影响。很多高校军事理论课程教学仅是肤浅地进行知识讲解，并未深入挖掘其中内涵，某种程度上限制了学生的素质培养。事实上，新时期高校军事理论课程教学的定位是促进学生全面发展，不单要重视知识讲解，更要强调与人才培养、教育发展、国家安全紧密联系在一起，最终完成育人目标。另外，受此思想观念的局限，部分高校军事理论课程模式守旧，大多采用传统讲授法进行教学，强调以教师为中心，忽视了学生主体的感受，两者之间的互动交流较少甚至零交流，造成课堂气氛沉闷，打击了学生参与的积极性、主动性。高校军事理论课程本身涉及知识点繁多，加之教学方式方法单一，容易引发学生的反感等情绪，学习兴趣大打折扣，继而影响了教学实效。同时，以教师为中心的高校军事理论课程，对学生学习情况的反馈不尽全面、客观，难以支撑教学创新改革发展，不利于教师对教学节奏、难度等元素的把握。因此，高校军事理论课程教学创新改革的基础是：更新思想观念，突出学生主体地位，促进师生良好关系建设，有效激发学生能动因子。

二、高校军事理论课程教学影响因素

高校军事理论课程教学作为一项系统化工程，涉及多重元素的参与，包括学校、教师、学生，其在整个实施过程中的角色定位大相径庭，但均在一定程度上影响了其最终效果，是上述问题发生的根本因由，相关因素分析如下。

（一）学校因素

学校作为军事理论课程教学的主阵地，有机地将教师、学生等因素联结在一起，提供了重要的实施环境，并把控主流发展方向，是影响军事理论课程教学实效的关键因子。近年来，随着高等教育普及化、大众化，生源数量急速增长，对高校承载能力提出了新一轮的挑战。事实上，很多高校已然认识到了形势的紧迫性，并加紧了基础建设，办学规模得到了同步提升，基础配套环境有所改善。但客观上讲，高校内部建设亦存在些许不足，其更偏重于专业学科发展，对军事教育重视不足，投入的时间、精力及资源十分有限，影响了师生的参与体验。现阶段的高校军事理论课程内部发展不均衡，尚未形成完整、科学、系统的课程体系，其连贯性难有保障。国际形势瞬息万变，要求高校军事理论课程教学不断更新发展，固守传统势必会落后，历史证明落后就要挨打。尤其是在网络互联背景下，随着信息化技术在社会发展中的渗透，要求高校军事理论课程不断更新，这在高校各层面建设上的体现尤为紧迫。

（二）教师因素

本质上，现代战争是对抗双方人才质量和知识含量的较量，更进一步讲是军事人才制度的竞争和较量。因此，高校军事理论课程教学的目标是培育信息化战争所需的高素质人才。而教师作为高校军事理论课程教学实践的组织者、参与者、引领者，其综合能力素质建设尤为重要。但事实上，大多数中老年教师对信息化教育的认知不足，甚至表现了抵触、反感等心理，固守传统，重视教材知识灌输，而忽视了学生主观能动性的发挥。而对于青年一代教师而言，他们热衷于新鲜事物，对信息化教学表现出了浓厚的兴趣，但依赖性过强，加之自身能力经验积累不足，引导作用难有体现，某种程度上影响了高校军事理论课程教学的实效。在互联网高速发展的今天，教师必须要合理处理自身与学生之间的关系，尊重知识创新，并主动参与教学改革，不断加强自主学习，最大限度地提升服务学生发展的效能。

（三）学生因素

国防教育作为巩固国防的基础，是提升国民国防素质、增强民族凝聚力的有效路径。大学生作为成长中的一代，是祖国未来建设的中坚力量，必须要肩负起合格社会主义建设接班人的重任。但事实上，市场经济条件下，加之复杂的多元文化生态环境，人们的保家卫国意识逐渐淡漠，这在大学生群体中亦有所体现，直接影响了他们在高校军事理论课程教学中的参与积极性。另外，面对竞争日趋激烈的社会大环境，缘于学业及生活上的双重压力，高校大学生更偏重于专业学习，将更多的时间、精力集中在职业发展上。中国多年的和平发展，使得很多大学生国防意识懈怠，甚至部分人误入歧途。大学生作为高校军事理论课程教学的主体，其兴趣表现影响了他们的行为实践，决定了此项工程实效。从某种维度上讲，加强学生教育工作是高校军事理论课程教学创新改革的重中之重，现实中亦是刻不容缓，理应得到广泛关注和支持。

三、高校军事理论课程教学创新改革举措

知识经济时代，创新改革已然成为社会发展的主潮流，并迅速席卷各个领域。尤其对于教育而言，信息科技的汇入，为其创新发展营设了良好环境。基于上述分析，结合实际情况，有针对性地提出了以下几种高校军事理论课程教学创新改革举措，以供参考和借鉴。

（一）加强内部建设

1. 基础建设

习近平总书记曾经指出并强调，要加强国防教育，增强全民国防观念，使关心国防、热爱国防、建设国防、保卫国防成为全社会的思想共识和自觉行动。在其主持的新一轮军事改革下，军事理论课程教学作为国防教育的有效路径，其重要性不言而喻。尤其高校大学生是祖国未来及社会主义建设的中坚力量，因此，加强军事理论课程教学，提升其国防意识至关重要。基于此认知导向，高校及全体教职工应深刻理解国防教育背后的丰厚意蕴及重要意义，积极响应国家政策号召，按相关规范开设军事理论课程。而对教学发展相对落后的地区，国家及政府应加大对高校的支持，及时补充师资、教学设备等，以信息化技术为依托，共享优质教学资源。对于已开设军事理论课程教学的高校，要集中资源加强内部建设，营造良好的发展环境，继而提高教学品质。在此过程中，图书馆作为文化资源传播的主阵地，应逐步扩充军事素材收藏，结合师生实际需求，提供查询、教研等多板块化服务，助力国防教育发展。近年来，随着高等教育普及化、大众化，生源数量急剧增长，对高校教学承载能力提出了更多挑战。所以，高校亦需加强基础设施环境建设，包括教室、多媒体设备、文娱场地等，满足军事理论课程教学需求的同时，提高师生参与积极性。

2. 师资建设

素质教育环境下，教师作为主导，是高校军事理论课程教学创新改革的核心与关键，其综合素质素养表现直接影响此项工程的实践效力。尤其是面对社会主义建设新局面，高校教师更要加强学习，不断丰富学识涵养，紧跟时代发展潮流，提高创新意识，促进军事理论课程教学改革。在具体的践行过程中，高校应不断加强专业化师资队伍建设，严格选拔标

准，从数量及质量两个方面把控师资力量水平，保障军事理论课程教学创新改革，建立扎实的人才基础。同时，高校还需建立完善的军事理论课程教学审评机制，及时发现其中存在的问题，深度解析发生因由，明确对相关教师的岗位职责要求，继而有针对性地组织培训教研工作。基于上述系列工作的铺垫，高校可定期或不定期组织培训教研活动，邀请学术专家、业务能手广泛参与，提高教师对军事理论课程教学的重视程度，及时传导先进思想理念，包括以学生为本、因材施教等，丰富他们的学识涵养，并分享有效成功经验，进而提高其综合素质能力，鼓励创新创造，使之为学生全面发展提供支持。另外，对于高校教师个人而言，需秉持谦虚奋进的心态，坚持自我学习，善于借助网络互联平台，积极参与各类学术教研活动，开拓知识视界，积累丰富经验，力争对军事理论课程教学进行创新改革。

3. 文化建设

综合来看，高校军事理论课程教学作为一项系统化工程，不单单承担着传播知识、培养技能的重任，同时亦是增强学生国防观念、爱国情操及集体主义精神的主阵地。事实上，单纯的理论知识课堂，所能利用的时间和资源是十分有限的，最终收效往往不尽如意，更难引起学生认知与情感上的共鸣，其兴趣表现泛泛，进而影响了军事理论课程的教学实效。因此，高校及教师应深刻认识军事理论课程教学的基本特性，整合各种有利资源，充分发挥文化的潜移默化影响力，主动开发第二课堂阵地。具体而言，高校要努力营造"军事理论热"和"国防热"的文化环境氛围。例如，以国防教育为主线，高校组织多样化的文体实践活动，包括知识竞赛、军旗、围棋博弈等，并将军事理论有机地融入其中，通过寓教于乐的方式，激发学生主动参与热情，在潜移默化中完成知识与能力的培养。此外，在信息化时代背景下，还可以校园网站为依托，开发国防教育板块，宣传英雄人物事迹，观看历史教育影片，触动学生心灵，激发他们对国家和民族的热爱，并因此加强自我学习，主动投身社会主义建设新浪潮。有条件的学校还可定期组织广大青年学生到红色教育基地参观学习，聆听革命先辈的经历过往，增强其切身感受，强化他们的民族责任感和使命感，激发参与军事理论课程教学的活性。

（二）优化课程设置

1. 丰富课程内容

根据教育部印发的《普通高等学校军事课教学大纲》要求，高校军事理论课程应包括中国国防、军事思想、世界军事、军事高科技以及信息化战争等内容，划定了基本框架结构，但实际授课过程中，教师应紧跟时代发展，不断对教学内容进行修整、更新和补充。爱因斯坦曾经说过，兴趣是最好的老师。时事案例在高校军事理论课程教学中的运用，不仅可以激发学生的学习兴趣，还能够深化其理解程度。在大的科技发展背景下，传统机枪、大炮、船舰等内容已难以满足学生兴趣需求，其更热衷于精准制导、激光武器、导弹防御系统等相关知识。为此，在大的军事理论课程框架结构基础上，教师应保持对世界军事动向的高度关注，以学生兴趣为基点，将最新军事信息引入课堂，增强教学的前卫性、生动性。同时，针对不同专业学生，高校军事理论课程教学亦需要有所偏重和突出，如对电子、化学、物理等工科学生可偏重指挥自动化、电子对抗技术等内容。此外，教师作为主导，其一言一行都可能影响学生参与课程教学的情绪。如上所述，军事理论课程涉及的内容繁杂，理论性较强，长时间的听课容易让学生产生疲劳感甚至厌倦感，继而影响教学效果。针对此类问题，教师应善于发挥语言艺术的魅力，抑扬顿挫或故留悬念，进一步激发学生的探究欲望。

2. 创新教学方法

传统应试教育模式下，高校军事理论课程教学方式方法单一，很难有效激发学生学习兴趣，是影响最终工作成果的关键因素。因此，高校必须要注重军事理论课程教学方法的创新改革，强调新鲜元素的汇入，以增强其辐射力、感染力，进而有效地将国防观念、爱国意识等融入到大学生主观思维中。尤其是信息化时代背景下，高校要善于利用网络课堂、PowerPoint等现代教育设施，优化军事理论课程构成元素，通过图片、影像、视频等视听刺激，提高学生的切身感受，使之主动、积极地投入到相关活动中。例如，可在保守国家军事机密的前提下，选择性地向大学生展示我国现代军事准备力量及发展动态，并结合实际战例全面阐述军事理论，寓教于乐。在伊拉克战争中，美国就采用了类似于《孙子兵法》中"不战而屈人之兵"的战术战略布局，借助强大的震慑作用，推翻了萨达姆政权。此外，素质教育环境规制下，高校军事理论课程教学创新改革还需遵循一个重要的原则是以生为本，即尊重学生主体个性差异，最大限度地发挥其主观能动性，确保组织活动顺利实施。在具体的践行过程中，教师要了解学生内心真实想法和主体感受，合理把控军事理论课程教学节奏，科学设置引导性问题及情景，诱发学生讨论思考，加强其对相关知识与技能的掌握。

3. 完善评价机制

评价最为基本的功能是为高校军事理论课程教学创新改革提供依据，同时其在某种程度上还映射了大学生社会化状况，需要学校、社会及家庭的多项互动。完善的评价机制对促进高校军事理论课程教学创新改革具有重要意义。目前而言，受传统应试教育影响，高校军事理论课程教学考核更偏重于对学生知识水平的评价，忽视了学生能力素质的建设，而且多以开卷考试为主，虽然展现了操作简单、便于管理等优势，但却有一定的局限性。新课程改革指导下，高等教育的核心目标是促进学生全面发展，其中军事理论课程教学并不例外，它更加强调终身学习，引导学生在日后的生活中关注军事、关注国防。因此，高校完善的军事理论课程教学评价机制，应实现过程评价与结果评价相结合、教师评价与学生评价相结合，有效保证评价的客观性、真实性、全面性。在实践过程中，高校应适当延续传统考试的优势特点，认真审视学生知识水平，并深度解析其背后折射出的学生素质水平，发现其中不足，继而有针对性地组织强化训练。同时，在军事理论教学课堂上，教师还需仔细观察学生的动态表现，包括回答问题、学习态度等，及时指点和引导学生。适当调整教学节奏、难度等，促进每位学生积极参与。此外，教师还可组织学生自评和互评，以不同的视角审视学生素质能力，积极听取学生意见，实现教与学的有机结合。

网络育人视角下普通高校军事课混合式教学模式的实践研究

王 涛　邵凤雨　吴友华*

摘　要：网络育人是信息化背景下网络与教育需求相结合而产生的全新的育人形式，打造了崭新的教育环境，丰富了教育内容，扩展了教育方法，创新了教育模式。本文分析了将互联网技术引入普通高校军事课教学的理论基础和应用价值，设计了网络育人视角下普通高校军事课的混合式教学模式，并以重庆大学基于"易班优课"（YOOC）的普通高校军事课混合式教学模式的实践为例，进一步探讨了普通高校军事课混合式教学的实施步骤及方法，是对信息化时代普通高校军事课程实现教书与育人相结合的有益尝试。

关键词：军事课；混合式教学；网络育人；易班优课

随着"互联网+"时代的来临，信息技术带来了教学时空虚拟化、教学形式网络化、教学过程自主化、教育资源数字化与共享化等变化趋势，为提高教学质量和效率起到了积极作用。《军事理论》作为普通高校学生的必修课，不仅要向学生传授军事知识和技能，更要培养学生的国防意识和国防观念。将互联网技术引入普通高校军事课教学是开展网络育人的有效途径之一。

一、将互联网技术引入普通高校军事课教学的理论基础

传统的普通高校军事课教学模式是以行为主义为理论基础的。该理论认为，学习是个体对外部刺激做出被动反应，学习过程是一个刺激—反应的过程。"刺激"是指教师对知识和技能的传授，"反应"是指学习者对知识的记忆和对技能的掌握。在这一理论指导下，传统军事教学模式强调教师对军事理论知识和技能的传授，并以学生对知识的记忆和技能的掌握程度来衡量教学实效。这一教学模式忽视了学习者的主观能动性和创造性。

随着信息技术融入教育教学，认知学习理论逐渐得到更多人的认同。认知学习理论认为学习者并非简单的知识接收者，而是信息加工的主体，

---

* 作者简介：王涛（1984年~），男，重庆大学管理学硕士，现任重庆大学建设管理与房地产学院团委书记，助理研究员，军事课授课教师，主要从事国防教育、思政教育、生涯教育研究；邵凤雨（1983年~），女，重庆大学管理学硕士，现任重庆大学材料科学与工程学院团委书记，讲师，主要从事大学生思想政治教育和高校教育教学管理研究；吴友华（1960年~），男，重庆大学学士学位，现任重庆大学武装部副处级职员，主要从事大学生国防教育方面的研究。

学习的过程是认知主体的内部心理过程。建构主义学习理论作为认知学习理论的分支之一，被誉为"当代教育心理学中正在发生着的一场革命"[①]，该理论进一步提出，学习者是在与周围环境相互作用的过程中，通过"同化"和"顺应"两个过程，逐步建构起关于外部世界的知识，从而使学习者的认知结构得到发展[②]。关于教学，它主张：第一，注重以学生为中心进行教学。教师不是"知识的授予者"和"灌输者"，而是学生建构知识过程的帮助者、促进者、组织者和"向导"。第二，注重在实际情境中进行教学。强调创建与学习有关的多种视角的真实情境，使学习者在相关情境中解决现实问题。第三，注重协作学习。学生与教师以及学生与学生之间的对话、协商和讨论促使学生更全面地理解问题和解决问题。第四，注重提供充分的资源。强调要营造好的教学环境，为学生建构知识的意义提供各种信息条件。这些理论主张对网络育人视角下开展普通高校军事课混合式教学提供了丰富的理论基础。所谓混合式教学模式（Blending Learning），就是将传统学习方式的优势和"E-Learning"的优势结合起来，既要发挥教师引导、启发、监控教学过程的主导作用，又要充分体现学生作为学习过程主体的主动性、积极性与创造性。[③]

二、将互联网技术引入普通高校军事课教学的价值

教育部在2012年3月颁布的《教育信息化十年发展规划（2011—2020年)》中提出将学生视为能力体系的核心组成部分，强调继续普及和完善信息技术教育，着力培养学生信息化环境下的学习能力，培养学生利用信息技术学习的良好习惯，增强学生在网络环境下提出问题、分析问题和解决问题的能力。[④] 将互联网技术引入普通高校军事课教学对于实现优质教学资源共享，增强学生主动学习的意识，培养学生的综合能力，全面评价学生的学习情况，落实立德树人根本任务具有重要的意义。

（一）实现优质教学资源共享，增强教学实效

"互联网+教育"将信息民主权力分配到绝大部分人手中，权利指向也涉及世界的任意角落，弥补中西方、城乡之间的数字鸿沟，均衡教育信

---

① Slavin, R. E., Education Psychology: Theory and Practice, Needham Height, Massachusetts, 1994.
② 何克抗：《建构主义——革新传统教育的理论基础》，载《电化教育研究》，1997年第3期。
③ 何克抗：《从Blending Learning看教育技术理论的新发展》，载《中小学信息技术教育》，2004年第4期。
④ 余胜泉：《推进技术与教育的双向融合——〈教育信息化十年发展规划（2011—2020年)〉解读》，载《中国电化教育》，2012年第5期。

息资源配置，将学习者置于同等高度的网络世界中[1]，实现了优质教学资源的共享，为学生建构知识框架提供了丰富的信息背景。同时教师还可以收集学生的使用数据进行分析管理，了解教学中存在的问题，发掘学生的潜能和可塑方向，为学生提供定制化的课程，继而进行不同侧重点的个性化教学，对于增强教学实效具有重要作用。

（二）构建师生学习共同体，引导学生主动学习

网络育人视角下普通高校军事课混合式教学模式采用"以学生为中心"的现代教学理念，教师对学生的学习内容、学习方式及其评价方式做出清晰而有效的设计，通过讨论式、任务驱动式等教学方式方法，构建线上、线下相结合，课前、课中、课后一体化，全程互动的师生学习共同体[2]，引发学习兴趣，增强学习动力，养成自主学习习惯，使学生真正成为学习的主体，想学习、乐学习、会学习，积极主动建构自己的知识体系。

（三）课程考核更注重过程评价和多元评价，导向能力培养

《国防教育法》指出："学校的国防教育是全民国防教育的基础，是实施素质教育的重要内容。"传统的军事课考核一般是通过考试成绩决定的，能够体现学生对军事知识的掌握程度，但对学生学习过程中所表现出的情感、态度、能力等的发展难以做出评价，难以充分调动学生的学习积极性。而网络育人视角下的普通高校军事课混合式教学模式便于进行过程评价和多元评价，比如观看军事课程视频后在线提交观后感、在线课堂上的提问与讨论参与度、课后作业、平时测验等，把这些环节与学生的最终成绩挂钩，引导学生有效调控自己的学习过程，注重培养学生自主收集信息和处理信息的能力，以及与人讨论、合作、沟通和协调的能力，增强学生的成就感和自信心。

（四）课堂育人和网络育人相结合，落实"立德树人"根本任务

"培养什么人、怎样培养人"，是我国社会主义教育事业发展中必须解决好的根本问题。党的十八大报告提出："坚持教育为社会主义现代化建设服务、为人民服务，把立德树人作为教育的根本任务，培养德智体美全面发展的社会主义建设者和接班人。"随着国际社会政治日趋复杂、经济形势动荡、科技发展迅速，未来社会将充满着不确定性。高校国防教育在

---

[1] 何克抗：《从混合式学习看教育技术理论的新发展》，载《国家教育行政学院学报》，2005年第9期。
[2] 任军、杨恒山：《构建师生学习共同体 全面提高教学质量》，载《中国教育报》，2018年4月9日。

传递知识、培养能力之外，更重要的是增强大学生的国防观念，提高国防意识，强化爱国主义信念，促进综合素质的提高。推动信息技术在军事课堂的应用，网上为学生提供更多优质的国防学习素材，便于为学生营造真实情境，增强他们的切身感受，线上线下师生之间、学生之间的互动碰撞使学生加深对我国的国防安全形势的认识和理解。学生在建构过程中养成良好的思辨能力和逻辑推理能力，从而真正从内心关心国防，支持国防建设，达到教书与育人相结合，落实"立德树人"的根本任务。

三、网络育人视角下普通高校军事课混合式教学模式的设计

网络育人视角下普通高校军事课混合式教学模式是一个复杂的系统，由实现条件、教学设计、操作流程和教学评价等要素构成。

混合式教学的成功与教师、学生、教育资源以及校方的支持息息相关，其实现条件包括网络平台和人文环境。目前比较成熟的网络平台，如易班优课平台、雨课堂、智慧树、云课堂等基本上都具备了课件推送、在线交流、在线测评、作业提交、成绩管理、过程监控等功能。高校应当为教师提供培训、交流和学习的机会，使教师真正接受混合式教学模式，引导教师从传统意义上的"建构者、决策者"角色向新型的"合作者、指引者、帮助者"角色转变，尽快适应教学方式的转变，熟练使用网络平台，进一步提升专业化技能。此外，让学生全面了解混合式教学模式对其学习和成长的意义，引导他们由被动学习向主动学习转变，真正成为学习的主体。这些条件为构建"互动共享、通力协作、自主探究"的师生学习共同体营造了良好的环境，是网络育人视角下普通高校军事课混合式教学模式持续有效开展的保障。

教学设计包括学生特点分析、教学目标设定、教学大纲与教学方案的设计以及教学素材的制作。学生特点分析主要是结合学生所处的年级、知识和技能基础，心理、生理和社会特点等分析学生的需求以及在学习上可能产生的问题，为设计教学内容和风格提供依据。教学目标的设定要更注重学生能力的培养，如面对军事和国际关系问题的思辨能力、逻辑分析能力，对国防安全的态度及情感转变。然后根据教学大纲，结合课程的知识结构确定详细的教学方案以及教学活动安排，使学生能够在认识、技能和情感上达到预期的教学目标。

网络育人视角下的普通高校军事课混合式教学的操作流程分为三个环节：线上学习、课堂学习、线上总结。第一个环节是课前线上学习。这主要基于网络教学平台，教师组织教学材料，然后上传至网络教学平台，将学习任务及要求推送给学生。学生在课前完成任务，在线提出问题，与同

学、老师在线交流。教师在此环节要监控学生的学习情况，及时进行督促并解答有关问题，对学生提出的问题进行归纳和分析，据此对课堂学习进行有针对性的设计。第二个环节是课堂学习。教师可以通过课堂问答、任务合作、集中讨论、情景模拟等方式对学生课前提出的问题进行引导，对重点难点问题进行讲解，促进问题解决，并布置作业。对于个别学生的特殊问题可以进行一对一答疑，对不适应混合式教学模式的学生进行教育引导。第三个环节是线上总结评价。课后通过在线方式对知识进行巩固、拓展和提升，实现盲点强化、知识梳理的作用。教师在线发布课后作业，监控学生完成作业的进度，进行评分，检验教学效果。

网络育人视角下的普通高校军事课混合式教学的评价机制应当能够激发学生的学习动力，发挥学生学习的积极性与创造性，同时帮助教师及时调整教学活动的各个环节，使之更符合教学规律。将学生在线参与学习讨论情况、课堂表现（如回答问题情况、团队协作能力、学习活跃程度、小组项目参与程度等）、课后作业完成情况，以及考试情况都纳入最终的成绩评定，评价主体不仅有教师，还有组内同学和学生本人，从而实现过程评价和多元评价。

四、基于易班优课（YOOC）的普通高校军事课混合式教学案例

"YOOC"全称为"Your Online Open Courses"，即"为你量身打造的优质在线课程"，是易班网于2016年4月研发并推出的基于"Social Learning"的理念而开发的在线学习平台。作为一个"互联网+"教育学习平台，YOOC能够发挥课程资源多样化、教学工具多元化、服务管理个性化的特点和优势，致力于从师生最实际的教学需求出发，汇聚"易班学院"的校内精品课程和"易班大学"的优质职前教育课程，搭建一整套基于LMS的教学管理系统（即"课群"系统），实现话题讨论、教育视频与图文课程制作、学习资料上传、在线作业、在线考试、在线测评、成绩管理、在线投票等功能，为"互联网+"时代普通高校师生在线"教与学"提供了一体化的解决方案。班优课平台推出以后，受到许多高校师生的欢迎，我校军事课借助YOOC平台开展了混合式教学，显著提升了教学实效。

在开展基于YOOC的普通高校军事课混合式教学之前，我校国防教研室首先对教师进行了混合式教学有关观念和技能方面的培训。课程组就课程设计反复讨论，形成较为完善的体系。先由熟悉易班优课使用方法的教师先行授课，其他教师辅助，发现问题及时讨论解决，体系比较成熟之后再全面铺开。教师在第一节课先让学生充分了解实施混合式教学的意义及

注意事项，建立对应班级的易班课群，让学生加入课群。教师在"成绩管理"模块设置成绩构成情况，成绩构成包括作业、考试、学生自评、他评和教师评价。然后，分"课前线上学习""面对面课堂"和"课后总结评价"三个环节开展混合式教学。

在课前线上学习环节，教师准备好相关的教学视频和课件，在"课群课程"模块上传教学视频，在"学习资料"模块上传PPT、文档、图片资料以及学习任务和要求，然后在"课群话题"模块发起讨论话题，还可以就大家认为需要课堂讲解的知识点发起在线投票。教师可以实时查看学生的学习进度，督促学生在上课前完成学习任务。学生学习教学材料，在"课群话题"模块提出问题，与同学、老师在线讨论交流。

在面对面课堂上，教师可以对课前讨论和投票结果反映出的普遍性问题、重点和难点进行集中答疑；可以将学生分成若干组，把问题分配到各组进行任务式讨论，之后让学生上台汇报讨论结果，对讨论结果进行点评；可以模拟辩论、演讲或情境模拟给学生创设情境，增强他们的体验感；对于个别问题，可以由学生提出问题，其他学生解答，教师补充。最后，教师总结课堂讨论情况，布置课后作业，如让学生观看指定的爱国主义电影、书籍，或毛泽东、邓小平等战略家军事家的传记或影视作品，以及国际形势分析类节目等，让学生在线提交观（读）后感。

在课后总结评价环节，学生在"在线作业""在线测评"模块完成课后作业，对所学知识进行总结和梳理，并对自己的学习情况进行自评，自评可以是写一段文字，也可以打分，并给小组讨论的参与成员评价或评分。教师实时查看学生作业完成情况，督促学生在规定时间内完成。教师批改作业并通过"成绩管理模块"对学生的线上线下学习情况进行评分。在"课群话题"模块发起意见建议收集，查看学生对于课堂的反馈情况，从而在后续教学中改进。也可以就学生学习过程中存在的问题提出意见建议和要求，使学生保持良好的学习积极性。我校还开发了军事课题库，学生可以在线模拟考试，强化所学知识点。教师还可以通过"在线考试"模块进行期中和期末测试，通过"成绩管理"模块给出学生的最终成绩。

实施一学期之后，我们对基于YOOC的军事课混合式教学班和传统的军事课教学班的师生进行对比分析，发现基于YOOC的军事课混合式教学显著提高了教学实效。主要表现在以下几个方面：一是学生的自学能力有明显提高。学生反映，混合式教学虽然会占用自己较多的课余时间，但使自己有了自主学习的意识、学习时间和进度更加灵活，通过观看和学习教师推送的资源和线上线下讨论，对知识点的理解更加全面，检索和处理信息的能力得到了提升，成绩体现了学习态度和学习能力，更加公平。二是提升了师生的良性互动。军事课的混合式教学将师生交流扩展到了课堂以外，还便于个性化沟通，从而达到双方相互理解和相互启发，实现了教学相长，营造了和谐愉悦的氛围，使师生关系得到和谐发展。三是推动了普通高校军事课信息化建设，有助于提高教学实效。授课教师反映，可以利用YOOC平台把"慕课"、高校精品课程、经典影视作品等优质的教学资源推送给学生，还能掌握学生的学习情况，既实现了资源共享，又使教师有更多的时间和精力进行教学内容研究和教学过程设计。学生有了课前学习环节，课上对知识点的理解力增加，讨论更有深度和广度，能够提升学生的理性认识，达到教书育人的目的。

五、结论与思考

《国家中长期教育改革和发展规划纲要（2010～2020年）》提出，到2020年要形成与国家教育现代化发展目标相适应的教育信息化体系，基本建成人人可享有优质教育资源的信息化学习环境①。尤其是在"互联网＋"时代和信息化战争背景下，普通高校军事课信息化建设趋势不可阻挡。普通高校教育管理部门和军事课教师要把握时代发展的潮流，深入研究普通高校军事课教学规律和学生学习的新特点，以培养信息化战争的国防后备力量为重要目标，树立混合式教学理念，不断改革和创新军事课的教学目标、方式和手段，探索建设立体化的教学体系，提升教学效果和水平，着力引导学生树立信息化国防观念，强化他们的国防安全责任意识，注重培养他们的逻辑思辨、团队协作、信息搜集处理、语言文字表达等综合能力。

我校基于YOOC的普通高校军事课混合式教学实践证明，线上学习过程有利于提高学生的信息检索与资源整合能力以及自主学习能力；面对面课堂有利于锻炼学生的问题解决能力、团队协作能力和表达能力；师生线上线下互动有利于培养学生的交流沟通能力，对于实现普通高校国防教育的目标具有重要的意义。

网络育人视角下的普通高校军事课混合式教学需要先进的互联网信息技术做支撑，对教师的信息素养、教学设计要求较高，对学生的学习能力也是一种考验。普通高校不仅需要加强信息化建设，提升教师的教学能力，还要改革完善教育管理体制，以适应新教学模式的要求。②

---

① 国家中长期教育改革和发展规划纲要工作小组办公室：《国家中长期教育改革和发展规划纲要（2010～2020年）》，2010年7月29日。
② 徐建军、周永卫：《军事理论教学的"翻转课堂"论》，载《大学教育科学》，2016年第5期。

普通高校提升军事理论课教学实效性路径探析

刘宏芳*

摘　要：开设军事理论课是普通高校实施国防教育的主要渠道和形式之一，军事理论课的教学实效性直接影响大学生国防教育的质与量。本文针对军事理论课的特点与当前高校军事理论课教学面临的困境，结合自身教学实践，从军事理论课的课程体系、教学内容、教学模式、教学水平多个维度，就提升普通高校军事理论课教学实效性提出具体的路径和实施策略。

关键词：高校；军事理论；教学；实效；路径

普通高校是培养中国特色社会主义事业的建设者和担当民族复兴大任的时代新人的重要场所，同时担负着培养国防后备人才的任务。军事理论课程的开设作为大学生国防教育的主要平台，是爱国主义教育的主要渠道，也是增强国防意识、提升大学生综合素质的有效形式。军事理论课的教学实效性如何，直接影响大学生国防教育的质与量。如何适应新时代需要，发挥好军事理论课教学这一国防教育的主渠道，是高校国防教育面临的一个重要课题。因此，立足实际，拓展视野，不断提升军事理论课的教学实效，推进军事理论课程的教学改革研究，提高军事理论课程的教学质量，对落实军民融合人才培养战略，培养新型军事人才和国防后备人才，实现"中国梦""强军梦"具有十分重要和深远的意义。

一、当前高校军事理论课教学面临的困境

2002年，教育部、总参谋部、总政治部依据《国防法》《兵役法》和《国防教育法》等有关规定，制定下发了《普通高等学校军事课教学大纲》，首次明确提出"军事课"的概念。[①] 普通高校陆续将军事理论课纳入学校人才培养方案和教学计划。作为在校大学生的一门公共必修课程，与其他课程相比，既有相同点，又有显著不同点。军事理论是一门抽象性和

---

* 作者简介：刘宏芳（1979年~），女，内蒙古师范大学文学硕士，现为内蒙古工业大学党委学工部、学生工作处军事教研室教师，助理研究员。

① 李科：《30年来我国高校国防教育的发展历程、历史经验与未来前瞻》，载《黑龙江高教研究》，2015年第5期，第17页。

实践性较强的科学。军事理论课的教学内容和知识体系融合了世界新军事变革和现代科学技术更新发展的内容，因此是动态的，是发展变化的。课程内容涉及知识面广，既有文史方面知识，又有理工科方面知识。涉及政治、经济、天文、地理、历史等多个学科，兼具自然科学和社会科学的特点，具有很强的哲学与方法论特征。[①] 军事教育有它自身的规律和特点，具有多方面培养人才素质的功效。应该说，军事理论的课程定位较高，学习内容较广，讲授难度较大。

目前，军事理论课的教学经过多年的发展完善，教学水平在逐步提高，为大学生的国防教育发挥了积极的作用。但在教学的实效性提升方面仍面临着不容忽视的困境。

（一）军事理论课的课程建设发展亟待完善

课程建设在教学实效性实现方面起着基础性作用。在普通高校的课程体系中，军事理论课列为公共必修课，有完整独立的教学计划。随着党在新时代强军目标的提出，普通高校越来越认识到军事理论课程的重要性，但是由于其学科地位尚未得到普遍的提高和重视，在课程建设方面尚未完善。一是不少高校的军事理论课程资源尚不丰富充足，没有实现课程资源优化，打造优质精品课程的能力有限，教学内容仅限在教学大纲规定范围内，开设相关配套课程进展缓慢。学生还不能实现有针对性地自主选取自己感兴趣的课程资源进行学习。二是课程教学内容的时代性和特色性难以凸显。当前的军事理论课教学内容侧重于基础性和系统性知识，对前沿性和时代性的内容关注不够，难以适应和满足新时代大学生强烈的求知欲，不能完全适应新时代面临的新任务和新国家安全观的要求；结合学校学科特点开展教学活动能力较弱。三是课程体系建设需要加强。对于很多高校来说，在全校范围内建立比较多样性的军事类公共选修课方面，还处于起步阶段或者尚未开始，课程体系还没有形成，开放化、常态化的国防教育第二课堂课程架构亟需建立。

（二）军事理论课的教师队伍建设需要加强

教师是教学活动的主导者、组织者和实施者，是课程教学实效性实现的关键。教师队伍建设的质量好坏直接影响军事理论课程的教学效果，将会对课程目标的实现产生重要影响。一方面，在很长一段时间内，不少高校的军事理论教师队伍力量不足，编制短缺，许多都是辅导员或其他校外教师兼任，队伍的稳定性不强。另一方面，从教师专业水平方面看，军事理论教师的专业化水平参差不齐，许多教师的军事专业素质不够，专业背

[①] 李延荃：《普通高等学校军事理论教程》，人民出版社2012年版，第4页。

景不够深厚，职称高的教师占的比例较小，许多教师没有接受过系统的国防教育培训，对军事热点、国际时事、军事冲突新闻等难以深挖细究，课堂讲授解读性不强，难以调动学生学习兴趣。最后，从教师发展前景方面看，基于军事理论在普通高校的学科地位重要性尚未凸显，教师们职业发展的认同感不足，加之激励机制不健全，本身发展空间较小，提升晋级通道不够顺畅，没有对口的教师专业职称晋升，只能挂靠其他学科类别，导致师资队伍建设发展缓慢。

（三）大学生学习军事理论课的主动性需要强化

军事理论课的教学目标就是要增强大学生国防观念和国家安全意识，强化爱国主义、集体主义观念，教学实效性的实现最终要在大学生的身上显现出来。从受教育主体看，"当代大学生是可爱、可信、可贵、可为的"①。大学生正值青春年华，思想活跃，易学习接受新鲜事物，有较强的分析能力，对课程内容理解接受也较快。大学是他们世界观人生观价值观形成、巩固和升华的重要时期，同时也是最容易产生迷茫的时期，思想观念尚不成熟，如若缺乏兴趣就极易丧失主动性。其一，军事理论课作为一门公共课程，许多大学生认为其与自身的专业学习和就业等不会产生直接关联，导致他们对于军事理论课的潜在教育效果和收获认识不够，仅为了获得学分而学习的情况在不少大学生中存在。其二，大学生长期在单向度教学模式下学习，存在上课带着耳朵去听、被动接受"知识灌输"的倾向，不习惯于提出问题、谈论交流、主动思考，教学互动的欲望不强，与教师主体之间极易形成"我"和"你"（或"他"）的疏离关系，难以体现出"我们"之间的共鸣，影响课程教学实效性的实现。

二、提升普通高校军事理论课教学实效性的实施路径

（一）军事理论课程体系维度：建立科学多样化的课程体系

第一，坚持课程建设目标的科学定位。《普通高校军事课教学大纲》明确军事课程的教学目标是："以国防教育为主线，以军事理论教学为重点，通过军事教学，使大学生掌握基本军事理论与军事技能，增强国防观念和国家安全意识，强化爱国主义、集体主义观念，加强组织纪律性，促进综合素质的提高，为中国人民解放军训练储备合格后备兵员和培养预备役军官打下坚实基础。"只有科学定位课程建设的目标，才能为提高教学

---

① 习近平：《青年要自觉践行社会主义核心价值观——在北京大学师生座谈会上的讲话》，载《人民日报》，2014年5月5日。

质量和教学效果明确努力和发展的方向。结合普通高校教学实际，按照大纲设置的课程目标、课程体系和知识内容，组织编写科学、规范、实用的军事理论基础教材。在教学过程中，要突出课程内容的基础性和系统性，力图给学生呈现一个完整的理论架构，引导学生把握军事科学的规律特点，引导他们掌握军事理论课程的学习方法，系统有效地去学习课程内容。要在遵循大学生成长成才实际规律的基础上，指导学生了解深化国防和军队改革的指导思想，了解党在新形势下的强军目标和贯彻的军事战略方针，从而提升大学生对当前全面实施改革强军战略、坚定不移地走中国特色强军之路的理解深度和高度，增强大学生的民族自信心、自豪感和国防荣誉感。

第二，构建军事理论的课程体系。在课程设置方面，要紧紧围绕国防教育主线，面向全校学生开设多元化、多样化的军事类公共选修课课程。[①]扭转军事理论主干课程缺乏必要的选修课程辅助和补充的局面，引导推动军事理论课教师结合自己的学科专业背景，在军事科学的框架体系内，申报开设军事理论知识体系范围内的公共选修课，比如《孙子兵法》《军事高技术》《战争文化》《中外经典战役》等，对有军事爱好和兴趣的大学生进行军事专业知识的拓展和充实，进一步满足学生对军事理论和国防知识的延伸性需求。因此，完成比较系统、完整、立体的军事理论课程体系的建设任重道远，需要长期坚持并为之付出努力。

第三，发挥第二课堂的实践教育作用。要充分认识理论教育和实践教育的辩证关系，将实践活动作为课堂教学的延伸和补充，可以巩固和验证课堂理论教学的效果，让学生在实践中内化知识、外化行动。在开始军事训练实践教学的基础上，要不断增加军事理论教学的吸引力和辐射力，利用成立军事爱好者协会等学生社团的形式开展国防教育活动，举办主题国防教育讲座，组织国防知识竞赛等，对国防知识进行普及宣传，丰富大学生的第二课堂，拓展国防观念和知识视野。加强与驻地部队的交流合作，让大学生了解部队军营的真实生活。参观一些军事教育基地和革命遗址、纪念馆等，让学生通过最直接的实践体验，增强爱国主义情怀。同时，实践教育活动内容要有时代感，体现时事性，使理论教学内容在实践中找到共振点，比如举办国防科技图片展，对比我国军事高科技的发展成就和与世界先进水平的差距，触发大学生树立民族自信心和紧迫感，达到实践育人的良好教学效果。

---

① 尹建平、蔺玄晋：《普通高校军事理论课程体系建设研究》，载《内蒙古师范大学学报（教育科学版）》，2016年第7期，第76页。

（二）军事理论教学内容维度：建构突出重点、紧贴时代的教学内容体系

第一，突出课程教学内容的系统性。军事理论课教学大纲规定的板块内容包括中国国防、军事思想、国际战略环境、军事高技术和信息化战争五大方面。在具体的课程教学中，要体现各专题内容的内在联系。由于课时有限，不可能把每一个专题内容都详细介绍，但必须突显每个单元教学内容的内涵和本质。通过五个单元专题内容的系统讲解，给学生展现一个整体的军事理论构架，从而有利于学生把握军事理论的脉络体系，做到总揽全局、融会贯通，能够在较短时间内系统学习和掌握基本的军事理论知识。

第二，突出课程教学内容的重点性。由于军事理论课教学内容宽泛、涉及面广、知识量大，所以在具体教学实施过程中，需要依据各章节的特点科学优化、统筹兼顾，做到详略得当。优化教学内容，善于抓住各个专题板块内容的诱导点和切入点，针对不同学科专业学生，适时调整侧重面和讲授方式。选择重点内容讲细讲透，不只讲"是什么"，更要讲清"为什么"，要切记详略得当，重点难点突出。使学生在军事理论课程学习中，不仅学到了军事知识，而且增强了对继续深入学习了解国防教育知识的兴趣和趋动力。

第三，凸显课程教学内容的时代性。在军事理论教学活动中，要"应纲设课"和灵活贯通相结合。比如面对工科院校的学生，在讲授军事高技术时，可以让学生结合自己所学的专业去理解体会，介绍我国武器装备的发展和取得的成就，讲清楚现代科技在国防建设中的重要地位和作用，并清醒认识我国在国防科技方面存在的薄弱之处，从而激发同学们奋发努力的斗志。此外，可以及时把新时代的军民融合思想和强军思想等内容融入课程内容中，用中国的话语风格讲好军事理论的知识和内容，使大学生能实现在思想上的体悟强化和情感上的共鸣。

（三）军事理论教学模式维度：构建知识与智慧结合的翻转课堂模式

要提升军事理论课实效性，就必须改变传统教学模式，以"互联网+"为思路，探索实施新型教学模式下的高校军事理论课堂，有助于提升学生的学习积极性和主动性，强化教师贴心辅导的及时性，注重教学整体效果的提升。翻转课堂是体现课外学习与课堂学习、线上与线下、个性化学习与教师贴心服务、知识与智慧的混合的一种教学模式。本着主体性、启发性、循序渐进和和谐性的原则，通过问题式、启发式、探究式的学习活动，使学生由"要我学"变成"我要学"，由"要我思考"变成"我要思考"。

第一，实现了教师与学生、学生与学生不同主体间互动。在教学活动中，既要抓住军事理论课的教学主旨，又要灵活教学方式。开课初就将每个教学班级的学生分成若干个学习讨论小组。可以改变以往100多人大班制带来的弊端，为开展课堂的教学研讨和师生互动、学生之间互动提供机会，为提升教学实效发挥作用。学生在教材自学、"慕课"助学、合作互学、在线测学的基础上，各学习小组围绕军事理论课每个单元板块的知识点和学习内容，在教师指导下，确定讨论题目，然后每个学习小组在规定时间内课下集体讨论探究，分析解决问题。课堂之外，教师会进行指导服务，面对面或通过网络、QQ群进行贴心指导。之后，学习讨论小组将具体研讨成果集中在课堂上展示，其他小组可以进行点评，组与组之间也可以展开讨论。若讨论中出现偏离讨论主题和不合理观点的，教师应及时调整讨论的方向和重点。最后，教师要做好评价点拨和教学反思。

第二，强化了学生学习军事理论的自主性。翻转课堂教学模式下，网络视频学习资源的引入，拓展了教学空间，也需要学生自主抽出时间观看学习，利用碎片化时间随时随地可以学习，教师可以适时监控学习进度，答疑解惑，并提供有针对性的导学提纲。学生课下学习观看视频课程的同时要完成课后随测，不能只是单纯接受，必须自主思考参与到知识建构过程中。学生自主学习的过程是一个学而思—思而学—学而思的螺旋式上升过程，也是一个知识内化、协作探究、合作提升的过程。在此过程中，通过小组讨论互动，认真辨析，求同存异，在教师引导启发下，可以理解掌握知识点，并逐步培育形成获取和运用知识的能力。新时代的大学生充分体现了他们作为网络"原住民"的特点，不仅积极思考问题，解决疑难，而且利用网络资源和其他查阅资料的方式进行军事理论方面相关知识的延伸拓展，成果展示时利用多媒体技术制作PPT，运用活泼生动极具趣味性的动图等形式，增加知识传递的吸引力。在此过程中，大学生学习军事理论课的自主性逐步显现正向积极作用。

第三，优化了考核评价学生的方式。军事理论课程传统的考核评价方式一般是考试或提交论文的形式，不容易全面深入地了解学生对国防教育知识的关注度和兴趣点。在翻转课堂教学模式下，在不同主体间的互动中，学生具有了问题意识，有了充分发表见解和观点想法的机会，消除了教师"一言堂"和"满堂灌"的教学方式带来的弊端，而且丰富优化了课程考察的形式。教师可以在网络学习互动、课下答疑解惑、课堂讨论、随堂提问和提交论文等过程中，考察学生的军事理论掌握水平、理论联系实际的能力、思维开阔的程度等，对考核评价军事理论课程的学习效果起到了有力的支撑作用。军事理论课的评价不仅包括小组讨论成果展示情况、作业完成情况、相关讨论互动的参与情况等方面,而且要结合学生学习态度、学生出勤等情况,由教师综合评定学生的得分或等次。这样的考核评价学生方式,可以在一定程度上深入了解学生特点,推动教师进一步完善教学,因材施教,促进教学方式的改进,进而做到教学实践的优化和进步。

(四) 军事理论教学水平维度:构建合理优化的教师培养教育体系

军事理论课教师是军事教学实效性的实现者,关乎国防教育的未来。网络信息时代的互动教学模式下,调动起了学生们参与互动的积极性。而学生主体性的提高,意味着对教师主导作用的发挥提出了更多更高的要求。要提升军事理论的教学实效,教师教学能力和水平的提升迫在眉睫。

第一,构建学术化、专业化于一体的军事教研室。高校应加大对师资队伍建设的投入力度,逐步完善相关配套措施。完善军事内容的资料库建设,订购军事类期刊杂志,充实军事类专业书籍,完善教学资源库,并推动教师积极开展教学研究活动,在分析把握新时代大学生成长特点的前提下,进行积极有效的教学讨论,集中备课,共同分析课程目标,制作教学设计,讨论研究教学内容中的重点和难点,交流教学心得,推动军事理论课教学改革,组织参加教师技能比赛等活动,加强实践磨练。

第二,加强师资队伍的建设。普通高校要做好军事理论教师的选拔和培养。选拔吸引有军事专业学术背景、政治思想素质过硬的优秀教师充实到军事课教师队伍中,积极结合所在高校实际,争取学校的重视和支持,在职称评定、学习深造等方面提供机会。有计划地安排军事理论课教师参加各种培训学习,提高军事理论水平和教学能力。注重教师师德师风的培养,要树立军事理论课的角色意识,热爱学生,关照学生,牢记立德树人的使命,引领学生树立国防意识,关注国防建设。

第三,提升教师的科研和教学能力。要基于提升教学实效性的目标和思路,用科学的态度加强理论研究,提升军事理论教师的科研学术水平,以科研促教学,以教改促发展。进一步提高教师的军事理论课教学能力和国防教育能力,加强专业培训力度,提高对理论和实践课堂的掌控能力;规范军事理论课程的教学管理,优化教学设计,完善教学评价,为打造专业的军事理论课的教师队伍奠定基础。

在提升教学实效性探索过程中,应注意以下几个问题:一是正确处理好教学中教师与学生两个主体的关系,教师要发挥主导作用、引领作用,转变教学观念,明晰角色定位,在教学活动中,主动积极服务学生,加强与学生的互动。学生要在老师的带动下积极发挥学习主体作用，注重问题导向，树立创新意识，提升自身综合能力和素质。二是正确处理好教学中理论与实践相结合的关系，把握好知识学习和思想育人协同之间的联接，不仅要让大学生掌握军事理论知识，更重要的是让大学生更新国防观念，增强爱国主义、集体主义观念，投身到实现"中国梦""强军梦"的伟大事业中。

普通高校要充分认识军事理论课教学实效性提升的重要性、长期性和艰巨性，引领军事理论课教师不忘初心，创新探索，做到教学与教育相结合，不断提高自身的教学能力水平，积极发挥国防教育功能作用，努力把军事理论课建设成为一门大学生"真心喜爱，终身受益"的优秀课程。

军事理论课教学中的案例应用与策略

李有祥　杨　蕾[*]

摘　要：在信息爆炸时代，将丰富的案例资源，特别是时事新闻案例引入军事理论课堂，让资源活起来，有助于知识学习达到"跳一跳，摘得到"的目的。然而，并不是随意地引入任意案例就能达到这个目的。教师要注重案例的使用和互动机制研究，才能使课堂活跃起来。因此，有必要探讨如何将案例与军事理论课课堂教学融合起来的策略。

关键词：案例研究教学；军事理论课；课堂学习

普通高校军事理论课具有内容涉及面广、知识跨度大、学科门类丰富的特点。[①]具体来说，现行 2007 年版课程大纲涵盖了中国国防、军事思想、国际战略环境、军事高技术、信息化战争等内容，而这些内容包含军事学、国际关系学、历史学等多学科知识。这就决定了教师备课、学生学习的难度都比较大。为了提升课堂效果与学生学习实效，对于课堂重点难点宜采用案例研究的教学方法，特别是针对时事热点案例展开研究。通过案例研究教学，既能帮助教师更好地解读课程重点难点，提升教学水平，又可以改变枯燥的纯理论灌输学习方式，激发学生学习兴趣，推动学生更加积极地参与课堂学习，进而提升课堂教学实效。

一、注重案例应用与教学内容协调统一

若想在军事理论课课堂灵活运用案例研究教学法，并达到案例与当堂重点难点具有相通性，是离不开以下三个要素的：教师良好的教学能力、集思广益的教学准备以及恰到好处的案例收集。

（一）以优秀的专业素养促教师案例应用与教学能力的提高

教师作为教学的主要实施者，是保证教学质量的基本条件。因此，提高教师的专业素养是很有必要的。传统教育理论认为，每个教师都要经历一个从不成熟到相对成熟的专业人员的发展历程。或者说，教师在教学生涯中，都会通过终身专业训练，习得专业知识与技能，逐步提高从业素质，进而成为一个良好教育工作者的专业成长过程。

---

[*] 作者简介：李有祥（1962 年~），男，江苏南京人，博士，东南大学副教授，研究生导师，主要从事系统工程、国防教育方面的研究；杨蕾（1994 年~），女，江西南昌人，东南大学生物科学与医学工程学院教育学硕士研究生在读，主要从事高等教育管理、国防教育方面的研究。

[①] 问鸿滨：《立足课程建设推动高校国防教育发展》，载《社科纵横》，2011 年第 4 期。

目前各高校军事理论课教师团队配备情况各不相同,相当多的高校是由大量的兼职老师担任,这些兼职人员其自身的专业素养不高,有些还是零基础。因此,就更加迫切需要提高教师专业素养,在提高中注重收集有助于教学的案例。

新教师或兼职教师要勤学好问,及时更新自己的教学理念,转变思维方式,明确自身学习"引路人"的地位。同时,要肯定学生的学习主体地位,在教学时,不但要考虑如何表述知识,还要思考如何运用案例教学法。此外,还需通过课堂观摩优秀教师的课堂表现,揣摩其他教师是如何运用案例教学的,并对自己的课堂教学情况进行对比反思,揣摩应该如何在课堂中进行案例教学,如何将"教"与"学"灵活运用起来。

(二) 通过集体备课制度优选教学案例

集体备课是发挥教师,特别是青年教师和大量兼职教师的团队合作精神,通过相互交流推动教师学习,进而提高教学质量。集体备课也是能在短时间内优化教学内容、快速提高课程质量的有效方法之一。[1]

集体备课前,教师需要做好充分准备,提倡分工合作,每个教师负责一两个方面的案例收集与选取。作为军事理论课教师,还应在日常注重收集事实案例与新战例并形成自己的思路,在集体备课前整理好备课稿。只有这样,才可以在集体备课时实现共同提高的目的。此外,也应多邀请知名专家参与集体备课,因为专家掌握的知识,包括看问题的角度,较普通军事理论课教师来说,应该会更有高度或更深入一些。

(三) 以对时事的追踪及时更新教学案例

军事理论课内容纷繁,可供选用的案例数量非常多。但是挑选案例也需要掌握一定的策略。首先,案例的来源要正规。虽然现代社会网络发达,但是各种大小网站数量繁多,有的网站的内容编写随意,甚至可能是为了制造噱头而刻意歪曲事实。军事理论课教师在挑选案例时,要尽量挑选公信力好、可信度高的网站,最好是官方网站。

其次,案例的新鲜度也很重要。国际时事变幻速度快,很多事件可能在相当时间段内出现大反转,因此军事理论课教师需要随时关注最新时事,跟上事件发展的脚步。比如,2018 年在选取案例时就及时将贸易战对国家安全的影响、中东地区局势变化、朝鲜半岛局势变化等加入教学之中,并精心编排进具体的教学专题之中。

再次,案例的挑选与分类也很重要,军事理论课教师应尽量挑选新的,影响力大的案例进行研究,要注意避免挑选一些非常小众,知识点线

---

[1] 杨道州:《在集体备课中引领青年教师专业成长》,载《基础教育研究》,2010 年第 4 期。

索不明显的案例。找到案例后,要注意对案例进行分类,可以有多种分类形式,既可以按照课程章节分类,也可以按照案例的类型进行分类,或者自行开发其他分类方法,但主要应遵循"易于教师表达,助于学生思考,新闻自身有热度"原则。

二、做到案例研究与课堂氛围相辅相成

案例研究教学能否良好实施,并不是仅仅看课堂表现就够了。教师只有在课前课中课后三个阶段下功夫,才能良好把控课堂氛围,调动学生学习兴趣,从而保证案例教学研究的顺利开展。

(一)课前完善案例的优选与准备工作

课堂准备为良好的课堂氛围打基础,若军事理论课教师没有进行良好的课前准备,教学中就容易出现冷场、卡壳等现象。课前准备工作并不仅是军事教师个人的任务,而是需要师生配合完成。首先,上文说到教师需要进行集体备课、优选匹配度高的案例进行教学。那么,学生在课前,应该做的就是预习,教师应提前指定学生需要预习的内容,并提前布置下周课堂讨论的案例,但不提供具体信息,需要让学生自己去寻找,提前了解案例并思考自己不懂的难点。如此,后续学生才能带着问题进课堂,进而更好地学习。

例如,在"国际战略格局"这个专题教学中,可以让学生预先对冷战的结束、冷战后战略格局的变化、美国金融危机等相关内容进行预学习,课堂教学时可以让学生代表先谈谈对这几个问题的认识,之后进行授课时学生就会理解得更好。

(二)课中积极引领案例教学开展

在进行案例研究前,教师需要做好引领工作。具体来说,教师要对案例进行一个深度剖析。当前大学生对时事案例的关注度不高,且由于时事案例的变化速度较快,大部分学生对时事案例的了解呈碎片化,难以了解时事案例发生的前因后果。若教师抛出一个案例却不加以引领,那么学生的思路可能会纯粹地从自己感兴趣的点出发,因此,可能会出现案例研究讨论与本节课知识点严重脱节的现象。因此,教师应先进行案例分析,捋清案例的发展逻辑,指出本节课的知识点与案例之间的关系,引领讨论方向。

例如,毛泽东军事思想这一专题中,"人民战争"是一个重点,课堂讲解时要重点对"人民战争"进行解析。因此,在讲授的时候,为了让同学们对人民战争有更充分的认识和理解,可以举出许多的案例。这时,结合课堂时间与经典性进行考量,我们可以从多个案例中精选两个来讲。

(三)创立良好的课后沟通机制

高校教学中最令学生困扰的问题是师生沟通问题。因为高校课程的灵

活性较大，所以师生间联系本就不紧密，部分老师由于自身知识储备的不足，害怕课后与学生沟通。所以，为了避免学生课后咨询，拒绝将自己的联系方式给学生，造成课后学生无法和教师进行相关问题交流，甚至找不到教师，这种做法容易降低学生的学习动机，容易造成学生对课程和教师的刻板印象。

创立良好的沟通机制，对于军事理论课课堂开展案例研究教学非常重要。课堂时间比较短，有时学生有不理解的问题或希望与教师讨论的想法，可能还未来得及提出就下课了，如此反复多次后，学生的学习兴趣就会大幅减弱。因此，教师应该创建良好的课后沟通机制，为学生答疑解惑。具体的沟通方法，可以是公布电话、邮箱、QQ号等，而最直接的沟通方法就是教师与每一个教学班建立一个微信群，在群中直接沟通。还有就是将办公室所在位置告诉学生，可以让学生直接到办公室交流。

当然，教师除教学外，还有大量其他工作，那么教师可以采取每周规定一段时间，仅在时间内接受学生问询，或由班级负责人搜集问题，每周递交给教师，而教师在下次上课之前，抽空对问题进行解答。

三、加强案例研究与课堂互动有机结合

（一）挑选合适的互动方法，引发学生学习兴趣

军事理论课教师在进行课堂互动时，需要对班级学生的知识水平做出正确判断，并在此基础上挑选合适的互动方法，只有方法合适，才能激发学生参与案例研究的积极性。因此，教师在接手班级时，需要通过1～2节课的观察，来判断班级的总体水平处于哪个阶段。例如，在课程导论中，提出一些常见知识点，通过观察学生反应来判断他们的知识储备水平，从而对班级情况进行整体掌握。若班级储备情况整体处于中上水平，那么在后续课程开展案例研究时，可以选择自由发言的形式，鼓励学生从本节课重点知识出发，对案例进行分析，各抒己见。反之，若班级知识储备处于整体较低水平，那么就要考虑群体性互动，将班级分为讨论小组，每组派1～2名代表，对本组的讨论情况做总结发言，通过每组学生所掌握的不同的知识拼凑，得出一个相对良好的思考结论。此外，为了使学生获得锻炼，教师应该将课堂互动折算成一定分数放入最终成绩，从外部对学生激发学生的学习动机。既可以按照次数来决定折算后的成绩，又可以按照发言质量来进行折算。总而言之，对于基础与分析能力较弱的同学与能力较强的同学要努力做到因材施教，通过不同的评判标准来激发学习兴趣。

（二）注重语言的激励，让案例起到催人奋进的效用

军事理论课教师应具备一定的专业情意，在课堂表现为课堂机智等。

举个例子，在高中阶段，涉及军事、国际战略环境的课程极少，除了少部分将这类问题作为个人兴趣爱好的同学，大部分人一般都不能很完整地看待相关案例。此外，军事理论课一般开设在本科入学第一学年，因此学生还没有非常完善、系统地学习过如何面对这类案例，学生在军事理论课能够站起来发言已经是很大的进步。因此，教师应对学生发言给予肯定，采取尊重的态度，如果能力有余，教师还应对学生的观点稍加点评，肯定精彩部分，指出还有哪些地方值得商榷。如此一来，教师的权威性大大增强了，学生的自信心也能够得到树立。最重要的是，师生建立了课堂共情，并通过课堂共情提高了学习实效。

此外，部分案例除了辅助知识点学习的作用外，还能培育学生的爱国情感、国防精神。教师可以在案例学习的过程中，对案例进行声情并茂的解读，引起学生情感上的共鸣。

（三）重视总结讨论结果，以案例教学推动教学相长

认知学派的信息加工学习理论认为，编码、迁移与强化是非常重要的。① 编码指教师提供的学习指导，迁移指教师的概括行为，强化指的是学习的反馈阶段。因为案例研究提倡互动，那么在一来一去的互动中，信息量会增大，由于群体思维的发散型，对一个案例的讨论通过多角度的理解，可以出现多样的思考结论。这时候，信息会出现相对的混乱阶段，因此，教师需要对这些信息进行一些概括，这就要求教师集中注意听取学生观点并将这些观点进行基本分类，特别是在讨论较新的案例时，教师要更善于对学生的互动讨论进行总结，只有这样，课堂效果才能得到升华，也能使教学相长得以实现。

随着教学理论的不断更新发展，军事理论课的教学策略也要随之进行相应调整。当今学生获得信息的渠道较十年前可以说是相当丰富了，遇到不懂的问题，上网搜索出来的资料可能比教材中的解释更加清晰明了。因此，军事理论课教师在课堂教学时，不能单纯使用传统的"填鸭式"教学法。教师需要思考如何将知识点与学生兴趣进行结合，如何贯彻学生全面发展的培养方针，如何激发学生的兴趣，让学生参与到学习中来。在参与中获得知识、能力的提高，获得满足感与成就感。而案例教学作为提高学生参与度、获得感的重要方法，其运用策略也是多样化的。因此，教师在实施案例教学时，既要遵从教学理论，结合知识点，又要从学校实际和学生情况出发，努力做到因材施教。

---

① 万星辰：《加涅的信息加工理论与教学实践简述》，载《教书育人（高教论坛）》，2015年第2期。

地方高校军事理论课的翻转课堂建构

刘红星[*]

摘　要：结合地方高校实际，把翻转课堂融入到军事理论课程教学当中，想方设法形成一个充满意义的深度学习场域，进而提高翻转课堂资源设计质量，打造"域内"优势并诱导学生"入场"，提升课堂教学质量，具有重要的现实意义。本文分析地方高校军事理论课教学存在的问题，从课堂设计、师资队伍现状、翻转课堂建构等方面入手，探索如何激发学生学习军事理论知识，逐渐形成关心国防、热爱国防、支持国防的自觉习惯。

关键词：军事理论课；翻转课堂；模块设计；深度学习

一、问题的提出

英国学者吉登斯表示教学需要师生进行互动，才能完全发挥教学的效用[①]。在军事理论课教学当中，大部分地方高校使用单向性的教学方法，只有少数学校使用多向性的教学方法。这是由于军事理论课的内容多偏重于理论，许多知识比较难以理解，因此老师在课堂上多是注重教学内容解析，而忽略了与学生的互动[②]。这种方法虽然可以使学生更加清楚地了解国防知识，但是却容易使学生对军事理论课内容产生厌倦感，无法提高军事理论课的效果。

地方高校由于师资水平和教学条件的限制，真正能够适应军事理论课程教学工作的人员非常少。有些虽然是转业军人出身，但是理论教学水平不高；一些喜欢这项工作的教师，又缺乏部队锻炼的实践经验。毛主席在《中国革命战争的战略问题》指出："战争的规律——这是任何指导战争的人不能不研究和不能不解决的问题。"[③] 军事理论课教学目的，除了教授学生一些基本的军事理论知识之外，更重要的是培养学生树立正确的国防观念和国家安全意识，了解战争、预防战争。结合地方高校实际，把翻转课

---

[*] 作者简介：刘红星（1975 年 ~），男，湖南邵阳人，在读博士。湖南城市学院军事理论教研室主任，讲师。研究方向为大学生国防教育、大学生思想道德素质。

① 徐建军、周永卫：《军事理论教学的"翻转课堂"论》，载《大学教育科学》，2016 年第 5 期。

② 刘红星：《当代大学生国防意识的场域建构研究》，载《中国高校科技》，2017 年第 8 期。

③ 李先德、贺幸平：《大学生军事课教程》，北京理工大学出版社 2016 年版，第 60 页。

堂融入到军事理论课程教学当中，想方设法形成一个充满意义的深度学习场域，进而提高翻转课堂资源设计质量，打造"域内"优势并诱导学生"入场"，提升课堂教学质量，具有重要的现实意义[1]。

二、翻转课堂教学模式的设计

近年来，翻转课堂已成为全球教育界关注的教学模式，斯坦福大学教授Daphne Koller认为翻转课堂是自欧洲文艺复兴以来教室授课模式的重大变革[2]。

翻转课堂主要包括两个教学环节：一是学生课前通过观看教师事先提供的教学视频自主学习新知识；二是学生课内通过参加教师组织的课堂活动实现知识内化，其教学效果也主要取决于视频设计制作的质量与课堂活动的质量这两个方面。当然，课堂教学坚持以实现学生全面发展和个性化发展为中心，坚持学生为中心不动摇，学生创造性地学、自主地学，进而提高学习效果。

根据军事理论课程的教学特点，翻转课堂是一种非常重要的教学手段。它不仅能够翻转师生之间的角色，激发学生的学习动机和大胆表达的积极性，也能够刺激学生之间的良性竞争，使学生充分展示自己的学习成果，实现思维的碰撞，提升课堂教学质量。

（一）课前活动模块设计

提前2~3周将军事理论课程的教学内容的视频资源准备好，按照整体结构、分解动作、重点和难点的完整流程体系录制下来。录制成功之后，将该视频资料上传到"慕课"（MOOC）平台，实现学生的个性化学习，同时有针对性地进行模拟练习。再根据自身的实际情况，把握学习的进度和节奏。

在微视频的录制中，要注重时间和节奏的把握，长时间的视频录制，会降低学生的参与度与注意力集中程度，减低学习的效果。录制视频时可以采用个性化的录制方式吸引学生的注意力，重点难点明确，在难度较大的地方可以适当地穿插动作解说或者军事名人的动作示范。为有效地激发学生学习动机，可有针对性地设置一些问题，让学生去查询相关的信息和视频资料，加深学生的印象。视频的录制一定要保障信息技术合理、视频的画质和语音要清晰。学生在观看教学微视频时，在不明白的地方可以多次回放和暂停，通过这种方式来实现最适合自身的学习方式。

---

[1] 曾明星、李桂平等：《MOOC与翻转课堂融合的深度学习场域建构》，载《现代远程教育》，2016年第1期。

[2] 翟雪松、林莉兰：《翻转课堂的学习者满意度影响因子分析——基于大学英语教学的实证研究》，载《中国电化教育》，2014年第4期。

在针对性练习和交流方面,练习任务要和微视频中的教学内容相结合。学生还可以通过平台与教师和学生之间进行互动交流,分享收获、解决疑问,也可以把在课前遇到的疑问带到课堂上去探究。

(二) 课中活动模块设计

教师将军事理论课程的教学内容制作成微视频上传至 MOOC 平台,让学生提前观看,这样可以让教师在课堂上有更充裕的时间组织活动,有效地帮助学生解决在观看视频时没有解决的疑难问题。

例如,在军事高技术方面,学生较难通过视频对正确的伪装与隐身技术进行很好的掌握和了解。教师可以在课中根据学生观看视频时普遍提及的问题进行讨论和解答。教师还可以针对微视频中的一些技术动作的重点和难点,随机抽查学生进行动作的展示,充分了解学生对技术动作的掌握情况,使学生带着问题进入课堂,有针对性地对知识进行检测。通过学生自主思考,引导、帮助学生对知识做进一步的理解[1]。学生在独立探究方面,他们围绕教师布置的学习任务,主动进行探究式学习和练习,在完成教师制定的教学任务的过程中,掌握基本知识点。教师在布置教学任务时要注意合理安排任务的难易程度,实现阶梯性过渡。

在小组协作方面,为了确保活动的有效实行,教师必须对学生进行提前分组,在本次研究中将学生分为 10 组,每组 8 个人,成员由教师统一调配。为平衡小组之间的差异,便于小组的管理,增加小组成员之间的默契程度,小组内的角色担任则由小组内部成员自行决定,各司其职,提高学习效率。教师也可以根据不同小组存在的问题对小组进行个性化的指导,引导他们积极主动地寻求解决办法,真正起到自我学习的作用。

小组交流作为军事课程学习中的一项成果检验方法,也是翻转课堂中的一项非常重要的教学方式。其不仅能够翻转师生之间的角色改变,激发学生的学习动机和大胆表达的积极程度,也能够刺激学生之间的良性竞争,使学生充分展示自己的学习成果,实现思维的碰撞,提升课堂的学习效果。在射击动作的小组展示中,通过小组之间成果展示的方式让学生观察到不同小组之间技术动作的完成情况,审视自身和发现他人身上存在的问题,及时进行修正和改进。

(三) 课后活动模块设计

教师通过对学生的教学实践,逐渐修正和完善之前录制的教学微视频,对学生在学习活动实践中遇到的具体问题和频率发生较多的错误知识点,在录制时进行重点讲解,对视频信息进行修正,为今后的教学提供更

---

[1] 陆海燕:《体验式教学在军事理论课中的应用探析》,载《学理论》,2016 年第 11 期。

加有力的保障。

　　学生还可以通过教师修正后的教学视频，对照自身的实际，分析自己对知识掌握的情况，更好地完善自己的知识体系。课后，师生还可以通过交流平台，对课中的情况进行交流和沟通。同时，学生自己也可以对在课堂完成的学习情况进行反思。根据视频的具体情况，在发现自身不足时，可以及时与老师进行沟通，分析问题出现的主要原因以及今后可以改进的地方。①

　　学生在和教师交流后，对照自身的学习完成情况和存在的具体问题，进行有目的的修正和练习，为自身知识体系的内化和应用提供保障，也为接下来的继续学习打下良好的基础。

　　为有效掌握学生对军事课程中采取新的教学模式的认可程度，本研究在课堂活动结束后立刻对实验组的学生进行了问卷调查，发放 80 份问卷，男生 50 人、女生 30 人，回收了 80 份，回收率为 100%，其中有效问卷 78 份，为 97.5%，弃权 2 份（男生），为 2.5%。从数据回收整理的情况（详情见图 1）可以看出，对翻转课堂教学模式持赞同态度的学生 67 人，占总人数的 86%，其中非常认可的 25 人占 32%，认可的 42 人占 54%；持反对态度的学生 11 人占总人数的 14%，其中持反感的 8 人占 10%，非常反感的 3 人占总人数的 4%。由此看出，大多数学生对军事课程采用翻转课堂教学模式还是持认可态度的，说明地方高校中实施翻转课堂教学模式具有很大的可行性。

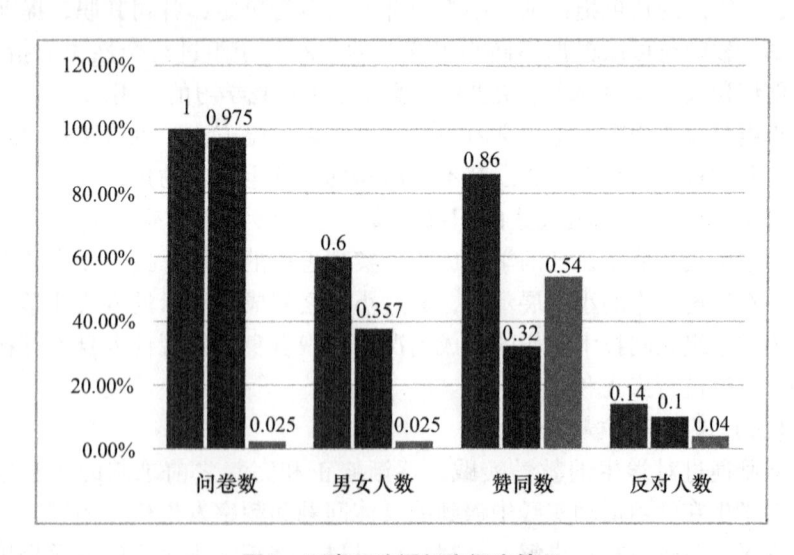

图 1　军事理论课问卷调查情况

---

① 何玲、黎加厚：《促进学生深度学习》，载《计算机教与学》，2005 年第 5 期。

三、翻转课堂的意义与价值

（一）促进深度学习，形成学习场域

军事理论课和军事教师担负起培养部队合格后备兵员的重任，要求严、起点高。为完成习主席的重托，以地方高校目前现状难以高质量地完成这项工作。引入翻转课堂不失为一种好方法。

翻转课堂改变了传统的教学模式，促使学生从浅层学习（Surface Learning）向深度学习（Deep Learning）转变。军事理论课的概念和知识点非常专业，涉及学科比较多，学生学习起来比较吃力。在地方高校翻转课堂能充分发挥优势，可以弥补教师不足、教学资源有限的短板，营造一个军事理论课的深度学习场域，吸引学生入场，并主动、积极地去探求知识[1]。

（二）增强学生兴趣，提高学习成绩

在军事课程传统教学模式中，军事课程主要通过教师在前面进行示范和教学，学生在一边通过观察和模仿进行学习，课堂的主要时间和节奏都在教师的把控制中，减少了学生的自主练习时间。这种形式的教学忽略了学生的个体差异性，形成了一个呆板、沉闷的教学环境，抑制了学生的本性，打击了学生的学习积极性。翻转式课堂教学模式，通过学生课前观看教学视频和教学资料等形式，提供给学生一个充分自主的学习空间和时间，让不同接受能力的学生都有一个充分的自我学习时间。这种以学生为主体的教学模式，不仅充分尊重了学生的个体差异性，也在学生互相交流和沟通的过程中有效地增加了学生的自主表达能力、学习能力、创新能力、合作能力，营造了一种开放、愉悦、自由的学习环境和氛围，有效地提升了学生对军事课程的学习兴趣[2]。

（三）结合翻转课堂模式，帮助学生体验学习

哈佛大学教授大卫·库伯（David A. Kolb）提出了体验学习的理论，在其理论体系中，体验学习分为具体体验和抽象体验，但对于教育问题，库伯更强调具体体验。所谓"具体体验"，就是在实际操作或者亲身经历中通过自己的观察、接触、实践等刺激帮助学习。他提出了"体验学习圈模型"，将体验学习分为具体体验、反思观察、抽象概括和行动应用四个

---

[1] ［法］皮埃尔·布迪厄、［美］华康德著，李猛、李康译：《实践与反思：反思社会学导引》，中央编译出版社2004年版，第56页。

[2] 刘玉春：《普通高校军事理论网络教学存在的问题及改进措施》，载《内蒙古师范大学学报（教育科学版）》，2016年第12期。

连续循环的阶段①。可以结合翻转课堂的特点来启发和帮助学生进行体验性学习。

翻转课堂教学主要通过网络实施视频教学，在这个过程中学生主要通过在课前自己独立的时间内进行学习。在这个自主学习的过程中，学生可以充分利用信息网络资源对所学的军事理论课内容进行完善，明确该项教学内容的最新资讯。在军事理论课课堂教学中，学生通过课前教师分好的小组互相交流讨论，增加对专业知识的了解，实现知识的创新和完善，最终对知识内化和掌握。在这个过程中，有效地增加了学生的体验学习，增加了学生学习军事理论知识的兴趣和探究能力。

四、翻转课堂的建构

（一）建立科学合理的评价

评价的方式一般是将教师评价和学生之间的互评进行结合。教师采取微视频录制的方式将学生的技术动作完成情况录制下来，上传到MOOC平台，由学生进行发帖评价，这个过程是学生评价。教师依据学生在课堂上的表现情况和学生的学习情况进行评价，这个过程叫作教师评价。

在传统教学模式中，对学生的学习评价主要通过学生期末的考试成绩来实现。在翻转式课堂教学模式中，对学生的学习评价主要综合考虑学生在课前学习的情况、课中学习表现以及最终的技术测评三个部分，共同构成学生的学科测评。在这种评价过程中，充分考虑了学生学习的各个方面，但是要切实把握各个部分所占的比例，实现有据可依，避免测评的主观化。由终结式的教学评价转变成过程性的教学评价，实现了评价的科学合理性，同时通过这种方式可以帮助教师充分掌握学生的学习情况，对学生的学习心理变化过程进行把控，共同推进深度学习场域建构，塑造"域内"优势，促进学生深度学习的发生②。

（二）加强教师的视频制作技能

翻转式课堂教学模式对广大的军事理论课教师而言是一个全新的领域，尤其是对地方高校而言，更需要军事理论课教师去适应和学习。从教学内容的准备、重点难点的把握以及视频的录制方面都需要全新的认

---

① David A. Kolb, Experiential Learning: Experience as the Source of Learning and Development, New Jersey: Prentice-Hall, 1984, pp. 8~9.

② 曾明星、李桂平等：《MOOC与翻转课堂融合的深度学习场域建构》，载《现代远程教育》，2016年第1期。

识和领悟①。军事理论课教师将要学习的军事理论知识以微视频的方式进行录制，尤其是在军事理论课教学中，信息化战争和军事高技术教学的技术动作呈现出一种动态的过程，因此在制作过程中对教师的视频录制技术有所要求，视频呈现的效果必须是清晰的、稳定的、完整的，并且在录制完成之后还需要进行编辑和讲解，这就对教师的视频录制提出了更高要求。

（三）信息技术的大力支持

翻转式教学模式是一种依靠信息技术网络发展起来的一种新型教学模式，所以在实行翻转式课堂教学模式中，必须要有硬件设施的支持。② 在翻转式课堂教学模式中不管是教学视频的录制、教学资料的收集，还是课前学生通过视频进行自主学习，都需要计算机等硬件设施的支撑。因此，地方高校要加强学校信息化建设，优化网络质量，丰富网络资源，给学生提供一个优质的硬件环境③，进一步推动翻转课堂在军事理论课教学中的运用。

（四）加大投入力度，建设翻转课堂

军事理论课翻转课堂教学资源的设计均需要投入一定的资本，同时需要教师付出更大的努力，更离不开学生的积极配合。地方高校以及军事理论课教师需要投入更多精力和资金，用于翻转课堂资源的获取和加工。需要地方高校领导对军事理论课教师组织宣传与教育，当然最核心的还是教师自己对构建军事理论课学习场域的重视。金钱的投入，也需要地方高校领导给予关心，支持军事理论课教师采用翻转课堂这种新型授课模式。

---

① 陈邓安等：《网络环境下军事理论教学的研究与实践》，载《中国教育信息化》，2016 年第 8 期。
② 张红文：《现代教育技术下的高校军事理论教学改革研究》，载《理论观察》，2016 年第 2 期。
③ 王娟、孙敏：《MOOC 和翻转课堂融合视阈下大学生深度学习场域建构研究》，载《教育研究》，2016 年第 9 期。

筑牢关键环节，夯实军事理论课教学实效性的根基

曾祥俊　陈国东[*]

摘　要：在多年的军事理论课教学实践中，笔者深刻体会到教学效果能否有效，能否实现既定的教学目标，教育者自身的国防文化素养，准备充分的备课和精心的教学设计，这几个关键的环节尤为重要，它是提升教学实效性的前提和基础。因此，军事理论课教学对教育者自身文化积淀的要求，教学备课的准备，教学设计的构思和制定，以及过程中所要遵循的教育规律和原则，是需要研究和解决的首要问题。

关键词：军事理论；教学设计；实效性

在军事理论课的教学过程中，怎样提升教学的实效性呢？前提和基础很多，不断增强教育者自身的文化功底、不断充实的授课准备和不断精进的教学设计，是走上讲台前尤为关键的环节，这也是本人通过近十年的军事理论授课实践的深切体会。目前，军事理论课的授课对象主要是各类学生，他们思想活跃，思维敏捷，理解问题的能力比较强，文化基础好，知识面比较宽，课堂氛围活跃，虽说没有军队院校课堂严明的纪律观念，但却多了积极的课堂参与热情，展现了多方面国防知识和文化需求的差异性。因此，不仅需要在有限课时内的教学内容让学生学会、弄懂，而且还应当传播多种国防知识和文化，在教学活动中不断地整理不同课堂的反馈情况，针对不同类别院校和年级学生的需求差异，提升自身的文化素养，进行充分的授课准备和教学设计，这样才能提高教学的实效性。

一、不断增强自身文化素养，丰富符合学生诉求的国防教育文化积淀

社会文化的多元化发展，强烈地冲击着人们的意识形态，特别是青年学生对正确文化引领的渴望，对自身人格、气质、修养的人文培养提出了鲜明的诉求，国防教育者作为引导学生建立正确国防观的具体实施主体，应当及时理清思路，不断提高自身的文化素养，从人文功底、知识结构、个性特征和创新精神方面来提高自身的综合文化素养。

---

[*] 作者简介：曾祥俊（1977年~），男，湖北云梦人，军事学硕士，现为火箭军指挥学院学生军训教研室讲师，主要从事国防教育方面的教学和研究；陈国东（1981年~），男，现为火箭军指挥学院安全管理处参谋，分管国防教育及国防动员工作。

（一）扎实的人文功底

国防教育者在人才培养中占主导地位，对学生的影响是最直接的，是以其言传身教来教化学生、培养人才的，教育者若欠缺人文精神，必然影响对学生人文素质的培养。教育者本身拥有强烈的人文精神及扎实的人文功底，必然对学生产生感召力，学生会从教育者的一言一行中感受到人文精神的真谛。首先，教育者应当学会创新，即观念、知识和方法的创新，使自身的影响更富有人文精神和道德价值，让学生获得基础的、内在的、全面的、个性的和可持续的发展。其次，在科学进步与人类发展问题上，教育者应以人类发展、社会进步、新时代特征这一终极关怀作为军事理论教学实践过程中的出发点和落脚点。

（二）合理的知识结构

目前，在各地的国防教育中，不同程度存在的一些现象是：国防教育者熟悉军事思想、高技术战争和军事地形等重要专业，对专业的基本原理、立场观点、方法理解透彻，运用自如。可是，他们或多或少缺少必要的教育学、心理学、社会科学等方面的知识，特别是他们的人文知识有些欠缺，如文、史、哲、艺等方面的知识。教育者的教育学、心理学知识及人文素养水平的提高，将会对学生的人文教育起到带动、示范和潜移默化的作用。

因此，国防教育者应该不断吸收和学习新知识，时刻注意本学科的发展前沿和方向。同时，还要立足讲坛，放眼世界，善于学习世界各国的先进科学技术知识，学习人类共同创造的文明成果，只有这样，才能不断地充实与更新教材，给学生传授最先进的知识，引导学生进入科学前沿，与世界同步。此外，国防教育者还要注意拓展教育学、心理学和人文学科等方面的知识，引导学生去思考人生的目的、意义、价值，去追求精神世界的完美，去发展人性、完善人格。通过对学生进行人文素质教育来提高整个民族的文化素质和文化风格，塑造一种文明、开放、民主、科学、进步的民族精神，从而实现军事理论教学传导爱国主义教育的现实意义。

（三）鲜明的个性特征

教育者本人的某些重要个性特征，在很大程度上决定了学生能否最大限度地掌握其学习的内容。事实上，学生在学习过程中有这样的体会：给予我们深刻印象，打动过我们的心灵，并最终激发起我们无穷学习动力的，正是那些从个人形象到语言举止均"与众不同"，即具有个性特征的那些老师。他们的人格魅力与风格，是一种巨大的精神力量，有着很强的感染作用，是影响学生情感体验、调节课堂氛围的重要因素。教育者在长期的学习和工作中，通过自己特有的人格魅力与风格对学生发挥积极的影响。因此，教育者应加强自身的人文知识修养和人文精神塑造，用自己特有的人格魅力与风格对学生进行潜移默化的影响。

（四）强烈的创新精神

国防教育者要取得新的突破和新的进展，还必须具有强烈的创新精神，积极探索新时代、新形势下做好国防教育工作的新方法。

首先，要以构建人文精神为根本。人文精神是一种关注人生真谛和人类命运的理性态度，是衡量一个人人文素质最重要的标尺。要求我们既吸纳西方先进的人文内涵，又从祖国优秀的文化传统中吸取宝贵的营养。在整个国防教育中，引导学生关注科技知识、方法和技能对人性和社会的影响，既传授理论知识和科学知识，又将其中蕴含的人类智慧、创造性和人性的价值内化于学生的心理结构之中，使学生具有人文修养，正确地对待自我、他人、社会和自然。

其次，应将人文素质教育纳入教学计划与教学管理，使课程体系中既保证基本的文化素质教育内容，又根据学生的特点、兴趣和爱好，使其有灵活的选择余地。在整个教学过程中，把国防知识教育和人文教育有机地结合起来，为创新人才的培养打下坚实的基础。

再次，以培养学生创新能力为核心。当今世界，知识创新和技术创新的步伐将越来越快，而人的创造性则是创新的资源。学生的创新能力从根本上说是一种人文素质，是一种养成教育，需要在教学过程中潜移默化来完成，这就需要教育者通过加强国防文化教育，培养学生创造性思维和想象力。

二、着眼"四要"搞好备课是提高军事理论教学实效性的基础

"凡事预则立，不预则废"，增强了自身的国防教育文化积淀，下一步就是教学的基本环节：备课，它是提升军事理论课程课堂教学实效性的先决条件。因此，如何提高备课的实效性，应当是我们首先要考虑的问题。

（一）备课前的准备要足

实现教学的实效性，做好充足的准备是第一步。备课包括的内容和方面很多，即备教材、备学生、备问题、备教学方法、备氛围等。首先，弄懂学透教材是基本要求，但教材往往滞后于学术理论研究，备教材还应当以教材为骨，准备最新的知识点和理论观点，收集最新的相关的理论和事例，甚至还可以将课程相关的当前热点问题拿到课堂上讨论。其次，备好

学生是关键，对不同高校、不同专业班次的学生，尽可能地事先了解学生的不同差异，对相关教学内容的渴求程度，并结合纵向同类班次的授课经验，摸清学生的基础底细和学习需求，准备有针对性的教学内容，有的放矢地备课。最后，准备以什么样的问题引入最重要，一堂课、一个专题，最好在一开始就能够将学生吸引住，然后再逐步展开，并针对不同层次、班次的学生，结合考虑课程的授课地点、人数和环境，设计适合的课堂氛围，确定相应的教学方法。

（二）备课预选的内容要实

实，表现为充实和实在。充实，是在准备课程的基础上，要求教育者阅读、掌握、理解厚实的本课程的理论基础知识和应用知识，这样才有可能提炼和升华，才能保证备课的实效性，否则只能是泛泛而谈，隔靴搔痒。实在，是要摒弃浮华，甚至可以根据学生的知识层次结构，跳过其熟知的基础理论，直接讲授其希望学到的教学内容，通俗地讲，就是要多备"干货"，这就要求教育者的备课不仅仅是完成教案、课件，还要贮备足够多的不同类型的相关教学素材，随时能够满足不同课堂讲授的需要。

（三）备课的要素要优化

严格遵循教学规律，从全要素着手搞好备课，但是也要优化重点。首先要定位教学目标，制定切实可行、内容定位准确的目标，重点、难点泾渭分明，摒弃零乱。其次要精构环节，框架严谨，递进衔接，过程流畅，提升单位时间内的授课效率。最后还要注意合理掌控时间分配，预留充足的课堂考勤、评价时间。教育者对学生的考勤、评价语言要规范，委婉明确，泾渭分明，切忌模棱两可，还要注意倾听学生的评价和意见，虚心接受，不断学习提升。

（四）备课的制度要严

严格落实集体备课制度才能达成教学效果的实效性。也就是说，在备课的过程中还需要依靠集体力量，共同把握教学标准和尺度，加强教育者之间的团队合作，共享教学资源，以弥补教育者之间在知识结构、思维方式、认知风格等方面的差异。一要制定集体备课制度，建立备课组，"三个臭皮匠，顶个诸葛亮"，主备课人的备课应该在集体讨论通过后才能进入试讲环节。二要制定交互审查制度，"当局者迷，旁观者清"，主备课人的初稿和同类专题的备课组实行交互审查，互帮互助、互相提高。三要制定督导审查制度，备课准备的内容、框架、设计等应当经过督导团队的认可后才可进行深入展开，避免备课工作的盲目性。

三、精心筹划教学设计，科学提升军事理论课教学的实效性

教学设计是在遵循教育规律的基础上对教学过程的规划和统筹，是实现教学实效性的核心环节。

（一）完善教学设计实现军事理论课教学实效性的基本要求

要在《普通高等学校军事课教学大纲》规定的36学时内，完成中国国防、军事思想、战略环境、军事高技术、信息化战争等内容的教学任务，内容多、课时少，如何使有限的课时实现教学实效性的最大化？从近几年不同学校、不同年级、不同层次学生对军事理论课教学效果反馈的情况来看，笔者深刻体会到行之有效的教学设计起到了关键的作用，其基本要求主要有以下几点。

一是教学设计要生动、诙谐、不失学术性。学生普遍认为，生动、诙谐的课堂氛围能够激发他们对军事知识学习的兴趣，呆板、正统的理论灌输只能使他们对本来就知之甚少的军事知识丧失学习动力，甚至干脆不听。但是，纯粹的追求诙谐、搞笑的课堂氛围而没有实质性的理论或学术观点在里面，学生们可能会当场嗤之以鼻，甚至起哄。因此，军事理论课的教学设计必须将枯燥、呆板的军事理论知识，融汇到一些实际的事例或事件中加以阐述，并且需要总结概括出适合于学生理解掌握的思路、观点，才能够实现教学的目标。

二是教学设计要翔实、厚重、不失简约性。在高校授课，课间休息时，经常有学生提出，老师能不能讲讲"大数据"技术对信息化战争的发展有什么影响？显然，这个问题不在教学大纲之例，但学生很感兴趣，类似的情况时有发生。这就要求教育者在设计授课内容时必须翔实，在教材的基础上有所拓展，特别是对于学生比较感兴趣或者热点的问题，必须准备充足的相关知识和事例。要让学生能够在短时间内了解和掌握，就需要对内容进行简化，用简洁的语言和恰当的事例将厚重的理论知识阐述清楚。

三是教学设计要系统、全面、不失独立性。军事理论课包含的内容多，涉及的学科领域多，相互之间既独立又有联系，而学生反映的要求是一次课解决一个问题。因此，设计教学内容时，需要在综合考虑课程内容、知识要点全面系统的基础上，针对相对独立的领域内容进行深化、细化、简化，每次课是一个独立的内容体系，而整个课程又是一个科学的学科体系。

（二）提升军事理论课教学实效性是实施教学设计的主要环节

军事理论课程的教学，主体任务是针对学生的一系列教学、科研活

动。针对目前教学的情况来看，提升军事理论课教学的实效性，很关键的是要搞好教学设计的准备和构思。

一是教学设计的准备。针对不同院校、不同专业学生的不同需求，教学设计的准备工作尤为重要。首先，可以充分利用院校网上课程评价系统，了解更多人的想法、观点、建议，并进行积极的沟通交流，随时得到学生最新的学习需求，有针对性地去设计教学内容。其次，需要阅读、掌握、理解厚实的本次课程的理论基础知识和应用知识，这样才有可能提炼和升华，才能够针对学生提出的不同需求设计相应的教学内容和方法，才能保证教学设计的有效性，从而提升教学的实效性。

二是教学设计的构思。优化教学设计是教学目标顺利达成的首要保证，它能够在老师的"教"和学生的"学"之间架设一座桥梁，就像是一张行进中的线路图，时刻指引你走向最终要达到的目的地。首先，教学设计的思路要落实对教学目标的理解与学生需求相结合。信息时代的学生，对各类信息和知识的掌握途径多，信息量大，阅读能力和分析能力相对比较强，对于军事理论课程，一般常识性内容的教学目标和要求，自己通过各类现代信息获取途径，可以比较快地理解和掌握。因此，需要分析学生不同的层次需求，有针对性地对重点、难点和共性的需求内容进行有效的教学设计，筛选使用适合的教学设计模式来建构本次课的教学实施。其次，教学设计的内容要显现对教材的使用与拓展。学生对于课程学习的主要依据来源于教材，因此，在教学设计中要考虑到教材内容的主体性，以教材的核心知识体系为纲，以学生的学习需求为目，拓展教材相关知识内容，挖掘教材内容的内在价值，及时把握学生的兴趣点和关注度，在难度和内容上适当拓展，有利于实现教学的有效性。最后，教学设计的过程要关注环节的推敲与细节的处理。军事理论课整个教学活动过程的主要脉络，每个环节要解决什么问题，通过何种问题引发学习的可能，投放哪些材料才能为学生提供多样的资源，从而减少他们理解上的困难，使学生主动地想要多了解、多尝试，进而多质疑，最终获得多发展。只有当"学习者"作为"参与者"，亲自考虑问题的种种条件、寻求解决问题的方法时，才会对求知过程本身展开某种真正的思维，才会有真正的"兴趣"。

（三）实现军事理论课教学设计需要遵循的原则

一是系统性。进行教学设计不能违背教学的系统性原则，在教学设计和实施时要充分考虑教学的整体性和协调性，对知识的整体性不能随意地分割，对教学情景的设计要有连贯性，对问题的设计要有衔接和递进，最终使整个课堂形成一个有机的知识结构系统。

二是指向性。教学设计的指向性必须是针对教学过程中的各种问题，它是实现教学实效性的核心，能使我们的教学具有目标性，提高教学效益。

三是持续性。这是指教学设计中要考虑教学措施的连续性、持久性和稳定性。设计任何一种好的教学方式和学习方式都必须坚持一段时间，等到习惯成自然、熟能生巧后才能收到明显的效果。

四是合作性。教学设计是一种强调人际沟通、理解和互动的合作性教学活动，它离不开老师与老师、学生与学生、老师与学生等多元主体的合作。在实施教学设计的过程中，要注重各主体之间的沟通和协作，加强教学设计的多元合作性。

五是可控性。这是指在军事理论课教学设计时，要考虑教学过程的有效控制，包括教学进度、教学难度、教学秩序、教学氛围和教学节奏的控制与调节等，都要向着有利于教学目标达成的方向进行，并根据控制论的原理引入教学的反馈调节机制，不断缩小目标差距，最后达到教学目标。

新时代新形势下深化高校军事理论课教学改革

赵秋梧　刘振飞*

摘　要：军事理论课作为普通高校国防教育的重要组成部分，在增强大学生国防意识、激发爱国主义情怀、提高个人综合素质等方面发挥着重大作用。军事理论课如何不断创新，以提高其教学实效，是高校军事教师面临的重大课题。本文主要从管理机制、人才培养、教学内容及形式等三个方面，就新时代新形势下如何推进军事理论课教学改革进行了较为深入的研究，提出了提高军事理论课教学质量和水平的对策建议。

关键词：新时代；高校军事理论课；深化；教学改革

党的十九大明确提出了新时代需要什么样的建设者的重大时代命题，即要着力培养担当民族复兴大任的时代新人。在不断推动新时代教育改革的过程中，军事理论课作为大学生这群时代新人的必修课程，发挥着政治教育课和国防教育课的双重功效，特别是在培塑社会主义核心价值观、坚定理想信念、强化国防意识和提高综合素质等方面作用明显。但是与新时代、新形势、新任务的新要求相比，军事理论教学工作在管理机制、人才培养、教学内容及形式等方面仍存在不少问题。如何紧扣时代特征，充分利用当前网络普及广、信息传播快、交流互动频繁的新特征，结合当代大学生求知欲望强、接受能力强、爱国热情高的特点，不断深化高校军事理论课教学改革，让高校青年"人生的扣子从一开始就要扣好"[①]，这是我们军事理论教育工作者需要认识和思考的重大现实问题。

一、建立全方位监管机制，全面深化教学管理工作的改革

自1985年普通高校军事理论教学试点开始以来，军事理论课教学已开展了33年的时间，探索出了一套较为完整的教学管理体系，也取得了较丰硕的教学成果。但通过广泛的调研，我们发现高校军事理论课教学在监管

---

* 作者简介：赵秋梧（1970年~），女，江苏南通人，博士，陆军指挥学院战略战役系军事理论教研室副教授，主要从事军事思想及军事历史方面的研究；刘振飞（1988年~），男，江苏泰兴人，在读硕士研究生，现任陆军指挥学院研究生大队助理讲师，主要从事军事思想及军事历史方面的研究。

① 习近平：《青年要自觉践行社会主义核心价值观——在北京大学师生座谈会上的讲话》（2014年5月4日），载《人民日报》，2014年5月5日。

机制方面还存在着许多不足,仍然需要我们破旧立新,久久为功。

(一) 健全监管责任机构

目前,高校在军事理论课教学上普遍存在组织力量薄弱、监管力度不够的问题。部分高校军事教研室建设不规范,管理不正规,没有独立成体系。军事理论课教学管理处于高校教育管理的"空白区""盲区",无人监管或者监管缺失的现象较严重。由于缺少专门的机构对其进行教学质量、教学成效的监察管控,造成老师上课混课时费、学生听课混学分。目前,国家、省、市、县已经建立了各级监察机构,部分高校也已设立监察处。我们可以仿效国家监察制度,建立专门的教学质效监察机构,把军事理论课教学纳入到高校教学质量监察的范围。从制度的角度对军事理论课的授课情况、学生的学习情况进行规范,建立教学质量监控的长效机制。同时,根据学校教学工作实际,构建并完善教学质量监控体系,将教师、学生和学习质效三者有机结合。通过监察督导,建立教学监管数据库,加强军事理论课教学状态的统计分析工作,建立教学质量报告制度,使教学质量管理更加规范化和科学化,有力保证教学质量的稳步提高。

(二) 完善考评问责机制

鉴于军事理论课教学的特殊性,要将考评问责机制引入其中,建立"开始—实施—结束"的全程问责机制。通过监管责任机构,对教师授课情况、学生学习情况以及课程考核情况进行跟踪式的检查问责,杜绝"教好教坏一个样、学与不学一个样"。上级教育机关和高校本级监管机构要相互配合、相互补台,采取"不打招呼、随机抽查、推门听课"的形式,对军事理论课教学情况进行现场打分、现场考评。完善奖惩机制,不仅要扩大"奖"的影响力,还要加强"惩"的执行力。将课程教学情况、学生学习情况与教师年度职称评定、学生奖学金发放挂钩,对教学先进个人、学习先进标兵树立典型,公开表彰奖励,反之则对其进行问责。通过制度的硬杠杆来推动军事理论课教学工作各项纪律的刚性执行。

(三) 推开交流互动路子

高校军事理论课教育管理工作,不能闭门造车、固步自封,更不能凭老经验老办法,"依葫芦画瓢"。各高校之间要加强横向和纵向的交流,建立常态化合作机制,设立经常性交流平台,走经验交流、学习互助的路子。采取定期举行区域性或者全国性的交流研讨会的方式,邀请在军事理论课教学管理工作中取得突出成绩的单位和个人,对存在的问题或顽疾进行集智攻关。另外,可在研讨会活动中设立观摩环节,运用多媒体或实物展示的手段对前一阶段教学管理工作中取得的成绩进行展示和资源共享。在借鉴他人工作经验的基础上,结合本校实际,进行再创新再充实,从而推动军事理论课教学管理工作改革落地见效。

二、以教师为牵引、学生为主体，全面深化人才培养机制的改革

新时代新形势下，国与国之间的竞争说到底是人才的竞争。高校军事理论课人才培养制度的改革必须坚持以人才为主体，以培养人才为根本目的。人才的培养，不仅仅局限于高校大学生，同时也包括从事军事理论课教学的专业师资力量。

（一）完善专业教师选拔培训机制

强国必先强教，强教必先强师。目前，部分地方高校在军事理论课教学上，通常采取从军事院校聘请专业教员担负授课任务的形式，弥补专职军事教师数量缺少的短板。但是，仅仅依靠外聘并不能从根本上解决问题，必须依靠高校自身造血优化，培养自己的军事教师。首先，要搞好传帮带。高校要主动深挖自身潜力，从学校辅导员、教师和退伍学生中遴选优秀后备人才。在专业军事教员上课的同时，采取随堂听课、结对帮带教学的形式，抓好备课补差的工作。其次，制定军事教师专项培养计划。采取送学培训的方法，将军事教师后备力量送到相关军事院校或军事理论课教学成效明显的兄弟院校进行集中培训，形成"送学—培训—任教"的完整闭合回路。最后，积极引进专业人才。随着军改逐步推进落地，不少具有较优秀的军事素质并接受过高等教育的部队或院校军官转业，这些人员都是高校军事教师的最佳来源之一。教育行政部门和高校，应该从人才引进的角度为其量身制定政策法规，将一批优秀的军转干部充实到国防教育的师资队伍中。

（二）树立国防后备人才储备的正确导向

高校军事理论课是增强大学生国防观念、加速人民军队现代化建设和加强国防后备力量建设的现实需要。但是通过调研来看，军事理论课的功效并没有得到完全发挥，部分大学生对国防教育认识仍然仅停留在表面，没有深入进去。与专业课学习相比，军事理论课某种程度上"说起来重要，做起来次要"。究其原因，是因为军事理论课学习作为国防教育的重要形式，没有与高校人才培养机制挂钩。习主席在北京大学120周年校庆讲话中指出，"要坚持不懈培育和弘扬社会主义核心价值观，引导广大师生做社会主义核心价值观的坚定信仰者、积极传播者、模范践行者。"[1] 爱国精神和国防意识是社会主义核心价值观的重要部分，高校的人才培养是

---

[1]《习近平在北京大学师生座谈会上的讲话》（2018年2月2日）。

全方位、多领域的培养，不能仅仅停留在科研学术研究上，更要注重对学生意识形态、精神领域的塑造。目前，高校已成为国防和军队建设的重要人才输出阵地，越来越多的大学生选择去部队建功立业，这更要求我们通过多种形式来引导和培育大学生的国防意识和正确的人生观、价值观。前段时间被习主席点赞的北大从军女生宋玺，就是大学生携笔从戎的优秀典范，她的事迹正在激励着一批又一批有志青年献身国防事业。因此，高校要将国防教育贯穿到军事理论课教学的始终，通过课堂塑造青年人的价值观，为军队输送社会主义的合格人才。

三、从单一到多向，全面深化教学形式和内容的改革

高校军事理论课是一门集理论与实践为一体的课程，伴随时代发展，当代大学生对于传统的授课模式多抱有抵触情绪，他们更渴望新知识和新事物的出现。然而，在现实教学中，军事理论课教学形式单一、内容陈旧，教师和学生很难在课堂上形成良性互动。因此，在推动军事理论课教学改革中，我们要着重从教学思路、内容、设计、标准和手段等五个方面，积极探索新方法、新路子，最大限度地调动学生学习的积极性和主动性，从而提高教学质效。

（一）紧贴新时代军民融合发展新要求，突出教学思路创新

习主席强调，实施军民融合发展战略是构建一体化国家战略体系和能力的必然选择，也是党的新时代强军目标的必然选择。高校要借着军民融合发展战略的东风，积极加强与部队的合作交流，不光要"请进来"，更要"走出去"，为军事理论课教学搭建更高层次的平台。

第一，合理统筹教学资源。军地双方只有聚合统筹各类教学资源，实现资源共享，才能拓宽教学渠道，提高教学质量。高校军事理论课的教学不能仅仅局限于课内，还要积极探索"第二课堂"的课外活动机制，最大限度地提升授课质量效益。充分利用当地及周边国防教育资源，不断创新教学方式，增强大学生的国防观念。组织大学生到国防教育基地开展实地教学，聘请部队的军事专家或战斗英模到院校开展讲座。2017年10月，中央军委批准了《中国人民解放军军营开放办法》（以下简称《办法》），军营向社会公众开放成为全民国防教育的一项重要内容。《办法》明确了军营开放的内容包括：军史馆、荣誉室等场所，部队可以公开的军事训练课目和武器装备场所，基层官兵学习、生活、文化活动等设施。高校可以借此机会，抓住军营开放的利好政策，建立与部队的常态互动，让大学生近距离走近军营、零距离接触军人、全方位了解武器装备，既可以深入理解课堂上所讲授的军事知识，同时又增强了对部队的亲近感，不断提高大

学生的国防意识，以此激发其投身国防建设的热情。

第二，灵活拓展教学活动。军事理论课涵盖领域广、涉及内容多，既有知识性又具思想性，如果仅限《普通高等学校军事课教学大纲》（以下简称《大纲》）所规定的课时数，是远远不能满足教学需要的。因此，高校要在完成既定教学任务的基础上，适应形势，主动作为，为军事理论课教学注入鲜活动力。当前全社会正在开展以"传承红色基因、汇聚强军力量"为主题的国防教育活动，高校可以积极响应并借此契机，在大学生群体中积极开展红色教育实践活动，充分调动广大青年学生的爱国热情和积极性，广泛开展"讲英雄故事、学革命先烈、做红色传人"主题实践活动，组织"爱我国防"大学生演讲比赛，形成富有特色的高校国防教育品牌。还可以结合"抗日战争胜利纪念日""南京大屠杀死难者国家公祭日"等国家重大纪念日，与部队、军校联合开展"国防教育周"或"军事文化节"等活动。青年学生思维超前，在网络上活跃度高，高校可以充分利用校园网络这一优势，开设网上国防论坛，引导国防舆情，为大学生发表军事言论、研究军事思想、探索军事领域搭建平台。

（二）紧贴新时代国防形势新发展，突出教学内容创新

军事理论课程覆盖面广，教学内容上一定要精选优选，标准上也要适当提高。首先，要坚持以《大纲》为基础和主干，以特色优势内容为枝叶，丰富教学内容，让传统知识焕发出新的光彩。在讲解毛泽东军事思想时，可以与当今信息化战争形态相联系，让大学生用新时代的眼光来重新审视它，从而更好地理解和学习毛泽东军事思想的灵魂和精髓。其次，军事理论课程教学要紧跟时代前沿发展，及时用创新理论观点、技术成果、实践经验充实教学内容，提高教学的时代性、实效性和针对性。将新知识、新理论、新观点充实到教学内容中，一方面提高了学生的学习兴趣，优化了知识结构，另一方面也起到用军事创新理论铸魂育人的效果。近年来，我国国防和军队建设频传捷报，一批高精尖武器装备的问世，正在实现我军发展的历史性跨越和突破，这已经成为大学生们的关注焦点。我国首艘国产航母完成出海试验任务，武直-10列装陆航部队，ZBD-04A履带式步兵战车亮相胜利日阅兵等。通过介绍这些新知识，开拓大学生视野，激发爱国热情，增强他们的民族自信心和自豪感。习主席指出，要为建设一支听党指挥、能打胜仗、作风优良的人民军队而奋斗。这是适应国际战略形势和国家安全环境发展变化对军队建设提出的战略要求，是党在新形势下的强军目标。教师可以围绕强军目标的特点要求及时充实教学内容，提高学生学习的针对性和前沿性。最后，要结合当前形势加强思想政治教育，以深入学习贯彻党的十九大精神为着眼点，以国家和民族的光辉未来以及国家安全形势教育，增强大学生的中国特色社会主义道路自信、理论自信、制度自信和文化自信。

（三）紧贴新时代国防教育新需求，突出教学设计创新

《大纲》中规定了5个领域18个专题的学习内容，教学的目标和内容标准各不相同，教学方法也要区别对待。首先，可以将战例式、问题式的教学方法引入军事理论课堂，增强战例、问题、情景的设计，达到预期教学效果。在选择战例时，要着重挑选有代表性且富有启迪价值的战例，对其进行深刻剖析，使高校学生了解和把握战争的特点。还可通过正反案例，创造意境再现历史，加强感性认识，引导学生思考，从实际战例中总结出深刻的理论，实现理论与实践并重的目的。比如，讲述毛泽东军事思想时可以将中央苏区第五次反围剿与其他四次相比较，通过对比分析，总结其失败的原因，帮助学生更好地理解前四次反围剿之所以成功，是因为毛泽东正确的指挥和领导。其次，利用热点问题，激发学生深入思考。每一个时势热点问题都可以成为引导学生对国防和战争形成深入思考的好机会。教师可以组织学生集体观看《红海行动》《战狼2》等军事题材的影片，关注当前的热点事件，提出相关问题，引发学生思考，激发其学习军事理论的强烈兴趣和欲望。最后，可采取"诱导"式教学的模式，结合军事理论课教学特点和激励理论，合理"诱"题，正确"导"向。引导学生逐步进入角色，提高学习兴趣，牵引学生思维，提高学生参与度，最终达到良好的教学效果。

（四）紧贴新时代教学评价体系，突出考核标准创新

高校要结合课程考核，采取多种方式进行评价，明确考试的基本构成，精确考核标准，构建军事理论考核评价体系，力求全面检验学生的学习效果。首先，要创新考核方式。创新考核方式，并不是否定过去，纸质化考试作为传统考试方式，依然有着不可替代的作用。但是通过调研我们发现，以往的军事理论课考试多是开卷形式，试卷陈题旧题较多，题目也大同小异，没有创新点和立题新意。因此，要全面分析提炼军事理论课程的各个知识点，按照"了解—记忆—理解—运用"的标准，优化升级题库，创新答题模式。学校可以将课程考核与机上答题相结合，除传统的选择、填空题外，可以将知识点以视频、动画或图片的形式展现出来。例如设置图片分析题，让学生通过分析选项中的武器图片，填写对应武器名称及简单的性能参数。其次，突出平时考核成绩比重。将平时讨论发言、"第二课堂"、主题活动等表现计入考试成绩，实现由单一性考核模式向多元性、全程式考核模式转变。最后，关注教学效果转化评价，围绕军事理论课程内容，结合"第二课堂"，让学生撰写学习报告或论文，结合参加

社会实践或军事技能训练互动撰写心得体会。这样既能全面考核学员的综合素质，有效培养和锻炼学生的实践能力，又能促进理论教学成果的转化，让军事理论课更科学、更有效，真正达到教学的目的。

（五）紧贴新时代移动互联新发展，突出教学手段创新

当今时代，移动互联的巨浪正以前所未有的迅猛之势席卷全球，这股强大的力量正将我们加速推进一个全球化的移动互联新纪元。伴随着科技进步和时代发展，军事理论课教学也应与时俱进，顺应移动互联的时代大潮，将高科技融入到教学中去。目前，"慕课"网络教学、微信公众号等线上平台已经广泛地运用在教育领域，但在军事理论课教学中，其应用范围还不是很广，成效还不是很明显。高校必须积极参与教育变革，将高科技手段引入到传统教学模式中去，推动军事理论课教学的创新发展。高科技平台的介入，可集约各方资源，打造线上精品课程，精心设计互动环节，增加课程的吸引力。教师可以将线上比较流行的军队公众号，如"三剑客""中国陆军"等介绍给大学生，让他们积极参与，并通过这些有影响力的军队"喉舌"来更好地了解当前国防和军队建设的最新动态。还可以采取当下最流行的"面对面建群"的形式，建立学习交流群，使教师和学生的互动交流从课内延伸到课外。教师可以根据热点问题及时在微信群里抛出观点，引发学生的思考，学生也可以在群里各抒己见，陈述观点，从思想碰撞中加深对热点问题的正确理解。同时，还可借助大数据分析方法，对学生学习情况进行监督管理。在应用"慕课"网络教学时，教师可以通过网络后台对学生学习时长、学习效果进行实时监控，从而准确地掌握他们学习的真实情况。另外，在运用"慕课"、微信等平台授课时，教师要更多地结合国际信息、实时动态进行分析解读，从而使传统课上教学与平台线上教学"无缝对接"，合力使军事理论课成为个性化强、自主程度高、互动性好的教学活动。

混合式国防教育课程中的问题教学

杨 蕾　李有祥[*]

摘　要：现代教育学理论认为，课程开展实效，都会受到课程目标、教学方法与教学主体的影响。所谓"混合式"，指的是将在线开放教学和线下课堂教学相结合，构成对课程结构的支撑。具体来说，混合式国防教育课程是以课程建设理论为实施基础，以线上知识点学习为依托，以线下翻转问题教学为支撑展开的。因此，我们需要对国防教育混合式课程的目标框架、教学中的问题设计以及教学主体进行研究，明确三者的内涵，借此达到提高混合式国防教育课程教学实效的目的。

关键词：国防教育；混合式课程；问题教学

国内外诸多学者，对"混合式"教学进行了定义。Curtis J. Bonk 认为，"混合式"教学是将面对面学习与计算机辅助在线学习相结合。Thron. K 认为，"混合式"教学是由"网络学习"衍生出来的概念，其目的是将传统学习与线上学习进行混合。[①] 李逢庆认为，混合式教学指在适当的时间、运用适当的技术、提供适当的学习环境，帮助学生形成适当的能力，从而获得教学方式的最优化。[②] 实际上，混合式课程的定义较宽泛且具有重叠性，本研究中的"混合式"国防教育课程，指的是在线开放课程学习和线下课堂翻转两种方式的有机整合。

学习的认知建构主义认为，学习是一个意义建构的过程，宜采用探究学习的方式进行知识建构，帮助学习者在发现问题和解决问题的过程中建构知识。混合式国防教育课程中的线下翻转讨论，实质就是通过问题教学贯彻探究学习原则，帮助学生进行知识建构。因此，在混合式国防教育课程中，如何设计与实施问题教学就显得更为重要，具体来说，应主要围绕问题教学的教学主体、目标确立与设计策略等方面进行研究。

一、国防教育课程混合式教学的目标框架

在讨论如何进行问题教学之前，要明确国防教育课程混合式教学需采

---

[*] 作者简介：杨蕾（1994 年~），女，江西南昌人，东南大学生物科学与医学工程学院教育学硕士研究生，主要从事高等教育管理、国防教育方面的研究；李有祥（1962 年~），男，江苏南京人，博士，东南大学副教授，研究生导师，主要从事系统工程、国防教育方面的研究。

① Bonk, Curtis J. The world is open: How web technology is revolutionizing education. [J]. Dean Sheetz. The Internet and Higher Education. 2009（3）．

② 李逢庆：《教学信息化：一场走向在线教育的革命?》，载《现代远距离教育》，2013 年第 5 期。

用何种目标框架。需要注意的是，国防教育课程混合式教学的目标框架体系应该具有开放性。可以从学校特色、国防教育教学实际需求与师资水平、学生总体情况等多角度出发，设计教学目标框架。结合教学理论与实际，可以考虑从以下三个视角设计目标框架。

（一）三维课程教学观的目标

传统的课程教学观，强调设计课程时，要从三维目标出发考量，并通过学习事件（O）达成三维目标。三维目标包括知识与技能目标（K）、过程与方法目标（P）、情感态度与价值观目标（A）。知识与技能目标指的是对课程核心知识与学科基本知识的学习；过程与方法目标指的是通过一定的教学方法，让学生掌握基本学习方式，训练基本学习能力；情感态度与价值观目标指的是通过课程培育学生学习兴趣、责任意识及积极的人生观、科学的价值观。需要注意的是：实际教学中不能将K、P、A这三者割裂开，要认识到，三维课程目标一定是相互联系的整体，通过O（常见方法是使用问题教学）进行联结。因此，在三维课程教学观视角下，设计国防教育课混合式教学，需要将KAPO统筹考虑，以符合常见的KAPO三维目标教学模型。

首先，需要考虑如何实现K目标。作为混合式教学的国防教育课程，常用方法是课前布置学生线上知识点视频任务，这些视频通常是由教师提前制作好，上传到网络课程平台。其优点是精炼、方便，能够在短时间内将相关知识点清晰明了地展示给学生。大部分学生的国防知识基础较为薄弱，但线上知识点视频可以循环播放、反复学习，相较传统课堂更利于学生把握知识点。其次，完成在线学习后，需要参与线下翻转课堂，通过翻转，参与教师布置的问题（O）来推动P和A目标的实现。教师围绕线上知识点，设置情境与课堂讨论，引导学生参与，进而提高学生的思考能力、协作能力与表达能力。此外，通过对问题探讨，培养学生的国防情感与持续的学习动机。结合KAPO教学模型，为混合式国防教育课程设计目标框架，从而达到学习国家防务知识，培养学生独立思考能力、爱国情感及激发国防意识的有机统一。

（二）五维课程教学观的目标

五维课程教学理论，强调重视学生全面发展，其教学目标主要围绕"思维课堂"概念展开。五维课程教学观讲究"大胆大声、敢想敢问、善听善辩、能结能展"，其教学目的是培养学生大胆、自信地表达对问题或事件的看法，并且能静心听取他人想法，尊重他人意见，并养成求同存异的良好素养，在表达与倾听中获得知识与技能的双重提升。国防教育课程作为普通高校必修课，既需要学生掌握基本军事技能与军事理论，又要在学习过程中锻炼自己对军事、国防相关问题和事件的思考能力，努力让自己从更加客观、科学的角度看待这些问题，并培养良好的语言组织能力，能够清晰明了地表达个人看法。这就与五维课程教学观的"思维课堂"观念不谋而合。因此，五维课程教学观适用于国防教育课程教学。

若混合式国防教育课程采用五维课程的教学框架，教师在设计课程时，需要思考的是如何将"认知、见解、协作、创新、一致性"五个目标进行完美结合。"认知"和"见解"应该在线上学习部分完成，通过在线平台学习，完成国防教育相关知识点的学习，通过教师每周在平台公布的1~2道思考题，结合知识点以及在网上搜集的部分资料，形成个人对国防相关问题的基本见解。"协作、创新、一致性"则主要在线下翻转部分实现。教师首先对线上学习的重难知识点进行简单回顾，并顺势引出平台发布的思考题，对思考题做简要背景分析，提出需要探讨的问题，由学生自由发言。当然，肯定会出现"一千个人心中有一千个哈姆雷特"现象，学生会从自己掌握的资料出发，对教师的问题进行"仁者见仁、智者见智"的回答，协作解决教师提出的问题。通过协作得到多样的观点，并在协作中形成创新，甚至是达到教师未思考到的角度。此外，教师需要善于进行课堂总结，在"协作"与"创新"中形成对问题认识的一致性，以达到"求同存异"的问题教学效果。

（三）迁移课程教学观的目标

迁移课程教学观的开展方法是课前在网络平台上学习本次课程的基础知识，课堂教学时，师生围绕问题进行讨论，提升不同专业学生学习本专业的动力。[①] 或者说，通过问题，将国防教育课程与学生本专业课程内容结合，以推动学习公共通识课与专业课的学习动机。当前，在开展国防教育课程教学中，部分学生会表现出对课程"无所谓"的态度，其原因就是学生认为国防教育课程与其本专业无关。例如计算机专业学生，对于国防教育课程，他们仅仅会将其作为一项任务，而不是期待从课程中能够学到有价值且与其本专业相关的知识。采用迁移课程教学，教师将问题与学生专业相结合，借此推动学生的学习信念与学习动机。因此，迁移课程教学的初衷是为了解决公共通识教育的弊病——无法与学生专业结合。

事实上，公共通识课的教学内容，特别是国防教育课程中的许多内容与专业课程中的一些内容具有相通性。因此，教师在进行混合式国防教育课程设计时，可以按照专业的不同，融入相关问题进行教学。例如讲到

---

① 颜惠：《基于知识迁移的文献检索课案例教学法研究》，载《图书馆学研究》，2015年第21期。

"总体国家安全观"知识点时,结合计算机专业会学习到一些程序设计、病毒、网络安全之类的课程,可着重结合"网络安全""文化安全"讲解。这些内容就与计算机、网络等专业的同学息息相关,因此,教师在设计问题时,可以多关注与"网络安全""文化安全"等相关的问题。经济、金融专业的同学,在未来学习和工作中可能会遇到与"经济安全""非传统安全"或"外国金融发展"相关的课程与事件,因此,教师可以融合这些共同点来进行问题教学设计。文学、艺术专业的同学,则可能遇到与诸如"文化安全""政治安全"等相关的事件,那么教师在设计问题时就可以向这些内容看齐。如果具备专业知识且有一定的国防知识,在处理本专业课程内容或突发事件时,就能有足够的心理准备和知识储备来应对,则可就此提高学生的学习动机与学习兴趣,进而在一定程度上缓解公共通识教育的窘境。但这对教师自身的学科素养以及备课的充分程度有着极高要求,因此,更加适用于学科背景比较多元化的教师。

二、国防教育课程混合式教学的问题构图

教师选择了适合实际情况的教学目标框架,明确教学目标后,应着手对问题教学展开讨论,着重对问题教学中的问题来源和问题组织形式进行探讨。需要注意的是如何进行问题构图。构图,指的是绘画时根据题材和主题思想的要求,把要表现的形象适当地组织起来,构成一个完整协调的画面。而在国防教育课程的教学中,问题构图指的是如何充满教育性地把问题以直观的方式呈现给学生。

(一)问题的主要来源渠道

1. 经典性问题

经典性问题是国防教育课程问题教学的重要问题来源渠道。经典性问题指的是教师提出的问题应具有典范性与权威性,换句话说,是常聊常新的问题。一般来说,经典性问题中的概念或内容,已被赋予了基本定论,因此,能够快速地帮助学生掌握教师想表达的内容。常见的经典性问题,如"修昔底德陷阱""拉美陷阱""中国为什么能在抗日战争中取胜"等。

2. 时事问题

时事问题亦是关键的问题来源渠道之一。时事问题的特点是具有时效性与广泛的社会关注度。时事问题的时间范围一般应限在6个月之内,特别是热点问题,由于热点动向变化快且具有不确定性。因此,教师应至少在课前2周,密切关注时事热点变化,防止课前时事问题出现新动向,而课程内容还未更新。此外,时事问题还具有线索较多的特点。因此,除课前集中关注外,教师在日常工作中,应多关注时事问题,不断把握时事问

题的发展线索。当前的时事问题,主要有"中美贸易""朝鲜半岛"与"阿以冲突"等问题。

3. 潜在性问题

潜在性问题是最灵活的问题形式来源。所谓潜在性,指的是当前尚存在于事物内部而未显露出来的特性。潜在性问题是不涉及政治错误和常识性错误,但是依旧存在的一类问题。探讨这一类问题,教师与学生都需要搜集大量的背景资料,而且还要求有较强的分析总结能力。因此,潜在性问题对师生的要求都比较高,教师在课堂引导时也要注意正确方向与常识。

(二) 问题的设计方式

1. 教学内容与问题结合

在组织问题时,可以考虑从教学内容出发,将教学内容与问题统筹考虑,使问题与本堂课教学内容紧密结合。这个问题可以是经典性问题,也可以是潜在性问题或时事问题,主要依据课堂内容变化而不断调整。例如,在"中国古代军事思想"或"孙武与《孙子兵法》"专题中,教师可以结合"兵者,国之大事……不可不察也""水因地而制流,兵因敌而制胜""上下同欲者胜"等古代军事思想中的经典语句,引出经典问题"国防的意义""战争如何取胜"等,来帮助学生更快地掌握中国古代军事思想中关于国防和用兵的一些论述。或者在"国防建设"内容中,教师可以就军队改革或珠海航展的相关新闻,提出"军改对军队未来发展趋势的影响"等问题,帮助学生把握未来军队或军事装备的发展方向。

2. 综合性问题

综合性问题是紧密围绕经典性、时事性和潜在性三个原则进行设计的。例如,"我国周边战略安全环境"内容中,教师可以先提出"中国强大了么""我们安全么"等话题,并例举亚投行、"中国制造2025"、中美贸易摩擦等相关新闻来创造情境,并引导学生思考时事问题——"为什么会出现中美贸易摩擦事件",待学生对问题进行初步分析后,教师引出经典性问题——"修昔底德陷阱",对学生的分析做总结。这时,通过思考与教师总结,学生已经能初步理解学习本章的目的与意义,并更加深刻地理解"国防概述"章节中的部分内容。而后,可以结合知识点对中美关系进行历史分析,并提出潜在性问题,如"我们如何应对美国挑衅,未来中美是否会发生战争"等,供学生进一步思考和讨论。通过综合性问题,可以帮助提高学生综合分析问题的能力,并普及时事知识。

3. "学生中心"式问题

"学生中心"式问题,主要依靠学习者自行组织问题。学习者根据教师提供的与本堂课程内容相关的基本素材自行设计问题，并由其他同学对问题进行解答。"学生中心"式问题主要是为了培养学生提取信息的能力，其优点在于能够从学习者的角度出发并提出问题，这些问题可能会受到大多数同学的青睐，更易于激发课堂互动。但是，"学生中心"式问题，不仅需要教师在教学中有领导力，还需要师生在课前进行良好的信息互动。

（三）问题的有效呈现

1. 基于课堂的问题呈现

早期混合式教学课程，一般线上只完成知识点学习，问题教学一般放在课堂上进行。随着技术的进步，网络教学平台也可以实现问题教学。当然，基于课堂来呈现问题，在今天依然有不少优势。课堂教学中，师生可以面对面交流。首先，便于教师创造相应教学情境；其次，更有助于教师发挥"课堂引路人"作用，面临有难度的问题，教师可随时进行课堂引领，启发学生。因此，基于课堂的问题呈现适用于上述三类问题设计方式，特别是综合性问题。因为此类问题一般是由多个问题组合而成的，既可以一次性提出，又可以分步骤逐个提出解决，通过问题将课堂内容串联起来。因此，基于课堂的问题呈现是必须且必要的，是其他问题呈现方式难以替代的。

2. 基于网络教学平台的问题呈现

伴随着当前网络教学平台功能的不断完善，混合式国防教育课程也能通过网络平台发布问题。网络教学平台的优点有二：（1）学习的连贯性。学生线上学习完知识点后，可以立即结合新知识点来思考问题，在课前就能对问题进行初步思考，并通过各种渠道搜集更加丰富的资料来解读问题。这样的学习与思考是具有连贯性与一致性的，通过对问题的研究，反向刺激学生对知识点的深层次理解。（2）学习的集思广益。学生在形成思考后，能够在网络教学平台的 PBL（Problem-Based Learning）区对问题进行留言。当前 PBL 的功能可以支持"学习社区"这一功能，即教师与学生能够互相看到彼此的观点并相互留言。同时，学生也可以在 PBL 中对不理解的地方提出疑问，教师或其他学生可以对疑问进行解答。这就能通过集思广益达到学习的群聚效应。不过，网络教学平台更适合呈现与知识点相结合的问题和"学生中心"式问题。

3. 基于实践活动的问题呈现

当然，随着国防教育课程理论的不断发展，更多的高校开始研究"线上+线下+实践"的混合培养模式。通过实践活动推动学生知识记忆的效果是显著的，但是实践活动并不单单是活动而已。任何实践活动的开展，都可能会受到阻力或出现开展不畅的情况。这时，教师应适时提出有启发性的问题,帮助学生发现可以改进的地方,并督促其自主思考如何化解阻力,保持活动开展通道的顺畅。因此,基于实践活动呈现的问题,主要是"学生中心"式问题。教师要在实践活动中不断观察,及时发现学生在实践活动中面临的困境并指出问题,引导帮助学生对开展困境进行研究,解决问题。

三、混合式国防教育课程问题教学中的教学主体

要讨论混合式国防教育课程的建设,离不开对教学主体的研究。教学主体的主观能动性对课程质量的影响非常显著。[①] 因此,我们需要讨论混合式国防教育课程问题教学的教学主体,以及为提高教学质量而思考教学主体的可能发展区。

(一)教学主体的构成

1. 教师与学生

现代教育学理论认为,教学其实分为"教授"与"学习"两部分,学习的主体是学生,而不是传统地将课程当作教师的"独角戏",学生只负责听课。教师的授课艺术固然重要,通过创设情境、提出问题、引导回答,教育性的帮助学生学习知识、认识世界。然而,我们一定要认识到,学生是学习的主体,不能吸引学生注意力、激发学生兴趣,便无法完成知识的建构过程,学生仅仅是带着耳朵来教室,课后又带着耳朵回去了而已。因此,进行"混合式"国防教育课程教学时,要重新审视教学主体的问题,教师要认识到学生的学习主体地位,思考如何通过线上学习、课堂翻转和最终成绩评定等部分来激发学生学习的主观能动性及学习的外部动机。

2. 在线课程平台

近十年来,在线开放教育建设的不断推进,带动了在线课程平台的不断完善。当前的在线教育平台,是一个融视频学习、讨论社区、PBL功能、图书馆功能、聊天功能,甚至教师直播功能等于一体的综合性学习平台。此外,随着平台的精细化,还出现了针对大众的在线教育课程平台和针对高校的在线课程教育平台,这些平台有着多样的模块设置来满足不同学习群体的学习需求和学习习惯。混合式国防教育课程中的线上学习部分,主要依托网络课程平台开展。在线教育平台的教育性、科学性和可持续发展性,直接影响了混合式国防教育课程的开展实效。因此,可以认为,在线

[①] 李普华:《多主体视域下MOOC的混合式学习探索》,载《高校教育管理》,2016年第6期。

课程平台是构成混合式国防教育课程的重要教学主体。

3. 行政管理部门

行政管理部门包括学校行政管理部门与相关政府、国防和军队管理部门。学校行政部门如教务处、军事理论教研室等，对混合式国防教育课程的开展都具有管理及监督职能。例如教务处派遣的课程督导，可以对课堂翻转质量做指导和评价。军事理论教研室能够对课程的设计、课程的运行及课程最终成绩评定等进行管理。而相关政府、国防和军队管理部门对于课程开设、课时要求等具有监督职能。因此，行政管理部门对混合式国防教育课程的开发、运行和评定有一定影响，进而对课程质量的提升也有一定的帮助。因此，可以认为行政管理部门也是混合式国防教育课程的教学主体之一。

（二）多视角中的教学主体

1. 教学条件视角下的教学主体

教学条件主要指教学的配套硬件。若条件允许，可以使用配套硬件提升混合式国防教育课程的效果。例如，校园无线网的速度快，才能保证学生观看线上视频的流畅程度；翻转课堂专用教室，运用教室的桌椅布置及信息设备布置来提高翻转课堂的趣味性，为开展问题教学提供相应情境。行政管理部门作为教学主体之一，应对现有教学条件进行审视，在有余力的情况下尽量对校园网络、教室硬件进行升级改造。

2. 主体素养视角下的教学主体

主体素养主要指的是教师的专业素养与学生的整体素质。教师的专业素养要求教师在课程实施中做到"知、情、意、行"的协调。因此，教师应努力增加学科知识储备、提高个人教学水平。只有如此，才能将混合式国防教育课程的线上学习、课堂翻转都保持在较高水平，才能为问题教学的开展提供知识与技术保障。学生的整体素质指学生的知识储备、对学习的认识和态度。学生的基本学习能力与学习心向，是学生潜心学习的心理与能力基础。因此，行政管理部门要注重学风的管理与学生的学习引导工作。

3. 比较视角下的教学主体

想要完善课程，就要有所比较，在比较中查找自身的弱势并进行加强。因此，学校行政管理部门，应加强校际交流，互通有无，在交流中提高开展混合式国防教育课程的能力。此外，相关政府职能部门，也应认识到国防教育的重要性，并在不断的参观、考察和学习中对比校际间，甚至国际间的国防教育开展方法与手段，以此强化混合式国防教育课程的开展。

(三) 教学主体的教学发展区

1. 课程考评制度的完善

考评制度是否科学与公正，对教师授课、学生学习都有极大影响。作为教师，在采用混合式国防教育授课方法时，应思考其与传统授课方法的差异，并根据差异修改考评制度。例如，完成线上学习任务是否应加入总成绩，若加入，比例应是多少？线上学习社区活跃度是否算入平时分？课堂采取问题教学方式，那么积极参与问题教学互动的学生平时分如何评判？……这些问题都需要教师认真思考并在不断实践中完善考评制度。作为学生，应认真学习课程考评制度，并按照自身学习习惯对课程学习做规划。此外，学生若对课程考评方式有疑问与建议，应及时与教师反馈沟通。

2. 在线课程平台管理

当前在线课程平台较之五年前变化相当大。增加了提问功能、讨论功能，甚至是直播功能。然而，除植入丰富功能模块外，在线课程平台在建设、管理中还应充满教育性：（1）作为在线课程平台，如何让平台界面简明易懂是一门学问，师生使用平台时，希望能够在最短时间内找到相应功能选项；使用平台时，各功能应互相配合助力学生学习；课程视频与文字排版应具有教育美学。（2）平台的稳定性，当前在线课程平台使用人数多，容易出现卡顿、崩溃的问题。平台不稳定，教师上传的资料丢失、学生学习数据丢失，都会给师生使用带来不便利性，不易于开展教学，激发学生兴趣。

3. 相关部门的引导

当前，部分教师认为国防教育课程采用混合式教学法，不但浪费时间，可能还会削弱课程基础。事实上，混合式国防教育课程仅仅是帮助学生提前学习知识点，课堂通过问题教学与适当引导讨论，帮助学生更好地理解知识点。此外，教师在准备课程的过程中，也能学习到更多相关知识，因而，采取混合式教学方式能够更好的贯彻"教学相长"教育原则。因此，学校和政府相关部门应该加强对混合式课程建设的引导工作，让教师了解在线开放课程，理解混合式教学的优点所在。

涛声依旧：讲授法在军事理论课教学中的运用

阮 慷[*]

摘　要：在军事理论课中运用讲授法是可行的，更是必要的。其具体的操作流程并非固定不变的，但归纳起来大体围绕复习旧课、明确新课教学目标以及教学内容中的重点难点、给出本节课中需解决的问题、激发学生的学习动机、回忆以前学过的有关知识、讲授新内容、讨论与答疑、教师总结和评价等八个阶段展开。与此同时，处于教学主导地位的教师还应重处理好三个关系，即讲授法与"注入式"教学、"满堂灌"之间的关系，讲授法与其他教学方法之间的关系，讲授法与自我完善发展的关系，这些是顺利、高效、科学地进行课堂讲授的基石和关键。

关键词：讲授法；军事理论课；教学方法

高等学校培养人才的任务主要是通过教学实践过程来完成的。在整个教学过程中，教师必须借助一定的方式方法才能实现教学计划、教学大纲和教材中提示的目标。因此，教学方法在高等学校教学过程中具有重要意义，是教学过程中不可或缺的因素或组成部分。[①] 为充分了解当前军事理论课研究中对各种教学方法的重视程度和研究内容，2018年5月21日，笔者分别以几大常见教学方法以及"军事理论课"为关键词，按照相同的时间跨度（1997～2017年），在国内学术期刊网上进行检索。在对文献进行筛选和归类的过程中可以发现，有关"案例教学法""问题教学法""研讨式教学法""交互式教学法"等新式教学法在军事理论课教学中运用的研究颇多。相比之下，围绕讲授法这一传统教学法展开的相关系统研究却鲜见踪迹。即便将范围从"军事理论课"扩大到"全部课程"，讲授法与其他新式教学法在文章数量上的差距依然悬殊。这在一定程度上可以瞥见讲授法在理论研究层面受到的冷落和忽视。而在现实教育教学环境中，讲授法的处境也深陷危机。随着主体时代的到来和主体性教育的突起，以及批判传统教学的热潮涌动，存在相当一部分人或对讲授法"单向知识传授""学生参与性低""不易因材施教"等局限性进行猛烈抨击，或将"讲授法"与"注入式""填鸭式"强行等同，

---

[*] 作者简介：阮慷（1991年～），女，安徽安庆人，硕士，现担任浙江财经大学东方学院军事理论课专任教师（助教），主要从国防教育方面的研究。

[①] 潘懋元、王伟廉主编：《高等教育学》，福建教育出版社2013年版，第166、176页。

与"发现式"等新式教学方法绝对对立,亦或是极端地全部推翻和否定讲授法的教学地位和作用,甚至谈"讲"色变,将讲授法的运用视为一切教育教学问题的罪恶根源。

然而,在过度谴责甚至"妖魔化"讲授法之前,不少人忘了去思考,为什么讲授法能够从孔、墨时代一直沿用至今?为什么讲授法能够长期活跃于中小学以至大学课堂?又是为什么"讲授法在国内外历次教育改革中不断地被批判。可是,每一次改革的尘埃落定,人们总是会发现,虽然改革可能在某个方面成就斐然,但讲授法却涛声依旧,而且比那些人们试图用来取而代之的方法更有生命力"?讲授法在教育教学中的主导地位和作用并非教师或其他某个人的意愿和偏好,也非政府和学校的强制设置,而是社会和教育自身发展合乎规律的选择。① 因此,对于讲授法,一昧地讨伐和否定最终只会适得其反,我们应理性看待,走出误区,避短扬长,积极寻找发展出路。同理,在目前的军事理论课教学中也应持此态度。

一、讲授法及其优势

(一) 讲授法的含义

《中国大百科全书》对讲授法的定义较为全面,即"教师通过口头语言向学生描绘情境、叙述事实、解释概念、论证原理和阐明规律的教学方法"②。这一定义至少强调了讲授法的三个特点:一是"讲",以教师的口头语言为主要媒介;二是"授",由教师向学生进行单向知识传授;三是传授的知识多为既定事实和间接经验。

(二) 讲授法的优势

讲授法之所以能够经久不衰、使用甚广,自是在于其有着其他教学方法所不及的一些优势。

第一,授课效率高。这可以说是讲授法最为显著的一个优势了。通过课堂讲授,教师可以在较短时间内向学生传授大量经过有效加工的系统科学知识,大大提高知识传播效率,也可以对教学内容进行有效组织,使原本抽象和晦涩的概念、原理变得形象易懂,有助于学生更快理解和消化,为进一步深入学习打下牢固的地基。这一优势"是其他教学方法无法相比的"③。

第二,受众范围广。捷克大教育家夸美纽斯将讲授法运用于班级授课

---

① 丛立新:《讲授法的合理与合法》,载《教育研究》,2008年第7期。
② 《中国大百科全书:教育卷》,中国大百科全书出版社1985年版,第142页。
③ 潘懋元、王伟廉主编:《高等教育学》,福建教育出版社2013年版,第166、176页。

制，开启了教育事业大发展的新纪元。目前，班级授课制仍是学校教学中最基本的组织形式，特别是在高校本科教育中，大班教学的现象极为常见。在这种情形下，讲授法自身强大的优势得以显现。不同于"案例教学法""研讨式教学法"对班级容量具有较为苛刻的要求，讲授法能够在很大程度上突破人数限制，在同一时间面向数量众多的授课对象，"只要教师声音洪亮，在场的听者都可以受益"[1]。

第三，可控性强。课堂讲授是一切教学方法中最简便的一种[2]，也是教师最熟悉、运用最熟练的一种。正所谓熟能生巧，在成熟、灵活运用的基础上，教师有能力做到根据学生实际的课堂反应适时对讲授的顺序、内容、方法等方面进行调节和控制，以达到预期的教学目的。除此之外，讲授法对班级（尤其是大班）课堂秩序的控制效果也极为显著，基本不会发生失控情况。

二、讲授法在军事理论课中运用的可行性和必要性

（一）可行性分析

教育心理学中的一些研究对讲授法在课堂教学中运用的合理性进行了论证。如，美国认知学派心理学家奥苏伯尔所提出的有意义学习理论即可为讲授法在军事理论课中运用的可行性提供强有力的理论支撑。奥苏伯尔把学习划分为"接受—发现""机械—有意义"两种维度。这两种维度之间并不是一一对应的关系，也就是说，接受学习不等同于机械学习，发现学习也不等同于有意义的。在奥苏贝尔看来，无论是接受学习还是发现学习"都有可能是机械的，或者是有意义的"[3]。当教师能够唤起学生主动学习的心向，通过提供先行组织者，促使学生在新知识同原有知识结构之间发生同化、顺应等心理变动，从而建立起新的认知结构，这时候的接受学习便是有意义的，与备受诟病的"注入式"彻底划开了界限。因此，在军事理论课教学中运用教师讲授、学生接受的教学方法是完全可行的。

除了理论层面，从实际操作层面也可以证明讲授法在军事理论课中运用的可行性。军事理论课是一门设置在高等教育阶段的课程，而在此之前的中小学阶段，学生便已熟知讲授法，对于讲授法主导的课堂，他们驾轻就熟，知道如何融入课堂教学，如何运用学习方法与技巧来获取和理解教师所授知识。

---

[1] 张恒君：《讲授法在现代汉语语法教学中的有效应用》，载《语文知识》，2013 第 2 期。
[2] 于美方：《大学课堂讲授辨析》，载《高等教育研究》，1986 年第 4 期。
[3] 奥苏伯尔：《教育心理学》，人民教育出版社 1994 年版，第 192、666 页。

（二）必要性分析

讲授法在军事理论课中运用的必要性主要体现在讲授法自身的优势、军事理论课的课程内容和特点以及学生相关军事基础知识薄弱等三个方面。

首先，关于讲授法自身的优势，如前所述，讲授法具有授课效率高、受众范围广、可控性强等自身独有的优势，这些优势虽不能在当前的军事理论课课堂中完全发挥，比如不能因为其授课效率高而大量使用，但在部分教学的开展中的确是起到了切实的作用。此外，即便教师基于教学内容的需要或出于对锻炼学生某方面能力、增添教学新鲜感等方面的考虑，有时会使用讲授法以外的其他教学法，但是"从教的角度来看，任何方法都离不开教师的'讲'，其他各种方法在运用时都必须与讲授相结合，只有这样，其他各种方法才能充分发挥其价值"[1]。讲授法是任何教学法体系的核心[2]，是其他所有教学方法运用时必不可少的基础和工具。因此，坚持在军事理论课中运用讲授法，实属必要且符合需求。

其次，讲授法的运用，是由本门课的课程内容和特点所决定的。由教育部、总参谋部、总政治部颁发的《普通高等学校军事课教学大纲》（以下简称《大纲》）规定，"军事课程是普通高校本、专科学生的一门必修课"，其"军事理论教学时数为36学时"[3]。但通过调查了解到，绝大多数的高校并不能落实36学时，而是勉强维持在16学时左右。假设一次课为2学时，16学时即只有8次课。军事理论课是一门内容极为丰富的课程，主要包括国防概述、军事思想、战略环境、军事高技术以及信息化战争等五大块内容。在这种课时少、教学任务多而紧凑的情形下，讲授法的运用显得尤为必要。另外，大班授课的教学现状也使讲授法成为目前军事理论课教学最适宜、最恰当的基本方法。据了解，军事理论课课堂人数多集中在70~130人左右，甚至不乏存在课堂规模超过200人的讲座式教学。在这种教学条件和现状下，开展"案例教学法""问题教学法"，或易造成教学场面难以把控，或易使部分学生融入不到教学活动中来，最终只能是适得其反。

最后，讲授法的运用，也是基于授课对象相关军事基础知识薄弱的考虑。在初次步入军事理论课课堂之前，不少学生对军事理论课的学习表现

---

[1] 余文森：《讲授法及其改革》，载《中小学教学研究》，2001年第2期。
[2] 奥苏伯尔：《教育心理学》，人民教育出版社1994年版，第192、666页。
[3] 教育部、总参谋部、总政治部：《普通高等学校军事课教学大纲》（2007年），第一条、第四条。

出迷茫，因为在之前的教育阶段中，他们并没有接触过此类课程，对相关基础知识知之甚少、缺乏积淀。而一定的基础知识是进一步拓宽学习"广度"和挖掘探讨"深度"的基础和前提保障。为填补这一不足，指导学生进行课前自学是一种切实可行的方法，但是相比之下，教师的系统讲授更加有效。讲授法可以最大限度地发挥教师的教育功能[①]，学生在教师的讲授中，不仅能较为轻松高效地领会军事理论课中的概念和原理，还能学习到教师对该领域问题的思考模式和学术见解，同时还能潜移默化地受到情感熏陶。

三、讲授法在军事理论课教学中的具体运用

在军事理论课教学中运用讲授法，其具体操作流程并不是固定不变的，教师可根据具体的教学情况和实际需要进行适当的组织和安排。从整体上看，大体包括：复习旧课、明确新课教学目标以及教学内容中的重点难点、给出本节课中需解决的问题、激发学生的学习动机、回忆以前学过的有关知识、讲授新内容、讨论与答疑、教师总结和评价 8 个阶段。这 8 个阶段的基本操作流程之所以是个圆形图（见图1），而非头尾分明的直线图，是因为除了一节课课内的联系之外，还要考虑到课与课之间的联系，一节课的"尾"与下一节课的"头"是紧密相连的，以此实现知识体系的衔接与完整。

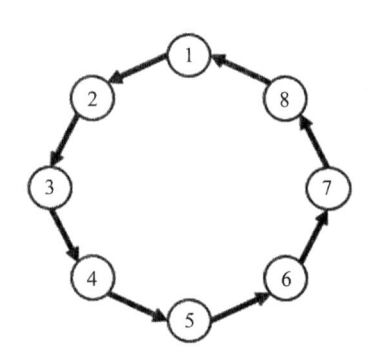

图1 讲授法在军事理论课教学中的基本操作流程

讲授法在军事理论课教学中可以得到很好的运用，仅以"国防概述"一节为例（见表1）。

---

① 吴守一：《提高课堂讲授效果的探讨》，载《江苏大学学报（高教研究版）》，2004 年第 1 期。

表1 讲授法在"国防概述"一节中的运用

1	复习旧课	对上一节课所讲内容的简单回顾
2	明确新课教学目标以及教学内容中的重点、难点	教学目标：深入分析国防的四大要素，熟悉掌握国防的四大基本类型，了解我国国防建设的历史，增强大学生国防观念和意识重点：国防的四大要素、国防的四大基本类型难点：国防目的中涉及的"主权问题和非主权问题的区分""领土是个'三位一体'的概念"
3	给出本节课中需要解决的问题	（1）国防的主体是什么？对象是什么？ （2）国防的主要手段是什么？ （3）领土即指一个国家的陆地面积吗？ （4）扩张型、自卫型、联盟型、中立型国防的代表国家或国家联盟是什么？典型特征是什么？ （5）当前的台湾问题，钓鱼岛、仁爱礁等东海和南海岛礁争夺问题，20世纪的香港问题、澳门问题，哪些是主权问题，哪些不是主权问题？为什么？ （6）国防建设与经济发展之间是否存在正比关系？ （7）从国防建设角度谈谈清朝的衰落
4	激发学生的学习动机	通过叙利亚战争讲述当一个国家的国家安全被破坏后它的人民所遭受的痛苦和屈辱（最后教师点题：重视国防）
5	回忆以前学过的有关知识	近代列强瓜分中国 14年抗日战争
6	讲授新内容	（1）国防的概念和特征 A. 国防的概念（主体、对象、目的、手段）* B. 现代国防的特征 （2）国防的类型（扩张型、自卫型、联盟型、中立型）* （3）中国国防历史（秦、汉、唐、元、明、清）* （4）中国国防历史的启示
7	讨论与答疑	师生共同参与，解决问题与疑惑
8	教师总结和评价	总结"国防概述"主要内容 强调国防的重要性

注：标"*"为重点讲授内容。

第一，首先对上一节课所讲内容进行简单回顾，回顾内容包括一般的原则、提纲或构成学习框架的问题[①]。这既出于助导学生快速进入上课状

---

① 秦积翠：《为课堂讲授法辩护》，载《当代教育与文化》，2010年第6期。

态和巩固旧知的需要，也出于使新旧课程内容得以衔接，保证知识体系统完整的需要。

第二，向学生说明本节课的教学目标，明确教学内容中的重点、难点，以引起学生注意。这在一定程度上可以起到定位和导向的作用，让学生心里有数。以"国防概述"一节为例，该节内容颇为丰富，涵盖国防的概念、现代国防的特征、国防的类型、中国国防历史和启示等多块内容。其中，仅国防的概念就包含着国防主体、国防对象、国防目的、国防手段等四大要素，知识点繁多且杂。但在讲解之前将教学目标、教学内容中的重点、难点告知学生，可以使学生对即将讲授的内容的脉络、主次等方面有个清晰的了解，促进学生更好地接受教师即将讲授的内容。

第三，设置适当数量的问题，激发学生解决问题和探究问题的主动性和积极性，让学生带着问题有目的、有计划、有思考地听课，而非简单的"静坐式"学习。问题的数量以 6~8 道为宜，问题的难度应着眼于学生的最近发展区，问题的顺序应由易到难、由可以直接获取答案的表面性问题到总结性问题再到思考应用性问题，循序渐进地引导学生进行学习和理解。

第四，激发学生的学习动机可以说是军事理论课课堂教学中极为关键的一环。由于军事理论课并不直接满足于学生学业、就业以及未来生活的需要，加上教学内容对于学生来说相对陌生，使不少学生在上课前便已产生了厌学、畏学的情绪和心理。在这种状况下直接进行教学内容讲授，即便教师教得再好，学生也难以成为真正的有效学习者。此时，教师可以通过讲述相关的时事热点问题来引起学生关注，激发学生的学习兴趣和动机。只有使学生产生强烈的学习心向，才能把教师讲授的内容内化为学生自己的知识，才能使教师的讲授真正发挥应有的效果。

第五，提供"先行组织者"，为新知识的学习牵线搭桥。由于军事理论课的内容对学生来说相对陌生，这就需要"先行组织者"，即引导性材料，将新知识与学生以前所学的旧概念联系起来，使新知识易于被学生接受和理解。

第六，新内容的系统讲授是课堂教学的中心工作。教师要确保课堂语言的使用清晰准确、抑扬顿挫、层次分明；内容的讲授不求面面俱到，但须紧抓重点、突破难点；可以借助多媒体教学手段，将抽象的概念具体化、形象化、生动化；还需注意与学生进行交流，通过提问（第三阶段中设置的表面性、总结性问题或根据讲授内容提出的其他问题）引导学生进行思考，根据学生听课状态及时调整讲授的内容或方式，从而使课堂讲授达到预期的目的。

第七，预留讨论与答疑时间，解决第三个阶段中设置的思考应用性问题以及学生提出的其他问题,让问题和疑惑尽量在当堂课上就能得以解决。

第八,对本节课的主要内容进行简洁凝练的总结和提升,这不仅利于深化和巩固学生对新学内容的理解和记忆,也利于课堂情感氛围的升华。

四、运用讲授法,教师还应处理好几个关系

(一)讲授法与"注入式"教学、"满堂灌"之间的关系

处理好这一关系,是顺利进行课堂讲授的基石。首先,在思想观念上,教师应做到正确对待讲授法。因为如果教师内心认准讲授法等同于"注入式"教学、"满堂灌",那在现实中势必也会将学生当作"白板""容器"实施教学,使课堂讲授在最开始便已变了味。其次,在实际操作过程中,教师应清楚,讲授法本身并不意味着"注入式"教学或"满堂灌",关键在于教师如何运用。如果教师只顾自身意愿,在没有唤起学生注意和兴趣、没有启发学生思维和想象的前提下生硬地向学生进行知识灌输,极易沦为"注入式"教学。如果教师过度使用讲授法,完全剥夺学生话语权,正所谓过犹不及,正常的教学将会变质为"满堂灌"。但是,如果教师能够认清讲授法与"注入式"教学、"满堂灌"之间的本质区别,把握好分寸,完全可以避免讲授法的偏误使用,使之成为学生进行军事知识有效学习的重要教法。

(二)讲授法与其他教学方法之间的关系

处理好这一关系,是高效进行课堂讲授的保障。讲授法与其他教学方法之间并非二元对立的关系,一种方法的使用和确立不需要也不应当建立在批评、否定其他方法的基础之上。讲授法虽是军事理论课教学中一种极为有效、不可取代的主导方法,但这并不意味着它是万能的,世界上也不存在任何一种万能的教学方法。为满足不同教学目标、内容、环境的需要,讲授法有时需与其他教法相互补充,取长补短,配合使用。如笔者在讲毛泽东军事思想时,将讲授法与案例教学法予以优化组合,以"四渡赤水"为例进行案例讲授,最终取得了"1+1>2"的成效。

(三)讲授法与自我完善发展的关系

处理好这一关系,是科学进行课堂讲授的关键。在科技日新月异和经济蓬勃发展的今天,教师也应以发展的眼光看待讲授法。它从过去发展到现在,也将从现在去迎接未来。因此,讲授法应紧跟人才培养的需求,在理论和实践中不断探索和进步,焕发出新的生命力以适应教学发展的新需要。

从高校军事课教育现状看大学生国防教育工作突破

袁 华　刘剑波*

摘　要：普通高校国防教育是学校思想政治教育的一个组成部分，其教育内容以军事理论和军事技能训练为主要载体，承担着全体学生的理论学习和技能培养两个重要任务，是学校传递国家国防教育及军队建设思想的主要平台，是为国家培养后备优质兵源，加强军民融合发展的重要组成部分。但各个高校因多种原因，存在落实情况及教育效果的差距，本文以某省部分高校军事课教育现状为例，从国防教育现状、原因分析入手，提出改变目前高校国防教育工作现状的建议和对策。

关键词：军事理论；军事训练；国防教育

高等学校肩负着培养社会主义合格建设者和可靠接班人的重任，知识学习、技能培养和素质提高是学校教育及学生成长成才的三个重要阶段。在大学教育培养的内容中，国防意识和军事素养是青年大学生健康成长、报效国家和服务社会的基本素质，是增强国防观念、加强国家安全意识教育、实现立德树人根本任务、培养高素质后备兵员和提高教育质量的重要途径，是增强民族凝聚力、国家竞争力的一部分。在党的十九大报告中，涉及国防及军队建设内容达1800多字，从历史成就、问题及未来的建设发展做了详尽论述，指明了方向。

但是，随着市场经济改革的推进，高校办学也日渐为市场的绩效逻辑所影响和制约，课程是否有直接功用、是否有利于学生就业，日益成为高校是否开设一门课程并分配资源的重要衡量因素，目前高校国防教育现状与国家要求还存在较大的差距。本文以西部某省随机抽选的22所高校现状调研为基础，从目前军事课教育现状看青年学生的国防教育，并对存在的问题和出路做了分析。

一、国防教育及入伍工作现状

"军训组织管理不完善、师资和承训力量短缺、军事课课程建设特别是训练内容滞后、军训经费保障不到位等问题日益突出"等是很多高校普

---

* 作者简介：袁华（1969年~），男，重庆忠县人，重庆科技学院副教授，主要从事职业生涯规划教育和国防军事教育；刘剑波（1976年~），男，四川广安人，重庆科技学院学生工作部副教授，主要从事大学生思想政治教育管理工作。

遍问题,"会上重视""嘴上谈及",落实效果差;一些学生国家安危意识谈漠,"国家兴亡,匹夫有责"的情怀不强,认为"生活如安乐,战争离我很远"的大有人在,如此等等导致运行机制弱化、施教引导乏力、内生动力不足、富国强军英雄荣誉感宣传不足。具体表现在兵役注册率偏低,报名参军率偏低,优质兵源不足,"思想退兵"比率上升趋势明显。以2017年某省为例,全部参军人员中大学生比例不及五成,低于全国53.4%的平均水平,其中"思想退兵"人数约百人,并且还有日益上升趋势,可见国防军事教育任重道远。问题表现在以下几方面。

(一)组织机构机制不健全

调研高校中近四成没有设立武装部,有两成是近一两年才新增设,但部门多为挂靠保卫部或学生工作部,部长多是这两个部门正副部长兼任,没有专职编制,武装部人员也多是兼任;军事教育教研室挂名的多,专职人员或办公场地缺失(或与其他办公共用),在分管校领导的工作内容中,也多被其他事务挤占,难以形成稳定有力的工作机制或教育管理体系,反应出一些学校重视还不够,认识不到位,军事课教育和技能培养在大学教育中弱化或边缘化明显。

(二)授课教师兼职为主体,水平质量参差不齐

军事理论课教学既是形势政策课、思想品德课,更是素质技能课,在军事高科技及信息化战争部分还具有专业基础课的通识教育角色,教师在注重讲课的艺术性、逻辑性和科学性的同时,还要结合学校行业、专业及素质要求,讲活行业链接、讲准概念原理、更新观念内容、讲真案例战例才能成为一名能上好军事课的"好老师",但作为学工部或武装部牵头成立的军事理论课教研室兼职教师,大多是主要由辅导员、体育教师和其他有军事爱好的兼职教师构成的混合队伍,在还有更多的其他本职工作需求的情况下,其教学水平要达到其他课程专职教师程度是很难的。[1]

(三)理论教育严重不足

按照《普通高等学校军事课教学大纲》第三条教学计划、第四条教学时数要求上,所调查的高校中有七成列入培养计划有学分,但仅有一成的高校课时不低于30学时,五成学校为8~16学时(有的是军训中上千人的讲座),军事理论教育所含国防教育、军事思想、国际战略格局及周边安全、军事高技术及信息化战争等几部分内容,通常在一些学校中常选择"国防教育"部分讲2~3讲;认为"军事思想"理论枯燥学生不感兴趣,

---

[1] 王大洋:《普通高校军事理论课教育问题初探》,载《吉林建筑大学学报》,2015年第6期,第99~101页。

且其他思政课也多有涉及，便略讲甚至不讲；认为"国际战略格局及周边安全"部分形势政策课要讲，也略讲或点讲 1~2 次；认为"军事高技术及信息化战争"部分又太深邃、太专业，难讲难学，就让学生自学或看视频。最后完整的课程内容体系就以班会课、主题教育会、思政课、自学等方式肢解弱化、转化掉了。一些高校的网络课、MOOC 改革走了形，刷课、代听课、讨论课"搭便车"的学生大有人在。形成"选课凑学分，下课眼茫茫"的教育结果。

（四）军训成效大打折扣

在《大纲》第七条规定了军事技能训练的五个部分，但很少有高校能落实轻武器射击、战术、军事地形学、行军宿营野外生存综合训练等四个内容。在不能少于 15 天的红线下，多以三大条令、单人及队列动作基本要领为主，外加大方阵、手语操、军体拳等表演性项目，形成"面上红旗飘飘，训练单一烦燥"，一些学生报怨说："老师，我们初中、高中和大学重复了三轮了。"只偶有少数有条件的学校在优秀学生中体验真枪或实作 1:1 仿真枪，做一两次射击 PPT 讲座课。学校军事课教师也多以理论相传，难有实质性体验，部分高校把消防逃生演练当人防国防教育项目。秋季入学军训，也多为后期管理方便着想，形成承训部队超负荷训练。

（五）国防教育的校内运行环境仍然不理想

国防教育作为新时代条件下一项需要加强和高度重视的事业，是需要高度关注和投入经费的社会工程，不是那种"一付出就想有回报、一下种就想有收获"的工作。但不少高校对国防教育采取的"紧缩政策"，使国防教育在人、财、物和责、权、利方面得到真正落实不够：国防教育机构成了"综合机构"的挂靠组织多；相关人员成了"跑龙套"的角色较重；教育时间成了"见缝插针"或"蜻蜓点水"的讲座式、辅导式模式，或者是周末"补课"；甚至排课都是在教学系统外循环；专门经费难成定论，需要时再申请或研究；人员职称、待遇成了"没有系列"了。[①]

（六）国防军事思想教育政策落地不够

在当今国际战略格局及周边安全形势下，超视野、多领域、全方位下的高新科技、一体化战争是发展的趋势和历史的必然。大国防教育突破了学生生于此、长于此、囿于此的地域意识，面向全域，放眼世界，只要有中国人及权益的地方都是国防所及之地。但是各省市高校因区位不同，落实国防教育的重难点及要求差异明显，中央 16 号文件《中共中央国务院关于进一步加强和改进大学生思想政治教育的意见》中所指出的思想政治

---

① 贾云生：《新时期国防教育理论与实践》，四川大学出版社 2007 年 4 月版，第 87 页。

教育问题依然存在；不重视或不屑于国防教育、安于享乐、认为战争和危机很遥远的大有人在，"让军人成为全社会尊崇的职业"政策落地尚需时日，"学生为学分学，教师为工分教"的教与学环境，职业地位的荣誉感不强等问题仍需尽力解决。

二、原因分析

一个学校发展和建设的重点工作很多，学生工作及学生教育更是一个综合性、社会化、长期性的工程，学校军事教育是思想政治教育中的一部分，或者作为通识教育课程体系中的一门课程，但是其对学生提高爱国热情、培养良好品质、拓展专业学习、夯实国防力量有着深远的影响。分析其主要原因如下。

（一）一些学生社会性缺点仍然存在

早在2004年中央16号文件中分析指出，"一些大学生不同程度存在政治信仰迷茫、理想信念模糊、价值取向扭曲、社会责任感缺失、艰苦奋斗精神淡化、团结协作较差、心理素质欠佳等问题。"[1] 时至今日，16号文件中所谈及的这些大学生的社会性共性问题依然存在，短时期内还难以消除，在作为独生子女的"90后""00后"中，随着社会物质财富增加、时代变化，新时尚、新潮流的影响，生活方式、文化交流、交往模式的变化，新的问题还将不断涌现。

（二）国防意识唤起但国防能力提高力量不足

国防是全民的国防，是人人的国防。但在我国较长时期的和平年代和长治久安的社会发展中，一些人的国防意识和国防观念正在淡化，在"莺歌燕舞"的"太平盛世"中日渐淹没。在国力上升和生活小康的社会环境中，学生体质不升反降，国防危机意识日渐淡漠，意志力逐渐减弱，这是一个非常危险而又容易被忽视的问题。比如，因学生对军队中严格管理不理解，准备不充分，怕苦怕累及奉献精神不足，与社会生活多元化、人际交往多样化的现实不协调、不适应情况下，志愿参军入伍大学生的报名率不高，"思想退兵"事例不断出现。如东北某省去年曾出现17名入伍学生退伍事件，少数入伍学生还出现极端事件等，这些都是近年来出现的新变化。[2]

---

[1] 《中共中央国务院关于进一步加强和改进大学生思想政治教育的意见》（中发[2004]16号）。

[2] 陈晴等：《我国学校军训的百年回眸与体育效能》，载《武汉体育学院学报》，2016年第1期，第21~26页。

(三) 教育的显展性依然不够充分

目前，一些学校对大学生国防教育认识不到位、错位或缺位现象明显存在。分析其原因，一是大学国防教育效果的长期性，学校对学生个人影响及社会效果要通过几年、十几年甚至更长时间才能表现出来，短期内难以明显看出效果；二是对学生影响的潜在性，国防及军事教育中的思想启迪和素质作用，要通过后期学生思想认识提高，素质行为改变，甚至职业发展变化跃升显现出来。美国多位总统领袖都曾有过军事院校或军旅生涯经历，国内华为老总任正非在企业管理中带有军事元素的企业文化都来源于自己当年的经历。因此，要培养有灵魂、有本事、有血性、有品德的时代大学生，仍要从认识上做足功课。

(四) 学校教育定位中的尴尬

面对大学教育及人才培养发展变化，各学校都在不断地进行教育理念、内容及模式的探索和改革。国防教育作为高校大学生教育的一部分，一些职能部门和学校对相关政策的执行不到位，危机及忧患意识不强，监督管理不力，在与其他通识教育、专业基础教育、专业教育及综合素质教育中，经常被学时上挤压、内容上弱化、形式上虚化，出现教育的尴尬地位，造成教育内容打折扣、队伍建设及发展不明朗，形成了现在各个高校参差不齐的国防教育现状。

三、对策及出路

(一) 顶层设计及学校定位是关键

各个省市对应的职能部门和学校是落实国防教育的主体，负主责，要做好国家要求与地方教育和高校实际的结合，做好有针对性的顶层设计，在领导管理、运行机制、教育内容、队伍建设、保障体系、责任权属、督导考核等方面进行明确要求，把国家意志的规定动作和各省市及高校自创要求相结合，形成各具特色的教育方案，讲好国防教育的学校故事。

(二) 军事理论教学内容形式改革是重点

从目前教学大纲内容来看，军事课主要含军事理论教育和军事技能训练两部分，是两个完整的课程教育内容体系。其内容与中国近现代史、马克思主义原理、毛泽东思想与中国特色社会主义理论、形势政策等课程共同构成学校大思政教育的重要组成部分，具有自身课程知识内容体系，特别是军事理论课中国防知识、军事思想、军事高技术及信息化战争教育是学生普识教育的重要内容，更是培养参军入伍学生、构建军民融合的潜在国防力量。从形式上看，坚持把课堂教学和教师面授作为军事理论教学的主渠道作用的同时，翻转课堂、MOOC、雨课堂等，以及其他信息技术、多媒体技术都是可试行的改革方向①，可以起到辅助教学作用，让军事理论教学知识助专业、有启迪，呈现"桃李虽不言、润物细无声"的育人境界和教育效果。当然，各校也可在人才培养知识体系及学生素质能力要求上开展统筹和协调工作，把国防教育改革与注重培养学生主动学习、自主学习、探索性学习潜能相结合。②

（三）军事训练及后期体育体能训练相结合

军事训练中要改变过去单一的队列训练、内务条令学习等内容，要结合战备基础、防护、战术基础动作课目训练，推广轻武器射击模拟仿真训练，提高军事地形地图识用，生存综合技能、体能、团队协作精神培养，探索军事夏令营体验比赛、定向越野、无线电检测等竞技项目。把军训要求与体育竞技、体能发展训练等体育运动教学相结合，进一步消化融通、协同深化，达到意志和体魄上的全面训练，培养学生军训中的体验感、获得感，才能为部队输送"四有"的准军事后备人才和一大批潜在国防力量。

（四）健全机制、建好队伍是保证

科学良好的机制是确保国防军事教育课程教学的关键。学校国防教育机制体现着"大思政"从长远计、深谋远虑的教育思想；包含着科学合理、重点突出的理论设计和技能训练内容；反映了有责任担当、健康向上的青年校园文化；培育着敬业爱生、立业修能的国防军事教育队伍。因此，学校要培养教师在职称评聘、福利待遇、进修发展等事业荣誉感，落实转业军人安置、退伍复学就读的宽心政策，建立军民融合保障体系及平战结合的联动舞台。

（五）加强督查、落实责任是保障

教育部门和军事机关要建立检查体系及督察制度，研究制定并发布实施学生军事教育训练评估指标体系，定期开展对辖区内学校军事理论教学、军事技能训练、国防潜在力量、物质保障等显性情况的全面检测，以定量和定性相结合、评分与评估相结合、访谈与调研相结合，跟踪学生思想认识，评估学生教育绩效，检验学生行为效果，以自评、抽查、整改、提高等流程落实教育效果和促进学校此项工作的良性循环。

---

① 《国务院办公厅中央军委办公厅关于深化学生军事训练改革的意见》（国办发［2017］76号）。

② 徐建军、周永卫：《军事理论教学的"翻转课堂"论》，载《大学教育科学》，2016年第5期，第52~56页。

如何上好医学院校的军事理论课

樊少华*

摘 要：本文的核心内容是如何提高医学院校的军事理论课教学质量。围绕这个核心问题，本文谈了三个内容：首先，军事课教师要具备良好的政治、专业和心理素养；其次，要有优质的教学内容；最后，还要有科学的教学方法和手段。

关键词：医学院校；军事理论课；教学质量

在普通高校日益成为征兵主阵地的时代背景下，地方高校的军事理论课教学，不仅有利于高校立德树人、提高大学生综合素养，而且有利于增强大学生的国防意识、民族意识，为中国人民解放军培养合格的后备兵员奠定基础。医学生具备救死扶伤的本领，因而增强其国防意识和爱国之心，对"强军梦"的实现意义特别重大。但是，根据在医科大学从事军事理论教学的实践，感到目前的教学效果尚不足以完成此神圣使命。为了进一步提高教学质量，本文仅从教师课堂教学的角度，结合自身工作实践和思考，提出如下见解，以飨读者。

一、教师要有良好的素养

学生是教学的主体，教师是教学的主导。一堂课的质量如何，关键看教师的素养。军事理论课教师的素养，至少应包括三个方面：

首先，军事课教师要有高于普通人的政治素养。军事理论课不仅是一门传授军事知识的课，而且是一门政治课。因而，相关教师首先要有高度的政治觉悟，要传道者先信道，要有坚定的理想信念，要爱党爱国爱人民，用崇高的境界和高尚的情操来影响学生，春风化雨，润物无声。

其次，军事课教师要有过硬的专业素养。"学为人师，行为世范"，教师良好的专业素养既包含扎实的理论功底又包含优雅的言谈举止。军事课教师要有系统的军事理论知识，即便非科班出身的教师，也要通过阅读教材、教参资料和参加培训学习等途径，尽快地熟悉掌握教学内容。否则，"巧妇难为无米之炊"，取得好的教学效果真难比登天。另外，教师给大学生上课要注重思想的引领，而不是简单的知识传授。因此，教师掌握教学

---

* 作者简介：樊少华（1985年~），男，河南许昌人，军事学硕士，现于南京医科大学人民武装部任军事理论课教师，讲师，主要研究毛泽东军事思想。

内容只是最起码的要求，还要结合自己的阅历、积累和思考能从知识中提炼出"道"，即思想。此外，教师的专业素养还要求在授课时做到三个到位，即表情到位、讲话到位和肢体语言到位。具体来讲，就是要有亲和力、话语流畅自然有节奏感、肢体语言大方得体有美感。军事课教师如果再有军人的形象和气质，则会锦上添花。

再次，军事课教师要有强大的心理素养。近年来，"水课"一词不经意间在普通高校流行开来。"水课"一般是被学生认为"不重要""没用""考核容易且能拿高分"的课。不幸的是，军事理论课就被医学生视为"水课"。医学生的课业负担相对较重，在他们看来，专业主干课才是安身立命之本，投注尽可能多的时间和精力在主干课上才是正道。而军事理论课，正好拿来放松、娱乐和休息。因此，在上课之前就不重视，上课中也不投入，老师讲的"稍不合心意"就干脆不听，写自己的主干课作业、看课外书、刷新闻、玩手机甚至蒙头睡大觉。因此，上好这门课，授课者必须有强大的心力。具体来讲，要有一颗自信、淡定、仁爱、乐观、坚韧、有恒的心。

军事课教师要有自信心和平常心。自信心比黄金都宝贵！登上了那个既神圣又孤独的讲台，一切全靠自己。对专业性很强的医学生而言，军事理论课是一门就算老师讲得很好他们也未必会听的课。所以，即便有一些学生不听讲，教师也不要自我否定，否则会自乱阵脚，即便备课充分也发挥不出来，甚至会越上越糟。对于部分学生课上的消极反应，"注意"但不要"在意"，不要太把学生的毁誉褒贬、个人的名利得失放在心上，"宁静才能致远"。这就是平常心。

军事课教师要有乐观心。积极的心态带来积极的状态，积极的状态带来积极的行动，积极的行动带来积极的结果。乐观即习惯性主动地把注意力集中在积极的人和事上，或者说从阳光一面看问题。教师上课要有意识地把注意力集中在那些愿意听讲的学生身上，即"谁看你你就看谁"，这样就不会那么容易丧失讲下去的激情和动力。这是乐观品质在军事理论教学上的体现。

军事课教师要有爱心。教书育人是良心活，心中要有家和国，要时刻牢记习总书记的"三尺讲台关乎国运"的教导，爱自己的学生们，与他们交朋友。教师在授课间隙要多听取和采纳"消费者"的意见，特别是多找那些认真听讲的学生聊天，根据学生反馈的情况及时做出调整，争取上一课进一步。要认真研究学生的特点和接受习惯，采取学生喜闻乐见的方式，想方设法调动其听课的积极性。总之，授课抱着利人的目的还是利己的目的，心态和状态是大不同的，结果也会迥异。如果老师抱持"我要把自己最好的东西奉献给同学们"这样的想法,就容易有一颗平常心,授课效果一般也不会差,起码可以正常发挥。

军事课教师还要有坚韧的心。上课易,上好课难。授课过程中各种不愉快受打击的事情会随时发生,比如学生在课堂上听着听着就可能开始低头玩手机、睡大觉了。遇到这种情况,教师在授课过程中首先不能自暴自弃,要坚韧地求变。这是学生们无意识地发出的教师要做出改变的信号。古人云:"穷则思变,变则通,通则久"。教师此时要调整授课方式,比如,改变讲话的语调,使其富有节奏感,或由讲改为放视频,或改为提问互动,或改为让学生讲,或者赶上正好下课让学生休息等等,总之要适时调整授课方式。在逆势中坚韧地求变从而扭转学生的听课状态,这是优秀教师的一种卓越的本领。

此外,军事课教师还要有一颗恒心。提高授课质量非一日之功。"路漫漫其修远兮,吾将上下而求索。"教师要下定决心,沿着上述方向持之以恒地努力下去。

二、优质的教学内容

毋庸置疑,教学内容的优劣决定教学质量的高低。军事课教学内容理所当然要依据教学大纲,但大纲也规定了"学校可根据实际情况和专业课特点,适当调整军事理论课的教学内容"。优质的军事课教学内容,要把握重点,要联系医学生的思想、生活、专业和兴趣点等实际情况,要富有时代性,要力求做到"说理深刻,用材精当,通俗易懂、幽默风趣"。

首先,教学内容要从实际出发把握重点。第一章应侧重介绍中国国防历史及现代国防建设的成就,让学生从历史到现实对我国国防有整体的了解。第二章应重点介绍中华民族当代军事理论瑰宝——毛泽东军事思想及其对打赢高技术条件下局部战争的启示。第三章应重点讲授我国周边安全形势,从而让学生树立强烈的危机感、紧迫感和使命感。第四章应重点介绍我军的高精尖技术,鼓舞学生士气,激发其学习科学技术的热情。第五章应重点介绍信息化战争的特征,树立学生打赢信息化战争的信心。在讲授这五章内容时,要侧重于拓宽医学生在军事领域的知识面,不宜在理论的深度和学术上做过细的探究。

其次,教学内容要联系医学生的实际情况,包括其思想、生活、专业和兴趣点。要把分析和解决学生的疑惑作为教学的根本出发点和落脚点。这需要平时做好调查研究工作,要了解医学生关于军事、国防的困惑是什么。如果能够带着明确的目的去授课,育人的效果定会事半功倍。

再次，教学内容要富有时代性。要根据国内外时事、形势以及军事科技的发展变化及时调整补充新的内容。军事课老师要经常关注时事，补充新内容。要力求把学生最关心的热点问题引入课堂进行讨论、互动，从而激发其学习兴趣。

教学内容还要"通俗易懂、幽默风趣"。优秀的教师，是能用通俗易懂的语言将深奥的道理讲清楚的。当然，这需要把学问搞透。此外，幽默风趣实在是一个极可贵的品格，特别对于教师而言，因为几乎没有一个听众不喜欢幽默的演讲风格。南开大学曾做过"学生最欢迎课堂"调查，喜欢"幽默型"课堂的达34.7%，占比最高。医学院校的学生同样如此。而幽默风格的形成需要功力。

三、科学的教学方法和先进的教学手段

尽管内容决定形式，但形式反作用于内容。提高军事理论课的教学质量，优质的教学内容是基础，但科学的教学方法和先进的教学手段是不可或缺的催化剂。

在教学方法上，根据多年的教学实践推荐案例教学法、"启发—互动式"教学法和学生自我展示法。

案例教学法： 为了让学生更好地接受枯燥的但是重要的基本理论，尽可能地借用一些经典战例及人物故事作为论据，史论结合，寓理于故事之中，寓理于情趣之中，将理论性、知识性和趣味性有机结合起来，从而使军事理论课堂教学更能吸引医学生的注意力。

"启发—互动式"教学方法： 教学实践中发现，"95后""00后"的大学生，有表达自己思想观点的强烈愿望。所以，在教学中，要尽可能地给他们创造思考和发言的机会，应尽量避免"满堂灌"的授课方式。在教学设计时，要尽可能地设置一些有意义的问题和话题来让学生思考和讨论。这样有助于吸引学生的注意力，真正使其参与到课堂教学中来，形成良好的课堂氛围；也有助于提高学生听课的兴趣，启发其思维，激发其想象力。西方一位著名教育家曾说："学生的脑袋不是用来填满的容器，而是一把需要点燃的火把。""启发—互动式"的教学方法可能使学生由一学期甚至一堂军事理论课的学习而产生关心国防探索军事奥秘的兴趣。这才是教学真正成功之处——不在于让学生在课堂上学到多少知识，而在于激发其探索的兴趣。

学生自我展示法： 笔者所在高校每次军事理论课是两个小时，每次课会抽出六分之一的时间（即20分钟）来让学生上台自我展示。学生展示的形式须是与教师授课主题相关的演讲或者学生自己制作的视频，

每个学生展示时间以 5 分钟为宜。特别需要说明的是，安排这个环节，一可活跃课堂气氛，二可给学生以锻炼，三可让学生加深对授课内容的理解，四可扩大其他学生的知识面，五有助于教师授课（教师通过暂时的角色互换，可以从学生的角度来体会如何更好地讲课），一举多得，何乐而不为？

除了采用科学的教学方法，还要运用现代多媒体技术服务于教学，把语言表达的艺术性和图像显示的直观性有机结合起来，以调动学生的形象思维，使复杂的问题简明化、抽象的问题形象化、枯燥的问题趣味化。

军事技能训练

高校学生军训安全问题与应对策略研究

何静怡 江 良*

摘 要：军训是学生进入高校的必修课，也是国家实现稳定、国防实力得到巩固和加强的重要途径。目前，国家及高校都越来越重视学生的军训工作，在历年军训工作结束后进行了深刻的总结和反思，但由于实践过程中存在各种复杂因素，高校学生军训中存在的隐患层出不穷，军训安全问题仍亟待解决。本文从高校、跟训教师、军训教官和受训学生四个层面对高校学生军训安全问题进行了一定的归纳和分析，并提出了相应的应对策略。

关键词：高校；学生军训；安全问题；应对策略

军训是学生进入高校的必修课，是他们接受国防教育、履行国防义务的启蒙，是培养爱国意识的重要途径，还可以磨练他们的意志力。国家法律赋予高校的一项政治任务便是大学生军训，它主要以军事理论课和军事技能训练为主要内容，成了高校深化大学生思想政治教育的重要环节，是利国利民的大事。[①]

自1955年起，学生军训工作正式开始，此后历经了各地的试点示范、循序普及和全面拓展几大阶段。2007年，《学生军事训练工作规定》的出台，明确提出军训有利于国家人才培养和国防后备力量建设，此文件将军训提高到新的战略高度。[②] 2017年，习近平同志在党的十九大报告中强调要实现中国的"强军梦"，必须要加强全民国防教育。随着高校学生军训工作的不断深入和发展加强，学生的爱国意识、顽强意志得到了一定巩固和提高，军训工作取得了可喜成绩。但伴随成绩的同时也要看到高校学生军训还存在一些负面报道，这无疑揭露了高校学生军训中现有的问题，高校学生军训工作有待提高。

一、高校学生军训安全工作的重要意义

高校学生作为社会发展的新鲜血液，是维护国家独立、捍卫祖国领土

---

* 作者简介：何静怡（1992年~），女，四川南充人，管理学学士，现工作于西华师范大学国资处；汪良（1979年~），男，四川南充人，法学硕士，现工作于西华师范大学武装保卫部。

① 宣正林、王菁菁：《高校大学生军训安全工作之见》，载《学校体育学》，2016年第26期，第70~72页。

② 黄梅学：《普通高校学生军训工作安全管理现状及对策》，载《高教学刊》，2015年第17期，第148~149页。

完整的中坚力量,是实现中华民族伟大复兴工程的后备力量。进行高校学生军事训练,是国家加强国防教育的重要举措,更是国家发展国防建设、振兴中华民族力量的有力措施。因此,高等院校在为国家输送教育人才的过程中,应当将对学生的军事训练放在举足轻重的位置,作为学生军训的主体责任人,应高度重视军训安全工作,强化对军训安全工作的管理,促使军训工作顺利开展和达到预期效果。

（一）军训安全工作是维护国家稳定、增强国防力量的重要因素

目前我国正处于社会主义现代化建设新时期,承载着实现中华民族伟大复兴的重任。而放眼世界,国际形势复杂多变,倘若一个国家不紧抓国防教育建设,其国家政局难以稳固,国家主权和国家安全无法保障。高校学生军训作为国防教育建设的一个重要形式,寓兵于校、寓兵于民,通过学校教育的途径来强化国家新生力量的安全意识和国防意识。

国家对高校学生军训工作也给予了高度重视,《学生军事训练工作规定》要求相关部门需对学生军训期间定期分析安全形势,及时处理不安全隐患。《中共中央、国务院、中央军委关于加强新形势下国防教育工作的意见》也明确提出,青少年国防教育是一个坚持不懈的过程。[①] 党的十九大中对国防建设方面的强调,把高校学生军训工作推上了一个新高度。

（二）军训安全工作是巩固高校稳定、促进学校发展的内在要求

高校学生军训的对象基本为刚入校的大一新生,来自于全国各地,由于地理位置、家庭条件、文化背景等多方面因素的共同作用,其在思想、社会关系、身心健康等方面各有差异,对待问题的态度以及处理方式自然也各有不同。倘若在军训中遇到突发事件处理不当,则可能给学校带来极大的影响。学生军训不仅是教授其军事技能的过程,更要塑造他们的思想意识、道德意志和道德取向等,良好的思想面貌有助于高校各项工作的稳定开展,更有利于学校的持续健康发展。

（三）军训安全工作是加强学生爱国意识、推动学生积极学习与生活的坚实基础

学生是一个国家发展的新鲜血液,是振兴民族精神的中坚力量,直接关乎国家未来的走向,关系到整个民族素质的提高。学生在接受军事理论和技能、国防教育知识以及训练的同时,更使自己的思想、作风、行为等方面的导向以及德育得到了培养。通过军训,党性教育渗透到了学生的思想观念中,个人觉悟也得到了提高,自身的爱国主义情怀得到了深化,社

---

① 郭洪军、于喜斌:《对推进学生军训工作深入发展的思考》,载《国防教育》,2016 年第 12 期,第 63~65 页。

会责任感得到了增强，社会主义核心价值观和荣辱观得到了贯彻落实。

不仅如此，高校学生军训是新生入校的第一课，这时更有利于对学生理念的塑形。学生通过几周的军训，集体荣誉感逐渐形成，班级凝聚力开始成型，这为学生之后四年的大学学习和生活打下了坚实的基础。

二、高校学生军训安全工作中存在的问题

近年来，国家出台了关于学生军训安全的多项相关政策文件，高校对学生军训安全工作也相当重视，甚至学校的各分管领导、教学及行政机关相关负责人、承训单位相关负责人等都积极参与学生军训安全工作，将安全工作视为中心环节。尽管如此，高校学生在参加军训的过程中仍存在各种问题，伤亡事故时有发生。根据近年来高校学生军训工作中普遍存在的安全问题，以下分别从学校、跟训教师、军训教官和受训学生四个层面加以剖析说明。

（一）学校在学生军训管理上存在薄弱环节

第一，高校军训工作通常是由校武装部牵头负责，而许多高校的武装部和保卫处是同一套人员，两个部门挂不同的牌子却合署办公。而高校学生军训的时间多为刚开学的几个星期，通常刚开学的时候学校各级部门是相对比较忙碌的，这就有可能造成负责学生军训的人员不足。

第二，在筹备学生军训工作期间，各高校通常会成立以分管校领导为组长，武装部部长为副组长，学工部、校团委、教务处、后勤处、校医院以及各教学单位等相关部门为组员的学生军训工作领导小组。但此领导小组常常并未发挥其应有的作用，大多流于形式，形同虚设。某些领导小组自成立后没有召开过一次会议，在学生军训期间更没有跟进，无法做到信息的上传下达，没有真正了解学生军训安全信息，这给学校军训安全事宜埋下了隐患。高校学生军训在一定程度上较大范围地运用了大量人力物力，校内许多二级单位参与其中。因此，在召集动员校内相关单位真正投入到学生军训工作的过程中，一些二级单位消极懈怠，情况往往并不乐观。

第三，由于用于学生军训的经费有限，高校往往将学生军训的场所安排在校内。本来校内的操场、大道等可适用于军训的场地就有限，再加上高年级的学生还要进行体育课等室外训练，很容易引发场地不足带来的争夺。再加上军训的新生作息与校内学生和校内人员的作息大致相同，食堂、超市以及其他公共设施难免会人山人海。

第四，参加军训的学生必须先通过体检。可在实际操作中，一些高校往往采用边军训边体检的方法，甚至一些高校在军训结束后再让学生体

检，对学生身体状况了解的不全面无疑会使军训存在极大风险，一旦学生在军训过程中发病，后果将不堪设想。另外，某些高校在军训前仅让学生自己去体检，若体检出身体不适宜参加军训，再跟学校反馈。一些学生感觉自身健康，并不真正体检而是请医生直接出具健康报告，这无疑也属于学校军训管理上的失责。

（二）一部分跟训教师责任心较弱

第一，按照学生军训工作的相关规定，跟训教师必须全程参与军训工作。而实际上，一些高校招聘的辅导员是分布到各学院、各机关单位工作的，这些辅导员在自己的部门已经被安排了相当的工作量，在军训期间又被军训工作小组调动使用，一人承担两部门的工作，使他们力不从心，难免表现出对军训工作的懈怠。还有些高校由于专职辅导员有限，就让各学院抽派专职教师从事军训工作，一边是授课任务，一边是军训工作，使这些专职教师压力重重。

第二，部分跟训教师对军训工作持消极态度，工作不积极、态度不严谨。他们认为，军训是校武装部和军训教官的事，自己可以想来就来、想走就走，并不需要全程参与其中，不仅对学生的实时健康状况不了解，对军事训练过程中的跟进和军训值班工作也不以为意。在某高校就发生过这样的事件：有军训学生在夜间突然发病，可其他同学联系不上值班的跟训教师，只能请教官帮助。事后虽就医并未造成严重后果，但给学校也带来了不利的负面影响。

第三，参与学生军训工作的一些跟训教师，实质上是第一次融入这个工作，因此在面临突发情况时，缺乏一定的应急处理能力，导致事态继续恶化，给军训安全工作带来了一定的不良后果。

（三）军训教官的军训能力和自制力参差不齐

第一，高校请来进行学生军训的教官通常来自于国防生或驻地部队，年龄普遍不大。由于缺乏一定的经验，对学生千篇一律采用简单粗暴的训练方法，对在训练中不听话的学生进行体罚式训练，而没有真正用心去把握学生的个性特点、心理特点、生理特点和合理的教授方式，没有因材施教。

第二，部分教官由于与军训学生年龄相仿，和学生称兄道弟、打成一片，在军训期间利用职务之便，带学生出去吃喝，严重违反了军训纪律。军训期间通常为9月，天气还相对炎热，有的教官素质较低，由于争夺场地、食堂、澡堂等因素，同其他军训教官或是受训学生或是非受训学生发生口角，甚至大打出手、结下怨恨，极大地破坏了军训安全。

第三，一些军训教官自制力较弱，违背教官守则，不仅给军训安全工作，甚至给学校都带来了不好的风气，给学生也造成了错误引导。

（四）受训学生的自我保护意识和自我约束力不够

第一，高校在军训前通常会采用各种方式了解学生的身体健康状况，以确定他们是否能够参加军训，降低军训工作中的不安全因素。就在征集学生身体状况信息的过程中，有的学生非常渴望参加军训，因此刻意隐瞒自己的身体健康情况，对已知的病情不予提及，更有的学生为了参加军训而动用各种关系，请医生给自己出具健康报告，导致自己在军训的过程中出现各种不适。而部分学生为了不参加训练，也会专门请医生为自己出具假的健康报告。

第二，由于军训时间大多属于"秋老虎"时期，全国大多数地区还相当炎热，强烈的日照加上高强度的军事训练，使一些学生发生中暑现象，有隐形疾病的学生则隐疾复发。在此种情况下，有的学生不好意思，虽已明显感觉身体不适却一直隐忍不说，最后导致晕倒在地，紧急送医。

第三，军训包括按时出操、检查内务等内容，部分学生由于担心晚上睡觉把被子、床单等弄乱了，就不盖被子睡觉，导致有的学生晚上着凉而感冒发烧，还有的学生由于晚间没休息好，第二天白天训练时睡眠不足、提不起精神。还有部分学生因为怕耽误早上的军训，看到食堂吃饭排队的人较多，就不吃早餐直接去参加训练，由于低血糖突然晕倒在地，严重的可能造成面部或脑部受伤。

三、高校学生军训安全工作管理对策

（一）学校加强组织安排和管理

第一，高校应成立以武装部牵头，学工部、校团委、教务处、后勤处、校医院等相关部门为组员的军训工作领导小组，并充分发挥其作用。通过此平台，在军训开始前总结历年来军训期间出现的各种不安全情况，进行突发情况预演。预演结束后，总结预演过程中存在的问题，及时修改和完善预演方案并进行总结，以便在正式军训期间能沉着处理各种安全问题。军训期间，军训工作领导小组应组织定期和不定期召开小组会议，实时跟进军训进度，商讨军训中出现的各种安全问题，得出解决方案并积极落实处理。

第二，必须坚持先体检后军训的原则。学生们由于个体差异，身体健康状况有所不同，在军训前要切实组织好学生体检，不能仅走过场般地量身高、称体重，还要进行实质性的检查，比如血压、心电图和B超检查，真正摸清学生的身体状况，尤其是对看上去身体过瘦或过胖或患有隐疾的学生，更要进行详细检查以防安全事故发生。在军训期间，校医院的医护人员必须轮流跟进，一旦有学生中暑或发病及时处理。

第三，由于校内的军训场地有限，学校层面应做好协调工作，可在军训前出通知，请军训期间需要使用运动场等军训场地的二级部门把场地留给军训学生，以便其开展走方阵、打军体拳、军训汇演等活动。另外，学校应在军训开展前检查校内各场地安全，确保军训场地不存隐患。

第四，由于部分高校的军训经费有限，而军训安全问题又是重大问题，一旦军训安全出了纰漏，对学校的声誉也是个打击。对此，各高校可针对军训意外事故与保险公司商谈，为本年受训学生购买保险，为解决赔付提供一个较好的途径。

（二）对跟训教师进行培训交流，并强化监督考核

第一，应加强跟训教师队伍建设。各高校武装部应在军训前对跟训教师集中进行军训安全培训，为其讲授军训期间可能出现的各种安全问题，并组织跟训教师们共同参与到军训演练中，增强其安全意识。

第二，针对存在跟训教师身兼多份工作或为专职教师身份的情形，军训工作领导小组应通过与相关部门的主要负责人交流军训安全的重要性，请部门领导为这些跟训教师协调工作安排，以保障他们能够全身心投入到军训工作中，尽量为军训工作杜绝一切不安全因素。

第三，强化对跟训教师的监督考核。2013年3月，教育部办公厅下发了《关于开展学校国防教育暨学生军事训练工作督查和调研的通知》，第一次将军训督查工作提上了日程。[①] 在军训工作领导小组的领导下，通过校内各单位的通力配合，严格对跟训教师的表现进行考核监督，一旦发现跟训教师有违反军训规定的行为，马上通报批评并进行相应处罚，而且对其之后的职称评定也产生直接影响。

（三）加强对军训教官的管理，提高施训水平

第一，由于军训教官多为国防生或部队年轻人，他们在军训经验上略显不足，因此武装部应提前对军训教官进行岗前培训，将参训学生的身体健康状况以及本校相关情况等信息告知他们，帮助他们科学施训。

第二，传统的军训内容以军事技能、队列训练为主，而这种单一的、高强度的长期训练使受训学生越到后期越感到枯燥乏味，甚至出现排斥。考虑到这种普遍现象，军训教官应针对学生心理的变化，辅以教授受训学生感兴趣的军训内容。在以军事技能、队列训练为主要内容的基础上，教导受训学生面对突发事件应当掌握的技能，如应对重大自然灾害等；自我

[①] 黄梅学：《普通高校学生军训工作安全管理现状及对策》，载《高教学刊》，2015年第17期，第148~149页。

防护的技能，如擒敌拳等；其他军事训练，如打靶、信号语、旗语等。还可以带领受训学生参观军事科技展，以调动他们对军训的积极性。另外，军训期间可以引入拓展训练，通过个人挑战和团队挑战一些指定的军训科目，来达到增强受训学生团队协作能力和集体荣誉感的目的。

第三，军训工作领导小组在军训前需向军训教官宣传有关军训工作规章制度。军训期间一旦发现有军训教官与其他教官或学生存在因争夺使用训练场地或公共设施而争吵、斗殴，或发现有军训教官与高校女学生谈恋爱，军训领导小组必须马上汇合军训的部队负责人，查明事由，对相关责任人进行教育和惩戒。

（四）引导受训学生形成自我保护意识，树立正确的思想道德观念

第一，帮助学生树立正确的思想观念。军训是学生在校期间必经的一门课，每个符合条件的学生都应积极参与。针对有的学生借助各种手段逃避、排斥军训的行为，武装部一经发现，应立刻派心理学教师与学生进行交流谈话，聆听学生逃避军训的原因，向其宣传军训的必要性以及对个人成长的重要性，帮助其转变观念，树立正确的世界观、人生观和价值观。

第二，引导学生形成自我保护意识。大多数学生都渴望参加军训，希望借军训的机会得到锻炼，因此有的学生会在军训前的体检过程中隐瞒自己的遗传性疾病或其他隐疾。针对这种现象，军训工作领导小组可以统一制作"健康承诺书"，再次强调体检报告真实性的重要，要求每个学生必须如实填写。在军训期间受长期高气温、高强度训练的影响，有的受训学生身体已严重不适却隐忍不讲，军训的跟进人员一旦发现此现象，必须马上联系医护人员，病情严重的需要立即送到医院就医。待受训学生身体有所好转后，对其进行思想引导，告诫他隐瞒病情的严重性，培养其自我保护意识。

第三，辅助学生养成良好的饮食和作息习惯。跟训教师应深入受训学生队伍中，多与受训学生交流沟通，了解受训学生在军训不同阶段的心理特征和生活情况，提醒受训学生要吃好、休息好，按时作息。同时，跟训教师应从宿舍管理员处了解受训学生的基本生活，对不按时作息的受训学生进行教育。

长久以来，学生军训安全问题一直是高校学生军训工作中的重中之重。随着高校学生军训工作长期开展以来的经验积累和总结，军训安全问题得到了一定程度上的解决。但由于多种因素交织的复杂性，学生军训安全问题仍然不可避免。因此，高校学生军训相关的各类人员仍应对军训安全隐患保持高度警惕，通过大家的努力尽量做到防患于未然。

地方高校学生军训教官队伍建设培养探析
——以赣南师范大学为例

刘建荣　黄　篁[*]

摘　要：随着高校扩招和军队改革，地方高校学生军训面临着帮训力量不足的严峻问题。学校必须利用自身资源建立一支军训教官队伍，采取在校大学生担任军训教官的主要方式，既能有效解决军训教官不足的问题，同时又能给大学生提供成长进步的平台，实现"双赢"。

关键词：高校；学生军训；教官

普通高校学生军训是国家人才培养和国防后备力量建设的重要举措，也是学校教育教学不可或缺的组成部分。通过实施军事训练，学生能够掌握基本军事技能和军事理论，增强国防观念和爱国情怀，贯彻总体国家安全观，发扬以爱国主义为核心的民族精神和以改革创新为核心的时代精神，锤炼吃苦耐劳、艰苦奋斗的意志品质，树立勇于克服困难的信心和正确的世界观、人生观、价值观，着力推进管理育人，重点提高管理质量，对加快推进国防现代化建设、实现中华民族伟大复兴的"中国梦"有着十分重要的意义。

一、新时代地方高校大学生军训面临的问题

地方高校一般都在三四线城市，远离一线城市和省会城市，驻地部队较少且兵种较单一。随着国民经济和社会发展以及军队改革的推进，地方高校大学生军训面临着政策制度落实困难、专业师资力量短缺、军训内容单一、帮训力量不足等难题。其中帮训力量不足是亟待解决的问题，主要表现在以下三个方面。

一是难以实现基地化训练模式。利用当地驻军营区或民兵训练基地组织大学生进行军事训练，在训练领域和时间上协调难度大、实际操作难。一般8~9月份是高校新生军训的集中时间，而这一时期又是部队训练的黄金时期，故协调训练场地的难度随之增大。如果军训时间安排在春季，那么又将严重影响高校的教学工作，高校根据年度教学计划安排军事训练也存在局限性。因此，受训练场地的限制，新生军训时间安排与部队场地保

---

[*] 作者简介：刘建荣（1971年~），男，江西定南人，硕士，现任赣南师范大学武装部部长；黄篁（1983年~），男，江西赣州人，学士，现任赣南师范大学武装部干事。

障相冲突的情况已成为常态化问题。同时，在一些地方，由于驻地部队少、民兵训练基地建设不足，新生军训完全无法采取基地化训练的模式。

二是帮训的现役官兵力量难以满足需求。自2013年开始，全国征兵时间进行了调整，从冬季调整到夏秋季，每年的8月至11月份，部队正处于老兵退伍、新兵入伍、野外驻训、实兵实弹演习的高度繁忙期，部队自身即存在人手紧缺的局面，难以再额外抽出人手协助高校组织新生军训。同时，有些地方还存在高校数量多但驻地部队少的情况，现役官兵的人数远远不能满足新生军训的需求。

三是帮训的民兵预备役教官素质难以适配。由于承训的现役官兵紧缺，有些高校由民兵预备役人员帮助进行新生军训。没有经过严格挑选考察与岗前统一培训，这些民兵预备役帮训教官的综合素质和军事技能也参差不齐，在组训过程中存在能力偏弱、不守规矩、盲目蛮干的问题，导致军训质量不高。甚至个别人员素质低下，在组训过程中不注重方式方法和言谈举止，结果引发了教官与学生之间的冲突，造成了极其恶劣的影响。

二、地方高校采取学生教官军训模式的可行性分析

在高校扩招和军队编制体制调整的大背景下，结合退伍复学大学生逐年增多的情况，地方高校利用自身资源建立一支相对稳定的军训教官队伍，采取"以老带新、新老互补"模式，发挥"传帮带"作用，是适应新时代发展要求的新举措，具有良好的可行性。一方面可以减轻部队承训的压力，另一方面可以为在校大学生提供锻炼机会，是一种切实可行的育人方法。学生军训教官是一个朝气蓬勃、充满阳光和活力的青年群体，从学生中来、到学生中去，对新生更加有亲和力，与新生更容易交流，能充分调动新生参加军事训练的积极性和主动性，对学风、校风建设可以起到潜移默化的积极作用。

首先，学生教官是自我的超越者。经过严格选拔、认真考察、综合培训的学生教官，具有良好的身体素质、心理素质，具备良好的组织协调能力、沟通交往能力、语言表达能力，与军官相比，在动作示范方面还存在差距，但是通过日常训练和暑期强化培训，基本能够胜任军训教官的相关工作。

其次，学生教官是同学的模范者。学生教官大多都是校团委、学生会的干部，综合素质较高，他们具有"教官"和"学生"的双重身份，能根据自己的亲身经历和新生的实际情况开展军训工作，使新生更加容易接受。此外，学生教官带训模式能够提升参训新生的信心，为新生树立标杆

和榜样，有助于提高军训质量。

再次，学生教官是老师的志愿者。学生教官在军训结束后，可以成为班主任、辅导员的得力助手，有效地协助班主任、辅导员管理班级，例如，我校成立的16个红色文化班级，均是由军训教官担任班长和团支书，负责班级的日常管理，成效明显。学生教官陪伴新生完成了大学第一课，在军训期间作为一名教官，指导新生完成军事训练、遵守校规校纪；军训结束后作为学长学姐，帮助新生解决学习和生活中的困惑，有助于新生尽快适应大学生活。

三、地方高校学生教官队伍的选拔、培养和建设模式

一是明确定位。由学校下文明确为校级机构，在素质拓展加分、入党入团、评先评优等方面给予政策上的倾斜，可以由武装部掌握指标并负责评选。同时，从避免重复建设、形成合力的角度出发，可以将学校的军训教官队、国旗护卫队、学生校卫队、军乐队等"军事化"组织整合成一支队伍，进行联建联训，实现"一支队伍、多种职能"的目标。

二是精心选拔。在符合基本条件的情况下，不设人数上限，只要本人自愿，即可参加预选教官训练（原则上老教官直接留用，退伍复学大学生直接担任教官）。按照队列考核成绩及日常考勤成绩进行综合评分并排名，采取全程考核、末位淘汰的方式，严格选拔考察，最终根据老教官（含退伍兵）退队数量情况，补充所需的预选教官，给予正式教官的身份。

三是严格训练。（1）增加校内训练时间。从每个学年第二个学期开学伊始，即展开预选教官招录工作。从3月份起，每周二、四、六上午按计划组织训练。参照部队"士官组训、军官组考"的模式，武装部老师负责制定训练计划和组织考核，由教官队骨干具体组织训练实施。（2）科学安排训练内容。第二个学期大约有4个月，第一个月可专门进行体能训练，以打牢教官队的体能基础；第二个月至第四个月主要进行单个军人队列动作训练以及拓展训练。暑期封闭式集训时，以教学法集训和观摩性科目训练为主。（3）拓展训练内容。除了基本的体能训练、单个军人队列动作、军体拳、战场救护外，可以在校内训练和暑假封闭集训中，增加战术基础动作、擒敌拳、匕首操、刺杀操、正步劈枪、军事地形学、徒步行军等训练内容。

四是加强保障。平时参照勤工助学补助标准，按月给每名教官予以补助，对于副班长以上的骨干人员，依据职务增加相应的岗位津贴。军训期间也会按照相关标准发放劳务补助。

四、地方高校学生教官队伍的成果巩固和效果延伸

组建一支大学生教官队伍,为学生提供了一个自我锻炼、自我管理、自我服务的平台。通过有计划的军事训练、理论教学、思想教育,学生教官在历练中成长,在成长中进步,在进步中感恩,组织指挥能力、自我管理能力、自我教育能力、独立思考能力、沟通协调能力、语言表达能力均得到了提高,增强自我管理、自我学习意识,培养成为品学兼优、综合素质高、管理能力强的复合型人才。

我校自2004年采用学生教官带训模式以来,累计培养了一千余名学生教官,在军训以外的时间,通过对这一支高素质学生教官队的有效管理,由点带面地影响和带动了其他同学,将教官队的优良作风和良好形象传播到学校的每一个角落,筑成校园的一道靓丽风景线。由此形成良性循环,对学校的校风、学风建设及学生管理工作的有效开展起到了强大的助推作用。与此同时,教官群体人数多、覆盖面广、掌握信息快、容易集中,这支教官队伍兼具着义务消防员、安全协管员、治安信息员的独特职能,发挥其特殊优势,为做好学校治安维稳工作凝聚了力量、汇聚了智慧。

实践证明,采用学生教官带训模式,加强教育,改革创新,牢固树立践行"以人为本""以学生为中心"的理念,为大学生的成长进步搭建了平台、提供了途径、创造了空间,实现了国防教育与素质教育的有机结合,切实提高了新时代大学生军训质效。

论"中国短兵"在军事技能训练中的应用

仲伟骄[*]

摘 要：目前一些高校已经尝试军事技能训练创新发展，"中国短兵"作为我国优秀传统体育项目，发源于古代战争时期，演进于和平年代，具备规则灵活、对抗性强、装备简易、趣味性高、延续性长的特点，适应军事技能训练的要求，可以在军训、课堂内外、实战中发挥其优势。将其应用于军事技能训练中，可培养训练者的爱国热情、礼节意识，使训练者具备格斗技能、顽强意志、勇气胆量、战术思维、运动智能，是军事技能训练创新发展的良好范例。

关键词：中国短兵；军事技能训练；军事体育课程；教学应用

军事技能是普通高等学校军事课程教育的重要组成部分，主要包括队列训练、军事体育、战术基础动作、拳术、战场（战伤）救护、野营拉练、射击训练、识图用图等。目前有条件的高校还增设了心理训练实践（心理训练塔）、简易攀岩、单兵战术、障碍跨越、捕俘拳、定向越野、野外生存、无线电测向、规避灾害、防空防护、自救互救等课目训练，使得军事技能课程内容丰富的同时素质教育功能得到延展与发挥，这也是军事课程教育发展过程中不断探索、总结、推陈出新的必然结果。然而在普通高等学校军事技能训练开展中也存在学生体质基础差、训练热情相对不高，军事技能训练时间短、任务重、保障不到位等问题，无法达到军事技能训练目标。"中国短兵"作为优秀的民族传统体育项目，既有悠久的历史文化背景，又有鲜明的中国特色，符合现代军事近身格斗技能培养要求，同时满足大学生防卫和运动兴趣的需要，在军事技能训练中增加"中国短兵"的构想，是各地根据本地特色开展军事技能训练的创新，也是《关于全面提高学生军事训练质量的通知》的要求。

一、普通高等学校军事技能训练现状

习近平总书记对加强和改进兵役工作做出重要指示，要求"落实《学生军事训练工作规定》，推进学生军事训练的工作创新发展，切实发挥军事训练在加强学生思想政治工作、提高学生国防意识、增强学生身体素质、磨炼学生意志品质等方面的育人功能"。教育部、总参谋部、

---

[*] 作者简介：仲伟骄（1989年~），男，山东邹城人，硕士，山东政法学院警察实战技能实训中心实验室主任，讲师，主要从事警察实战技能、运动训练方面的研究。

总政治部在此基础上联合下发了《关于全面提高学生军事训练质量的通知》。要求普通高等学校学生军事技能训练工作在充分认识新形势下提高学生军事训练质量重要意义的基础上，严格执行学生军事训练教学大纲的规定要求，大力推进学生军事训练的创新发展，切实加强学生军事训练保障。

（一）学生军事技能训练工作呈现出良好态势

1. 普通高等学校普遍高度重视军事技能训练工作

为了落实《学生军事训练工作规定》，普通高等学校党委领导普遍重视学生军训工作，结合军事训练规定，制定符合本校实际情况的相关规章制度，开展军事技能训练的高等学校，形成了军训筹备、军训动员、汇报总结的整套工作机制，监督机制伴随军训始终，学生管理部门与武装保卫部门密切配合，建立相应的专门机构，负责军事技能训练和后勤保障工作。突发事件应急处置方案设置合理，制定评价考核方案，军事技能训练工作顺利进行。

2. 普通高等学校严格落实军事技能训练大纲要求

普通高等学校严格执行《普通高等学校军事课教学大纲》规定，按照公共必修课的要求切实将学生军事训练纳入学校教学计划和人才培养方案，严格落实大纲规定的教学学时和学分。各高校在军事技能训练方面完成情况良好，能够保证一定的训练时间，训练内容相对多样，参训人员全覆盖，训练效果良好。部分学校勇于创新，结合学校特色开展相应的特色军事训练，比如医学类学校组织了战场救护等训练科目，体育类学校开设了军体拳、擒敌拳等训练科目等，通过创新方式方法完成军事技能训练。

3. 普通高等学校普遍高度重视经费和物资保障工作

"兵马未动，粮草先行。"经费和物资保障是顺利开展学生军事技能训练的前提，各地教育主管部门要求各高校必须认真落实上级文件明确规定的军训费用列入预算的要求，设立军事训练专项经费。在物资保障方面，为了确保军训顺利进行，医疗、安全、卫生监督工作没有松懈，相关保障物资配套齐全。

4. 普通高等学校普遍重视军事技能训练的教学质量

普通高等学校军事技能训练的教学质量关系到学生的作风意识和爱国情操培养，因此各高校普遍重视，严格要求。"省军区承训部队要共同组织帮训官兵培训，学习教学大纲，掌握军事技能训练内容、时间、目的，统一组训方法、程序和标准，明确帮训任务，提出有关要求。要教育帮训官兵加强自身管理，切实做到按纲施训、科学施训、文明施训，严禁体罚打骂学生，用良好的军人形象影响教育学生。"[①] 在军事技能训练过程中，高校、承训部队监督系统高校运转，学生举报渠道畅通，共同确保教学质量。

（二）军事技能训练工作存在的问题

1. 未建成国防教育长效机制

部分普通高等学校将"军训"等同于会操，认为军事技能训练对于普通高等学校学生意义不大，军事技能训练仅停留在确保安全、完成任务的阶段，无法建立国防教育长效机制。虽然培养了学生的吃苦精神，锻炼了学生的身体体质，但是国防教育视野狭窄，未能达成预期目标。

2. 未激发军事技能训练兴趣

军事技能训练内容本应是丰富多彩的，而现实中存在单纯进行队列训练的情况，部分高校设置军体拳、擒敌拳、匕首操等训练科目，但这些科目属于技能表演项目，没有立足于激发学生的训练热情。虽然国家要求必须开展射击科目，但限于经费不足、枪支安全等考虑，许多学校没有开设。一些科目由于经费原因开展不够普遍，也无法满足学生军事技能训练兴趣的需求。

3. 学生自身存在的不利因素

近年来学生身体素质水平呈现下降状态，晕倒、中暑、低血糖、失禁等情况时有发生，致使教官不敢训；网上流传的各种"军训秘籍"，也使得部分学生参训热情不高，甚至存在对抗军训的例子；学生对军训认识普遍不足，期待军训能帮自己实现军旅梦想，学会防卫技能，而期望和军训现实存在差距，无法满足学生对军事训练兴趣的需求。这些因素均导致学生军事技能训练自身的动力不足。

4. 参训官兵存在量质差异

全国高校军训时间相似，时间紧、任务重，参训官兵数量大打折扣，参训官兵的学历、水平也良莠不齐，更抽不出理论课教师，军事技能训练教官不足导致连队规模出现扩大趋势，而学生体质水平不一，无法实现因材施教，教官也无法实现全员关注，训练质量无法保证。

二、"中国短兵"应用于军事技能训练的可行性分析

"中国短兵"是中国优秀传统体育项目，属于武术，兼具技能主导类项目和格斗对抗类项目的特点，具备传统武术精忠报国、知行合一、仁义诚信等精神，同时具有趣味性强、装备简单、实用性高等特点。在军事技

[①] 教育部等：《全面提高学生军事训练质量的通知》，载于《国防》，2013年第12期。

能训练创新中,"中国短兵"是非常具有创新和实践价值的尝试。

(一)"中国短兵"简介

"短兵,实指中华武术中的刀、剑、鞭杆、苗刀等等短兵器。"[①] "中国短兵"是融合中华武术短兵器的各种实用技法于一身的实战对抗性活动。在短兵比赛中,对抗双方手持外包软材料的特制短兵器,按照短兵比赛要求,运用砍、斩、劈、点、扫、撩、崩、刺、截等攻防对抗方法,相互斗智较技。

1. "中国短兵"比赛规则

短兵运动竞赛通则和竞赛规则规定了短兵比赛的竞赛性质、办法、分组、装备、礼节、弃权、裁判人员及其职责、得分方法及判罚。"中国短兵"比赛规则通俗易懂,判定方法简单,技法贴近个人防卫,易于理解、掌握和欣赏。

2. "中国短兵"传承经典

"中国短兵"是近代才开始兴起的新型武术对抗项目,但其历史可以追溯到中国古代的击剑活动,早在春秋战国时期击剑活动就非常盛行。《庄子·说剑》《史记·剑客列传》《典论·自叙》《新唐书·李白传》《元史·燕铁木儿传》等都对中国短兵器对抗有所记载,中华传统文化的仁、义、礼、智、信贯穿其中,如对抗中以礼始以礼终,抗倭战斗中流传下来的爱国情操等。

3. "中国短兵"技法多样

"中国短兵"技法多样:实战姿势包括上举势、后藏势、开放势、内收平举势、内收下带势、横栏势、双手后藏势;步型包括开立步、丁八步、弓步、丁步、骑龙步、虚步、跪碟步、叉步、独立步等;步法包括进步、退步、前跨步、右跨步、左跨步、前跃步、后跳闪式步、单腿跳闪步、双腿跳闪步、前纵跳步、后纵跳步、前垫步、后撤步、左右闪步;以短兵尖端击打对方的方法包括刺、点等方法;以短兵的身端击打对方的方法包括砍、斩、劈、扫、撩、崩、截等方法。

4. "中国短兵"培养能力

"中国短兵"可以很好地培养训练者的能力。感知能力方面培养距离感、时间感、"兵感"、时机感、节奏感;体能方面可以提高速度、力量、耐力、柔韧素质,比赛中灵敏和协调素质得到很好的展现;心理技能方面可以培养顽强的斗志,发展良好的控制力,实现注意力的高度集中,运动视野比较开阔;运动智能方面培养思维的敏捷性、独立性、深入性;战术

---

① 戴小平:《中国短兵》,湖北科学技术出版社2004年版,第3、21、109页。

方面巧妙运用强攻战术、抢攻战术、佯攻战术、兵线与兵线转换战术、近战战术、对攻转换时的战术等。

5. "中国短兵"利于防身

习练中国短兵可以获得的精神力量、体能素质、技术水平、战术方法等，将培养学生的防身自信，在遇到突发事件中，会比普通人紧张程度低，遇事不慌乱，利于在防身自卫中保护自己，伸张正义，救助他人。在国家危难时，训练中形成的正能量会自动驱使其积极投身国家安全保卫行动中。

（二）可行性分析

1. 规则灵活

"中国短兵"规则简单，虽然正规比赛中需要三名边裁，但实际训练中一名边裁甚至不用边裁都可以，对抗双方输赢易于判断。除了一对一对抗科目，也可以设置二对二、三对三项目，甚至可以设置一对二、二对三、三对多等训练科目，灵活改变规则，既可一击即中型贴近实战，也可以计算击中次数增加趣味性。

2. 对抗性强

"中国短兵"在平时训练时可以进行套路教学，也可以进行功法训练，在比赛训练法的训练过程中，由于对抗性项目的共性，比赛激烈，对抗性强。在对抗过程中自然培养了学生敢于应战的勇气，培养的技能首先就可以实现防身的功能，集体训练中更能激发保卫国家的热情。传统武术中讲究知行合一，短兵正可借对抗优势，培养学生在国家危难时敢于拿起身边的一切可利用器材保家卫国。

3. 装备简易

"中国短兵"取材简单，虽然正规比赛要求1米长的软包特制器材，但在平时功法训练中可以就地取材，白莲杆、废弃的拖把杆等均可以使用，在对抗比赛中可以购买类似的海绵短棍、海绵短兵、特制短兵等，价格不高，安全性有保障，还可以适当配置一些护具。培养出兴趣后，学生会自己积极购买相应装备进行训练。

4. 趣味性高

"中国短兵"作为传统武术项目，可以以套路形式表现难美性，以功法形式表现功夫水平，也可以以比赛形式表现对抗性，趣味性更高，观赏性更好，更能吸引青少年从事此项运动，利于中华优秀传统文化的发掘与传承。

5. 延续性长

"中国短兵"取材方便，场地要求低，对训练时间没有特殊要求，单人、双人、小组、班级训练形式均可，在军训、军事技能训练课、课余活动时间、未来工作之余都可以进行，结合了终身体育的要求，满足了学生技能训练需要，利于长期开展，延续性可以长达训练者一生。

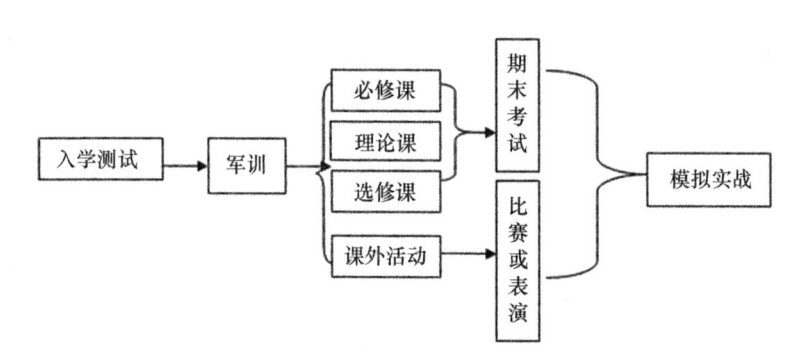

三、"中国短兵"在军事技能训练中的应用

"中国短兵"要结合自身优势，因地制宜地融入军事技能训练中去，普通高等学校也应该积极开发或引进适合本校学生的军事技能训练项目，改革创新学生军事训练的路径，拓展军事技能训练的深度和广度，切实提高学生主动参与训练的积极性。

（一）"中国短兵"在军事技能训练中的应用

"中国短兵"在军事技能训练中的应用如图1所示。首先，入学后的大学生体检和体质测试应提前，在军训前进行，进行运动诊断，便于军训和以后军事技能训练课程的安排。其次，入学后进入军训阶段，在军训中各普通高等学校根据培养目标制定训练方案，在短兵训练过程中，要普及国防知识，激发学生爱国热情，强化国防观念，增强民族自尊心、自信心、自豪感，以及凝聚力和向心力，提高学生履行国防义务的自觉性，培育国防后备人才。之后，根据学校和学生情况设定相应的课程，军事技能训练可以作为必修课或者选修课进行，同时无论是必修还是选修都要结合必要的理论教学，全面掌握军事技能，利用期末考试检查训练水平；或者利用课外活动，成立相应的军事技能训练社团，组织比赛或者表演。最后，在一定的短兵基础训练之后，可以进行模拟实战演练和应对突发事件，保护自身和他人安全。

图1 中国短兵在军事技能训练中的应用

1. "中国短兵"在军训中的应用

军训有着严格的规定和要求，在完成军训任务的前提下，中国短兵只能作为补充项目，介绍性地教学。可以在体育类院校率先开展，因为其教学资源丰富，师资队伍充足。中国武术协会应该加大中国短兵的推广工作，结合部队训练需要，增加短兵对抗科目，扩展匕首操及其他训练项目，使更多参训官兵掌握短兵技能。通过表演、比赛等形式，激发学生学习兴趣。

2. "中国短兵"在课程中的应用

"中国短兵"可以成为军事技能训练课，采取必修课或者选修课的形式进行教学，建议军事技能训练科目不足的学校采取必修课的形式进行，中国短兵要配以必要的理论课，讲解短兵的历史和优秀传统体育文化传承的价值，融入核心价值观，结合十九大精神，培养爱国主义情操。中国短兵的教学可以采用重复法、持续法进行单一技法训练，可以采用分解教学法教授短兵套路，可以利用游戏法和比赛法进行短兵对抗训练。

3. "中国短兵"在课堂外的应用

中国短兵的课外应用，主要是利用短兵社团或兴趣小组，依据共同的兴趣爱好，形成团体组织，在一起相互激励，一起进行学习、研讨，可以配备相应的指导教师或技术顾问，讲授技术的同时把握社团的政治方向。

4. "中国短兵"在实战中的应用

中国短兵的训练目的是为了激发爱国热情，同时培养军事技能，这一技能必须能经受住实战的考验，因此在有了训练基础之后，应采用发现教学法培养学生的战术意识，利用模拟实战训练法提升学生的心理素质及运动智能。可以设置不同的突发事件，让学生独立处置，通过对比同学间的差异找出最佳处置策略；可以改变短兵器的长短，更加贴近于实战，可以模拟成刺刀，可以模拟成匕首，也可以模拟成短棍等一切实战中具有实用价值的武器。通过全方位的模拟实战，达到以练为战，战之必胜，使普通高校学生不再是文弱书生，而是有胆略有本事的爱国青年。

（二）军事技能训练的创新发展

"中国短兵"在军事技能训练中的应用仅是一种创新，军事技能训练不应仅仅停留在原有的方式方法上，中国特色社会主义正迈向新时代，各行各业变化日新月异，在保证完成军训任务的前提下，必须紧跟时代步伐，创新发展才能走在世界军事技能训练的前列。

1. "中国短兵"的应用仅是创新范例

"中国短兵"在军事技能训练中的应用仅是一个创新例子，而且这一创新处于起步阶段，其实践应用仅在少数学校进行探索，在教学中也存在一些问题，在调研的基础上，探讨解决问题的方法。但总体来看，目前效果良好，中国短兵在军事技能训练中的应用正在摸索中前行。

2. 鼓励高校因地制宜的创新发展

军事技能训练的创新发展不能照本宣科、生搬硬套，需要结合各地具体情况，考虑各普通高校学生的实际专业、体质基础等情况，综合设置相应的军事技能训练科目，例如医学专业学生的战地救护、警察学院的"真人CS"，都是很好的训练科目，既是军事技能训练科目，又是学生专业发展需要的科目。军事技能训练应在大纲规定的基础上增加校本科目，真正实现普通高等学校军事技能训练的创新发展。

3. 调动主观能动性完成训练任务

"知之者不如好之者，好之者不如乐之者。"普通高等学校学生才是军训的主体，只有激发其参训的主观能动性，才能更好地完成军训任务，让其受益终生。军训是大学的第一课，大学生内心是期待军事训练的，如何让学生喜欢军事技能训练，期盼军事技能训练，并传播军事技能训练的益处，形成良性循环是我们必须重视的课题。参训官兵作为军事技能训练的主导者，应在深刻认识军事技能训练意义的基础上，发挥自身优势，按纲施训、科学施训、文明施训，利用自己的人格魅力和军事素养调动学生参训兴趣，乃至影响受训学生一生。

4. 国防教育应稳步提高训练质量

"国无防不立，民无兵不安。"国防教育意义深远，军事技能训练责任重大，必须按纲、科学、文明实训，圆满完成军事技能训练任务，提高参训官兵责任意识，调动学生参训主观能动性，因地制宜创新发展，稳步提高学生军事技能训练质量。

新时代普通高校大学生军事技能训练实践课程模式创新探索

贺玉琴　王利明*

摘　要：本文以作者多年普通高校军事理论课程教学和军事技能训练组织与管理经验为基础，梳理剖析目前普通高校军事技能训练实践课程现状，思考剖析存在的问题和根源追溯，以党在新形势下的强军目标为统领，结合普通高校课程建设的规律与特点，旨在探索军事技能训练实践课程新的教学与管理模式。

关键词：强军目标；军事技能训练；创新模式

在新时代强军目标的引领下，普通高校军事技能训练必须开创新局面。为改革创新，国务院及相关单位相继发出《关于印发国家教育事业发展"十三五"规划的通知》《关于深化学生军事训练改革的意见》（国办发〔2017〕76号）等重要指导性文件，旨在推动建设新时代普通高校大学生军事训练课程的新格局，拓展大学生军事训练综合育人功能，提升大学生的国防意识和军事素养。

一、普通高校大学生军事技能训练现状分析

《中华人民共和国兵役法》第45条规定，普通高等学校的学生在就学期间，必须接受基本军事技能训练。2007年9月至今，普通高校开设军事技能训练课程最主要的依据是2006年教育部、总政治部、总参谋部三部联合制定和修订的《普通高等学校军事课教学大纲》（以下简称《大纲》）。《大纲》第五条规定：军事技能训练时间为2~3周，实际训练时间不得少于14天。在组织军事技能训练时，要以中国人民解放军的条令条例为依据，严格训练，严格要求，培养学生良好的军事素质。《大纲》第七条规定的军事技能训练内容和教学目标见表1。

《大纲》着眼时代特征、遵循新兵训练教育规律，旨在使学生掌握基本军事技能和军事理论，增强国防观念、国家安全意识，强化爱国主义和

---

* 作者简介：贺玉琴（1976年~），女，硕士，内蒙古工业大学讲师，主要从事国防教育研究；王利明（1969年~），男，内蒙古工业大学学工部部长，副研究员，主要从事思想政治教育研究。

基金项目：2018年内蒙古哲学社会科学规划项目，"在我国军民融合战略下内蒙古地区普通高校国防教育实践研究"（项目编号：ISSFP2018201810380）资助。

集体主义观念,加强组织纪律性,促进综合素质的提高,为我国人民解放军训练储备合格后备兵员和培养预备役军官打下坚实基础。但普通高等院校在为全校新生开设军事技能训练课程时,遇到了如下困难。

表1 军事技能训练内容和教学目标

军事技能训练内容		教学目标
条令条例教育与训练	(1)《内务条令》教育 (2)《纪律条令》教育 (3)《队列条令》教育 　A. 单个军人队列动作训练 　B. 分队队列动作训练	了解中国人民解放军三大条令的主要内容,掌握队列动作的基本要领,养成良好的军人作风,增强组织纪律观念,培养集体主义精神
轻武器射击	(1) 武器常识 (2) 简易射击学理 (3) 射击动作和方法 (4) 实弹射击	了解轻武器的战斗性能和基本射击理论,掌握半自动步枪射击的动作要领,完成第一练习实弹射击
战术	(1) 战斗类型和战斗样式 (2) 战术基本原则 (3) 单兵战术动作	了解战斗的基本类型和基本样式,掌握战术基本原则的主要内容,学会单兵战术的基本动作要领
军事地形	(1) 地形对军队战斗行动的影响 (2) 地形图基本知识 (3) 现地使用地形图	了解地形对作战行动的影响,掌握地形图的基本知识,学会现地使用地形图的方法
综合训练	(1) 行军 (2) 宿营 (3) 野外生存	了解行军、宿营的基本程序、方法,培养野外生存能力

困难一,承训官兵数量不足。伴随我国国防和军队改革的不断深入,走中国特色的精兵之路,军队由数量规模型向质量效能型逐步转变,持续聚焦打仗职能,客观上使得普通高校军训时很难聘到数量稳定的承训官兵。以2017年全国普通高等院校军事技能训练为例,2017年全国高考录取总人数为705万,按90人编制一个连,每个连由一名现役军人组织训练计算,全国至少需要7.84万现役军人才可以完成大学生军训。然而,当前部队处于改革攻坚聚力转型深水区,肩负战斗力升级和精简整编的双重使命。每年9月份正值部队训练演习任务较重的时期,且面临秋季老兵退伍和新兵训练任务,抽调人员为大学生军训切实存在很大困难。对高校来说,缺

乏足够的富有军事素质的教官是当前提升大学生军事素质的瓶颈之一。

　　困难二，组训教师队伍单薄。军事技能训练课程主要施训者是教官，其组织和管理任务由高校的国防教育老师和各学院的辅导员老师来承担。目前的现状是高校国防教育教师队伍建设普遍滞后，人员编制较少，大多是改行后从事国防教育教学与组织管理工作，专业培训不足。多数教师既承担军事理论课程的教学工作，又承担军事技能训练的组织和管理，很难做到兼顾并重。辅导员教师队伍近些年也严重不足。以我校为例，平均一个学院一名学工辅导员老师，军训时如全程参与，学院其他学生就处于无学工老师状态。组织和管理人员的不足，直接影响了军训的质量和效果。

　　困难三，组训硬件设施匮乏。军训所需硬件设施主要指完成军训课程的教学内容所需场地和设备。如果参训的学生可以去部队或军事基地训练，硬件设施可以得到保障，但组织和保障难度亦相应增大。大多数院校立足现有学校校园军训条件组训，硬件设施难以满足《大纲》训练标准。多数院校硬件条件仅满足《大纲》训练内容的第一部分解放军三大条令的基本内容，其他轻武器射击、战术训练、军事地形、综合训练等相关的训练科目无法组织或达不到训练效果。

　　承训教官不足、组织管理力量单薄、训练硬件设施短缺这些现实困难，导致大部分院校无法完成训练内容，达不到《大纲》的训练标准，陷入"军训年年搞、年年老三样，只重视形式、无实质内容"的困境。

二、军事技能训练课程处于困境的根源追溯

　　1985年教育部、劳动人事部、财政部、总参谋部、总政治部、总后勤部六部委根据1984年《中华人民共和国兵役法》联合发布《高等院校和高级中学学生军事训练实行办法》。当年9月全国首批52所高校军训试点正式启动，随后的几年，全国高校军训试点逐渐增加，到1992年增加到143所。组训形式主要是到部队训练和在学校训练这两种。

　　这段时期我国军队总人数在300万以上（如图1所示），全国高考招生总人数在80万以内（如图2所示），因为只是部分高校军训，所以实际军训的总人数还要少于80万。从军人总人数和当年要军训的总人数来看，军人人数远远大于军训人数，按《实行办法》完成普通院校大学生军训工作是可行的。

　　1994年国家教委、总参谋部、总政治部颁发了《高等学校学生军事训练教学大纲》，仍以试点为主建设。1994年到2001年，军队的总人数裁减到250万（如图1所示），全国高考招生总人数从1994年的90万增加到2001年的260万（如图2所示），军队总人数和高考招生总人数到2001年

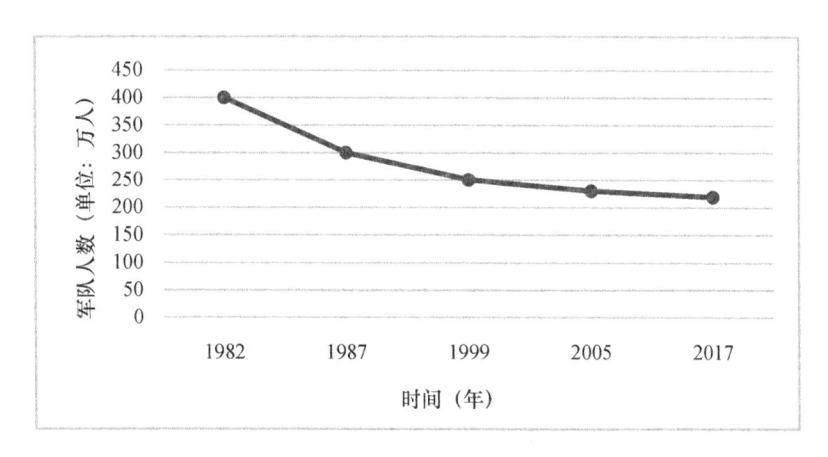

图 1　中国军队 1982 年至 2017 年总人数表

几乎相当。这段时期，部队承训任务逐年增大，但试点建设的"惯性"仍在，高校军训质量基本得到保障。

2002 年，教育部、总参谋部、总政治部联合颁布《普通高等学校军事课教学大纲》，明确规定普通高等院校军事课由军事理论课程和军事技能训练两部分组成。2007 年，教育部、总政治部、总参谋部三部对 2002 年所颁布《大纲》军事理论课程部分内容进行了修订后再度联合颁布新的《大纲》。2007 年《大纲》与 2002 年《大纲》相比，军事技能训练部分没有调整。2007 年《大纲》一直沿用至今。

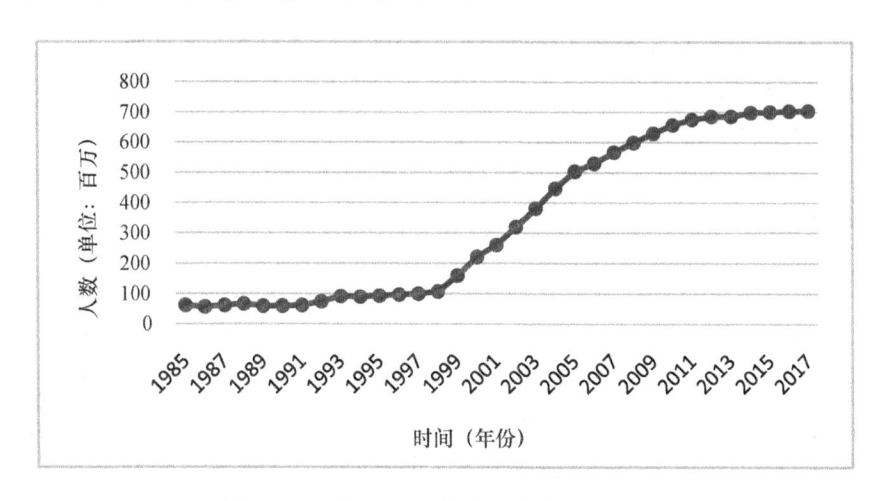

图 2　1985 年至 2017 年全国高考录取总人数

我国在2005年和2015年又进行了两次裁军并大规模进行军队编制体制改革，向着"能打仗、打胜仗"的战斗标准建设，向着"全面建成世界一流军队"的强军奋斗目标建设。而每年全国高考录取总人数却是越来越多，2002年320万、2017年705万（如图2所示）。承训人数和受训人数的"此消彼长"，训练标准和训练力量的"此长彼消"是军事技能训练课程处于困境的肯綮所在。

三、加强普通高校军事技能训练课程建设的必要性

《国防教育法》指出："学校的国防教育是全民国防教育的基础，是实施素质教育的重要内容。"国不可一日无防，普通高校既培养祖国建设者，也培养祖国保卫者，军训是他们在部队外服兵役的一种重要形式。在高校开展以学生军训、军事理论课教学和课外多层次多样式国防教育活动，是提高大学生综合素质和加强国防后备力量建设的重要战略举措，高质量的训练可以培养爱国主义精神和培育基本军事技能，为国家战时兵员动员打下了坚实基础。

当今世界，多数国家十分注重学生的军事训练。美国制定了《国防教育法》并要求公民在规定的年龄必须参加军训，在350所高校设有后备军官训练团。英国陆军在高校设立军官训练团，空军在高校设立训练中队。其他国家，如印度、越南、波兰等也都对学生参加军训有严格的要求。新时代我国军队直接从大学生中招收义务兵、士官的比例逐年增加，普通高校已成为部队的主要兵源地带。2017年9月23日，习近平总书记给南开大学应征入伍的8名大学生回信鼓励他们珍惜身穿戎装的机会，把热血挥洒在实现"强军梦"的伟大实践之中，在军队这个大舞台上施展才华，在军营这个大熔炉里淬炼成钢，书写绚烂、无悔的青春篇章，这极大地鼓舞了在校大学生应征入伍的积极性。他们的入伍可为部队注入新鲜血液，对提升军队整体素质起到积极作用，大学阶段的军训可以缩短新兵入伍训练的适应期。

四、军事技能训练课程的改革探索

随着军队总人数的缩减和高校录取人数的增多，20世纪80年代形成的军事课教学试验模式已经不符合现在的教学实际了。当年，军事课教学模式的形成没有按照高校教学规律建设，而是把部队培养新兵的方式移植到高校，模拟部队进行军事技能训练。由于当时军人远远多于大学生（如表2），这种训练模式在当时是可行的，但从20世纪80年代起，我国军人人数与大学生人数已经发生了翻天覆地的变化（如图3），高校也已从当年

的精英教育发展到现在的普及教育，而军事课教学模式却不曾改变，导致了当前高校军事技能训练的困境——《大纲》要求无法完成，所以必须对其进行大刀阔斧的改革。

表2　不同时期解放军军队总人数与全国高考录取总人数之比

时间（年）	军队总人数（万人）	全国高考录取总人数（万人）	军人与大学生比
1987	300	62	大约 5∶1
1999	250	160	大约 5∶3
2005	230	504	大约 1∶2.2
2017	219	705	大约 1∶3.2

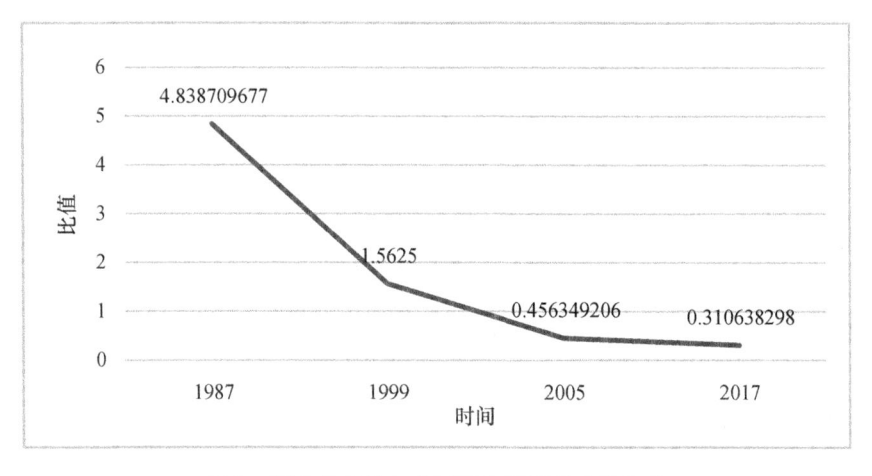

图3　军人总人数与全国高考录取总人数比值

（一）军事技能训练需走"全年实施"的路子

教学改革必须遵循教学规律，这是走出困境的根本。现在全国大多数学校均已完成新校区的建设，部分问题已得到缓解，但教官不足的问题却没有办法完全解决，也不可能完全解决，因为同一时间学校对军人的需求量太大。很多高校用优秀学生标兵、国防生、退役士兵进行施训，这都不是长久之计，只能缓解燃眉之急，训练效果远达不到《大纲》的标准。

针对上课学生数量较大的实践课程，高校通常采用分批次进行上课。军事技能训练作为学校的一门实践课，如采用分批次进行训练，可把"季节性"的军训实践课程"全年化"，有利于军训课程的稳定性和长期性建设。例如，某高校每年平均招生人数为5400名，平均分成六批，每批900

人，六批学生可以分别在9、10、11月份和第二年的3、4、5月份进行军训（如图4所示），每批学生进行军训所需教官10人。分批次军训是解决集中承训人力不足矛盾的有效方法，既减轻了承训部队的人员调度压力，又减轻了场地等硬件环境压力。同时，学校长期进行军训，营造了浓厚的军事训练氛围，保持了国防教育的"常备不懈"。

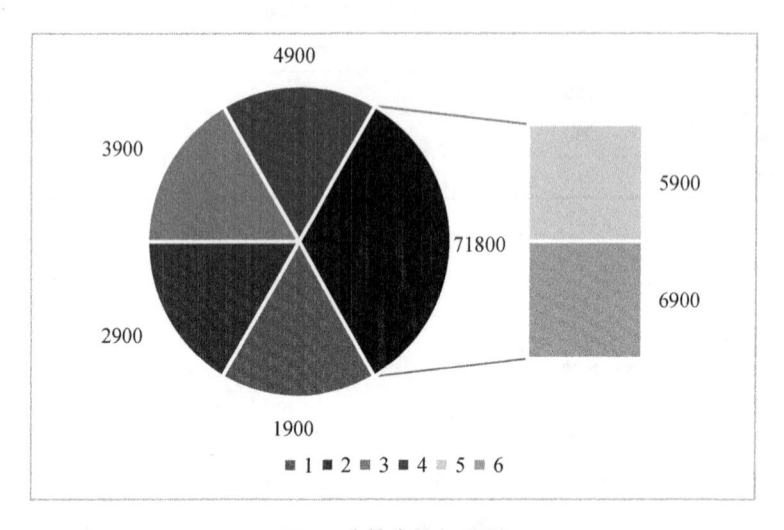

图4　分批次进行军训

（二）军训基地建设要走"专业标准"的路子

随着经济发展，高校硬件设施环境普遍提高，占用校内马路军训，租用场地军训的现象得到很大改善，但占用篮球场、足球场、排球场和教学楼附近进行军训影响其他课程教学进行军训的现象还是普遍现象。如果军训如第一条所述长期进行，势必影响其他课程的教学实施。为不影响学校其他课程的正常实施，建设保障全年化、分批次进行军训的军训基地势在必行。在建设过程中，必须考虑其专业性和标准化的问题。专业性就是要和《大纲》要求匹配起来，满足具体科目要求，既满足训练要求，又满足安全防范标准。标准化就是要有统一的标准，便于建设，利于考核，适于推广。

（三）《大纲》教学内容要走"与时俱进"的路子

高校培养的人才既是我国经济建设的主力军也是保卫国家的生力军，他们面向的是祖国未来的威胁、未来的战争。"一场战争异化一场战争"，最先进的技术首先应用于军事，所以用于指导军事训练的《大纲》必须紧随时代。未来的战争形式多种多样，精确战、网络战、电子战、情报站、心理战等等，敌人也不仅仅会针对我国国土进行攻击，还可能会从政治、经济、金融、环境、信息、网络等各个方向进行攻击。军事技能训练课程的教学内容也应该综合考虑，既要有体能训练更要有技能训练，内容需跟上新时代的军事科技和国家安全观发展的步伐。除了开展队列训练、定向越野、军体拳、军用枪射击、野外生存等体能训练，更要开展规避灾害、防火防空逃生、自救互救等常识演习，以及类似无线电测向、雷达技术、通信技术、北斗导航定位系统应用等方面的军民两用技术实践训练。这项训练内容的增加还有利于我国军民融合深度发展战略在教育领域的实施。《大纲》教学内容可根据时代的变化适时进行调整，训练形式也可以采用多种方式进行。表3列出建议修改后的《大纲》军事技能训练教学内容和教学方式。

表3　建议调整后的《大纲》军事技能训练教学内容和教学方式

军事技能训练内容		教学方式
条令条例教育与训练	（1）《内务条令》教育 （2）《纪律条令》教育 （3）《队列条令》教育 　A. 单个军人队列动作训练 　B. 分队队列动作训练	场地训练
轻武器射击	（1）武器常识 （2）简易射击学理 （3）射击动作和方法 （4）实弹射击	场地训练＋军事游戏训练
战术	（1）战斗类型和战斗样式 （2）战术基本原则 （3）单兵战术动作	军事游戏
军事地形	（1）地形对军队战斗行动的影响 （2）地形图基本知识 （3）现地使用地形图	军事游戏
综合训练	（1）行军 （2）宿营 （3）野外生存	城市周边实地训练
避灾求生训练	防空防火演习 减灾防灾避险自救演习 反恐自救演习	演习
军民融合高技术实验	通信技术 雷达技术 北斗导航定位系统应用	实验

教学内容丰富、教学方式多样，学生自然会爱上军事技能训练课、爱上国防，使得国防后备力量长盛而不衰，也就达到了普通高等学校开设军事技能训练课程的目标。

（四）教师队伍建设要走"专职专业"的路子

大学生军事技能训练中，国防教育教师是主要的组织者和管理者，建设一支能够适应军事技能训练要求的、具有较高任教能力的师资队伍关系到高校军事训练的质量。国防教育教师队伍建设既要掌握军事技能训练的组织与实施，深谙军事技能训练规律和技巧，又要在军事理论教育上具有较高学术水平和任教能力。要提高国防教育教师的"军事色彩"，提供渠道让国防教育教师走进军营，加大军事教育领域的军民融合深度发展，让他们从军营中感受军事训练氛围，学习军事训练的组织实施，体验军营生活，从中汲取营养。要提高国防教育教师的"专业色彩"，要提供普通高校国防教育教师与军队理论研究人员的"接口"，通过专业论坛、学术交流等平台，建立交流机制，提升普通高校国防教育教师的学术"军事化"素养。要提供国防教育教师的"晋升渠道"，要克服国防教育教师任用的随意性和福利待遇的差别性。国防教育教师职称评聘有专业标准，要提供国防教育教师的晋升空间，实施与其他教师一致的晋升渠道。

"双一流"高校军训工作现状及问题解决路径探究

吴友华 王 涛 张 毅*

摘 要："双一流"大学培养的都是高水平高素质人才，因此要注重对学生国防意识的教育。军训工作开展几十年来，暴露出不少问题，存在着诸多制约学生军训质量提高的"短板"与"瓶颈"，亟待突破、补齐、解决。本文提出着重应从以下几个路径进行改革，分别是要选拔配备优秀的军训教官，要赋予军训以丰富的时代内涵，要引导学生树立正确的价值取向。

关键词："双一流"高校；大学生；军训

党的十九大着眼于国家安全和发展战略全局，确立了习近平强军思想在国防和军队建设中的指导地位，明确党在新时代的强军目标是建设一支听党指挥、能打胜仗、作风优良的人民军队，为新时代推进强军事业提供了行动指南。学生军训能够实现高校立德树人的根本任务，也能提高学生国防教育质量，为新时代强军事业人才培养基本军事素质和技能，对国家稳定繁荣、人民安居乐业、军队练兵打仗都有十分重要的作用。目前全国有1800多所高等学校、近2.1万所高级中学开展了学生军训活动，每年参训学生达1600多万人。随着新时期"双一流"高校的确立，其承担的责任和意义也就更加突出和重要。如何确保学生军训，尤其是"双一流"高校军训工作顺利展开并取得多赢的局面成为当前迫切需要解决的问题。

一、大学生开展军训的重要意义

大学生开展军训是加强国防教育的重要举措。随着国家教育政策的调整，高等学校招生规模日益扩大，学生在校期间应基本掌握必要的军事知识和技能，以提高全民的国防教育素质，扩大军队后备兵源。军训工作及其模式的开展、加强和改进就显得十分必要。同时，现代战争不仅是国家人力、财力和物力的较量，更是先进科学技术的竞争。而高等学校在当中

---

* 作者简介：吴友华（1966年~），男，重庆荣昌人，本科，现任职于重庆大学党委武装部，副处级职员，主要从事大学生国防教育方面的研究；王涛（1984年~），男，硕士，现任重庆大学建设管理与房地产学院团委书记，助理研究员，军事课授课教师，主要从事国防教育、思政教育、生涯教育研究；张毅（1962年~），男，本科，现任重庆大学年级组长、班主任，主要从事中学军训教育研究工作。

扮演着培养高科技专业人才，建设新时期的人民军队，巩固现代化的钢铁"长城"的重要角色。培养学生的国防意识需要军训工作的顺利开展。

高等学校是培养专业人才的主要阵地，军训和这个根本任务并不冲突。相反，未来就业所需要的很多素质正是由军训培养的。大学生在军训中能够得到思想性、知识性与技能训练于一体的综合性素质教育。通过一段时间的艰苦训练，既增强了体魄、磨练了意志，还培养出敢打必胜、吃苦耐劳、团结互助的优良作风，组织性和纪律性也得到极大的提升。军事本身也是一门科学，有其自身的规律和特点，并且包含了许多社会科学与自然科学的内容，学习军事也可以促进学生对其他专业课的学习。军训还是高等学校新生适应新阶段学习生活的缓冲，将入学教育与军训相结合，可以帮助学生及时调整心态，适应新的学校、班级、宿舍和学习生活，也使他们有机会熟悉和建立新的人际关系，从而形成良好的学风、班风和校风。

二、"双一流"高校军训面临的"瓶颈"与"短板"

（一）重训练轻理论

当前，大学生军训主要采取的方式为学校与当地军校合作，军校派遣学员作为教官主导军训教学，学校成立军事教研组组织军事教员进行理论教学，高校与军校联合成立临时党委统筹军训各项工作。但是，高校对于军事理论课的重视程度明显不如学生军训，表现为：军训期间每周基本只有一两次的理论教学往往成了学生放松、休息的最佳时间，在理论学习过程中，教师军事素质与水平无法与时俱进，教材内容不能及时更新，在复杂多变日趋严峻的国防形势中仍沿用着每年相同的课件与教材，学生无法真正领会和了解当今我国的国防现状和对策；军事课程体系缺乏整体优化，课程设置不够规范、不够系统；教学内容乏善可陈，课堂气氛枯燥沉闷，缺乏提起学生兴趣的关键点，学生往往因为平时训练劳累而在课堂上犯困。

（二）教师队伍素质参差不齐

军事课教师队伍包括技能训练教官和理论课教师队伍。目前大多数技能训练教官由部队派遣，教师由学校统筹安排，在实践中，无论军训教官还是军事理论课教师都存在素质参差不齐的现象。以我校为例，我校与本地通信士官学校开展了多年的合作，军校派遣的军校学员与本校大四年级国防生联合担任技能训练教官。军校学员与本校国防生的水平难免参差不齐，而我校军事理论教师，大多由各学院辅导员组成，隶属本地民兵队伍，这也严重影响了军事课教学的质量。随着近些年来高校教育改革的深入以及机构的精简,我校把武装部、军事教研室合并到学生处,导致军事理论教研"名不副实",在高校国防教育中难以发挥当初的职能。军事教研人才的减少意味着教师数量的减少以及师资来源的良莠不齐。我市军事理论教师没有相应的职称评定系统,因而几乎没有具有军事学科专业职称的教师。在每年军训之前,只是临时计划对军事课教员进行辅导与培训,这样的培训不足以使教员达到较高水平,难以达到素质教育的成效。

(三)大学生对国防教育和军训的认识不足,国防意识淡薄

当前,国际形势正处于深刻复杂的变化中,虽然和平和发展仍是世界主题,但世界形势仍日益显露出一些不确定和不稳定因素。在这种大背景下,当代大学生对国家及地区之间潜在的矛盾、冲突和摩擦却往往认识不清,对不流血的战争及"和平演变"对国家安全的威胁更是缺乏必要的思想准备。从国内形势看,改革开放40年来的建设与发展,综合实力和人民生活水平大幅提升,国际社会更加看重中国的国际地位作用,我国安全环境总体有利。长时间的和平环境和应试教育的限制,致使部分大学生对现代国防的真正含义知之不深,也缺乏判断是非曲直的基本能力。对于世界观、人生观和价值观尚不成熟的大学生来说,很容易受到不良思想和西方敌对势力"糖衣炮弹"的侵蚀。在部分大学生看来,抵御外敌、保家卫国仅仅是军人的事情,对"国家兴亡,匹夫有责"认识不够深刻,对国家的安定和繁荣需要强大的国防力量做后盾的认识较为肤浅。调查显示,大学生接受国防教育的主要途径仍然是电视、手机媒体和教科书;53.4%的大学生不希望加大军训强度;30.6%的学生对于再参加一次军训的选择是能免则免。国防建设需要每一个公民的参与和奉献,这不仅仅是军人的职责,更是每一个公民的责任。因此,当代大学生不仅肩负着建设社会主义现代化国家、振兴中华民族的历史重任,同时也担负着保家卫国、抵御外敌的神圣义务。

三、军训工作问题探究

(一)要选拔配备优秀的军训教官

教官不仅是军事理论、军事技能的传授者和训练的具体组织者,也是我党我军优良传统和作风的传播者。能否把派遣教官选好配强,直接关系到学生的军训质量,关系到青年学生的健康成长,关系到军队的声誉和形象。一是教官团队要立标准。以我校为例,派遣至我校的军校教官,虽然是选拔出来的素质较高的学员,但很多教官仍把军训当作一次外出放松的过程,教学任务仅以完成基本任务为准,教官队伍管理不善,自身都没有践行好部队的每日生活作息制度。因此所有教官要具备过硬的政治思想觉悟和较高的理论政策水平，能在思想上、政治上同党中央保持高度一致；有优秀的军事素质和组织教学能力，能担任多个科目的军事教学任务；自觉遵守党和军队的纪律，作风正派。在团队整体能力上，要结合军训内容，按照"四会"教学要求，全面而有重点地选拔素质较高、能力互补的教官，使教员团队"能文能武"，提高军训效果。二是规范程序，严格选拔。尤其要重点选拔熟悉基层情况的教官。例如我校，结合本校国防生队伍优势，好中选优，每个连安排一名具有优秀训练基础的高素质国防生，协助承训教官共同完成军训教学任务，教学组织要集中培训集中管理，真正建立一支政治强、素质高、纪律严、作风正的教官队伍。

（二）要赋予丰富的时代内涵

1. 军事理论课要紧跟国际形势和军事理论的发展

高校军训中的军事理论教学应当运用多媒体等技术，重点讲解信息化战争、高技术战争，一体化作战原则以及最新的军事前沿理论。而不是着重于历史的讲述，过多地讲述毛泽东军事思想和抗日战争等题材，难以激发学生的兴趣点。同时，军事理论教学要紧跟国际形势和军事理论的发展变化，立足世界新军事变革前沿，增加现代信息作战样式等内容，如信息战、电子战、太空战、GPS与北斗导航技术、我国新型航母建设与J-20、运-20等，通过视频影像等资料使军事理论课更加生动活泼，使学生进一步了解军事前沿动态。

2. 军事技能训练在内容与形式上要与时俱进

调查显示，绝大多数大学生在中学时期都参加过军训，因此步入高校，尤其是"双一流"高校，我们作为军训的组织者不能做简单的重复，而要在内容和形式上进行充实和发展。很多高校的军训主要以队列训练和轻武器射击为主，使大学生掌握基本的军事知识和战术技能。刚刚经历高考的一年级新生身体素质、心理素质都很脆弱，不尽如人意，要在短时间内得到提高是不现实的。因此，组织大学生军事训练必须针对当代大学生的新特点，不断创新训练手段，对军训内容要把握重点，增强针对性、提高趣味性；精心设计，合理安排，在军训传统科目中创新。川渝地区为地震多发地区，我校将单一的军事技能训练与抗震抢险演练有机结合起来，把紧急动员演练、防汛抢险演练、应付突发事件演练、军体拳、防核防爆、自救求生等内容融入训练当中去。这也是对中学军训内容有效的衔接和发展，使学生觉得军训有趣不枯燥，有效避免了学生军训故意请病假、装晕倒、盼下雨等畏惧心理，同时学生也学到了课堂里学不到的处置突发事件的方法和能力。我校多年以来已经把消防疏散演练、紧急集合联动、防空防核防毒演练等融入其中。根据反馈，均深受学生欢迎。

3. 着眼加强国防后备力量管理的长效机制建设

生长在和平年代的"90后""00后"大学生普遍认为，战争离我们很远，但现实中的局部战争和冲突随时可能爆发，东海、南海地区的安全形势也不容乐观。《国防教育法》指出："学校的国防教育是全民国防教育的基础，是实施素质教育的重要内容"，强调了国防教育要从学生抓起。在高校开展军事训练，是党中央的一项具有战略意义的决策，也是新时期法律赋予高校的义务。我国是一个人口大国，没有强大的国防就谈不上建设一个强大的国家、树立强大的国威。学生是国防建设的后备力量，是兵员储备的人力资源。随着军事高科技的飞速发展，未来战争是技术的抗衡、是人才的较量，大学生服兵役对改善现代军队兵员文化、科学技术结构具有重要意义。而这些人才的培养，仅仅依靠军队院校是远远不够的，还必须依靠地方院校的力量。高校应该着眼长效机制建设，尤其要建立科学有效的大学生军训技能和思想教育的考核机制，多形式、多途径地把国防教育和军事技能贯彻到大学生的学习和管理之中，以此巩固军训的成果。我校成立的军事教研室，与地方武装部建立了长效训练合作机制，每年会组织学生观摩军事基地、空军场站，参观我军现役、退役装备，前往民兵训练基地进行实弹射击等。大学四年时间，使大学生充分接受军营文化和不怕牺牲、奋勇向前的进取精神的深刻熏陶，可以培养学生服从命令听指挥的纪律观念，使大学生体能与精神相应得到锻炼和升华，达到国防教育的目的，同时还能推动大学生征兵入伍工作。

（三）引导学生树立正确的价值取向

我国已进入社会主义新时代，在这个全面建成小康社会的关键时期，大学生军训要重点培养大学生对社会主义美好生活向往和追求的理想、信念、以爱国主义为核心的民族精神以及具有时代创新性的个体价值观等，从而促进大学生为实现中国特色社会主义现代化事业而奋斗。

1. 树立以社会主义、共产主义理想信念为核心的价值取向

大学生军训教育从理想和信念的角度来说，就是一种社会主义和共产主义的理想教育，这也是大学生军训价值取向的核心，是引领大学生价值取向的根本。偏离了社会主义和共产主义理想信念的军训，不但使大学生军训本身偏离社会主义的方向，更容易使大学生迷失方向。就大学生军训本身来说，就是一种以马克思主义为指导，培养有理想、有道德、有文化、有纪律的中国特色社会主义事业的建设者和接班人的重要途径，是国防建设后备力量储备的重要手段。大学生在军训教育过程中，养成对社会主义美好生活的向往和追求，促进大学生为实现中国特色社会主义现代化事业而奋斗。在军训过程中，不但要求学生掌握党和国家的军事历史、先

进的军事理论和军事技术知识,还要让当代学生居安思危,明白社会主义的现代化事业来之不易,这是我们中华民族世世代代与之奋斗的梦想和追求。当然,我们提倡社会主义、共产主义的理想和信念,不是只讲纯粹的政治价值取向,而是要与当前经济社会发展的阶段和特点相结合、与大学生的理想和信念结合起来,让学生群体在现实生活中找到这种理想和信念的共识。在这种共同理想和信念的社会基础上,把当前国家的各项社会主义现代化事业和个人理想、信念结合起来,并在将来的社会实践中为之奋斗。

2. 树立以爱国主义为核心的民族精神的价值取向

以爱国主义为核心的民族精神,是社会主义核心价值体系的精髓,是教育我们民族具备什么样的精神价值和精神面貌的根本问题。几千年来中华民族在长期的革命和建设过程中,形成了在面对困难和挫折,尤其是外敌入侵时的勇敢、坚毅、奋斗和牺牲精神,共同构建了这种爱国主义为核心的民族意识、民族品格和民族气质。当前,随着改革开放和社会主义市场经济的进一步发展,大学生思想活动的独立性、选择性、多变性和差异性不断增强,越来越迫切地需要对以爱国主义为核心的民族精神的价值取向做出清晰的界定。大学生的军训教育,首要的就是通过这种特殊的教育途径,将具有时代精神和民族精神的价值取向传递给当代大学生,使他们形成正确的国防意识、爱国情感和社会责任意识。这种爱国主义精神的价值传承,既是"天下兴亡,匹夫有责"的优良传统,也是我们在社会主义革命和建设过程中形成的壮士断腕、以凌云之志实现中华民族伟大复兴的奋斗精神和牺牲精神,更是实现与时俱进、开拓进取、求真务实、奋勇争先的时代精神。可见,在大学生军训教育过程中,我们在传递中外各种军事理论和军事技术知识的同时,在军训教育过程中培养学生国防意识和具有民族精神和时代精神的爱国主义价值观,使得大学生具有为实现中华民族伟大复兴而学习的信念,在现实社会选择中,在国家和社会面临重大转型时、在国际敌对势力破坏时,不至于妄自菲薄,也不夜郎自大。

(四)积极开展学生思想和心理干预

高校新生在军训期间思想和心理存在着巨大的变化,对新的区域、新的学校、新的同学以及新的教育模式都需要很快适应,这个适应的过程直接影响学生的行为和军训的效果。为此,军训组织者应该掌握其变化规律,有针对性地对学生思想和心理进行主动干预。

军训中必须坚持思想政治工作优先,以此为动力来调动学生的积极性,只要思想政治工作做得细,方法得当,就能激发起参训学生的旺盛斗志和热情。军训前应做好思想动员和发动工作,军训中教官队伍和学生辅导员群体要做到言传身教，为学生做好榜样，并注意时刻关心学生的身心健康，及时把握思想变化动态，把思想政治工作做早、做深、做细。军训组织者应根据大学生心理变化规律，积极研究提高其心理适应能力的对策和办法。除了要积极做好集中训练期学生的思想政治工作，还应加强学生心理健康教育，坚持双管齐下的方针。在军训的各关键时期，及时进行心理疏导。

"中国梦"引领"强军梦"，"强军梦"支撑"中国梦"。总之，要从战略高度深刻认识大学生军训在国家安全和国防建设中的重要意义，对大学生军训工作进行大刀阔斧的改革，构建一套具有内容的时代化、过程的科学化、成果的长效化和保障的制度化特点的军训体系，从而最大限度地释放和发挥军训在培养高素质新型军事人才和国防后备力量方面的效能，为实现"强军梦"提供强有力的智力支持和人才支撑。

新时代发挥学生军训的育人作用，占领大学生的思想主阵地

李新柱[*]

摘　要：新时代随着我军信息化建设的不断推进，大学生士兵将成为提高兵员素质的重要途径。由于受长期的和平环境、市场经济和西方不良文化思潮的影响，大学生的政治思想也呈现出多元化趋势。因此，我们要充分发挥学生军训的独特优势，占领大学生的思想主阵地，提高大学生思想政治觉悟，树立正确的人生观、价值观，激发爱国热情，增强国防观念和国家安全意识，培养造就一大批合格的德才兼备的社会主义建设者和接班人。

关键词：学生军训；育人作用；思想阵地

随着我军信息化建设的不断推进，武器装备的信息化程度越来越高，对军队人员的素质提出了更高的要求，大学生士兵将成为提高兵员素质的重要途径。作为社会主义国家现代化的建设者和接班人的大学生，其自身素质的高低，国防意识的强弱，不仅关系到学生本人成长成才，还关系到民族的振兴、国家的安全和发展。但由于长期的和平环境和市场经济的影响，大学生的国防意识、入伍动机、价值取向等方面，呈现多元化趋势，加之西方敌对势力对我国实施"西化""分化"的战略图谋从未停止，特别是对广大青年学生的思想侵蚀和渗透更加深入，一些负面的思潮在学生思想中蔓延，在一定程度上影响到大学生的思想认识和行为观念。因此，发挥学生军训的独特优势，占领大学生的思想主阵地，提高思想政治觉悟，激发爱国热情，增强国防观念和国家安全意识，增强组织纪律观念，培养艰苦奋斗、吃苦耐劳作风，是普通高校加强学生军训，提升大学生国防教育重视程度的战略举措。

一、新时代大学生政治思想存在的主要问题

通过调研我们发现，大多数的大学生在政治思想上的觉悟还是比较高的，他们都具有比较强的社会责任感及社会公德意识。但是也有一部分大学生的思想还存在着各种矛盾和困惑，主要表现在以下几方面。

---

[*] 作者简介：李新柱（1966年～），男，河北徐水人，陆军边海学院学生军训教研室教授，主要从事军事理论教学与研究工作。

(一) 社会主义政治意识淡漠

近年来网络上出现一些污蔑政府、歪曲事实的文章和段子，大肆宣扬淡化共产主义理想，淡化马克思主义在意识形态上的指导地位，鼓吹资本主义的价值观，抹杀社会主义的意识形态，这些精神文化"毒品"，正在一点点地摧毁中国人的国家自信、道路自信、民族自信、文化自信、政治自信。在西方敌对势力意识形态领域的渗透下，一些大学生对社会主义的前途和命运也产生了这样那样的忧虑，他们当中不同程度地出现了"信仰危机"。

(二) 集体主义价值观念淡化

改革开放以来，我国社会主义建设取得了巨大成就。但是，随着经济体制改革的深入发展，我国社会不可避免地产生了各种新的矛盾和新问题，特别是我国现在正处在社会政治、经济、文化的全面转型时期，社会生活中出现许多新情况、新问题。这些新情况、新问题反映到人们的思想领域，必然会引起价值取向的多样化，同样，这些变化不可避免地对大学生产生严重影响。当前，集体主义价值观念淡化是当代大学生中较为普遍存在的现象。在市场经济条件下，广大青年学生独立意识增强，他们希望通过个人的努力，获得社会的承认，实现自我价值，这当然是社会进步的表现。但是，也有少数大学生认为市场经济社会是"弱肉强食，尔虞我诈""一切都是商品"的社会，甚至认为"人不为己，天诛地灭"。从而在处理个人、集体、国家利益的关系上，自我意识膨胀，一切以自己为中心，把个人利益放在集体、国家利益之上。

(三) 自我为中心的个人意识突出

随着经济的发展，社会环境日益复杂化，各种利益群体的出现及经济成分的发展形成许多新的矛盾，很多大学生又都是家庭的独生子女，有些人已经习惯了衣来伸手饭来张口的生活，缺乏对家庭、学校及社会的责任感，没有团体意识，往往以自己为中心，养成了各种不良生活习惯，不健康的思想占据着他们的心灵。在校园时，整天忙于各种考试，一心只想着毕业后进入好单位。此外，网络已成为大学生现实生活的重要组成部分，他们在网上交流信息，用QQ交友，淘宝购物，刷微信、微博等等，整日沉迷于网上狭隘的虚拟世界，对真实的现实世界漠不关心，缺乏沟通。这些情况都说明了部分大学生自我为中心的个人意识突出。

(四) 社会道德规范意识的淡化

通过调查发现，在回答对道德的看法这个问题时，有的同学回答对自身有利的行为就是道德的；有的同学认为一个人的行为是自己选择的结果，没有道德可言；还有的则认为在市场经济中，是无需倡导无私奉献精神的。在看待作弊行为这个问题时，有一部分同学认为这种行为是正常的、可以理解的行为；还有的坦言自己也有过这种行为。而在评价人格、金钱和幸福这些概念时，我们也发现了他们对这些概念的认识都比较主观，对社会道德规范也持无所谓的态度，这种现象说明了一部分同学的社会道德规范意识出现了迷茫和淡化。

二、深刻认识学生军训在大学生思想政治教育中的地位作用

学生军训是国家人才培养战略的重要组成部分，是国防后备力量建设的重要措施，是改进和加强学校思想政治工作、提高学生综合素质，加强学校管理水平的重要环节，对培养合格的社会主义建设者和接班人、促进大学生健康成长成才具有重要作用。

（一）学生军训是提高后备兵员素质和建设信息化军队的客观需求

信息技术的发展给国防建设提出了新的要求，促使国防与军队建设实现新的变革。我军建设自20世纪末就开始了从数量规模型和人力密集型向质量效能型、科技密集型和转变。军队建设的目标向着打赢信息化战争、建设信息化军队努力。在信息化战场上，知识是战斗力的主导因素，敌对双方的较量，突出地表现为高素质人才的较量。国防与军队建设面临新形势和新任务。适应新形势、完成新任务，最需要的是人才。为了适应国防与军队建设对人才的新要求，国家和军队采取了一系列加强高素质人才培养的政策和措施。加强学生军事训练，提高兵员素质，是诸项强军措施中非常重要的一种手段。2017年8月26日国务院办公厅、中央军委办公厅联合颁发的《关于深化学生军事训练改革的意见》（国办发［2017］76号文件）指出："加强学生军事训练，按规定有计划地让普通高等学校和高中阶段学校学生掌握必备的军事知识、军事理论和军事技能，增强国防观念、国家安全意识以及综合素质，是实现立德树人根本任务、培养高素质后备兵员和提高教育质量的重要途径，对加快推进国防现代化建设、人力资源强国建设和实现中华民族伟大复兴具有重要意义。"

（二）学生军训是磨练学生意志品德和培养合格人才的重要举措

青年兴则国兴，青年强则国强。国家的发展与兴旺，需要大量高素质优秀人才。为了提高人才素质，中共中央、国务院早在1999年就颁发了《深化教育改革全面推进素质教育的决定》，明确要求对青年学生"加强民族团结教育，规范国防教育，提高学生的国家安全意识，继续搞好军训工作并使之制度化"。要求把学生军事训练工作作为全面推进素质教育、培养社会主义建设者和接班人的重要措施加以落实，并强调把学生军事训练制度化。学生军事训练在提高学生综合素质、培养社会主义事业接班人方

面是不可缺少的必修课程，是国家培养高素质合格人才的重要举措。坚持学生军事训练，就是贯彻落实国家人才培养战略意图。

1. 培养军事素质，奠定服役基础

学生通过军训，学习基本军事理论、掌握基本军事技能，奠定服兵役或承担国防义务的基础。《中华人民共和国宪法》规定："保卫祖国、抵抗侵略是中华人民共和国每一个公民的神圣职责"。"依照法律服兵役和参加民兵组织是中华人民共和国公民的光荣义务"。青年学生是国家未来人才队伍的骨干，必须有承担国防义务的责任意识和基本技能。通过军训，使青年学生增强身体素质，掌握基本军事知识和军事技能，进而为承担国防义务奠定必备的基础。

2. 经受艰苦磨练，培养意志品质

学生军事训练过程，不仅是理论学习和技能训练的过程，而且是向人民解放军学习的过程。在军训过程中，通过各种教育，使学生学习人民解放军艰苦奋斗、吃苦耐劳、爱国奉献、勇于牺牲、勇敢顽强、坚忍不拔的优良传统。这些传统，是正确的世界观、人生观、价值观的体现，是共产主义理想信念的组成部分。通过军事训练和解放军光荣传统的学习与教育，能够磨练学生的意志品质，培养艰苦奋斗、吃苦耐劳的作风，增强战胜困难的信心和勇气。使青年学生道德情操更加高尚，意志品质更加顽强。

3. 养成纪律意识，培养集体主义精神

学生军事训练是军事活动，属集体行为。军训过程中，不仅要求发挥积极主动性、自觉能动性，更要求遵守纪律、服从命令、互相配合、团结协作。通过军训，有利于培养学生爱国主义、集体主义、革命英雄主义精神，使学生从军训中感悟到纪律的作用和团结的重要，在潜移默化中培养集体主义精神。这是青年学生走向社会、担负社会责任、与他人合作共事不可缺少的品质。

4. 学习高新技术，开阔知识视野

学生军事训练安排了丰富的军事高技术知识学习内容，开展军事高技术以及兵器装备知识教育，能够把学生带入一个全新的知识海洋，极大地开阔学生的知识视野，进而可以改善青年学生的知识结构、活跃理论思维，促进学习科学文化知识的积极性。

5. 了解军事斗争形势，增强国家安全意识

学生军事训练贯穿着世界军事斗争、国家安全形势等教育，可使学生了解国际军事斗争状况，清楚国家面临的军事威胁，增强国防忧患意识。

（三）学生军事训练是培育学生纪律、团结意识，提高学校管理水平的重要手段

在实施学生军训的过程中，许多学校把学生军事训练作为增强纪律性、提高学校管理水平的手段，安排在新生入学期间进行。这说明学生军事训练与学校管理是一致的，军训有利于学校管理水平的提高。

1. 规范了大学生的行为动作

学生军训的技能训练是从行、走、坐、立等基本动作开始的，要求学生严格执行军队的条令条例，规范日常行为。这对于习惯于松散、自由的学生来说，是一种严格的动作规范过程，是礼节、礼貌的启蒙教育。经过初步训练，学生基本掌握了军事动作，懂得了礼节礼貌，精神面貌焕然一新。

2. 养成了大学生的纪律意识

学生军训不仅是军事知识教育和军事技能训练，更重要的是培养严格的纪律意识，要求学生具备令行禁止、雷厉风行的作风。经过"三大条令"学习和基本队列训练，青年学生普遍提高了纪律观念，把遵守纪律作为一种荣誉，把破坏纪律看作一种耻辱。学生纪律意识的养成，为学校做好管理工作奠定了良好的基础，有效促进学校校风校貌的改善。

3. 培育了大学生的团结精神

学生军训是一种整体行动，是团结协作的过程。在军事训练中，始终如一地贯穿着团结合作精神。学生通过训练，懂得了团结的意义，明白了人生的价值，更加尊重老师和同学，集体意识和团结意识大大增强。

4. 树立正确的人生观、价值观

学生军训的根本目的是使学生在政治思想、道德水平、意志品质、身心素质、作风纪律、知识和智力等方面得到全面提高，成为国家建设的高素质人才和国防后备力量中的优秀成员。通过军事训练，使学生掌握基本军事技能和军事理论，增强国防观念、国家安全意识，加强组织性、纪律性，弘扬爱国主义、集体主义和革命英雄主义精神，磨练意志品质，激发战胜困难的信心和勇气，培养艰苦奋斗、吃苦耐劳的作风，树立正确的世界观、人生观和价值观，提高综合素质。

三、新时代充分发挥学生军训育人作用的几点对策措施

学生军事训练是学校教育的重要内容，是大学生思想政治教育的重要途径。针对新时代大学生的思想现状，我们应该充分发挥学生军训的独特优势，占领大学生的思想主阵地，推动大学生思想政治教育工作不断取得新进展、新成效。

（一）学生军训要着眼大学生的特点，突出大学生正确的人生追求和价值取向

理想是人生的奋斗目标，是人们对未来的一种有可能实现的向往的追求，是一个政党治国理政的旗帜，是一个民族奋力前行的向导，是一个国家走向富强的精神动力。习近平主席指出，理想信念是共产党人精神上的"钙"，没有理想信念，理想信念不坚定，精神上就会"缺钙"，就会得"软骨病"。坚定理想信念，坚守共产党人的精神追求，始终是共产党人安身立命的根本。对马克思主义的信仰，对社会主义和共产主义的信念，是共产党人的政治灵魂，是共产党人经受住任何考验的精神支柱。井冈山精神的灵魂就是坚定的理想信念。在新的时代条件下弘扬井冈山精神，要铸牢坚定的理想信念。

1. 把握大学生的性格特点，引导学生树立"自信、自立、自强的意识"

现在的大学生由于接触网络、媒体早，接受的新鲜事物多，大部分都热情、开放、充满活力、善于言谈。但是也有相当一部分大学生性格内向、沉默孤僻、不善言词，遇到事情也不和亲人、同学、朋友商量，长此以往容易产生空虚、孤独的感觉。针对当前大学生存在的性格和心理特点，我们在军训过程中要根据不同性格特点的学生，使用不同的政治工作方法，做到有的放矢。一是通过教官的言传身教，让同学们在集体生活中感受到群体的温暖和快乐，感受自己在集体中的地位和作用，从而树立他们"自信、自立、自强"的意识。二是通过军训中严格的纪律和要求，让学生们在生活中养成良好的习惯，在行动上自立起来。许多大学生在整理内务、打扫卫生、站队集合等点滴生活小事中，养成了许多良好的生活习惯，这些好的习惯可能会影响他们几年的大学生活甚至更长时间。三是通过军事技能的训练，使大学生在心理上自信、自强。刚入学的新同学对军训充满好奇，但随着训练的深入、强度的加大，许多同学会产生厌训、怕训的不良情绪，有的同学甚至会找各种理由逃避训练，这时候就需要参与训练的教官和老师及时做好思想引导工作，通过集体教育和个别教育、主题教育和随机教育相结合的方法，还可通过小评比、小竞赛的形式，鼓励和激发年轻学生争强好胜的竞争意识，让同学们感觉到他在集体中的地位和作用，培养他们自信、自强的意识，从而进一步提高训练热情。

2. 针对大学生在军训初期的心理特点，引导学生树立"责任意识"

新时代大学生是在网络影响下成长起来的新一代年轻人，喜欢接触新鲜事物，对新事物的接受能力强，思维活跃、富于创造，但是也有一部分人沉迷于网络游戏和不健康的信息，对身边的人和事都不关心，自私、冷漠、缺乏社会责任感。加之他们远离父母，来到一个全新的环境，每个刚入学的大学生都会对大学生活怀揣着美好的憧憬和向往，当他们还沉浸在兴奋之中时，军训开始了。这时有的同学表现出兴奋和好奇，有的表现出厌烦和沮丧，有的表现出重视和有担当……这是他们从高中生向大学生转变的关键时期，也是他们最需要帮助、正确引导的关键时期，往往教官短短的一句话、一个正确的动作、一个心理暗示就能给他们留下深刻的印象。在军训中，我们应该抓住这个有利时机，帮助他们树立正确的人生态度、思想观念以及对社会的正确看法，培养自觉、负责、敢作敢为的精神，养成良好的"责任意识"。要让大学生认识到这种"责任意识"不仅要对自己负责，还要对他人、对集体、对学校、对社会、对国家负责，这种责任意识目前就体现在训练和学习上，体现在认真对待每一件小事上，将来则要体现在认真对待工作和事业上。

3. 针对大学生在军训初期的环境变化特点，引导学生树立"团队意识"

学生军训是大学生人生经历中非常特殊的一个时期，利用这一时期让他们体验类似军人的集体生活和培养类似军人的"团队意识"，是军训工作的一个重要任务。军训期间大学生们所形成的集体、所处的环境氛围就是他们树立良好"团队意识"的最好时机。在这期间，我们要通过大量的集体互助活动使大家树立团结协作的"团队意识"，通过日常生活潜移默化的作用来培养大家的"团队意识"，使大家能把自己的言行与集体的利益联系起来，把集体利益置于个人利益之上，对自己所在的集体有一种责任感、荣誉感和自豪感。在军训中，发现个别学生训练热情不高，在训练中动作变形走样，影响了方队的整体训练成绩，我们就将每个营平时的训练拍成了视频，在训练间隙给同学们播放，让同学们自己看自己评，当在电视画面中看到自己不协调的动作时，很多同学脸上都露出了尴尬的笑容。这时教官们及时做好思想引导，激发同学们的集体荣誉感，在后来的训练中效果非常明显。

（二）学生军训要注重教育目的，锤炼大学生吃苦耐劳和拼搏奉献的意志品质

1. 把思想教育与技能训练结合起来，让学生在刻苦训练中磨炼"吃苦精神"

学生军训对于新入校的大学生来说，训练强度之大是他们从未经历过的，要起早贪黑，日晒雨淋，体力消耗大，体质较差的同学晕倒在训练场的事情也时有发生。针对这种情况，通过刻苦的训练，正面的教育引导，

使学生们养成吃苦耐劳的意志品质，是我们开展学生军训的重要目的之一。所以，军训教官必须在坚持严格训练、严格要求的前提下，注重加强做好学生的思想政治工作。首先是要让同学们明白，吃苦精神是我们中华民族的优良传统，对年经人来说是一笔宝贵的财富。其次是教官要做好表率，起到模范带头作用。军训教官要保持饱满的精神状态，为学生做出榜样。再次是要掌握训练的强度，做到循序渐进科学施训，要让学生们受得了、挺得住。只有这样，才能既培养了同学们的吃苦精神，又取得好的训练效果。

2. 把思想教育与规范养成结合起来，让学生在细致管理中培养"敬业精神"

军训中我们发现，大多数学生缺乏自觉的敬业精神，他们有的在中学阶段学习很努力，但动力多数来自外部压力，和形成自觉的敬业精神还有差距。一个人无论将来从事什么工作，敬业精神都是必不可少的基本素质，这种素质的培养是要贯穿整个就业过程的，而短短的十几天军训对敬业精神的培养具有不可忽视的作用。我们从规范内务设置、训练队列养成、严格一日生活制度等方面，细处着手，大处着眼，给同学们讲清一个道理：看似琐碎的事情，虽然和学习没有直接的联系，但是它确实是培养敬业精神最有效的方法。

3. 把思想教育与主题活动结合起来，让学生在潜移默化中激活"奉献精神"

在军训期间，诸如打靶、拉练、会操以及阅兵这样的大型军事活动，我们称之为军事主题活动。主题活动能激发学生们的训练热情，通常大家都会精神饱满、情绪高涨，而这些活动又特别需要整体的协调和相互的配合，特别需要奉献精神，每个人都必须以集体的利益为重，既不能凌驾于集体之上搞个人英雄主义，也不能游离于集体之外搞个人自由主义，所有的集体活动需要每个人的努力，需要每个人的奉献。所以这个时期是让学生在潜移默化中激活"奉献精神"的最佳时机，所有的军事教官都必须深刻地认识这一点，把握好做工作的时机和方法。在这些活动期间，多讲奉献精神的重要性，通过以强带弱、以优带劣、启发自觉、激励鼓劲等方法，让训练好的同学不骄不躁，主动帮助训练差的同学；让训练较弱的同学不弃不馁，自我加压刻苦训练，尽快提高训练水平。

（三）学生军训要强化训练效果，增强大学生的道德、纪律和国防观念

1. 坚持在军训中育德，增强学生的道德观念

大学生是我国未来的希望，要使国家强盛，除了让大学生具备科学

文化知识外，还必须使他们具备高尚的思想道德，要把道德教育作为思想教育的一个重要内容，使他们具备与他们所肩负的责任和使命相适应的道德品质，这就是忠于祖国，忠于人民，把祖国的尊严、人民的利益看得高于一切；热爱集体，勇于承担责任，处处维护集体的荣誉；积极弘扬文明进步的公共道德，尊老爱幼，助人为乐，爱护公共财物，讲究文明礼貌，正确处理人与人之间的关系，正确处理个人得失、恋爱和婚姻问题等等。因此，军训期间必须坚持在军训中育德，增强学生的道德观念。

2. 坚持在军训中育规，增强学生的纪律观念

学生军训就是要训练大学生养成良好的生活、学习、工作习惯和组织纪律观念，培养学生遵规守纪的意识，要像在部队一样，在日常训练和每日生活制度中，严格按部队的条令条例办事，特别是在学生的服从意识方面、遵守请销假制度方面要加以重点强调。但是现在的大学生，一时间可能难以接受部队纪律的约束，军训教官要注意工作方法，针对不同的对象要采取不同的方法，不能搞"一锅煮、一刀切"，尤其对心理敏感、自控能力差、有抵触情绪的学生，要采取个别谈心的方法，放下架子俯下身子，以平等的态度和学生相处。通过谈心增进彼此的了解和感情，使青年学生在潜移默化中形成良好的纪律观念。

3. 坚持在军训中育人，增强学生的国防观念

学生军训工作的主要目的之一就是提高学生的思想政治觉悟，激发爱国热情，增强国防观念。因此，在军训工作中，必须把强化国防观念作为地方大学生军训工作的重要内容。学生军训工作是加强国防后备力量建设的重要措施，是国防建设战略全局的一个重要组成部分。要坚持在军训中育人，通过对当前国家安全形势，国际国内安全环境，民族、宗教问题，国家领土领海主权争端等热点问题的分析和讨论，提高青年学生的国防意识、国防观念和爱国主义情怀。

退役大学生士兵担任军训教官的实践与探索

沈国俊[*]

摘　要：积极探究新时期的大学生军训工作体制，是摆在高校面前的一个重要课题。本文结合福建某大学的新生军训试点情况和问卷调查结果，定位退役大学生在高校学生军训工作中的角色，阐述退役大学生士兵担任军训教官的优势和意义，分析退役大学生士兵承训过程中存在的问题，指出退役大学生士兵担任军训教官的新型模式切实值得推广。

关键词：退役大学生士兵；高校；军训教官

近年来，随着大学生应征入伍的人数越来越多，高校退役复学大学生士兵（以下简称"退役大学生"）人数也相应地增加。退役大学生是指应征入伍之前尚未完成高等教育，在服役期满后再次回到高校继续接受高等教育的大学生，他们的存在已成为高校一道亮丽的风景线。"退役不退志，退伍不褪色"，退役大学生不但继续保持着军人独特的优良品质和优良作风，而且在复学之后也一直思考怎样还能为国防、军队、学校发挥热量。他们不忘初心，以实际行动践行国防教育，拓宽学校国防教育平台。本文结合福建某大学的新生军训试点情况和问卷调查结果，对退役大学生担任军训教官的可行性做抛砖引玉的探讨。

一、退役大学生在高校学生军训工作中的角色定位

（一）准教师群体

退役大学生在部队服役期间曾接受一定的专业知识和严格的军事训练，使他们在新生军训方面更具有说服力、更加自信，这种实践经历是其他教师所不擅长和具备的。而且，在部队接受严格的纪律和团队意识也使他们在纪律观念养成、团队意识培养方面具有优势[①]。此外，教官相当于老师，退役大学生也想在充满无限激情的教师舞台尽情绽放，展示自我。因此，按照学生军训"四会"教练员标准，组织退役大学生进行岗前集中

---

[*] 作者简介：沈国俊（1982年~），男，福建莆田人，硕士，福建中医药大学讲师，主要从事国防教育方面的研究。

基金项目：福建省中青年教师教育科研项目"退役大学生士兵担任教官的高校学生军训模式研究"（项目编号：JAS150288）资助。

[①] 李杰：《退役复学大学生在思想政治工作中发挥作用的机制研究》，载《科教文汇》，2016年第13期，第9~10页。

培训、复训，经考核合格后方可承担学生军训任务，他们在某种程度上可以承担国防教育准教师的角色。

（二）朋辈群体

这是其区别于教师和其他同学的独特优势。所谓"朋辈"，是指那些年龄相近、生活境遇相似且有共同语言的群体[①]。退役大学生也是在校学生，与其他同学一样拥有相近的年龄和学习经历，唯一不同之处是他们独特的军旅生涯，朋辈之间更易于交流感情。利用朋辈相互学习、影响的特点，通过朋辈之间对国防知识、技能的分享相互影响，使大学生能够在潜移默化中逐步提升国防意识和爱国情操。因此，在退役大学生担任军训教官期间，引导好他们发挥朋辈教育的隐性功能，是新时期高校国防教育手段的延伸和创新。

二、退役大学生担任军训教官的优势

（一）退役大学生具有部队服役经历

经过两年服役期的锤炼和洗礼，退役大学生掌握了一定的军事理论知识和军事基本技能，接受了系统的思想政治教育，培育了坚定的理想信念，具备吃苦耐劳和无私奉献的精神，在政治素养和军事素养上得到了培养和提高。以本人所在高校为例，据统计，2016～2017年该校安排退役大学生担任军训教官共计23人次，他们在部队期间均荣获"优秀士兵"、嘉奖等荣誉。军训结束后，抽样对538名新生实施问卷调查，填写退役大学生在军训中的表现评价表，结果显示99.81%的新生认可退役大学生（见表1）。可见，退役大学生是出色的，思想觉悟高，行为作风好，集体观念强，拥有榜样、引领和示范的基本条件，具备担任军训教官的基本军事素质。

表1　你对退役大学生在军训中表现选项

选项（单选）	票数（票）	比例（%）
他们很认真、严格，比其他教官更用心	400	74.35
没感觉，跟其他教官差不多	137	25.46
不行，比其他教官差	1	0.19
合计	538	100

[①] 李楠楠：《浅析朋辈引导教育在MBA学员教育中的作用——以合肥工业大学MBA管理中心学员教育活动为例》，载《滁州学院学报》，2013年第15期第5版，第104～106页。

(二) 退役大学生具有较强的组织管理能力

管理是管理者在特定的环境条件下，对组织所拥有的资源进行有效地计划、组织、领导和控制，以实现组织目标的过程①。教官组织、协调和管理能力的高低，对学生认识军训态度的影响较大，决定了学生军训效果的好坏。在回答"您是否喜欢军训？"时，结果显示86.43%的新生对军训还是喜欢、满意的（见表2）。为进一步建立健全退役大学生的培养机制，学校于2016年组建"杏林军魂协会"，所有成员均为退役大学生，校武装部老师担任顾问。协会在校团委和校武装部的指导下，每年都要开展多项活动，而且每项活动包括从前期的策划、中期的组织到后期的总结，都凝聚了退役大学生们的汗水和智慧。可见，退役大学生在学校国防教育、学生军训和征兵宣传等工作中都发挥了重要的作用，具备较强的组织管理能力。

表2 你是否喜欢军训选项

选项（单选）	票数（票）	比例（%）
喜欢	465	86.43
无所谓	44	8.18
不喜欢	29	5.39
合计	538	100

(三) 退役大学生具有较强的沟通能力

退役大学生原本就是本校的学生，清楚校内的软、硬件设施，了解各专业的学科课程设置及教学安排，对学校的校训、校风以及校园文化氛围也有一定程度的体会②。同时，退役大学生既与新生同属学生群体，有共同的语言、相近的年龄结构、受教育程度、生活经历等，也曾参加过军训，能够意识到这个阶段新生的思想动态，如何施训更具针对性、有效性和实用性。相对于部队教官而言，退役大学生与新生年龄相差无几，沟通起来更容易，思想教育工作也更方便。在回答"如果再给你一次机会，你会选择退役大学生士兵当你的军训教官吗"时，结果显示92.57%的新生选择"会"（见表3）。说明退役大学生担任军训教官与新生可以融洽相处，具有较强的沟通能力。

---

① 张金环、李彦广、周德胜：《管理学原理》，北京理工大学出版社2015年版。
② 鹿婷、诸葛骏：《国防生担任高校新生军训教官的实践与探索》，载《中国校外教育》，2012年第9期，第3页。

表3 你是否会选择退役大学生士兵当你的军训教官选项

选项（单选）	票数（票）	比例（%）
会	498	92.57
不会	40	7.43
合计	538	100

（四）退役大学生具有高度的责任心和荣誉感

退役大学生普遍都是两年兵龄，第一次以教官的身份走进军训，也是一次自我展示、自我提升的机会，这对他们而言，意义重大，使命艰巨，经历特殊，必须认真对待。而且，他们可以和部队共同承训，与现役教官形成良性竞争关系，有效提升军训效果。因此，退役大学生可以全身心投入到军训中，全程规划好所带的班级学生，将部队的光荣作风和优良传统传承给新生，将发挥压箱底的力量去赢得集体荣誉，使学生军训工作得到圆满完成。在回答"你对退役大学生担任军训教官的总体评价"时，结果显示94.98%的新生总体评价为很好（见表4）。在与担任军训教官的退役大学生座谈中，发现退役大学生对所带班级很有自豪感、荣誉感，积极为所带班级争取更多的荣誉。可见，退役大学生很珍惜大学生涯的军训机会，他们的责任心、使命感和荣誉感将会被大大地激发。

表4 你对退役大学生担任军训教官的总体评价选项

选项（单选）	票数（票）	比例（%）
很好	511	94.98
一般	25	4.65
不好	2	0.37
合计	538	100

三、退役大学生担任军训教官的意义

（一）强化退役大学生综合素质

据了解，该校两年兵龄的退役大学生来自不同的部队、不同的军兵种，在部队基本没有带兵或担任值班员的经验，综合素质只会停留在第二年，在这样一个水平基础上带训确实极具挑战性。因此，在军训前期，退役大学生必须到部队"回炉"集训，并且要在短时间内实现角色转变，即完成由一名在校学生向军训教官的转变，以教官的身份为新生讲解做示范，并及时发现和纠正学生出现的问题，真正达到会讲、会做、会教、会做思想工作的"四会"要求①。通过集训与施训，退役大学生最终不但完成了学校布置的军训任务，而且锻炼了自身的组织、协调与沟通能力，提升了军政素养，强化了综合素质。退役大学生在最后的军训总结活动中提到，非常感谢学校在他们成长阶段给予这样的机遇，军训中所学到的将会受用终生。

(二) 充分发挥预备役人员的作用

预备役制度是国家储备后备兵员的重要军事制度，也是战时快速实施兵员动员的重要措施。大学生士兵退出现役后，依法继续服预备役，成为预备役士兵。回校复学后，退役大学生非常珍惜短暂的大学时光，学习比入伍前更起劲了，平时主要精力用于学习上，进入"两耳不闻窗外事，一心只读圣贤书"的状态，而承训则会让他们重新拾起军人本色，同时检验自己作为预备役人员的战斗力。因此，退役大学生担任军训教官，既充分发挥了预备役人员的作用，又减轻了现役部队的帮训任务，一定程度上缓解了承训矛盾突出的问题。

(三) 有效巩固军训育人成果

教官是学生军训工作的直接实施者，其素质高低直接影响到学生军训工作的质量和学生今后的成长与成才。以前部队来校帮训，短短两周时间后就返回驻地，导致军训成果难于可持续，缺乏巩固军训成果的有效手段。而退役大学生担任新生军训教官后，不但在军训期间与所带班级学生无形中建立一种亲密的联系，而且在军训结束以后，还可以继续受聘成为助导，协助辅导员管理新生。因此，退役大学生担任军训教官，既有利于军训育人成果的持续巩固，又有利于高校校风与学风建设的有效推动。

四、退役大学生承训过程中存在的问题

(一) 前期集训组织不容易，任务多强度大

所谓"专业人员办专业事"，军训是一项专业性和实践性均很强的教学任务，只有专业人员才能完成，以前邀请部队进校帮训，学校从旁协助，这是最直接、最省心、最省力的办法。但要让退役大学生担任军训教官，就必须由学校进行全程主导，让他们实现角色转变，即由大学生到教官的转变，由被管理者到管理者的转变，由被指挥到指挥的转变②。这些

---

① 马书海、杨文孔、刘向群：《军事四会教学指南》，蓝天出版社2010年版。
② 吴永强：《国防生教官承训模式探讨》，载《淮阴师范学院学报（教育科学）》，2011年第10期第5版，第439~441页。

角色的转变都需要在前期阶段返回部队进行专业的集中训练，一般在暑假期间完成，而且集训需要耗费大量时间、精力的投入，以及人力、财力和物力条件的支撑。

（二）教学计划调整不容易，专业学习受影响

这是退役大学生承训工作中比较棘手的问题。军训期间，学校对承训的退役大学生采取军事化管理，严格按照军训作息时间，统一安排吃住，全天候参与，完全与原来正常的学习和生活隔离开来。与此同时，学校也会一如既往地按照教学计划正常实施教学，一般不会因为退役大学生承训而停课或调整课表，即使为他们统一办理请假手续，但只要参与了这项工作，他们军训期间的课程学习、娱乐休息、生活秩序就会受到影响和干扰。

（三）教官权威树立不容易，气质能力受质疑

即使退役大学生在前期经过集中强化训练，然而他们毕竟回到学校后，不可能像部队时每天都在训练。在施训过程中，退役大学生无法像部队教官那样经验丰富、教导有方，也缺少神秘感，他们的精神面貌、气质能力难免会受到一些新生的质疑，带来少许"心理落差"。比如，在回答"你有没有发现我校退役大学生参与担任军训教官"时，结果显示90.52%的新生发现这个情况，很容易辨认现役军人与退役军人的差异（见表5）。不过，总体来说，94.98%的新生对军训的总体感觉是多姿多彩、收获丰富的（见表6）。

表5　你有没有发现我校退役大学生参与担任军训教官选项

选项（单选）	票数（票）	比例（%）
没发现	51	9.48
刚开始没发现，后来才知道	417	77.51
一开始就发现	70	13.01
合计	538	100

表6　你对本次军训活动的总体感觉选项

选项（单选）	票数（票）	比例（%）
多姿多彩	240	44.61
收获丰富	271	50.37
暗淡无味	17	3.16
苦不堪言	10	1.86
合计	538	100

高校学生军训突发事件治理研究

齐 明*

摘 要：军训是高校学生进入大学后的第一堂课。可是由于各种因素的影响，高校学生军训难以杜绝突发事件，不同程度地影响到学校的和谐稳定，成为高校管理者必须重视的问题。本文界定了高校学生军训突发事件的内涵，概括了高校学生军训突发事件的基本特征，分析了高校学生军训突发事件的表现形式，阐述了高校学生军训突发事件的诱因，最后提出了高校学生军训突发事件的治理路径。

关键词：大学生；军训；突发事件

军事训练是国防教育的重要组成内容之一，承载着增强大学生国防观念、提高爱国尚武精神的重要职能。根据我国《兵役法》《国防教育法》《关于在普通高等学校和高级中学开展学生军训工作的意见》等规范性文件的规定，高等学校必须开设军事训练课程，并以修读学分的方式作为大学生入学学习的第一堂必修课。

近些年，在高校军训过程中的各类突发事件逐渐增多，给学校的稳定与发展带来了诸多负面影响。如何正确认识和对待此类突发事件，采取有效措施治理，保证校园的稳定与和谐是当务之急。

一、高校学生军训突发事件的内涵及特征

(一) 高校学生军训突发事件的内涵

突发事件也称紧急状态，或者危机事件。目前学术界对突发事件的定义主要有以下四类：

第一类，决策论视角的界定。有学者从社会政策决策的视角出发，提出突发事件威胁到决策集团的核心利益，必须及时做出关键性决策。[①]

第二类，系统控制论视角的界定。有学者认为突发事件改变或者破坏了系统的均衡状态，指出应在事件发生后，采取措施控制危机，保证机体的正常运转。[②]

第三类，冲突论视角的界定。有学者认为因为发生不可预知的、对组

---

* 作者简介：齐明（1977年~），男，博士，现任内蒙古科技大学军事教研室主任，讲师。
① 乌里尔·罗森塔尔、迈克尔·查尔斯、保罗·特哈特著，赵凤萍译：《应对危机：灾难、暴乱和恐怖行为管理》，河南人民出版社2014年版。
② 许文惠、张成福：《危机状态下的政府管理》，人民出版社1998年版。

织冲击较大的事件，组织需要时间紧急回应，以及受其他因素的影响，发生了非常规的、恶性事态，产生了冲突，致使出现变迁。①

第四类，以事件后果为视角的界定。我国《突发事件应对法》对突发事件定义为：突然发生，造成或者可能造成严重社会危害，需要采取应急处置措施予以应对的自然灾害、事故灾难、公共卫生事件和社会安全事件。

综合以上观点，突发事件是指突然发生的，由自然现象或者人为原因造成的紧急事件，会对一个社会系统的价值、利益与行为准则产生重大威胁，对环境、社会或人民群众生命健康造成严重后果，并且在事件压力大、不确定性高的背景下需要政府和全社会立即采取紧急行动，及时加以处理的重大社会事件。

高校学生军训突发事件是突发事件的一种类型，范围更小，主要集中在高校学生军训期间发生的突发事件。因此，高校学生军训突发事件可以定义为：在高校军训期间突然发生的，由自然现象或者人为原因造成的紧急事件，对高校正常的教学、工作、生活秩序产生重大威胁，对学生生命健康、财产造成严重后果，需要学校立即采取紧急行动，及时加以处理的重大社会事件。

（二）高校学生军训突发事件的特征

高校学生军训突发事件与一般性的突发事件相比，既具有一般突发事件的特征，又具有自身的特征。

1. 主体的特定性

军训期间发生突发事件的主体是参加军训的大学新生。他们基本上是20世纪90年代，乃至21世纪出生的独生子女，这批被称为"心智成人化、行为幼稚化、做事极端化"的新一代年轻人，大多思想活跃，喜好表现自己，缺乏必要的团队合作精神；受家庭、社会环境的影响，喜好网络游戏、电子产品，缺少必要的体育锻炼，身体素质较差，意志力较弱；行事比较独立，自尊心较强，但是抗压能力较弱，在出现不同意见时容易产生逆反心理。

2. 时间的阶段性

在时间安排上，军训一般在9月上旬至月底，大约持续两周左右的时间。在此期间，天气变化比较明显，昼夜温差较大，加之大学新生身体素质并不是很好，刚刚来到一个新的环境还需要一定的适应期，以及突然增加较强的训练量，容易引发学生思想上和身体上的各种不适应。比如，出

---

① 朱武德：《危机管理：面对突发事件的选择》，广东经济出版社2002年版。

现逆反心理、水土不服，不习惯住宿环境的学生更可能会出现饮食问题，不能接受学校食堂的口味，甚至可能空腹参加军训，出现心悸、头晕、昏厥等不适症状。

3. 事件的突发性

军训突发事件的发展速度进程特别快，从预兆、萌芽、发生、发展、高潮，到最后结束，周期非常短暂，速度很快而且难以控制，结果的发生也比较令人难以接受。[①] 事件一旦爆发，结果往往出乎人们的意料，而且演变十分迅速，高校管理者对于事件发生的时间、地点、原因等不具有可预见性，往往超出管理者的预期，在事件的处理上难免不能及时、妥善应对。

4. 严重的危害性

高校军训学生突发事件破坏了正常的教学、科研和其他方面的秩序，给学校整体工作和学生的身体、心理、财产、学业等带来损失，造成人们思想和心理上的极度恐慌。而且事件的发生可能产生一定程度的破坏性、灾难性后果，其在传播过程中的速度也非常快，并容易引发连锁反应，使事件不断扩大。

5. 高度的敏感性

高校作为科学研究的重地和高层次人才的培养基地，高校教师作为高知识、高素质的群体，大学生作为国家的未来和民族的希望，始终备受政府、公众和媒体的重视和关注，这使得高校军训学生突发事件更容易引起社会反响，成为公众的热点，给高校的形象及正常的教学、科研工作带来难以想象的负面影响。

二、高校学生军训突发事件的表现形式及诱因

（一）高校学生军训突发事件的表现形式

高校学生军训突发事件发生在校园的日常管理和教学实践中，其表现形式是多种多样的，如流行病、非正常的死亡事故等。把握各种突发事件的类型有利于高校管理者更好地预测相关突发事件的发生。

1. 公共卫生突发事件

在军训期间，可能受到各地自然环境和地理环境条件的影响，加之新生自我管理及照护能力尚不健全，有时会出现中暑、上呼吸道感染、外伤、晒伤、胃肠炎、晕厥等，以及一些因地而异的地方常见病。由于大学

---

① 尹保华：《突发事件的社会工作应对策略》，载《社会科学家》，2009年第7期，第93～95页。

新生刚刚开始集体生活，自我管理意识较弱，容易发生各类意外事故。如，腹痛、扭伤、骨折、中暑、昏厥、休克，以及日常生活中发生交通意外、溺水、烧烫伤、蛇虫咬伤等。

2. 群体性突发事件

在军训过程中，由于军训时间较短，强度较大，加之大学新生平时参加体育锻炼较少，身体素质较弱，在大强度训练的过程中，会出现强烈的不适应感。而且军训教官大部分是由部队派遣的士兵，他们与大学生年龄相仿，在施训过程中按照部队的训练方式进行，没有考虑到大学生群体的特殊性，使训练缺少一定的科学性和针对性，由此而引发教官与学生之间的冲突。这种情形近年来也多见于报端。[①]

3. 治安安全突发事件

由于学生刚刚进入大学校园，开始一段新的集体生活历程，对于学校的校园环境不熟悉，社会经验较少，生活自理能力较弱，在军训期间，容易出现火灾隐患、打架斗殴、人身伤害等突发事件。

（二）高校学生军训突发事件的诱因

高校学生军训发生突发事件的诱因是多方面的，涉及的内容比较广泛，主要有以下几个方面。

1. 学生自我管控能力较弱，法律及规则意识不强

学生作为高校军训的对象，也是突发事件发生后的直接受害者。当代大学生基本上都是"90后""00后"的独生子女，生长环境优越，缺乏锻炼，经不起挫折；自我管理意识和能力较弱，安全防患意识较差，发生事故时不能及时有效地处理。因此，在军训期间严格、高强度训练的影响下，极易出现各种常见病，以及发生意外事件时，由于没有及时处置而造成更大的伤害。

同时，他们自我意识较强，常常以自我为中心，行事较为冲动，不计后果。事情发生后，往往按照自己的喜好和想法来判断，没有遵循有关的法律法规等规范性文件和行为规则办事，引发各种违法事件，甚至犯罪事件。

2. 军训教学手段单调，负向效应并存

传统的"半军事化"的军训管理模式，呆板、形式化的队列训练，难以引发学生的兴趣，而把军训仅作为受训学生向领导汇报演出、供领导检阅之用，这种沦为形式主义的训练更是遭到学生的反对。军训规章制度刚

[①]《湖南军训教官与师生冲突42伤 目击者讲述事发》，http://news.sina.com.cn/c/2014-08-26/023930741889.shtml。

性太强,透明度不够,容易引发学生的反感。同时,与学生接触最近、最频繁的教官,与学生年龄相仿,如果在训练过程中处理不好与学生的关系,容易引起与学生的对立,产生矛盾,甚至暴力冲突而引发突发事件。

3. 学校军训保障体制不完善,缺少必要的协调配合

高校新生入学的军训安全事关学生的生命安全,也事关学校的发展。我国关于学生军训的法律法规等规范性文件虽然规定了学校成立学生军训机构,严防各种军训事故的发生,但是对在学生军训中突发事件如何治理等问题没有给出明确的规定。因此,学校军训期间安全防事故等防范突发事件的应急预案多流于形式,甚至个别学校由于不够重视,并没有制定相关的应急预案。此外,学校军训机构级别较低,不足以协调全校各个部门,致使各部门间配合不协调、反应迟缓、工作效率低下,往往延误突发事件的最佳处置时机。由于这些原因,高校学生军训突发事件极大地影响学校的正常教育教学、科研生活秩序,破坏校园和社会的和谐稳定。

4. 信息传播速度迅捷,社会影响强烈

当前,网络和手机的普及率非常高,高校学生均会使用计算机和社交网络。很多实际生活中的问题,通过网络得到了认识、宣泄、解决和伸张,网络给大学生带来了巨大的便利。由于网络的信息传播速度非常快,很多的学生并没有时间去理性思考信息本身的正误,而更加注重消息本身的吸引力,很可能在群情激荡和冲动的情况下做出不理性的举动。

三、高校学生军训突发事件的治理路径

学生是学校教学工作的对象,学校应当为他们完成正常学业、确保人身财产安全提供相应的保障。

(一) 加强制度建设,完善预警机制

积极预防是治理高校学生军训突发事件的核心,建立有效、成熟的预案管理机制,有助于预防、遏制突发事件,促进高校和社会的稳定,并可以快速掌握各类突发事件的成因,在苗头或萌芽状态把问题解决。同时,要经常对预案规定的内容加以演练,通过演习,发现预案存在的不足,不断加以完善,提高实际处置突发事件的能力和水平。

(二) 加强部门配合,快速反应处置

学生军训工作涉及的学生多、部门多、工作多、内容多,这就要求各部门、各学院通力合作,共同做好学生军训工作。学生军训工作由上而下,工作重心在各学院,由他们承担本学院的具体学生管理事务,为学生做好管理服务工作。各学院全天候派员留守在军训场地上,为自己学院的

学生提供医疗、饮水等后勤医疗保障，并现场处置可能发生的所有突发事件，确保军训工作顺利开展。同时，军训领导机构负责日常的巡视和督导，并协调学生管理部门、保卫部门、校医院、后勤部门等单位共同做好学生军训的保障工作。学生军训突发事件发生后，是由下而上的过程，由各学院在第一时间处置，并将突发事件的详情向军训领导机构报告，军训领导机构视事件的轻重等级，酌定是否介入并协调相应的职能部门加以处置。

（三）加强教学管理，保证军训效果

军训是增强大学生爱国情操、提升素质的重要手段。在教学过程中，应不断探索军训的合理、科学的施训手段和方式，丰富军训内容，提升军训的实效性。加强对施训教官的培训，规范教官在军训施训过程中的教学方法，避免教官与学生发生摩擦或者冲突。加强对学生的教育管理，增强学生的法律意识、人际交往、安全防事故和自我管理能力，做到遵纪守法、服从管理、尊敬教官，理性对待军训中发生的事件，依法依理妥善解决。

（四）发挥学生组织的作用，调节军训紧张的节奏

学生组织是学生在学校中展现自我、实现自我价值、加强自我管理的重要平台。在军训中，充分发挥学生组织的作用，可以为紧张的军训节奏填充适当的润滑剂，能够有效缓解大强度的军训给学生带来的疲劳，提高军训的效率。一方面，学生组织可以在军训休息的空闲时间为学生表演节目，调动军训现场气氛；另一方面，各个种类不同的社团也可以借此机会展示自己的优势，让新同学了解该社团，可以为新同学提供更好的服务和加深交流的机会。

（五）加强心理干预，畅通疏解渠道

建立训前动员、训中疏导、训后引导的心理干预机制。重视训前动员，为学生讲解军训相关规定，使学生能够正确客观地认识军训的目的和意义，了解军训内容和需要达到的目标，消除盲目兴奋、消极抵触等情绪，做好吃苦耐劳的心理准备，以积极的心态接受训练。根据历年军训中学生心理波动的特点，在军训中采取多种方式方法预防、疏导、缓解学生的心理压力，并制定突发事件状况下大学生群体心理预警机制和大学生心理干预辅导机制。心理预警机制采取多种方式方法，拓展沟通渠道，增强亲和力与感染力；结合学校心理健康中心对新生群体所做的心理问卷调查，排查锁定有心理健康问题的学生，提前介入，加以必要的单独辅导进程，以帮助参训学生走出心理误区，顺利完成军训任务。军训结束后，引导学生保持军训过程中养成的良好作风和习惯，正确处理军训过程中结成

的人际关系，以饱满的热情投入到后期的学习和生活中。①

（六）加强舆情引导，消除负面影响

突发事件发生后，学校要在第一时间对事件从正面进行宣传报道，说明事实真相，消除不利的小道消息，消除师生的恐惧心理。当前，网络已经成为民众了解信息、发表思想和意见的首要选择，已经成为民意表达的"超级市场"。② 通过网络这个新兴媒介公告事件的最新发展进程，能发挥事半功倍的效果。一方面，让学校的师生知道学校发生了什么事情和应该做什么事情，学生家长及其亲属也能在第一时间了解事情的发展和处理情况；另一方面，学校按照正常程序把实时信息发布在官方网站上，可以避免不正确的、非官方信息的传播和扩散，减轻事件的负面影响。

总之，高校学生军训突发事件给高校管理带来了新的课题。学生军训是大学教育的第一堂课，如果不能妥善治理军训期间出现的突发事件，将会给学校的教学、科研和生活带来负面影响。高校管理者应当认真分析当前形势下学生军训突发事件的成因，制定针对性较强的处置预案和治理途径，加大军训工作的投入力度，完善军训工作的保障措施，妥善解决学生军训突发事件，切实保障学生生命财产安全、身体健康，维护学校的和谐与稳定。

---

① 王晖：《关于大学生军训制度规范化的思考》，载《高教研究》，2014年第3期，第239~240页。

② 燕道成：《群体事件中的网络舆情研究》，新华出版社2013年版。

国家安全教育

新媒体时代加强大学生总体国家安全观教育的对策探索

陆海燕*

摘　要：新媒体技术为高校开展国家安全教育提供便利的同时也带来了新情况、新问题。当前高校国家安全观教育现状的问题主要表现在：师资力量薄弱，内容相对滞后，方法比较单一，以及大学生自身国家安全意识不足等方面。我们应加强国家安全教育师资队伍建设、构建科学的教育内容体系、拓宽教育途径、提升大学生自身维护国家安全的自觉性和内控力，多管齐下，多方协同，切实提高高校国家安全教育的质量与水平，增强大学生的总体国家安全意识和责任。

关键词：新媒体；总体国家安全观；国家安全教育

国家安全战略是定国安邦之道。对大学生开展国家安全教育，是高等院校的历史使命和必要抉择，也是加强和改进大学生思想政治教育的题中应有之义和新时期爱国主义教育的重要内容。当前，新媒体技术层出不穷，日新月异，大学生获得信息的途径多种多样，获取信息的能力也不断提高。然而，新媒体发展在为信息共享和交流提供便利条件的同时，也为敌对势力对我国进行意识形态颠覆、价值观念渗透、社会秩序破坏等"软侵略"行为提供了新媒体技术和信息化手段，对我国国家安全形成前所未有的威胁和挑战。因此，在国家安全问题日趋重要的今天，适时对大学生开展国家安全教育，增强他们的总体国家安全意识，提高他们的国家安全素质，是摆在我们面前一项紧迫而重大的课题。

一、新媒体对大学生总体国家安全观教育的影响

新媒体，也称数字化媒体，它是继报刊、广播、电视等传统媒体以后发展起来的利用数字技术、网络技术、移动技术，通过互联网、无线通信网、卫星等渠道以及电脑、手机、数字电视机等终端，向用户提供信息和娱乐服务的传播形态和媒体形态[①]。新媒体的出现，改变了人与人之间的联系方式。十几年前，人们主要通过书信来往或公用电话来取得联系，而现在几乎全被

---

* 作者简介：陆海燕（1976 年~），女，湖南邵阳人，现任职于湖南农业大学学工部军事教研室，副教授，主要从事高校国防教育与思政工作研究。

① 虞璐：《新媒体视域下大学生思想政治教育研究》，载《黑龙江教育（高教研究与评估）》，2014 年第 12 期。

QQ、微信、邮件、博客、微博等方式所取代。很显然，新媒体的发展，使个人接受信息和获取知识的渠道大为拓宽。我们只要点点鼠标、敲敲键盘、动动手指，待在家里就可以知道天下事，新媒体崭新的视听盛宴击败了传统纸媒的枯燥和乏味。同时，新媒体的发展，对个人的日常生活和购物方式也产生了很大影响。淘宝、当当、唯品会、京东商城等各种购物网站，犹如雨后春笋般迅速发展，网购已经成为中青年们首选的购买方式……可见，新媒体时代的到来，快速便捷的平台，海量的信息，及时的更新，使每一个人都参与到网络中，整个世界变得越来越大，也越来越小。

然而，新媒体为人们共享信息等提供便利方式的同时，也给国家安全带来新的威胁和挑战。军事方面，军事信息安全对国家总体安全构成空前未有的挑战。敌对势力可通过"黑客"入侵、"蠕虫"程序、"逻辑炸弹"、"陷阱门"等手段，对以计算机为核心的信息网络实施攻击，直接破坏计算机的数据库，使电脑系统崩溃、重要资料丢失，以达到瘫痪信息化指挥控制系统甚至使整个部队丧失战斗力的目的。经济方面，敌对势力可通过入侵和破坏银行、交通、电力、能源等网络系统，造成国家经济瘫痪，或捏造散布影响股市、证券交易等有关滋扰金融秩序的不实网络消息，破坏正常的市场经济秩序，也可能利用网络的缺陷偷窃商业机密，造成国家经济、商业信息泄密，使国家的经济安全面临严峻的挑战。意识形态方面，敌对势力可利用网络这个"无形杀手"，对国家的民主、政治、人权、价值观念、传统文化等问题妄加评论，歪曲事实。西方国家凭借自己强大的网络传播语言、技术和资金等优势，输出他们的意识形态、价值观念和历史文化，对他国进行意识形态渗透和文化扩张。

二、新媒体时代大学生总体国家安全观教育的现状

（一）大学生总体国家安全观教育的师资力量薄弱

当前大学生国家安全教育从学科建设上看，尚未建立起科学的总体国家安全观教育体系，因而不可能像其他专业课程一样，有科学规范的教材、固定充足的课时、专职教师队伍、教育经费投入和一系列教学督导评价体系和标准，不可能纳入学生素质和能力的考查范畴，也就很难在人力、物力、财力上得到保证，在时间、空间上最终流于形式或干脆落空。目前大多数高校的国家安全教育通过思政课和形势政策课来进行，而承担高校思政教育的师资队伍主要包括马克思主义理论课和思政课专职教师、哲学社会科学课专任教师和以辅导员、班主任为代表的高校工作人员，他们构成了大学生国家安全教育的主体力量。然而，通过全面考察这支队伍当前的实际情况，我们发现尚存在这些问题：对开展大学生国家安全教育

的重视程度普遍不够，面对错综复杂、严峻多变的国际国内安全形势，缺乏把握复杂局势的能力；部分教师自身对总体国家安全观教育的认知水平和把握程度较低，缺乏把总体国家安全观和思政教育进行深度整合的能力等，这些都必然导致大学生总体国家安全观教育的效果低下。

（二）大学生总体国家安全观教育的内容相对滞后

习近平总书记在国安委第一次会议上指出，当前我国国家安全内涵和外延比历史上任何时候都要丰富，涵盖了政治、国土、军事、经济、文化、社会、科技、信息、生态、资源、核等多种安全，这就要求我们必须坚持总体国家安全观，对国家安全形成全方位的认识与理解。然而，目前高校国家安全教育的内容，未能及时准确地反映当前的国家安全形势和政策，少数高校教育内容还局限于政治、军事、领土等传统安全要素和传统安全保障，而忽视文化、生态、信息等新型国家安全内容的教育，导致大学生对国家安全的认识比较单一，不够准确全面。此外，目前大部分高校没有设置大学生国家安全教育方面的专门课程体系，国家安全教育方面的题材多局限于相关的爱国主义影视、国家安全法律法规学习、国家安全时事的讲授等，尽管高校开设了"军事理论"和"军事技能训练"，也开设了"形势与政策""思想道德修养与法律基础"等思政理论课，但军事课的内容比较宏观、层次比较高深，大部分都是介绍国防安全的，在大学生面临一些危害国家安全言论、行为时应如何应对等方面的教育显得比较空洞，而思政理论相关课程的教材中，涉及国家安全教育的内容又很少，这就造成高校总体国家安全观教育的不完整、不规范，大学生对国家安全基本理论的把握也只能一知半解，缺乏系统的知识结构。

（三）大学生总体国家安全观教育的方法比较单一

就目前而言，我国高校国家安全教育的主渠道仍是课堂教学，仍是以理论灌输的教育方式为主，案例分析、情境模拟、社会实践、自我教育等新型教学方法的应用还比较少，也就是说，现阶段课堂教学改革创新的力度不大。新媒体时代的到来，以互联网为代表的大众传媒发展为大学生总体国家安全观教育提供了平台。然而，部分高校虽然开始尝试利用现代网络来开展大学生总体国家安全观教育，但对互联网这个网络教育阵地的掌握和利用方面还不够主动，网络教育的渠道还不够畅通，如没有开设相关的国家安全教育网站，没有搭建教师和学生之间网络沟通的平台，加之部分教师还不擅长甚至不会运用网络等新兴传播媒介来开展国家安全教育，不能很好地发挥新媒体在当前大学生国家安全教育中的效用也就可想而知了。此外，高校尚缺乏一种国家安全教育的校园文化氛围，很少有学校能充分利用校园文化的陶冶熏染作用，张贴一些涉及国家安全教育的宣传标语，开展一些针对国家安全理念、参与国家安全建设的校园文化活动等，这无不反映出高校开展国家安全教育的手段、方式比较单一。

（四）"96后"大学生国家安全意识不足，责任感不强

"96后"大学生是当前高校学生的主要群体，也是国家安全教育的重点对象，他们朝气蓬勃、思想开放、思维活跃，是可爱、可信、可为的一代。在新媒体高速发展的今天，"96后"大学生接触信息的渠道多是来自虚拟网络，上网如同就餐，已成为他们每日必不可少的事情。然而，有些大学生过于依赖网络，无法区分现实世界与网络世界，他们容易受到网络上不良信息的诱惑，对网络上错综复杂的信息良莠不分，缺乏必要的辨别能力。还有少数大学生缺乏信仰，易被错误思潮所左右，出现对社会主义意识形态漠视甚至反感的情绪。由于当前很多大学生不理解国家安全的真正内涵，不明白大学生应有的责任意识和行为要求，错误地认为维护国家安全只与国家、军队有关，事不关己，高高挂起，才导致安全防范能力弱、网络泄密案多发、间谍盯上大学生一系列泄密事件的发生。

三、新媒体时代加强大学生总体国家安全观教育的对策思考

大学生总体国家安全观的培育是一个综合工程，需要多管齐下、多方协同方显其效。根据思想政治教育学原理，我们从教育者、受教育者、教育内容和教育方法四个方面去构建新媒体时代大学生总体国家安全观培育的对策方案。

（一）加强大学生总体国家安全观教育师资队伍建设

拥有一支专业、高水平、负责任的教师队伍，是全面实施大学生国家安全教育，提高国家安全教育实效性的重要保证。因此，高校要尽快建设一支既具备军事素养又有扎实思想政治素质和理论功底的教学队伍，国家安全教育工作才能获得足够的"话语权"。一是加强高校"两课"教师和哲学社会科学课教师队伍的建设。高校两课教师和哲学社会科学课教师是向大学生普及人文社科知识、传播社会主义核心价值观的重要教育者，更是提高学校思政教育质量和水平的关键。高校要明确选拔标准和要求，选拔那些政治信仰坚定、教学水平高和科研能力强的高素质教师来担任国家安全教育的教学工作。二是加强高校辅导员、班主任队伍的建设。辅导员和班主任是与学生直接沟通、最贴近学生日常生活学习的老师，是高校学生最信任、最依赖的教师群体，也是开展大学生总体国家安全观教育的核心队伍，他们的个性品格怎样、工作能力如何，直接影响着高校思政教育的进行水平和国家安全教育的开展效果。为此，必须坚持科学选配、高效管理、有力保障等多项措施，提高队伍的综合素质，进而为有效开展大学生国家安全教育工作提供有力的人才支撑。三是加强涵盖招生就业、教育教学、学校管理、后勤服务、学生工作队伍的建设。国家安全教育作为大学生思政教育的重要内容，必须坚持"三全育人"原则，让总体国家安全观教育贯穿到学生学习、生活的方方面面，营造出浓厚的国家安全教育的校园文化氛围，进而提高高校国家安全教育的质量与水平。

（二）构建科学的总体国家安全观教育内容体系

2014年总体国家安全观的提出，为高校开展国家安全教育指明了方向。目前高校国家安全教育的当务之急，就是构建起科学的大学生总体国家安全观教育内容体系，这将直接影响到国家安全教育开展的效果。一是转变高校国家安全教育理念。有什么样的教育理念，就会产生什么样的教育结果。随着总体国家安全观的提出，高校必须改变传统的国家安全教育理念，以总体国家安全观为指导思想，用最新、最科学的国家安全综合理论武装国家未来的建设者和接班人，确保国家安全教育的内容与时俱进，才能确保大学生树立起正确的总体国家安全观。二是构建高校国家安全综合教育课程体系。高校应以"军事理论""形势与政策""思想道德修养与法律基础"等课程为主，传授国家安全综合理论知识，把国家安全教育融入思政理论课教学中，开辟出高校独特的国家安全综合教育课程体系。三是巩固传统的国家安全教育内容，增加非传统国家安全教育的内容。通常传统国家安全教育只强调政治、军事、领土等传统安全要素，这显然与我国最新阶段的总体国家安全观是不相适应的，高校既要将传统的国家安全教育内容做扎实，又要健全非传统的国家安全教育内容，构建集政治、经济、文化、军事、信息等多种安全于一体的总体国家安全观体系，并作为重要内容纳入课程体系，从而更好地发挥高校国家安全教育的效力。

（三）拓宽大学生总体国家安全观教育的途径

大学生国家安全教育的总体思路应采取主渠道、多渠道并行，即发挥课堂教学的主体作用和发挥课外活动的有益辅助作用。一是发挥课堂教学的主渠道作用。充分利用"军事理论""形势与政策""思想道德修养与法律基础"等课程，挖掘国家安全观相关的教学资源，创新传统课堂教学形式，选用战例分析、情境模拟及研讨式、启发式、体验式教学等一些比较新奇的课堂教学模式，激发同学们的学习热忱。二是营造校园国防文化的环境。校园文化是除课堂以外另一可以对大学生进行国家安全教育的阵地，高校应根据本校的校园环境来营造一种总体国家安全观教育的氛围。如张贴扯挂有关国家安全教育的横幅标语，开展国家安全主题演讲，组织国家安全知识征文（问答）比赛，邀请专家做国家安全方面专题讲座等，为强化大学生国家安全意识营造良好的环境氛围。三是开展有关国家安全教育的社会实践活动。社会实践活动能较好地使国家安全教育的内容"活化"，从而使大学生潜移默化地接受影响。如鼓励大学生利用寒暑假开展有关国家安全教育的社会调研，组织大学生参观纪念馆、烈士陵园、历史博物馆等爱国主义教育基地，到军营开展一日国防安全体验活动等，让大学生在实践中亲身感受当前和平生活的来之不易，进而触发大学生自觉主动学习总体国家安全观知识的积极性。四是利用新媒体等网络平台创新总体国家安全观教育方式。新媒体特有的实时性、互动性、便捷性、高效性，为大学生国家安全教育提供了一个崭新的平台，是对传统教育方式的有效补充和延伸。如为大学生建立国家安全教育专项网站，提供丰富的国家综合安全观网络学习资源；开通大学生国家综合安全观教育QQ、微信、微博等微媒体平台，及时对大学生关心的国家安全问题进行理性引导；在校园网上开设国家安全教育版块，科普国家安全知识，上传相关视频或军旅影视作品等，增强国家安全教育的吸引力和影响力，扩大国家安全教育的受众面和普及度。

（四）提升"96后"大学生维护国家安全的自觉性和内控力

目前，"96后"大学生是高校的主要教育对象，也是总体国家安全观教育的重点对象，其网络道德素养水平和国家安全观的建立是我国网络意识形态安全和国家安全的关键[1]。因此，我们必须从"96后"大学生自身的素养入手，提高他们的思政素质和网络道德修养，提高他们的维护国家安全意识和内部控制能力。一是加强"96后"大学生马克思主义理论和社会主义核心价值观教育，提高他们的思政素质。要坚定社会主义理想信念，端正学习社会主义核心价值观的目的，提高他们对社会主义主流意识形态在网络空间主导权的认可，并经过认识—思考—实践，自觉进行自我教育，自觉维护国家安全利益，自觉践行维护国家安全的行动。二是强化"96后"大学生网络行为的自律意识，提高他们的网络道德素养。高校应加强大学生网络法律法规、网络道德素养等课程建设，组织开展网络安全形势专题讲座、网络道德辩论赛等第二课堂活动，帮助大学生自觉抵御不良网络信息的冲击；充分利用QQ、微信、微博、论坛等微媒体平台，引导学生把积极、理性、客观的声音发出来，让大学生从国家安全信息的被动接受者变成主动的参与者。三是加强大学生心理健康教育，提高他们应对国家安全风险的心理素质。如建立大学生网络信息监管机制，加强网络舆情的引导和监管，并向大学生宣讲介绍这些监管机制，以形成一定的心理压力，有效预防大学生网络违规违法，增强国家安全教育的实效性和可预见性。

---

[1] 刘伟、段凯露：《95后大学生网络意识形态安全观存在的问题及解决对策》，载《教育现代化》，2017年第3期。

围绕总体国家安全观创新高校国防教育内容的思考

曲秀君　宋建华[*]

摘　要：党的十八大以来，以习近平同志为核心的党中央坚持总体国家安全观，高度重视国防教育，注重增强忧患意识。国家政治稳定、经济发展必须以强大的国防力量作为后盾，而国防的力量不仅仅要看到现实的力量，同时也要看到潜在的力量，国民的国防意识特别是当代青年的国防意识和忧患意识是其重要内容之一，青年兴则国家兴，青年强则国家强。在青年思想上筑起国防意识的精神长城，是保障国家安全的第一道重要防线。

关键词：国家总体安全观；国防教育；创新

党的十八大以来，以习近平同志为核心的党中央坚持总体国家安全观，注重增强国民的忧患意识，高度重视全民国防教育。党的十九大报告把"坚持总体国家安全观"列为新时代坚持和发展中国特色社会主义的14条基本方略之一，提出"要完善国家安全战略和国家安全政策""健全国家安全体系，加强国家安全法治保障""加强国家安全教育，增强全党全国人民国家安全意识，推动全社会形成维护国家安全的强大合力"。从实现中华民族伟大复兴的战略高度，党中央提出这一系列具有纲领性、方向性的重大战略思想，目的就是要凝聚民族力量、增强国民忧患意识等，这些举措对于搞好国防教育工作，具有重大的指导意义。纵观世界发展史，国家政局的稳定、经济发展必须以强大的国防力量作为后盾。而国防的力量不仅仅要看到现实的力量，同时也要看到潜在的力量，国民的国防意识特别是青年的国防意识和忧患意识是其重要内容之一，"青年兴则国家兴，青年强则国家强"。在青年思想上筑起国防意识的精神长城，是保障国家安全的第一道重要防线。因此，国防教育内容，必须紧跟时代的步伐不断改革创新。

一、着眼新时代的要求，更新国防教育的内容

2014年国家国防动员委员会印发了新修订的《全民国防教育大纲》。

---

[*] 作者简介：曲秀君（1976年~），女，山东烟台人，硕士，现任同济大学武装部军事教研室副主任，讲师，主要从事国防教育方面的研究；宋建华（1963年~），现任同济大学武装部部长。

这是创新国防教育内容、形式和手段，进一步规范和推动全民国防教育深入发展的重要举措。全民国防教育旨在增强全民国防观念，促进建设和巩固强大国防，而高校大学生则是我国国防教育的重点普及对象。当今社会，国际形势复杂，局部动荡此起彼伏，全球性挑战不断增多，新形势下进一步加强高校国防教育已经刻不容缓。

（一）增强文化自信，重点突出国史、党史、战争历史的教育内容

继承和发扬中华民族的优秀传统文化，丰富国防教育内容。习近平指出："中华文明绵延数千年，有其独特的价值体系。中华优秀传统文化已经成为中华民族的基因，植根在中国人内心，潜移默化地影响着中国人的思想方式和行为方式。"国防教育必须从传统文化中汲取营养，才能有生命力和影响力。习近平强调，"要学习党史、国史，做到知史爱党、爱国。"习近平总书记在党的十九大报告中指出："没有高度的文化自信，没有文化的繁荣兴盛，就没有中华民族的伟大复兴。要坚持中国特色社会主义文化发展道路，激发全民族文化创新创造活力，建设社会主义文化强国。"国防教育的目的就是要让国民知史、爱国、爱党，因此必须坚持以史为鉴。国防教育的基本内容之一是国防历史，在这部分的教学过程中，要给学生介绍国史和党史，弄清中华民族发展的基本脉络，这也是了解国情的必要前提，只有了解了自己国家发展的历史，才能做到以史为鉴，才能够在现实生活中运用客观的、历史的思维方式去分析当今社会的复杂情况，而不是人云亦云。

总之，要培养大学生强烈的使命感，需要在国防教育的过程中介绍国史、党史、战争史的教育内容，从而增强当代大学生的文化自信。让青年人自身认可并信仰：青年兴则国家兴，青年强则国家强。

（二）紧跟时代步伐，突出时代主题

当代中国的时代主题是中华民族伟大复兴的"中国梦"和"强军梦"。这是党中央着眼历史与未来、富国与强军有机统一，站在实现"两个一百年"奋斗目标的时代高度提出的，也是党、国家和军队的工作大局和时代任务。国防教育必须突出这一时代主题，围绕实现"中国梦""强军梦"，唤起青年人的智慧与力量，激发青年人勇于担当的精神。

青年人是民族的继承者，是祖国的未来，他们将决定祖国的命运。大学生作为青年中的佼佼者，必须有坚定的信念，时刻牢记肩负的历史使命，担当起时代的重任。在推进民族复兴的新征程中，我们面临的机遇和挑战都前所未有，需要面对多种长期的、复杂的、严峻的考验，要有进行更伟大斗争的心理准备。面对挑战和危险，当代大学生要充分认识到自己在民族复兴事业中的地位和作用。青年人要关心祖国和民族的命运，为中

国沿着社会主义方向前进而做出自己应有的贡献。作为青年,要高举中国特色社会主义伟大旗帜,要把自己的命运与国家民族的命运紧密联系起来,要多关心时事,团结实干,开拓创新,要了解当今世界的发展趋势,特别是中国所处的国际环境方面的信息,建设祖国不能纸上谈兵,需要付诸行动。青年人要站在前辈的肩膀上,勇于承担重任,大胆创新,充分发挥生力军的作用,成为完成复兴大业的实干家,为世界科技进步和中华民族的伟大复兴做出应有的贡献。

(三) 加强国家总体安全观教育,突出国家利益至上的理念

近年来,党和政府对国家安全工作进行了战略性总体布局,初步走出一条具有中国特色的国家安全道路。党的十九大报告将"坚持总体国家安全观"列为新时代坚持和发展中国特色社会主义的 14 条基本方略之一,提出"要完善国家安全战略和国家安全政策""加强国家安全教育,增强全党全国人民国家安全意识,推动全社会形成维护国家安全的强大合力"等,今后还需要进一步健全国家安全制度体系。

在国防教育的过程中,要以国家利益的概念及其作用为切入点,讲授国家新安全观的内容。脱离了国家利益的概念,讲解国家总体安全观会过于抽象不利于大学生的理解。依据国家利益论,中国国家利益是中国一切内外政策的起点与归宿,这对中国新安全观具有决定作用;而中国新安全观则视维护和发展中国国家利益为宿命,对中国国家利益具有能动作用。

二、着眼新时代的要求,创新国防教育的方法手段

(一) 借鉴学习国外有益经验和方法

纵观国外各具特色的高校国防教育,都已经形成了一个系统工程,不管是从立法、体制建立、经费保障,还是军训模式、师资队伍建设、教学管理等方面,都对中国高校的国防教育有巨大的借鉴作用。比如俄罗斯、美国、以色列等国都非常注重发挥文化的力量,依托"节日"氛围培养青少年的国防意识。俄罗斯从城市街区命名到建设各种战争纪念馆、广场公园、纪念碑和无名烈士墓,大力渲染战争历史文化。在俄罗斯,无名烈士墓前经常可以看到一边哭泣一边给孩子讲解的老师,这就是战争历史文化的熏陶,俄罗斯在国家发展历程中经历过很多次战争,给俄罗斯民族带来伤痛也带来保卫家园的荣耀和信心。因此,俄罗斯尤其注重战争历史教育,以此唤起青年对国家和民族的荣誉感和爱国热情,同时也提醒青少年,战争离生活并不遥远,需要保持忧患意识,时刻为保卫祖国而准备。美国非常注重文化对国民的浸润和教化,官方媒体每年播放几千部国防教育电视片,涉及国防教育的报刊杂志达 200 多种。以色列每逢"独立日"

"阵亡将士日"和"死难犹太人纪念日"等重要节日，都要进行各种纪念活动，教育公民不忘历史。

（二）顺应时代潮流，用好新兴媒体

积极利用现代高科技手段，改进国防教育的方式方法。习近平指出："做好宣传思想工作，比以往任何时候都更加需要创新。"适应社会科技快速发展的客观要求，搭建国防教育网络平台，会收到事半功倍的效果。截至2017年12月，我国网民规模达到7.72亿，互联网普及率达55.8%，超过亚洲和全球的平均水平，2017年全年共计新增网民4074万人，增幅为5.6%。其中，使用手机上网的网民规模达7.53亿，占总数的97.5%，较2016年同期提升2.4%。[1] 高校大学生作为网络的主力军，其思考问题以及处理问题的方式无疑深受网络的影响。信息时代加强国防教育，必须充分运用现代科技手段和借助媒体力量，改进国防教育的方式方法，抢占信息制高点，推进国防教育的全面普及。

国防教育顺应时代潮流，利用新媒体、自媒体互联互通的功能，随时随地传播国防知识、增强忧患意识和强化国防观念，发挥微信、QQ等平台作用，增强国防教育的吸引力。

（三）聚合社会资源，依托教育基地，增加实践课堂

在国防教育过程中应当增强大学生的参与性和实效性，可以定期组织学生参观部队的训练实况以及军事化装备现状，让大学生有机会得到部队氛围的熏陶，在体验中接受国防教育。要创新推进国防教育，军队要积极行动、主动作为。军队要充分发挥模范带头、组织协调、参谋助手等作用，要积极支持和参与当地的国防教育，配合做好学生军训工作，帮助提供必要的人才、场地、物资器材，提供大学生参观学习的机会等。国防教育要考虑适当增加大学生军事理论课的实践课时，把参观部队的训练实况以及军事化装备现状的实践课堂常态化、制度化。此外，我国有着极为丰富的红色资源，这是我们党的宝贵财富，也是进行国防教育、弘扬民族精神的生动教材和强力阵地。学校国防教育要充分利用红色资源，依托革命老区和红色资源，增加国防教育的实践课堂，定期组织学生到周边的教育基地参观学习。

三、国防教育对实施国家总体安全观的意义

相较于其他思想政治教育课而言，国防教育课主要从国际战略格局、

---

[1] 2018年1月31日，中国互联网络信息中心（CNNIC）发布了第41次《中国互联网络发展状况统计报告》。

周边安全环境、大国关系等方面阐述和分析国家安全的内涵及其重要性，这非常有利于帮助青年学生战略思维的建立和"大国防"观念的树立，有利于提升大学生对国家安全、国家利益的认知水平，有着其他思想政治教育课所不能替代的作用。习近平指出："殷忧启圣，多难兴邦。""增强忧患意识，做到居安思危，是我们治党治国必须始终坚持的一个重大原则。"习近平的重要论述把国防教育上升到治党治国的战略高度，为国防教育发展指明了方向。在实现中华民族伟大复兴的"中国梦"和"强军梦"的道路上，国家安全呈现拓展深化的新需求，安全态势呼唤掌控全局的新观念。

总体国家安全观视域下普通高校国防教育的意蕴与创新

黄 斌 蔡秋英 赵 岚[*]

摘 要 总体国家安全观对于开展国防教育有着重要的指导意义。它赋予了国防教育新的内涵与特质。强调以整体的、全面的、联系的、系统的观点来思考和把握国家安全问题。笔者认为应立足总体国家安全观的要求，本文从非传统安全纳入课程教学、多学科交叉教学、交互式教学法入手进行普通高校国防教育创新。

关键词 总体国家安全观；国防教育

2015 年，习近平主席在中央国家安全委员会第一次会议上首次提出"总体国家安全观"的概念，其涵盖了政治安全、国土安全、军事安全、经济安全、文化安全、社会安全、科技安全、信息安全、生态安全、资源安全、核安全等。这一概念的提出打破了将国防教育等同于军事教育的传统观念，对于开展国防教育有着重要的指导意义。所以在总体国家安全观视域下认识普通高校国防教育内在意蕴并找到创新途径就成为高校国防教育研究的重点。

一、基于总体国家安全观的国防教育的意蕴

总体国家安全观要求树立"大国防"概念，这就要求对现有的课程体系的构架与教学的内容与方法有新的认识与定位，高校国防教育的目标不能仅仅注重培养大学生的"传统安全观"和"军事技能"，而应将大学生"总体安全观"和"大国防观"的培养作为高等院校国防教育的根本原则和目标导向，将"国家安全"作为高校国防教育的逻辑起点[①]。进入21世纪以来，国际安全形势发生了重大变化，以军事安全为主的传统国家安全观正逐步被新的国家安全观所取代。具体体现在以下方面：一些西方国家不断加大对我国实施战略遏制和围堵；我国周边领土主权争端、大国地缘竞争、军事安全较量、民族宗教矛盾等问题更加凸显；

---

[*] 作者简介：黄斌（1973 年~），男，博士，现任福建农林大学人民武装部军事研究室讲师，主要研究方向为国防教育、非传统安全；蔡秋英（1986 年~），女，硕士，现任福建农林大学人民武装部军事研究室讲师，主要研究方向为国防教育、红色文化；赵岚（1982 年~），女，硕士，现任福建农林大学人民武装部军事研究室讲师，主要研究方向为国防教育、红色旅游。

① 李科、张正明、问鸿滨：《"总体国家安全观"视域下普通高校国防教育模式的创新路径》，载《扬州大学学报（高教研究版）》，2015 年第 19 期第 2 版，第 63~66 页。

各种敌对势力遥相呼应,暴力恐怖势力、民族分裂势力、宗教极端势力"三股势力"有所抬头,不断向内陆地区滋生蔓延,范围不断扩大;我国长期形成的外向型经济高度依赖国际市场,而中国的出口产品遭遇的反倾销调查频率越来越高、案值越来越大、涉及的范围越来越广[1];我国生态安全状况极不乐观,生态系统退化、环境污染严重、资源约束趋紧;我国能源消耗较多,2015年4月中国的石油进口量达每日740万桶,超过美国,占全球每日石油消费量的1/13,对外依存突破60%[2],对外依赖度不断加深导致能源安全风险加大;我国是世界上在建核电机组最多的国家,而且周边几个国家都拥有核技术或核生产能力,核威胁阴云重重;此外,网络安全、社会转型、群体性事件等都影响着社会稳定和谐。

可见,总体国家安全观赋予了国防教育新的特质,国防教育不能等同于军事教育,国防教育的关键在国防意识的培养上,这其中除了重视军事安全外,还要结合经济安全、文化安全、社会安全、科技安全等非传统安全内容[3]。

二、基于总体国家安全观的国防教育的创新

(一)将"非传统安全"纳入课程教学中

习近平总书记在中央国家安全委员会第一次会议上就指出,贯彻落实总体国家安全观,必须既重视外部安全,又重视内部安全,既重视传统安全,又重视非传统安全[4]。"传统安全"关注的对象和主体是国家,而"非传统安全"关注的则是多种主体,包括作为个体的人与整个人类,以及我们赖以生存的地球的安全[5]。将"非传统安全"纳入课程教学中可以避免将"国防教育"等同于"军事教育"。当前,普通高校学生中普遍存在错误认识,认为"国防是军人的事,战争离我很远""作为地方高校的大学生,首要任务是学习科学文化知识,提升专业技能,毕业

---

[1] 何云帆、申晔:《中国面临的经济摩擦及其对策》,载《商场现代化》,2005年第36期,第11~12页。

[2] 人民网能源频道:《中国超越美国成世界最大石油进口国定价话语权有困难》,http://energy.people.com.cn/n/2015/0512/c71661-26985745.html。

[3] 周善标、黄斌:《非传统安全教育纳入普通高校国防教育课程探析》,载《内蒙古农业大学学报(社会科学版)》,2012年第14期第3版,第115、116、123页。

[4] 习近平:《坚持总体国家安全观,走中国特色国家安全道路》,http://china.huanqiu.com/article/2014-04/4972036.html。

[5] 李红梅:《关于传统安全与非传统安全之比较》,载《边疆经济与文化》,2005年第10期,第87~88页。

后基本不可能参军入伍、担任军官,所以没有必要学习军事理论和国防知识"等,这些错误观念产生的根源就是国防教育军事化的结果。要让学生认识到专业学习与国防教育并不矛盾,并不只有参军入伍才捍卫国防。将"非传统安全"纳入课程教学能将国防教育从普通高校"沉重的负担"和"极不情愿但又不得不完成的任务"变成专业教育中必有之意。

(二) 多学科交叉教学

长期以来,我们的国防教育在狭义的国防概念("传统安全观")指导下,以军事教育主导。传统国防教育的观注重点在军事力量上,具有较强的孤立性和封闭性特征[1]。这一观念导致国防教育在普通高校中形式多于实质,公民的权利义务与大学生个人成才方向不能相结合,课程设置与高校的人才培养体系有所脱节[2]。

从总体国家安全观来看,国防教育课程实际涉及学科面宽、信息量大,不但涉及军事学,还涉及政治、经济、文化传媒、自然科学,甚至民族宗教等多学科内容,讲述内容从大国关系到国家战略,从军事将领到政坛人物,从军事谋略到国际战略格局,从贸易壁垒到文化冲突,从科技发展前沿到最新的武器装备发展动向……总体国家安全观的基本内容决定了国防教育包含了众多的学科领域,国防教育作为一个开放性的体系就需要不同学科之间的紧密合作,同时不同的学科教育还可以为国防教育提供独特的教学素材。这就要求在教学中打破学科藩篱,跳出军事来讲国防。从不同学科的角度入手来讲国防,以生态安全为例,中国是受外来生物入侵最为严重的国家之一,外来有害生物的入侵已严重影响我国的经济安全、生态安全、社会安全与国家利益[3]。国防教育只有与不同学科相互动才能在普通高校这个大舞台上找到市场,才能将国防意识润物细无声地植入到每个受教育者的心中。

(三) 互动式教学

总体国家安全观下的国防教育是一个开放性的体系,它的内容与多学科属性决定了在教学过程中可以、也应当进一步探索适应大学生知识结构和身心特点的开放式、探索式、引导式等适合师生互动、双向交流的新型教学方法,从而激发大学生的学习兴趣,充分调动学习积极性,达到教与

---

[1] 樊跃发:《系统视角下的现代新型国家安全观》,载《系统辩证学学报》,2005年第13期第3版,第107~110页。

[2] 李科、张正明、问鸿滨:《"总体国家安全观"视域下普通高校国防教育模式的创新路径》,载《扬州大学学报(高教研究版)》,2015年第19期第2版,第63~66页。

[3] 万方浩、郭建英、张峰:《中国生物入侵研究》,科学出版社2009年版。

学的有机结合、双向互动的教学效果①。研究性教学模式的开展，有助于培养学生的问题意识，使学生在发现问题、分析问题和解决问题的过程中发展探究国防和国家安全问题的兴趣。

开展互动式教学的关键在于选题的新颖性与参与性，总体国家安全观的内容为普通高校国防教育开展互动式教学提供了条件，使得课堂教学不再只是展示教师的演讲水平。"非传统安全"问题让学生在国防上有了认同感与责任感，相关资料的开放使得课堂讨论成为了可能，学生可以根据教师提前布置的课题去查阅资料、进行自主性学习、展开批判性思考，然后在课堂上汇报陈述，全体同学展开讨论，最后教师引导学生获得共识性的答案。

三、总体国家安全观下国防教育创新的保障

坚持和贯彻总体国家安全观，必须牢固树立系统辩证、统筹兼顾的国家安全理念。

第一，贯彻总体国家安全观，离不开集中统一、高效权威的国防教育大纲。现行普通高校的国防教育是通过"军事理论"课程来实现的，执行的是2006年修订的《普通高等学校军事课教学大纲》（以下称"大纲"），这份大纲是以"掌握基本军事理论与军事技能"为目标，以为训练储备合格后备兵员和培养预备役军官打基础，以军事教育为中心。所以，在教学内容与课程设置上与"总体国家安全观"存在脱节，在实际实施中难以与普通高校的人才培养方案实现无缝衔接，甚至在部分院校，国防教育成了可有可无的摆设。要解决国防教育中的这一问题，关键就在于如何在大纲中体现、贯彻总体国家安全观。

第二，贯彻总体国家安全观，离不开学校党委的高度重视。从多数高校来看，国防教育在高校中并没有学科依托，虽然在国家层面上"国防教育"这个学科并不存在，但具体到一所高校中，以总体国家安全观的跨学科性是可以找到其依托的学科的，只有将"国防教育"从普通高校的"人民武装部"中剥离出来，并入教学院、系中，才能获得学科的发展空间与教师队伍的成长空间。而这一切都离不开学校党委对国防教育的高度重视，只有通过学校的统筹协调，才能给普通高校的国防教育提供出发展的空间，才能跨学科发展。也只有学校党委的高度重视，国防教育才不会落入行政化，才能真正成为学校人才培养体系中不可或缺的一部分。

---

① 秦云：《论新时期普通高校国防教育》，载《内蒙古统战理论研究》，2008年第1期，第33~34页。

第三，贯彻总体国家安全观，需要的是一支研究型的师资队伍。总体国家安全观具有跨学科性，这就要求我们从事国防教育的教师队伍具有全面的综合素质和广博的学科背景。这就要求不断加强师资队伍的学习能力，只有自觉主动开展研究工作，才能使教师的知识结构与学术能力得到提升，才能准确把握政策与学科发展方向，做到政治正确，以高度敏锐、高度自觉的态度维护国家政治安全。

总体国家安全观视域下普通高校国防教育的创新并不是要抛弃国防教育中的军事内容，并且在国防教育中也不可能没有军事内容，因为总体国家安全观就提到要以"军事"为保障。军事安全是其他安全的重要保证，军事手段始终是维护国家安全，有效遏制、抵御外来侵略和颠覆的保底手段。普通高校国防教育的创新只是为国防教育在普通高校找到一个切入点与平衡点，而总体国家安全观就为我们提供了这样的一个切入点与平衡点，以纠正以往普通高校国防教育中存在的种种错误导向。

适应新时代要求，构建普通高校国家安全教育与国防教育融合发展的新体系

谭书臻　杨晓静*

摘　要：普通高校国家安全教育与开展了30多年的国防教育有着千丝万缕的内在联系，将国家安全教育与国防教育通盘考虑、融合发展，有着非常重要的现实意义，存在诸多的可行性，也是完全可实现的。

关键词：国家安全教育；国防教育；融合发展

2014年4月15日，习近平总书记在中央国家安全委员会第一次会议上首次明确提出了"总体国家安全观"的理念。党的十九大报告又将"坚持总体国家安全观"写入新时代中国特色社会主义的基本方略，把国家安全教育提到了事关国家发展的战略高度。为了落实这一要求，教育部于2018年4月9日颁布了《关于加强大中小学国家安全教育的实施意见》（以下简称《实施意见》），提出了国家安全教育的总体要求、目标任务、重点工作和组织保障，为普通高校（以下简称"高校"）国家安全教育的实施指明了方向。以军训和军事理论课为主要内容的高校国防教育，已经走过了30多年的发展历程，在充分肯定高校国防教育取得突出成绩的同时，也必须清醒地看到存在的问题与不足。作为同属国民教育体系内容的国家安全教育与国防教育，如何在新时代有机融合、协调发展，是摆在我们面前的新课题，也是时代赋予我们的新任务。

一、国家安全教育和国防教育的内涵与现状

（一）国家安全教育和国防教育的内涵

国家安全是指国家政权、主权、统一和领土完整、人民福祉、经济社会可持续发展和国家其他重大利益相对处于没有危险和不受内外威胁的状态，以及保障持续安全状态的能力。其包括政治安全、国土安全、军事安全、经济安全、文化安全、社会安全、科技安全、信息安全、生态安全、资源安全、核安全等多种安全。国家安全教育就是根据维护国

---

* 作者简介：谭书臻（1961年～），男，山东大学学士学位，现任中国石油大学（华东）武装部副部长，主要从事国防教育和思想政治教育研究；杨晓静（1980年～），女，中国石油大学（华东）工程硕士，现任中国石油大学（华东）武装部综合办公室主任，正科级，主要从事国防教育和高校思想政治教育研究。

家安全的目的和要求，以一定的国家安全观念和国家安全知识，对全体国民思想和行为施以相应影响的一种有计划的活动。对公民进行国家安全意识、国家安全观念、国家安全知识和自觉维护国家安全的教育。根据不同需要，可以在不同范围内进行不同形式、不同内容、不同程度的国家安全教育。本文所指的国家安全教育，是指面向高校大学生群体所实施的国家安全教育。

国防教育是为捍卫国家主权、领土的完整和安全，防御外来侵略、颠覆威胁的建设与斗争，对全民传授与国防有关的思想、知识、技能的社会活动。国防教育是建设和巩固国防的基础，是增强民族凝聚力、提高全民素质的重要途径。国家通过开展国防教育，使公民增强国防观念，掌握基本的国防知识，学习必要的军事技能，激发爱国热情，自觉履行国防义务。普通高校国防教育是指针对大学生群体实施的以军训和军事理论为主要内容的教育。

（二）国家安全教育的现状

2014年，习近平总书记首次提出了"总体国家安全观"这一概念。2015年7月1日，全国人大常委会通过了《国家安全法》，该法规定，国家加强国家安全新闻宣传和舆论引导，通过多种形式开展国家安全宣传教育活动，将国家安全教育纳入国民教育和公务员教育培训体系，增强全民国家安全意识，并把每年的4月15日定为全民国家安全教育日。2018年4月9日，教育部颁布了《实施意见》，系统地提出了国家安全教育的目标任务和实施办法。国家安全教育目前还处于零星的、不成体系的状态，从学校到各社会团体，完全是以自觉自愿的认识水平和高度，来决定国家安全教育开展的程度。从高校来说，国家安全教育还未真正进入大学课堂，与教育部《实施意见》的要求还相距甚远。

（三）国防教育的历史和现状

1985年，高校军训试点开始，以军训和军事理论课为主要内容的高校国防教育走进了高校课堂，并逐步成为大学生的必修课。自试点以来，高校国防教育经过30多年的探索和实践，大致经历了两个阶段。一是试点探索阶段。从1985年到1989年，先后在52所高校进行军训试点。1994年，国家教委、解放军总参谋部、总政治部颁布了《高等学校学生军事训练教学大纲》，明确了军训的指导思想、训练目的、训练内容和实施办法。一直到2002年，以集中军训为主的高校国防教育在试点高校得以开展。二是全面发展阶段。2001年6月，国务院办公厅、中央军委办公厅下发了《关于在普通高等学校和高级中学开展学生军事训练工作的意见》，国防教育从试点高校扩展到所有高校。2002年6月，教育部、解放军总参谋部、总政治部制定颁布了《普通高等学校军事课教学大纲》，"军事课"的概念得以首次明确提出[1]，并规定军训和军事理论均应作为大学生的必修课，写进高校教学大纲。2011年，中共中央、国务院、中央军委又下发了《关于加强新形势下国防教育工作的意见》，对高校国防教育提出了新的更高的要求。在全面发展阶段，军训的内容根据形势发展的需要，也从原来单一的军事训练，逐步增加了安全教育、逃生演练、心理健康教育等新的内容，许多高校也将军训作为大学生入学教育的内容之一，进入大学育人体系。

二、高校国家安全教育与国防教育融合发展的可行性分析

（一）共同的教育属性和教育对象

党的十九大报告强调要加强国家安全教育，增强全党全国人民国家安全意识，推动全社会形成维护国家安全的强大合力。而开展学校国家安全教育，使广大学生牢固树立国家安全意识，是立德树人的重要任务，是全民国家安全教育的重要内容，也是党和国家的一项基础性、长期性、战略性工程，事关人民安居乐业，事关党和国家兴旺发达、长治久安。国防教育同国家安全教育一样，都具有国民教育属性。国家安全教育和国防教育的双重归属表明，二者具有维护国家长治久安和综合育人的双重功能。国家安全教育和国防教育的国民教育属性决定着二者必须遵循教育的基本规律，组织实施教育的过程中只有依照一定的教育规律去开展教育，才能更好地达到理想而科学的效果。国家安全教育和国防教育所具有的综合育人功能表明，教育工作者可以按照一定的教育规律，有目的、有计划、有组织地开展实际活动，实现教育的基本作用与功能，达到预期的目的。国家安全教育和国防教育的教育对象是全体国民，不论男女、不管老少，每个人都必须接受教育。作为高校来说，就是面向所有的大学生，不分年级、不分专业，都要作为一门必修课来教学。

（二）相近的教育内容和任务

国家安全教育的内容与国家安全的内涵密切相关，就我国现阶段而言，除了领土、领海、领空的安全以外，还应包括以国家经济秩序稳定、金融与货币安全、战略资源保障、对外贸易与投资安全为主的经济安全；以环境与生态保护、重大自然灾害控制为主的生态安全；以重大犯罪的防范与控制、重大事故和人为灾害的防范与控制、突发事件的应急处置为主

---

[1] 李科：《30年来我国高校国防教育的发展历程、历史经验及未来前瞻》，载《黑龙江高教研究》，2015年第5期。

的社会安全；以生物安全、信息安全、核安全为主的科技安全等①。国防教育主要包括国防理论、国防精神、国防历史、国防法制、国防体制、国防动员、国防经济、国防外交、国防体育、国防常识等。就高校的国防教育内容来讲，主要包括两个方面：一是军事理论课所包含的相关内容，也就是《普通高等学校军事课教学大纲》中规定的五章内容，即中国国防、军事思想、国家战略环境、军事高技术、信息化战争。二是军事技能训练的内容，即条令条例教育和训练、轻武器射击、战术、军事地形学、综合训练等。国家安全教育和国防教育同属于思想政治范畴，2004年8月，中共中央、国务院颁布的《关于加强和改进大学生思想政治教育的意见》中就明确指出，加强和改进大学生思想政治教育的主要任务之一，就是要"以爱国主义教育为重点，深入进行弘扬和培育民族精神教育"。1994年8月，中央印发的《爱国主义教育实施纲要》指出："要进行国防教育和国家安全教育，要根据新时期的特点，重视现代国防教育、全民的国防意识和国家安全意识，教育全体人民同一切出卖国家利益、损害国家尊严、危害国家安全、分裂国家的言行，进行坚决地斗争。"而国家安全教育和国防教育都是以爱国主义为核心，教育的目的和任务都与国家的前途和命运息息相关。

（三）国家安全教育需要借鉴国防教育的宝贵经验迅速上位

一个新生的一级学科，要想建成符合高校"双一流"建设和发展相适应的成熟学科，不是一朝一夕可以实现的，它需要借鉴其他相关学科建设的经验做法。高校国防教育30多年的实践，恰恰可以为国家安全教育提供有价值的参考。从管理机制到课程建设，从师资队伍到教学改革，国防教育均走过了一条不同寻常的艰辛之路。对于从事国防教育的工作者来说，既品尝过成功的喜悦，也咽下过伤心的泪水，国防教育开展的艰难历程，留下了国防教育工作者正视困难、勇于探索、努力实践、不断奋进的脚印。军训和军事理论成为大学生必修课，纳入高校的教学计划和人才培养体系，不再是可有可无、摆不上位置的边缘内容；拥有了一支能满足国防教育需要的师资队伍，不再是靠某几个专家学者的报告会来苦苦支撑；教育内容从零碎到系统，从室外到室内，不再是军事技能训练就代表了高校国防教育的全部内容；教学科研成果从无到有、从点到面、从盲目到理性，不再缺乏思考、没有前瞻的随意行为。这些成功经验都为国家安全教育的实施提供了可资借鉴的蓝本，总结高校国防教育的得与失，可以保证

---

① 李开翼：《大学生国家安全教育研究》，苏州大学思想政治教育专业硕士学位论文，2009年，第7页。

国家安全教育的顺利实施，避免少走弯路、少犯错误，甚至实现弯道超车。

（四）国防教育需要借助国家安全教育的高起点和定位乘势而上

高校国防教育已经开展30多年了，在充分肯定所取得的成绩的同时，也存在诸多问题，这些问题能否得到有效地解决，决定着国防教育的发展前景。从认识程度上说，尽管党和国家有着明文要求，但各高校在实施的过程中还存在认识上的差异，发展不平衡的现象普遍存在；从组织机构上说，虽然国家在各类文件中都有明确规定，但各高校在落实时还存在挂靠、合署等较为普遍的做法；从课程建设上说，大纲规定必修课，有的高校能够照章办事，有的则是仅限于名称上的"必修课"，重技能训练轻理论教学的现象普遍存在；从队伍建设上说，只有少部分高校建设了一支能够满足军事理论教学需要的师资队伍，大部分高校还需要借助于外力来支撑授课，有的干脆用"慕课"、微课等代替；从学科建设上说，国防教育在高校还很难作为独立的学科存在，学科建设的要素：学科方向、师资队伍、科学研究、人才培养及平台条件，均缺乏有力的支撑。《实施意见》对国家安全教育给予很高的定位，并就构建国家安全教育的内容体系、研发教材、学科建设、师资队伍建设、建立评价机制等方面提出了很高的要求，如果高校能将国家安全教育和国防教育很好地融合在一起，国家安全教育将带动和影响国防教育的发展，国防教育存在的问题将得到有效解决。

三、高校国家安全教育与国防教育融合发展需要重视主要环节

（一）要充分认识融合发展的重要意义

《实施意见》中指出：党中央高度重视国家安全教育，将坚持国家总体安全观纳入新时代坚持和发展中国特色社会主义的基本方略并写入党章，党的十九大报告强调要加强国家安全教育，增强全党全国人民国家安全意识，推动全社会形成维护国家安全的强大合力。加强大中小学国家安全教育，使广大师生牢固树立国家安全意识，是立德树人的重要任务，是全民国家安全教育的重要内容，是党和国家的一项基础性、长期性、战略性工程，事关人民安居乐业，事关党和国家的兴旺发达、长治久安。2001年6月，国务院办公厅、中央军委办公厅转发教育部总参谋部、总政治部《关于在普通高等学校和高级中学开展学生军事训练工作意见》的通知，对军训的目的做了明确阐述：通过组织学生军训，提高学生的思想政治觉悟，激发爱国热情，增强国防观念和国家安全意识；进行爱国主义、集体

主义和革命英雄主义教育,增强学生的组织纪律观念,培养艰苦奋斗的作风,提高学生的综合素质;使学生掌握基本军事知识和技能,为中国人民解放军培养后备兵员和预备役军官,为国家培养社会主义事业的建设者和接班人打好基础。国家安全教育和国防教育的意义可以说是异曲同工、一脉相承。实现国家安全教育和国防教育的融合发展,符合时代要求,符合高校的育人要求,最终将"总体安全观"和"大国防观"的培养作为高等院校国防教育的根本原则和目标导向,将"国家安全教育"作为高校国防教育的逻辑起点,① 使得国家安全教育与国防教育相互促进、相得益彰,实现双赢。

(二) 要提供融合发展的组织保障

首先,从国家层面来说,教育部要把国家安全教育和国防教育放到合适部门来管理和负责。本文认为,把国防教育放在教育部体卫艺司筹划管理的做法并不合理,这样归口的初衷可能与军事技能训练同军事体育的联系有关,但现在国防教育丰富的内涵已经大大超越了军事体育的范围,属于更大的思想政治教育的范畴。同样,国家安全教育也属于这一范畴。应该站在有利于国家安全教育与国防教育融合发展的高度,科学论证归口管理机构,使国家安全教育和国防教育从顶层设计上更趋合理,更加科学。其次,从省市一级的教育主管部门来说,只要教育部的组织管理机构明确了,省市教育厅只需对应教育部的相关部门归口管理就是了。再者,从各普通高校来说,国家和省市一级的管理体制理顺了,各高校需要解决的就是如何照章办事、按要求来落实的问题了。从目前各高校国防教育的组织管理体制现状上看,普通高校国防教育的教学平台设置十分混乱、极不规范,目前只有少数高校设立了独立的教学机构(如军事教研室、国防教育学院、国防教育中心等)作为独立的二级教学单位,绝大多数地方高校要么将其挂靠体育教学部、马克思主义学院、社科基础部等教学单位,要么将其归属学生处、保卫处、教务处等行政职能部门。② 国家安全教育与国防教育的融合,也给高校提供了重新梳理整合组织管理机构的机遇,鉴于高校增编增员的压力巨大,要想在高校成立专门负责国家安全教育和国防教育的部门很难,除非国家有硬性要求。如果成立不了专门机构,则需要汲取国防教育开展的经验教训,科学论证梳理,建立适合国家安全教育和

---

① 李科、张正明、问鸿滨:《"总体国家安全观"视域下普通高校国防教育模式的创新路径》,载《扬州大学学报(高教研究版)》,2015年第2期。

② 李科、张正明、问鸿滨:《"总体国家安全观"视域下普通高校国防教育模式的创新路径》,载《扬州大学学报(高教研究版)》,2015年第2期。

国防教育融合发展的平台和机制。

（三）要构建融合发展的课程体系

一是要把国家安全教育和国防教育一样，作为大学生的必修课来对待。实现《实施意见》中提出的国家安全教育进学校、进教材、进头脑的目标，首要就是要确立国家安全教育在高校人才培养体系中的地位。为了避免国防教育在争取课程地位中所走过的弯路，我们在国家安全教育的起步阶段，就应该确立其必修课的地位，或是必修加选修的模式。只有这样，才能使大学生接受国家安全教育系统学习和训练的要求得以落实。二是要尽快制定高校国家安全教育的教学大纲。教学大纲是学科教学的指导性文件，无论是教材的编写、授课计划的制订，还是成绩考核、教学检查及课程评估都要以教学大纲为依据。内容可以参考《普通高等学校军事课教学大纲》，确定大学生国家安全教育的内容和要求，或是将二者的内容融为一体，制定《普通高等学校国家安全教育和国防教育教学大纲》。三是编写高校国家安全教育和国防教育教材，高校国防教育教材现在基本上是按照教学大纲的定义统称为军事理论教材，尽管版本很多，但内容基本上是按照教学大纲规定的五章的结构编写，大同小异。《实施意见》中指出：在大学相关课程中丰富和充实国家安全教育的内容，组织编写高校国家安全专门教材。毫无疑问，国防教育就是与国家安全教育距离最近、最相关的课程，如果说教学大纲能将二者内容融合在一起，教材就完全可以是《普通高校国家安全教育和国防教育教材》。课程性质、教学大纲、教材是课程体系中三个紧密相关、一环扣一环的关键环节，对教育内容的落实起着重要作用。

（四）要建立一支融合发展的师资队伍

《实施意见》中提出："推动国家安全学科建设，设立国家安全一级学科"，"重点培育和选拔一批国家安全教育教学名师，打造一支以专业教学为骨干、专兼结合的国家安全教育师资队伍"。这是对国家安全教育一个很高的定位，也是国防教育迄今为止难以达到的高度。无论是从学科建设还是课程建设的角度，建设一支高素质的教师队伍，都是落实《实施意见》的重中之重。首先是教育部要在有条件的高校逐步建立国家安全教育学科，按照学科方向、师资队伍、人才培养及平台条件等学科建设的要素，高起点、高标准，扎实推进国家安全教育的一级学科建设，以学科建设为龙头，带动国家安全教育的全面开展。其次是抓紧开设国家安全教育教师培训班，可以按照先重点高校、后普通高校，再到职业院校的顺序，有条不紊地开展高校国家安全教育教师的培养，以点带面、层层推进，打造一支结构合理、素质较高的国家安全教育师资队伍。再次是充分发挥现有的国防教育教师作用，由国防教育教师扩展为国家安全教育和国防教育合二为一的教师队伍。经过30多年的积累，高校军事理论教师队伍不断发展壮大，整体素质不断提高，为高校国防教育的顺利发展提供了可靠保障，这支队伍也是我们开展国家安全教育的宝贵财富。在国防教育的基础上，补充扩展国家安全教育的内容，也是实现高校国家安全教育和国防教育师资队伍融合发展的最简单、最有效的方法。

除此之外，我们在构建高校国家安全教育与国防教育融合发展的体系时，还应该按照《实施意见》中提出的"系统设计、整体谋划、尊重规律、注重实效、部门联动、协同推进"的原则，注重教育资源的整合、教学实践基地的建设、教学评价体系的建立等环节，全面贯彻落实《实施意见》的各项要求，努力开创高校国家安全教育和国防教育融合发展的新局面，为实现中华民族伟大复兴的"中国梦"贡献力量。

当代大学生非传统安全认知现状分析

黄 娜[*]

摘　要：当今世界，国家安全的内涵已经发生了深刻变化，非传统安全问题在世界范围内得到了前所未有的关注。本文在非传统安全领域，对唐山工业职业技术学院1000名在读大学生进行相关问卷调查和随机访谈，结果分析显示，问卷对象普遍有较强的责任意识和报国情怀，但对非传统安全的认知较为模糊，缺乏应急处理能力。非传统安全教育亟待正式纳入高校日常教育活动，多措并举，以培养大学生非传统安全意识和应对能力。

关键词：非传统安全；国家安全；军事理论课

非传统安全是指除军事、政治和外交冲突以外的其他对主权国家生存与发展构成重大威胁的安全问题，如经济安全、信息安全、生态安全、恐怖主义、环境污染、民族宗教冲突和高危流行性疾病等。当今世界，大国之间全面军事对抗的可能性大大降低，涉及非传统安全领域的诸多问题已成为国际社会越来越突出的新的安全威胁，它与传统安全不仅相互依存、相互交织、相互渗透，而且在一定条件下相互转化，涵盖政治、经济、社会、军事、环境、文化，乃至日常生活等众多领域。在第三个国家安全日到来之际，笔者利用大学生军事理论授课机会，在非传统安全领域，选取了唐山工业职业技术学院学前教育系、管理工程系、汽车工程系、自动化工程系、机械系、计算机工程系1000名学生进行了相关的问卷调查，共收到有效问卷988份。

一、高校学生非传统安全意识现状——认知仍滞后于形势发展

从问卷结果来看，受访大学生都具备一定的责任意识和强烈的爱国情怀；但在非传统安全的定位与具体内容，对我国面临的非传统安全问题等方面的理解仍不够全面与深刻，欠缺必要的防范意识和警惕性，缺少行动意识和行动能力，总体认知较为局限。

（一）对非传统安全的认知模糊

问卷和访谈结果表明，大学生对非传统的具体指向和理解比较模糊，

---

[*] 作者简介：黄娜（1986年~），女，广东梅州人，国际关系学院国际关系专业法学硕士，现任唐山工业职业技术学院武装部讲师，主要研究方向为国家安全、国防教育、国际文化传播。

存在着明显的局限性，能想到的基本就是恐怖主义、流行病威胁和经济危机等。其中，被选中率最高的是"恐怖主义"，但问及危害中亚和我国边疆地区安定团结的"三股势力"（恐怖主义、分裂主义和极端主义）学生却很难做出完整的回答；选择流行病威胁与大家刚刚经历的近十年来最为"凶猛"的流感有关，自媒体上广泛传播的文章，比如《流感下的北京中年——感冒6天后进入ICU》等文章引发了不少人对流行性疾病的关注和焦虑；而选择经济危机，很大程度上与2018年4月（问卷当月），美国发起对华贸易战有关。

其实，非传统安全问题可以归纳为五种类型：一是明显影响对人类的可持续发展进程和生存的问题，如全球变暖、海平面上升、高危传染病等；二是某地区内部的稳定问题波及到其他领域，甚至其他国家或者地区，比如难民问题、大规模经济危机、极端势力等；三是跨国犯罪组织的违法活动，如跨国洗钱、私募、贩毒、走私等；四是国际恐怖组织开展的恐怖袭击，比如，"基地"组织、"伊斯兰国"等在全球范围内所进行的恐怖袭击、公开上传针对人质的各种虐杀视频、进行全球网络招募等活动；五是全球化过程中所引发的危害国家和个人安全的现象，比如信息安全问题、文化与价值观的演变等。以上五个领域所包含的各个要素相互关联，相互激发，相互转换，一域之"地动"，往往引发多域之"连震"，进而恶化成大范围连持续性的影响，甚至会严重威胁到国家安全和政权的稳定。

以2011年的"阿拉伯之春"为例，其中一个主要原因是美国发生金融危机，通过量化宽松政策超发货币，迫使全球其他国家来吸收通货膨胀，这导致了产业结构单一的阿拉伯世界经济衰退、物价上涨、失业率高涨，加之政府应对不力，民生激愤。"阿拉伯之春"运动有两个新特征：一是具有广泛性和同步性，在短短两个月内波及西亚北非十二国；二是这次运动的主力军是广泛接触互联网、受过高等教育的年轻人和他们所运用的社交媒体。以上这些特征与信息全球化的时代背景密切相关，各种网络社交工具都起着推波助澜、蛊惑民众、制造骚乱的作用，通过网络社交媒介实时地进行大范围的极端信息发布，在非常态传播的环境下，受到法不责众的心理暗示，青年人开始互相鼓励和模仿彼此的暴力行为，不同国家、地区的骚乱分子通过网络相互"鼓励"、协调彼此的行动。事件背后充分展现出经济安全及信息安全对一国乃至周边地区安全稳定的重要性和引发的"连震"效应。

然而，在访谈过程中，问及有关信息安全的"棱镜门"事件，大多数学生只能含糊地说"美国人斯诺登招惹上了麻烦，所以逃到了俄罗斯"，

"跟中国没什么关系吧"。事实上,"棱镜"监听计划中,除了美国对其盟友的秘密监视项目以外,近15年来还一直从事着侵入中国电脑和通信系统搜集情报的活动。美国的相关机构对互联网的掌控已经超出了普通人的想象,基本可以做到监控世界各国,监控几乎每个人,某些情况下,甚至能控制关键基础设施,可以说,在其眼里,互联网用户是透明的。然而,一些受访学生却单纯地认为信息安全只是个人信息泄露导致的"电信诈骗"。

(二) 应对非传统安全问题的思想麻痹,行动能力较差

由图1可知,高达70%的受访者认为自身几乎接触不到非传统安全问题,21.5%的学生从未考虑过相关问题,当被问及相关话题时,第一反应多是"电影里面演的和新闻里面播的""和平时期无危机",整体思想较为麻痹,认为只有动荡地区、相关部门和人员才会接遭遇非传统安全问题,甚至某些高校教师也缺乏相关意识,准备公开发表的论文论著中险些涉及敏感信息。1000名受访学生中,无一人能准确说出国家安全机关公开举报电话:12339。

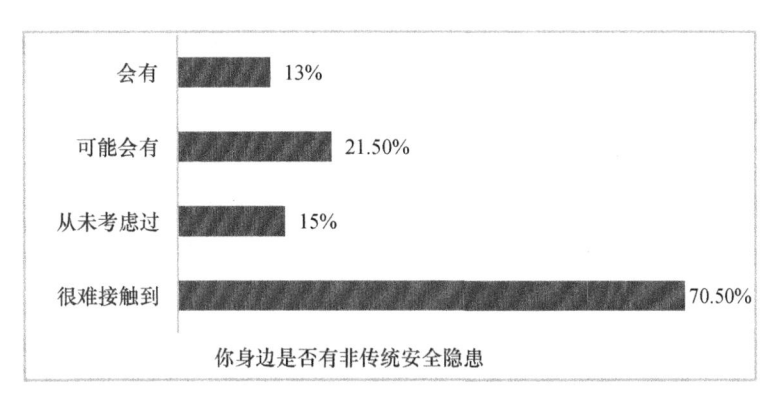

选项	百分比
会有	13%
可能会有	21.50%
从未考虑过	15%
很难接触到	70.50%

你身边是否有非传统安全隐患

图1 对唐山工业职业技术学院八个专业学生的非传统安全意识现状调查结果

大学校园是一个思想活跃、激情迸发的地方,如果缺乏正确的引导,加之大学生本身阅历有限,他们的思想意识和价值观念更容易受到冲击,被有意地诱导利用,借题发挥。比如,大学生在面对某些敏感的问题时,容易将爱国的热情扭曲成了狭隘的民族主义情绪或心理,引发诸多狂热的非理性行为和大规模"群体性"事件;另一类大学生热衷于在网游中的"角色扮演",而对现实生活中的形势变化却反应迟钝,警惕性差,容易落入陷阱。尤其是一些涉密专业的大学生,可能因为一时的麻痹大意,或者为了一些蝇头小利,成为"叛国"的帮凶。即便是发现了问题,惶恐之中

缺乏常识或经验，不能及时上报相关部门，或者做出理性的应对和明智的决断，更难以用实际行动来保护自己和维护国家安全。

二、将非传统安全教育纳入高校日常教育活动的途径

非传统安全威胁看似神秘遥远，其实和我们每个人的日常生活息息相关。然而，根据问卷结果显示，大学生们在这方面的认知仍然较为模糊，相关常识和行动能力还有所欠缺。因此，高校要站在维护国家安全稳定的高度，助力构建总体国家安全观，将非传统安全教育工作纳入高校日常教育教学工作中，创新教育方式，更新优化教育内容，将知识讲授与实践演练相结合，引导大学生树立正确的安全观，帮助他们提高对非传统安全事件的甄别经验、防范意识和应对处理能力。

（一）高校军事课教学当中进一步增加非传统安全问题相关内容，同时做好教材建设和教师培训工作

非传统安全是国家安全的重要组成部分，目前高校国家安全教育的直接途径就是公共必修课——"大学生军事理论"。然而，在该门课程每学期36学时的授课计划中，仅在第三章中稍有涉及，但相关阐述也是只言片语，篇幅非常有限，且内容较为老旧，没有从深度和广度展开分析，很难给学生留下深刻印象，更难以培育相关意识和行动能力。

在军事理论教学方面，比较行之有效的方法是在《普通高校军事课教学大纲》中增加非传统安全教育内容。加入最新理论和案例，进行深入剖析，比如习近平同志的"总体国家安全观"；新时代下，非传统安全需求内容的多样性变化，民众对安全的认识从原本单一的领土主权安全向环境变化、医疗卫生、公民权利保障等多领域扩散，安全需求涉及的内容不断丰富扩展；对安全的需求层次不断提升，社会安全、经济安全、文化安全等与个人密切相关的安全问题愈加为民众所重视。这就需要对原大纲的教学内容进行重新编排、取舍，课时安排需要重新加以分配。大纲的调整与修订必然要求普通高校军事课教材做相应的增加或删改。各地方普通高校可以在全国普通高校军事教学指导委员会的指导和监督下，在原有教材的基础上进行修编。同时，针对修改和增减后的相关内容与章节，可以通过各地国防教育学会、教育厅等相关部门组织辖区内普通高校军事课教师进行集体培训、考核，保证课程、教材和授课人员都能做到及时跟进，体现时代特色。

（二）高校日常宣传教育活动突出非传统安全教育，注重培育大学生的实践能力

与传统安全教育存相比，非传统安全更为抽象，单纯的课堂教学往往

不易被学生理解或接受，所以针对非传统安全开展的相关活动，除了国防教育课、军事理论课以外，也非常适合以其他活动的形式体现，比如专题报告会、辩论赛、课外教学等。而且，非传统安全与大学生们的实际生活联系更为密切，相关教育活动的切入点很多。比如，结合每年4月15日国家安全日进行的宣传教育活动，用展板、悬挂横幅、发放宣传手册、微视频等多种方式，进行《国家安全法》《反间谍法》《河北省国家安全工作若干规定》等专题宣传；同时可以结合平时的社团训练进行实践拓展，比如，培训如何应对恶性传染病、突发自然灾害的技能；引导学生关注地震前兆，检查房屋结构，日常多关注附近较空旷、远离高大建筑的安全区，选定疏散线路，了解如何存储食物、饮用水，选择急救药品和工具包，掌握基本的急救技能，如搬运伤员，进行心肺复苏、止血、包扎等方法；组织防恐演练，训练学生在突发事件中快速判断自身位置和逃生方向的能力，传授日常防身技巧，反恐防暴器具的使用方式等等，提升和培育大学生应对突发的非传统安全事件的心理素质和行动能力。

（三）相关教育内容要联系实际、突出重点

非传统安全问题广泛而多变，除了政治军事方面以外，还涉及自然科学、社会科学等诸多领域，在日常的军事理论课堂教学和国防教育讲座中，无法在有限的学时内做到面面俱到，所以非传统安全教育内容需要既能联系实际，又精炼，突出重点。可以主要着重以下几个方面。

第一，信息安全。大学生作为互联网最广泛、最积极的参与者和实践者，信息安全问题必然成为其日常接触到的重要国家安全问题之一，特别是一些相关专业的学生和某些地域的高校，往往成为信息入侵和渗透的危险人群和地带。信息安全具有典型的非传统安全特征，信息系统的复杂性、信息技术的广泛渗透性使信息安全的攻击成本较低而且容易得逞，防御却很难做到及时有效，受方在攻方眼里往往是透明或者半透明的，攻击和防范具有不对称性；关键基础设施的相互依赖、互联互通带来的"即时效应"和"连锁效应"，使得信息安全事件渗透作用强，影响广泛，控制难度加大，上至国家安全，下到公民个人权益，均无从幸免，甚至"伊斯兰国"等恐怖组织也在互联网上进行全球招募恐怖分子的活动。与传统安全威胁的发生和作用形式不同，信息安全威胁没有明显征兆，几乎不需要对目标进行物理攻击，缓冲时间短，转瞬间就可以"攻城略地，得胜回朝"，攻击高效、便利，获利迅速、巨大。更值得注意的是，信息化战争也是现代战争的基本作战形式，一旦作战数据链被攻破，战场就会对敌军单方面透明化，对我方则是灭顶之灾。因而，信息安全与传统安全显示出了高度的伴随性。

第二,文化安全。文化是一种能够凝聚和整合民族和国家一切资源的根本力量,对于一个民族和一个国家来说,这种力量的任何形式的丧失,都将危及其生存安全。当一个国家的精神支柱被动摇之时,当一个民族的主流价值观被撼动之时,当每个公民的思想和意志被潜移默化的侵蚀之时,文化安全将会面临巨大威胁。目前,网络文化已经成为社会主流文化中不可或缺的组成部分,大学生又是网络文化的主力军,在互联网这个平台上,世界各国思想文化交流日益频繁,多元文化交流碰撞日趋激烈,人们在思想认识、价值观念、道德判断等层面表现出一系列新特点。"微媒体"和"自媒体"等新媒介使个人可以实时地自由参与社会传播活动,极易造成难以预测的社会影响,威胁社会稳定和国家安全。某些网络舆论攻击、文化和价值观渗透、社会评价方式,一旦广泛散布,造成舆情危机,不仅会损害我国政权稳定以及社会的团结和谐,积累到一定程度甚至会恶化我国的政治外交环境。因此,提高文化安全意识,坚持文化自信是非传统安全教育不可或缺的重要议题。

第三,恐怖主义。事实上,大多数情况下,隐性的恐怖主义威胁大于显性,开放的网络空间为网络恐怖主义活动提供了前所未有的便利渠道。境内外恐怖分子长期潜伏于各领域的信息系统之中,通过网络渗透获取各种情报,发动恐怖袭击。因此,恐怖主义威胁看似遥远,实际上则是潜伏于我们每个人身边。因此,帮助学生了解和掌握反恐基本知识和技能,警惕身边潜在的暴恐威胁,系统全面的反恐教育是非常迫切和必须的。在具体教育培训中,要注重培养大学生的甄别能力、应急能力和较强的心理素质。相关教育的内容不仅包括帮助学生识别、拒绝、应对任何形式的恐怖主义犯罪,而且要培养学生的具体行动能力,让他们在面对恐怖事件时能够冷静应对、自救互救。更值得注意的是,在积极传授防恐知识同时,要帮助大学生开拓视野,客观了解国情,树立正确的三观,这样可以有效地从源头上阻止恐怖主义意识形态的渗透与扩张。

发挥陕西教育资源优势 强化国防安全观念培养

南卫华[*]

摘　要：爱国主义、国防观念和忧患意识是国民国防安全观念的核心内容。国防安全观念并非与生俱来，而是有赖后天培养。要充分利用陕西极其丰富的国防教育资源，发挥教育大省优势，抓住课堂主阵地，深化爱国主义教育；发挥驻军大省优势，抓住国防体验主环节，强化国防观念培养；发挥红色资源优势，突出课外活动主题，加强忧患意识培育，走出具有陕西特色国防教育的路子。

关键词：资源优势；国防安全；观念培育

十九大报告指出："我们的军队是人民军队，我们的国防是全民国防。我们要加强全民国防教育，巩固军政军民团结，为实现中国梦强军梦凝聚强大力量！"爱国主义、国防观念和忧患意识关乎民族存亡和强盛兴衰。长期的和平环境、安逸的工作环境、优裕的家庭环境，淡化了人们的忧患意识，削弱了国防安全观念。因此，我们一定要居安思危，增强忧患意识。全面加强大学生的爱国主义、国防观念和忧患意识教育，既是坚决贯彻党的十九大精神的客观要求，也是高校和教育工作者义不容辞的责任。陕西是全国的教育大省、人文大省、军工大省、红色资源大省，也是驻军大省，国防教育资源极其丰富，更是习主席七年知青岁月的历练地。我们必须充分利用这一有利条件，不断创新国防教育的方法，打造出具有陕西特色的国防教育品牌。

一、坚守课堂教学主阵地，高扬爱国主义旗帜

"纵观历朝历代的军事思想和国防教育，无不以经济发展作为根本，针对国内外力量强弱对比，形成或以攻为主、或以防为主的国防战略，布置国防重点，多种形式地开展军事战术训练，重视军队纪律和士气，重视将帅人才的培养，适应地理、时代的发展变化改良武器、军种。国家政治开明，经济实力强大，兵制合理，国防就成功；国家政治昏聩，经济实力弱，兵制不合理，国防就无力，轻则导致边患内乱，重则改朝换代，甚至

---

[*] 作者简介：南卫华（1974年～），女，陕西西安人，西安政治学院军事学硕士学位，现任中国人民解放军陆军边海防学院学生军训教研室副教授，技术8级，上校军衔，主要从事国防教育方面的研究。

亡国。"①

追溯中国古代国防教育的发展，不同历史时期的国防教育表现出不同的形式。夏、商、周朝时期，国防教育以战争动员为主要内容；春秋时期孙武的《孙子兵法》"兵者，国之大事，死生之地，存亡之道，不可不察也"，指出军事对国防的重要性；秦始皇在完成统一中原的大业后，贯彻"围守而安"的军事战略；汉代尚武之风盛行；唐朝创立武举制，都十分重视国防教育；宋代军事学成为官学；蒙元时期军事人才大多来自于频繁的战争环境锻炼；明代科举制度中设有武举，也都把国防教育摆在了重要地位；甲午战争以后，清政府普练新军，在全国建立各级军事学堂，形成比较完备的军事教育体系；民国时期学校在对大学生进行文化课教学的同时，也授予其军事学识与技能，培养其民族意识与爱国情感，众多学子走出书斋，投身抗日救亡活动，涌现十万青年从军热潮，远征缅甸对日军作战。近代中国社会虽然政权频繁更迭，但国防教育在高校教育史上始终占有一席之地。

大学生正处在人生观、世界观、价值观形成的关键时期，在信息高度发达的今天，大学生的思想无疑将受到前所未有的冲击。如何加强正面引导和教育，用爱国主义精神占领大学生的思想阵地是摆在每个教育工作者面前的重大紧迫课题。因此，充分利用主课堂，积极开展爱国主义教育，既是思想政治课教师的责任，也是所有教师的共同责任。陕西无论是高等院校数量还是在校大学生人数在全国都名列前茅，抓住了课堂教学的主阵地，就相当于对大批优秀青年进行了长达四年不间断的爱国主义教育，对推进陕西人才队伍政治思想建设意义重大。因此，高校党委要把爱国主义教育当作灵魂工程统抓统管，落实到各学科的教学中去，主要做好"三个突出"。

（一）突出思想政治课主打地位

高校思想政治教育课，是大学生的必修课。许多高校将大学生的现实思想表现与奖学金的评定直接挂钩。这些措施提高了高校政治思想课的地位与作用，对提高大学生的政治思想素质，激发大学生的责任感和使命感都发挥了积极作用。但高校政治思想课普遍存在着大学生学习动机不端正、到课率不高、听课纪律不好等现象，削弱了其上述育人功能。因此，高校必须从源头抓起，将思想政治课打造成培育大学生爱国主义精神的主干课。首先，要配备一支高素质的思想政治专职教师队伍。要坚决纠正

---

① 向文华、张庆辉、魏蔷：《中国古代国防教育初探》，载《西南科技大学高教研究》，2010年4月，第46页。

"思想政治教育课谁都能上"的片面认识,把思想政治教育作为一个重要学科来建设,真正把思想作风好、政治素质强、专业水平高、创新能力强的教师选配到思想政治教师队伍中来。其次,要紧贴"形势与政策""时事与热点"设置教学内容。突出党的创新理论和习近平新时代中国特色社会主义思想、习近平强军思想教育,以紧扣时代脉搏和社会前进步伐,培养大学生对社会的亲近感、关注意识和责任心,提高大学生应对复杂国际、国内环境的能力,确保紧跟社会主义核心价值导向。再次,要突出国家利益高于一切的主题思想。在信息技术高度发达的今天,西方腐朽文化思想与道德价值观对大学生的冲击不容忽视,改革中出现的困难、社会矛盾尤其是社会阴暗面对大学生的影响不能小觑。思想政治教育课要高扬国家利益高于一切的旗帜,引导大学生直面矛盾和问题,正确理解党的方针政策的正确性,培养跟党走的政治坚定性,自觉肩负起实现中华民族伟大复兴的历史使命。

(二) 突出军事理论课主攻作用

《普通高等学校军事课教学大纲》(教体艺〔2007〕1号)第二条明确指出,军事课程以国防教育为主线,以军事理论教学为重点,使大学生增强国防观念和国家安全意识,强化爱国主义、集体主义观念,促进综合素质的提高。由此可见,军事理论课是对高校思想政治教育和素质教育的有效补充。目前,全省高校军事理论课教学开展不平衡,具体表现在部分高校军事理论课教学机构不健全、军事教师队伍建设滞后、经费投入不足、教学课时不达标,个别高校甚至以课时紧为由未开设军事理论课或以军训替代军事理论课,严重影响了军事理论课作用的发挥。因此,各高校必须切实提高对军事理论课重要性的认识,全面落实《中华人民共和国国防法》和《中华人民共和国教育法》,切实将军事理论课纳入课程教学体系,作为大学生的必修课,排满《军事理论课教学大纲》规定的36学时,并进行全程质量监控,确保教学效果。要重视军事教师队伍建设,积极选送军事教师参加全军组织的军事教师培训,加强与陕西省军区学生军训工作办公室的联系与协调,选派优秀教师到驻地部队体验生活,进西安各军事院校进修,不断提高军事教师的业务素质,努力打造一支以弘扬爱国主义精神为己任的军事理论教学力量。要加大经费投入,保证军事教师有固定的办公场所、设施和业务活动经费,不断营造拴心敬业的环境。

(三) 突出所有课程的融合渗透

基础课、专业课是大学生在校学习的主干课,教学课时多,延续时间长,大学生与教师的关系近,教师对大学生的影响力大。教师的一句话也许会影响一个大学生的一生。因此,实现各学科所有任课教师在本课程中对爱国主义精神的有机融合和渗透，是巩固思想政治课教学效果，强化大学生思想政治素质的重要环节。要加强教师队伍的政治思想建设，强化全体教师的政治学习，促进教师理解掌握党的方针政策，尤其要经常组织教师对社会热点问题的讨论，使大家的思想统一到上级的指示精神上来，坚决杜绝在大学生面前发牢骚、讲怪话，甚至诋毁党的路线方针政策的现象发生，确保三尺讲台无杂音。要找准恰当的切入点适时引导。基础课、专业课等课程终究不是思想政治课，生硬的说教反而会引起大学生的反感。每个教师必须以育人为己任，在传授知识与技能的同时，更加注重大学生政治思想品质的培养。要结合每门课程的内容与特点，找准本课程与国防、国家安全的结合点，不失时机地加以引导，进一步筑牢大学生的爱国主义根基。如计算机课教学，讲我国的尖端科技飞速发展，激发同学们的民族自豪感；讲我们与先进国家的差距，激发大家的学习报国热情；讲信息传输处理中可能存在的安全隐患，增强大学生信息安全保密意识等等。

二、抓住国防体验主环节，筑牢国家安全防线

国防观念反映和代表着一个国家、一个民族的精神素质和精神状态。历史告诉我们，国防观念作为国防建设的思想基础，总是与国家的命运息息相关。在当今相对和平的年代，更加容易滋生麻痹思想和轻视国防的错误倾向。因此，越是和平时期，越要重视国防观念教育。国防观念的培养途径多种多样，而国防体验更有助于国防观念的确立。许多大学生毕业若干年后之所以对入学时短暂的军训生活记忆犹新，就是缘于与军训教官的面对面接触，缘于对自身一言一行的严格规范，缘于对紧张艰苦的训练生活的亲身体验。在兵员极其丰富的我国，绝大多数大学生难圆当兵梦。抓住大学生的这种爱军情结，充分利用驻陕部队、军事院校和军工企业多的优势，最大限度地让学生身临其境、亲身感受部队生活，是不断强化大学生国防观念培养的有效途径。

（一）以军训为先导，打牢国防基础

军训是《中华人民共和国国防法》《中华人民共和国兵役法》赋予公民的义务，是大学生在校期间的必修课，旨在培养大学生的优良传统，提高大学生的自身素质，增强他们的国防意识与集体主义观念。因此，部队帮训官兵要针对大学生思想活跃、兴趣浓厚、求知欲强的特点，结合军训大纲赋予的新任务，不断创新训练手段，夯实训练内容，严格日常管理，抓好点滴养成，促进大学生综合素质的全面提高。与帮训官兵搭档的辅导员要坚持跟班训练和作业，及时掌握大学生的思想动态，做好针对性思想工作，最大限度地调动大家的训练热情。军训结束后的大学生管理教育，

要巩固军训成果，经常检查评比内务，养成良好的卫生习惯，营造良好的生活环境；经常进行校风校纪教育，保持良好的课堂纪律，营造浓厚的学习氛围；经常抓思想道德教育，不断激发爱国热情和集体荣誉感。

（二）以军营为基地，激发卫国热情

要发挥我省驻军单位多、军队院校多的特点，尽量多组织大学生到驻地部队、军队院校参观见学，增强感性认识。一是由陕西省军区学生军训工作办公室协调，充分利用部队、军校每年野外驻训的几个月时间，可轮流安排各高校新生到部队营区进行集中军训，营造更加有利的训练环境。二是由各省军区协调，可组织有条件的学校参加部队每年组织的紧急动员演练、应对突发事件演练和民兵预备役部队综合检验性演习，或组织大学生进行实地观摩。三是组织大学生代表或班干部到部队过军事日，参观部队正规的内务秩序，观摩部队正常的军事训练；参观部队的先进武器装备、各军兵种专修教室，与部队官兵座谈交流，请部队官兵介绍部队历史等，进一步增进大学生对军人、军营的了解。

（三）以军企为桥梁，激发民族自豪感

陕西有许多军工企业和科研院所，直接或间接为军工生产服务，其行业几乎涵盖了武器装备研制生产的各领域，如航空、航天企业，制导武器研制生产企业，无人机研究所，卫星测控单位等。这些企业大多数是高科技企业和经济效益良好的企业。组织大学生参观这些企业，可以将军事理论课中占比重最大的军事高技术的教学内容形象化、具体化，在直观的教学中促进大学生对军事高技术的理解和掌握；可以让大学生切实感受到我国国防工业的飞速发展和取得的巨大成就，增强民族自豪感和自信心；可以促进大学生对国防工业的了解，确立自己未来的就业目标与努力方向，以便将来更好地为国防工业服务。

三、突出课外活动大主题，不断增强忧患意识

孟子云：生于忧患，死于安乐。安而不忘危，存而不忘亡，治而不忘乱。正是中华民族强烈忧患意识的集中体现。然而，长期的和平环境，优裕的生活环境，淡化了人民的忧患意识。在学习生活中，部分大学生把宝贵的时间花在谈情说爱、网络游戏、微信聊天和"卧谈"上，以至于上课没精打采，甚至旷课，对未来竞争十分残酷的就业形势估计不足。这些都是忧患意识淡漠的表现。因此，居安思危，充分利用陕西丰富的红色资源，不断强化大学生的忧患意识势在必行，具体应抓好四项活动。

（一）认真进行历史回顾

"以史为鉴，可以知兴衰"，只有了解中国的昨天，才能理解中国的今

天,把握中国的明天。西安是十三朝古都,是促进国共第二次合作的发祥地,延安是中国革命的圣地,可以说陕西到处都留下了先驱们忧国忧民、探寻中国出路的足迹。要充分利用这些历史文化资源,带领大学生走出课堂,参观革命遗址、文化古迹、历史博物馆等,对他们进行"活的"历史教育,从历史中探寻中华民族的兴衰和成败,使他们进一步增强忧患意识。

(二) 广泛开展社会实践活动

利用寒暑假组织大学生进行社会调查、科技扶贫、勤工俭学等形式接触社会,将课堂上的宏观形势教育,通过社会实践的微观角度进行验证,使大学生的理性认识在感性体验中得以升华,促使他们对我国经济社会发展中所产生的社会矛盾和问题进行深入思考,破解症结,探寻解决办法,从而使忧患意识在同学们现实的理性思考中深深扎根于思想深处。

(三) 积极参加国防动员演习

根据《中华人民共和国防空法》的有关规定,西安市每年都将在"九一八"举行防空警报试鸣。这是对大学生进行忧患意识培养的大好机会。各学校应在防空警报鸣响日,加强对大学生相关知识教育,使大学生明白防空警报鸣响的目的、意义,牢记防空警报的信记号规定,遇到空袭时的行动路线、防空地点及有关注意事项,必要时可组织本校大学生依据防空警报进行实战演习,或参加省军区系统组织的国防动员,使同学们在行动中感受到战争威胁的现实存在。

(四) 筹划组织主题活动

学校团组织和大学生会要充分利用"五四""七七""九一八""抗战胜利纪念日"和"中国烈士纪念日"等纪念活动,积极组织大学生观看爱国主义影视作品,邀请离退休老干部讲战例、做革命传统报告,邀请部队官兵进行军事安全形势专业讲座。通过举办演讲赛、辩论赛、书画比赛等活动,调动大学生的求知热情,培养"比、学、赶、超"的竞争意识。通过举办军事夏令营、到部队学习及参观英雄事迹、开展国防教育成果汇报展示会等方式,激发大学生关心国防、钻研军事的兴趣。在军事理论课教学中,紧密结合大学生所学专业,清楚高科技在现代战争中的地位,调动大学生学习军事理论的积极性。要充分利用校园网络,开设军训站点,为大学生搭建交流平台。

(五) 抓好征兵宣讲有力契机

充分利用每年征兵宣传进高校活动这一特殊育人载体,积极引导广大学生增强以爱国主义为核心的国防观念和国家安全意识,站稳政治立场。我军兵员都是从青年大学生中征召,特别是大学生正在成为部队兵员征集的主体力量，仅 2017 年，全国就有 107.8 万大学生应征入伍报名，比上一年增加了 5.7 万，增幅达到 5.58%。青年大学生的国防观念和综合素质，直接影响到部队战斗力乃至整个国防和军队建设。在高校特别是广大学生群体中营造心系国防、参军报国的浓厚氛围。在开展征兵宣讲中，多组织优秀大学生士兵代表、优秀退伍大学生士兵代表、在校大学生代表做报告，谈经验、做表率。传承红色基因、赓续红色血脉，以国家安全、民族大业为己任，勇做走在时代前列的奋进者、开拓者、奉献者。陕西是习主席七年知青岁月的历练地，作为陕西高校学子，更应积极响应习主席的号召，把爱国之心化为报国之行，把人生梦、成长梦融入"强国梦""强军梦"，用满腔热血助力强军伟业，用聪明才智投身强军实践，有青春芳华谱写人生壮丽篇章。

军民融合国防教育

普通高校国防教育中的军民融合研究

焦索生　王立新[*]

摘　要：以军训工作为主要内容的普通高校大学生国防教育已经开展了30多年，为培养高素质人才起到了巨大的作用，军民携手无疑是其中的一个鲜明亮点。十八大以来，党中央又把军民融合上升为国家战略，由此普通高校国防教育中的军民融合问题又有了更为广阔的发展空间，本文试图在高校国防教育中的军民融合观念、形式和有关保障上做几点初步的探讨。

关健词：普通高校；国防教育；军民融合

2015年3月，习近平总书记在出席十二届全国人大三次会议解放军代表团全体会议时强调：把军民融合发展上升为国家战略，开创强军新局面，加快形成全要素、多领域、高效益的军民融合深度发展格局。普通高等院校国防教育是军民融合在军事人才培养上深度发展基础的基础。国防教育职责任务落实不到位，军事理论教学和军事技能训练没有达到应有的效果，广大适龄青年从个人价值观的底层就缺乏对国防的热爱，大学生征兵的政策再好，也只能是无源之水、无本之木。要让大学生热爱国防，积极投身国防，在现役期间忠心于国防，甚至在退役后依然在本职岗位上为国防建设服务，就必须先期解决好高校国防教育中的军民融合问题。

一、转变融合观念

普通高校国防教育中的军民融合问题并不是简单的你帮助我、我帮助你，共同来完成一项工作任务，而是要从根本上达到军民合体、同职同责，在"大国防观"的引领下，突出国家观念，实现"一体化"，整体深入推进。

（一）要在"大国防观教育"的理念下转变普通高校的教育定位

党的十八大对国防和军队建设提出了一系列新思想、新观点和新论断，做出了一系列重大战略部署，这些部署非常鲜明地体现了"大国防观"。就是要跳出国防和军队建设本身，站在国家和中华民族发展的全局

---

[*] 作者简介：焦索生（1970年~），男，河北永清人，现任廊坊师范学院军事教研室主任，主要从事大学生军事理论教学与全民国防教育方面的研究；王立新（1963年~），男，辽宁抚顺人，现任廊坊师范学院武装部高级政工师，主要从事大学生国防教育方面的研究。

高度，甚至以世界眼光来看待国防和军队建设的问题。国家的政治、经济、文化、科技、外交等一切活动都要为国家安全服务。当然，教育更不能例外。目前我国普通高等教育的定位是"为社会主义现代化建设服务，与生产劳动相结合，使受教育者成为德、智、体等方面全面发展的社会主义事业的建设者和接班人"①。在这种定位下，显然没有体现对培养目标国防素质的要求，忽视了国防在国家建设中的重要地位，使得国防教育成为仅仅属于高等教育的一个可有可无的组成部分，模糊了国防与教育之间的关系，从而简单地认为以国防教育为主线的军事理论教学和军事技能训练就是高等教育的一门公共必修课，而没有看到教育对国防的重大作用。从现代国防的定义看，国防不仅仅是指一系列军事活动，也包括与军事相关的政治、经济、文化、科研、外交等内容，最终都是要为国防服务。教育更是如此，普通高等教育是国防的教育，高校培养出的各类专门人才都是国防建设的人才，只有在这种"大国防观"引领下的教育观，才能真正引起各级对国防教育、高校军训工作的重视，才能实现在国防教育领域的军民融合深度发展。

（二）要在"一体化"的观念下深化教育中的融合问题

"军爱民，民拥军，军民鱼水一家亲"是我国军民关系的一个形象表述，但是离军民融合一体化发展，军民融合上升为国家战略，还是有一定的差距，军民融合不能等同于一般意义上的结合，一些国家在国防教育上的军民融合一体化值得我们去学习和研究。如美国的童子军是一个民间组织，它的誓言是"为国尽忠，遵守童子军法律，随时帮助他人，保证做一个身心强健、道德正直的人"，这无疑是一项很好的国防教育。又如美国军方在高校内开展的后备军官训练团，它是美军军事人才培养的模式，同时也是国防教育军民一体化的具体表现。实现军民融合在国防教育中的深度一体化发展就是要通过部队、教育部门和普通高校的调整改革，以及部队各军兵种相关部门和普通高校间的合作，形成军事理论教学、军事技能训练、人才培养的责任共担、信息互通、任务同步的良性互动。如要通过国家颁布和制定法规政策促进国防教育的军民融合，要拟定、实施和管理国防教育军民融合的具体计划等。

（三）要在"国家观"的主导下增强国防教育的广泛性和渗透性

国防的主体是国家，目的是保障国家安全，国防观念的根本是国家观念，是中国共产党领导下的国家安全观和民族观。"时刻准备着保卫祖国和建设祖国"是当代大学生必须具有的价值意识。在这方面美国要比我们

---

① 《中华人民共和国高等教育法》，1998年8月29日通过。

做得好。美国政府认为仅靠经济的发达、技术的先进来维护国家利益是不够的，必须努力地强化国民的精神，强调每个公民都要树立献身国家、服务国家的观念，不断克服优越的物质生活条件带来的精神颓靡，克服社会风气的堕落给国家利益造成的危害[①]。只有强烈的爱国主义才会产生强烈的国防意识和自觉的国防献身精神。美国为了实现对国民国防意识的熏陶和教化，把重点放在青少年的教育和未来国防人才的培养上。他们制定的"培养美国人迎接21世纪"计划，认为美国的未来取决于青少年的素质尤其是国防素质，可见美国政府对国防教育的重视程度。他们在重大活动时都要组织军乐队演奏国歌，更重要的是他们注重把国防教育与自然科学、社会科学的教育有机结合，把国防知识、国防历史、国防科技、国防文化、国防经济和军事技能溶入到历史、地理、外语、数学、物理等课程的学习中，在潜移默化中提高人的国防素质。

二、创新融合形式

普通高校的国防教育仅仅局限于军事技能训练和军事理论教学是远远不够的，应当在组织机构、法规制度、运行体制、教育形式及活动内容等方面联动发展、全面融合，把立德、育人、健体、强军、兴国捆在一起抓落实。

（一）实现机构和人员的融合

美国军队在地方大学，以大学本科高等教育为基础，开设了531个后备军官训练团，由国防人力、预备役和后勤事务助理部长直接领导，各军种部门都设有后备军官训练机构，负责本军种后备军官训练团军事训练和国防教育工作，不但为陆、海、空军培养了大量现役军官，他们还把高中毕业生、在校大学生和现役士兵作为培养对象，让他们只接受后备军官训练团的基础训练，可以不对军方承担义务，最终虽然没有成为现役军官，但和我国现行大学生军训相比，无疑会收到更好的国防教育的效果。我们应当借鉴这一做法，根据本国的实际，在普通高等学校建立起军队、院校、人武"三结合"的统一的机构和训练组织，不但要通过国防生教育为部队培养现役干部，还要依托这个组织完成新兵共同科目训练和预备役士兵培训，为部队直接输送更加优质的信息化条件下的高素质战士，同时也发挥出军训工作在素质教育中培养人才的特殊功能。在人员融合上，部队现役教官、士官，高校专武干部、军事教研室专职军事教师要按照一定的比例有机结合，实现交叉互补，达到"你中有我，我中有你"的无缝对

---

① 于明龙：《美国的国防教育给我们的启示》，载《中国教育技术装备》，2006年第10期。

接，发挥出各自在国防教育上的特有功能。

（二）实现法规和制度融合

我国2009年修正实施的《国防法》和2001年颁布实施的《国防教育法》在国防建设和国防教育中发挥了巨大的作用，提供了有效的法律依据。然而，随着国防建设的发展，普通高等学校教学科研的情况变化，新一轮军队改革不断深入，这两部法律也逐渐力不从心，如《国防教育法》对国防教育仅提出原则性规定，缺少操作层面的内容，尤其对军民融合涉及得很少，对军事机关国防教育责任的要求也比较低。对比美国1958年颁布实施的国防教育法，被美国国会视为教育史上的最重要发展之一，它不但目的明确，培养美国青少年的爱国主义精神，掌握必备的军事技术，保证国家安全，还具体规定了国防教育计划、国防教育基金计划、国防学生贷款计划等内容，重点解决制约国防教育的关键问题。此外，美军对后备军官训练团投入大量人力、物力和财力的同时，也建立起了一系列较为完备的制度。在训练过程中，严格落实"淘汰制"，高淘汰成就了高素质，陆军淘汰率达10%，空军达30%。在奖励制度上，包括奖学金的激励、军官晋升激励、荣誉称号激励及其他物质和精神激励等[1]。这些法规制度对国防教育的有效开展和军民融合培养军事人才起到了很大的促进作用。目前我们高校的军事理论教学和军事技能训练，缺少的就是这些配套的制度和机制，总是在单一设计、单一计划、单一实施，缺少融合意识。

（三）实现任务和内容融合

《国防法》第24条规定：学校的国防教育是全民国防教育的基础。各级各类学校应当设置适当的国防教育课程，或者在有关课程中增加国防教育的内容。军事机关应当协助学校开展国防教育。在学校的国防教育上实现军民的深度融合，高校和军队要担负同等的任务，甚至可以以军方为主，不能把所有的担子都推给学校，军队只用不培养，只征不育，永远收不到好效果。军民双方如何在大学生国防素质提升上发挥出各自的作用，各自应当承担哪些任务，必须有具体且科学的分工合作。在对大学生国防教育的内容上，军民双方要共同研究，在融合点上下功夫，在军事技能训练和军事理论教学上，部队要选派指挥作战经验丰富、军事素质过硬的军官、战士与高校军事教师共同来实施。不但要在大一新生期间集中组织进行军事技能训练，更要积极利用寒、暑假期组织好军事训练营或大学生深入部队的体验、训练活动；还要在思政课、语文、

---

[1] 陈静：《美国后备军官训练团特点及启示》，载《青年与社会》，2013年第11期。

数学等通识课程，甚至是专业课程当中要结合课程实际，增加国防素质内容，要把国防观念的强化、国防技术的掌握、国防精神的培育渗透到高等教育的各个方面。

三、强化融合保障

积极推进军民融合在高校国防教育中的深度发展，国家、部门、军队和高校各个层面必须舍得投入，在人力、财力、物力方面搞好保障，才能真正把作为基础的学校国防教育落到实处。

（一）人才保障

习近平主席强调，办好中国的事情，关键在党、关键在人、关键在人才，综合国力竞争说到底是人才竞争。提高大学生国防素质，关键是做好国防教育人才保障。要通过国防教育与管理专业建设，培养出从事国防教育事业的专门人才，解决军事教师来源渠道多而杂且学历偏低的现状；要厘清军事教师的职业生涯通道，让他们看到从事国防教育行业发展的广阔前途，增强职业的荣誉感和自豪感；要完善国防教育工作职称评定机制，设定高校国防教育中、高级人才的专门比例，解决专职军事教师发展的瓶颈问题。

（二）经费保障

按照三部委2007年3月22日下发的《学生军事训练工作规定》，普通高等学校组织实施学生军事训练所需经费，按照现行财政管理体制，纳入学校主管部门预算管理，合理确定人均经费标准，实行综合定额拨款；各级教育行政部门和军事机关开展学生军事训练工作所需的业务经费，商请本级财政列入经费预算，予以保障；另根据《关于2015年规范教育收费治理教育乱收费工作的实施意见》的要求"严禁学校在军训期间向学生收取军训费、住宿费、交通费、照相费等费用"。因此，真正用于高校国防教育的经费是很有限的，必须进一步畅通高校国防教育经费保障渠道，建立国防教育经费直通车，确保教育的效果和质量。

（三）物质保障

在普通高等学校的国防教育中，无论是军事理论教学还是军事技能训练，都离不开场地、器材、武器弹药等各种必需物质因素，无论是高校还是部队都应无偿提供。在此基础上，部队要在不涉密的情况下，对高校师生开放各种军事设施，并提供参观、学习和体验，甚至号召大学生参与到部队的训练演习和值勤战备工作当中，使他们体会到国防的重要性；高校要为军事教师、部队派遣教官以及承担军事组训教学任务的官兵提供必要的工作和生活设施，为开展国防教育展览、国防教育活动提供时间、空间的便利条件。

(四) 法律保障

各普通高校对大学生军事技能训练和军事理论教学投入少、推进缓慢的原因就在于重视不够、表里不一、口头上很重视、实际落实过程打折扣；教务、学生、组织、宣传等相关业务部门和教学单位在国防教育和征兵过程中不能主动出击或积极配合，担起主体责任，其本身就存在国防观念不强、国防素质不高的问题；广大学生参加军事技能训练和军事理论课教学积极性不高，对国防建设关心不够，投身国防的愿望不强烈，归根结底是教育出了问题。解决这些问题的根本还是要依法施教，进一步完善《兵役法》《教育法》《国防法》《国防教育法》等，把军民融合的国家战略和全面依法治国结合起来，用法律保障高校国防教育军民融合的实现。

体制机制健全、政策制度配套、法律法规完善、培养目标清晰，是军民融合式人才培养的基础。对这些问题必须结合我国国情军情进行积极探索、大胆创新，走出一条军民双向互利共赢的育人发展之路。

军民融合战略下高职院校定向直招士官生素养培育研究

卞禹臣*

摘 要：2015年习近平明确强调"把军民融合发展上升为国家战略，开创强军新局面"，这是"军民融合"首次被提升到国家战略的高度。高等教育中在军民融合战略中可以具体体现在哪些方面是值得每一个高校国防教育工作者深思的，本文结合其工作对士官生素养培育进行了研究。

关键词：军民融合；直招士官生；素养培育

2015年3月，习近平明确强调"把军民融合发展上升为国家战略"。国防大学国防经济研究中心发布的《中国军民融合发展报告2014》显示，我国的军民融合度在30%左右。这标志着我国的军民融合正处于由发展初期向中期迈进的阶段，正处于由初步融合向深度融合推进的阶段。

一、高职院校定向培养直招士官生培养的意义

为加快培养军队现代化建设需要的高素质士官人才，原总参谋部、国家教育部联合发布《关于做好定向培养直招士官试点工作的通知》，确定从2012年起，面向全国7省（区、市）11所地方高校开展依托地方普通高等学校定向培养直招士官试点工作。三年后，本人工作单位于2015年3月开始了直招士官生的招生和培养工作，涉及海军、空军和火箭军三大军种，包括了该院通信专业、电子信息工程专业和计算机网络专业三大专业。

（一）定向培养直招士官生是军民融合战略下人才培养的创新之举

定向培养直招士官工作，是完善军民融合人才培养体系、提高士官培养质量和效益、加强国防和军队建设的重要举措。随着军队信息化建设的不断发展，士官已经成为各国军队中非常重要的技术骨干，但士官是一种高素质、高技能型人才，具有军事性、职业性、专业性和技能性四大特征，培养周期长，培养过程难，各国在培养模式与机制上都存在较大差异。

---

* 作者简介：卞禹臣（1984年~），男，东南大学硕士，现任南京信息职业技术学院科长，讲师，2013年起从事军事技能训练和国防教育工作。

（二）定向培养直招士官生是精兵强军的有效措施

信息时代，军队士官学校对于新兴专业的开设要花大力气，充分利用好地方高校已成型专业为军队培养高素质的技能型士官人才，是精兵强军的有效措施。按照人才培养战略合作协议的要求，定向培养直招士官生学制三年，毕业后取得大专学历，前两年半的课程在高校完成，最后一个学期到对应的指导单位顶岗实习，实习合格办理毕业和入伍手续后到部队工作，享受现役士官的相关待遇。

（三）定向培养直招士官生是高校人才培养模式改革的外在驱动力

2015年军队出台政策，对直招士官生实施国家资助以及按照军人涨薪，提升了定向培养直招士官生的吸引力。高校培养的人才不仅可以输出至市场，也可输出至军队。定向培养直招士官生是在直招士官基础上的进一步实践探索，对深化兵役制度改革、拓宽士官选拔培养渠道和加强军事人力资源建设具有重要意义。

二、高职院校直招士官生培养现状分析

近年来，由中央军委国防动员部委托地方高校定向培养直招士官生的项目在高职院校中非常热门，这一群体的培养工作备受学者的聚焦。对于直招士官生的培养模式、管理方式、管理实效的理论性研究很多，而真正的实证性研究为数不多，尤其是结合直招士官生的实际情况进行素养培育研究的更是少之又少。

（一）高校直招士官生培养现状

通过发放问卷和电话访谈，对地处南京开展定向培养直招士官生培养工作层次和进展各不相同的两个高职院校进行调研。此次共发放问卷400份，收回有效问卷306份，下面将士官生的培养和在校表现情况的相关数据展示并分析如下。

1. 直招士官生在校学习现状

从调查数据中可以看出，学生对于目前的大学学习普遍感到压力较大，其中60人对于目前的专业学习缺乏兴趣与继续坚持的动力；56人在思想上存在一定的误区，认为学习成绩的好坏并不会影响以后的发展，存在学习无用的想法；另外，反映士官生日常管理事务过多，军政训练的强度过大，导致在学业上没有办法保证精力和时间；30名学生认为自己的学习基础较为薄弱，入校后感觉难以跟上学习进度，学习起来较为吃力。

在军政训练任务对学业的影响关系这一问题上，共160名学生认为训练会学习产生影响，其中71人认为影响的程度较为严重，军政训练占用了大量时间，导致学习很吃力，还有89人认为训练对学习影响不大，主要看

自己的时间管理是否合理高效；仅有 51 名学生觉得军政训练对学习具有促进作用，二者能够彼此给予积极的影响，此类学生占总调查人数的 16.67%。

2. 直招士官生生源问题

在所调查的 306 人中，有 81 人考虑到国家的学费补贴政策，希望可以以此缓解家庭经济压力，占总人数的 26.47%。分别有 63 人、67 人在报考时是受周围有过军人背景的亲戚朋友的影响和出于对我校士官生专业的优势角度选择了士官生，占总人数的 42.48%。有 62 名学生的报考动机源于对军人职业的向往并希望在部队中发挥自己的才干，报效祖国、建功立业、圆军旅梦，占总人数的 20.26%。另有 33 人只是简单的出于对部队的好奇心理，希望体验一下军人生活。

3. 士官生的职业生涯规划问题

调查数据还显示出，共有 149 名学生认为大学的管理过于严苛，学业与训练任务较重，感到身心疲惫，另有 152 人对未来的发展前景没有清晰的认识，不清楚如果不能顺利进入部队还能有哪些出路可以选择，并对自身的职业能力感到担忧，对未来的发展没有充分的信心。

在校士官生希望通过已毕业的士官生在部队的任职发展状况为自己的职业生涯规划提供指导，从调查中发现，89 名学生希望了解毕业士官生的成功方法，对于毕业士官生目前在部队的职级分布情况、待遇及发展空间也有非常浓厚的兴趣。此外，还有 18.3% 的学生希望从毕业士官生的失败经历中吸取教训，避免重蹈覆辙。

（二）部队对直招士官生的需求与期望

调研过程中，重点就直招士官生的培养和使用对军方人员进行了电话访谈，直接或间接地体现出部队对直招士官生的需求情况以及相关期望。由于本次电话访谈的对象是直接接受直招士官生的部队的基层带兵干部和省军区国防动员处的兵员参谋，因此对士官生融入部队后的优缺点是有着最直观的感受的。

省军区相关负责同志认为，"直招士官生在加强思想教育的同时，一定要认真完成专业技能的学习，这也是直招士官生与部队生长士官的最根本的区别，直招士官生必须以高技能高素质型的'战斗力量'进入部队，也只有这样才能体现出定向培养直招士官的意义。"

（三）高校与部队在直招士官生培养方面的双重困惑

无论是对院校还是对部队，虽然已经有了几届毕业的学生，但是由于每年各省的招生批次不统一，定向培养直招士官生的培养工作还是一项新兴的研究领域。高校和部队缺乏较为健全的联合培养机制和完整的培养体系，对培养机制，尤其是培养的质量都存在着疑惑。

目前拥有定向培养直招士官资格的院校也不在少数，但是每个学校的办学规模、培养方式、培养机构都各不相同。有的院校每年招生人数近千人，而有的院校仅几十人。招生人数多的院校，能够集中精力开展工作，成立士官学院；而招生人数少的院校仅仅是将学生的军政课程由武装部主抓落实，日常专业培养仍放在各专业学院开展，因培养规模小，难以投入过多人、财、物力，致使院校之间发展不平衡，差距拉大。这种情况之下，培养出的学生质量也有可能参差不齐，接收部队存在困惑是必然的。

与此同时，对于学校而言，学生在校培养两年半，再到部队锻炼半年，考核合格后办理入伍手续。但是目前军方的考核未曾出台一系列具体的办法，学校的培养方向也是自己在不断地摸索，如果最后被部队淘汰未能顺利办理入伍手续，这样的学生将何去何从，这不仅仅是学生感到迷茫的事情，而应该是培养单位主要关注的事情。

三、提升直招士官生素养的培育策略

（一）进一步加强直招士官生军政素养

1. 加强课堂教育

利用好第一课堂，探索以军事课为主阵地，军事地形学、军事谋略学、军事社会学、军事体技能训练、野外生存技能训练等丰富多彩的拓展课程为主抓手的军政课程体系，加大对直招士官生的军政素养的培育。

充分发挥第二课堂的优势，通过组织士官生开展各式各样的趣味活动学习总部文件、相关条例以及学院士官生管理规章制度，并要求其认真遵守、坚决执行；坚持经常性开展理想信念教育，引导他们树立正确的世界观、人生观、价值观；大力开展军魂讲坛、观看军事影片、唱响军歌、学雷锋树新风、青年志愿者等丰富多彩的活动。

2. 建立"德育档案"

开展士官生德育工作，不仅是部队的需求，更是每一个大学生自我发展、自我教育的需要。为促进士官生德育工作，应该在士官生中建立"德育档案"。通过"德育档案"的建立，充分尊重士官生在教育教学活动中的主体地位，努力把德育教育转化为大学生的自我教育，"德育档案"内容主要包括自我管理、自我服务、自我教育三方面内容。

（二）有效加强士官生学业内、外素养的同步培养

根据对学生的访谈，我们了解到学生除了军政课程、专业课程的学习外，几乎不涉及其他学业外素养的培育，诸如接受调研的某院109名海军士官生掌握游泳技能的人数只有21人。本次调研除了使用问卷和电话访谈

外，还利用获得的学业成绩数据进行了分析，士官生的学业情况参差不齐，有的班级成绩非常均衡，无挂科，但优秀率也不高；有的班级不及格人数非常高，优秀的学生几乎每门课的成绩都是在90分以上。因此，优化课程设置，建立军队教员的常驻机制，有效地加强学业内、外素养的同步培育显得尤为重要。

（三）创新军民融合式复合型士官生人才培养新模式

为了更好地落实士官生的去向问题，本文提出"军校企家"四方共同育人的设想，士官生的身份首先是一名学生，其次是一名订单培养的高职生，再次他们是为部队培育的特殊的高职生，因此军民融合式复合型士官生人才培育也应该遵循教育教学的规律：第一，和普通学生培养一样，学校和家长应保持密切的联系，共同做好学生的管理；第二，培养单位和用人单位应加强联系，建立有效的沟通机制，确保培养出合格的适应部队需求的士官生；第三，高职生是适应未来工作岗位的高技能高素质人才，那么士官生也应在自身专业领域加强民用技能的学习，以确保二次择业时能游刃有余。因此，优先遴选高素质学生服务军队，同时不影响任何一个学生的个性化前途发展，应打通普通学生与士官生双向流动的通道，科学设置考核方式，确保军政素养培育的成果，增强军政课程对普通学生的辐射作用。

国防教育在校园文化中的研究与探索

骞大军[*]

摘　要：高校国防教育不仅是提高大学生国防观念，增强国防知识的有效途径，也对大学生的人生观、世界观、价值观的塑造起着不可或缺的作用。最重要的是，高校国防教育是加强我国国防后备力量的有效措施。如何开展形式多样、学生乐于接受、适合大学生群体的国防教育是本文探讨和研究的问题。

关键词：国防教育；国防意识；校园文化；潜移默化

习近平总书记在党的十八大中强调"加强国防教育，增强全民国防观念，使关心国防、热爱国防、建设国防、保卫国防成为全社会的思想共识和自觉行动"。这为高校国防教育工作指明了努力方向，提供了根本遵循。本文将太原理工大学如何将国防教育与高校军训、校园文化、军事理论课堂、学生组织、宣传活动等有机融合以达到潜移默化作用的一些实践做一呈现以飨读者。

一、国防教育的意义

所谓国防，是为捍卫国家主权、领土完整和安全，防备外来侵略和颠覆所进行的军事及与军事有关的政治、外交、经济、文化等方面的建设和斗争。自古以来，有国就有防，国无防而不立。对于国防行之有效的推广最简单直接的方法就是国防教育了。国防与国防教育息息相关，前者离不开后者，后者作用于前者。国防教育就是以国防为目的，以教育为手段影响人、培养人的活动，就其本质来说是一个国家为了捍卫主权、领土完整和安全、抵御外来侵略，对全体公民进行教育的活动。加强国防教育，树立国防观念，是关系到国家强弱和民族兴衰的大事，对于国家的经济建设更是必要的保障。国防是包括军事、政治、经济、科技、外交、文化等方面的全体人民的防务，其最终的原则就是国家的防务、全民的防务。

二、国防教育之高校大学生

当今大学生是生于20世纪末、记忆从21世纪开始的"千禧一代"。每个人都是历史长链中的一环，只不过历史赋予了每一代人不同的历史使

---

[*] 作者简介：骞大军（1963年~），男，武汉理工大学硕士学位，现任太原理工大学武装部军事教研室讲师。

命。在他们的成长过程中，他们所形成的人生观、价值观、道德观将直接影响我们社会的发展，所以国防教育、国防意识必须从源头抓起。

太原理工大学新生从入学的第一天起，就要求穿上迷彩服，接受为期2~3周的正规的军事化训练。从队列动作、内务整理到汇报表演。学校高度重视国防教育工作，将国防教育工作纳入学校重要议事日程和年度工作计划，制定国防教育教学实施方案和军事理论教学大纲，设置国防教育课程，成立专门的军事教研室，配备专职教师5名、兼职教师5名，除认真完成军事理论教学大纲的教学任务外，另开设选修课3门（《孙子兵法》、军事地形学与野外生存、无线电"猎狐"和全程定向越野）。对学生进行基本的国防理论教育，把学生军事理论课纳入学校的教学计划当中，每学期36课时占4个学分（军训2个学分），纳入学生成绩考核中，使学生从行为、思想、认知上感受到国防教育的重要性，增强忧患意识和责任意识，焕发爱国之心、报国之情。

三、国防教育之形式多样化

苏格拉底说："教育不是灌输，而是点燃火焰"，所以教育不应当一味地墨守成规，而应当形式多样化、内容兴趣化，点燃学生的智慧火花，努力使其得法于课内，得益于课外。当代大学生是国家宝贵的人才资源，是民族的希望、祖国的未来，肩负着人民的重托、历史的责任。国防教育的对象必然从青少年开始，在他们的思想价值观成熟之际，必须深入贯彻国防之理念，单一的军事训练和理论课堂远远不能满足他们的要求。太原理工大学尝试着从以下几个方面对在校大学生进行国防教育、国防理念的培养和渗透，增强使命感、责任感，把国防教育常态化、多元化，使之在大学的四年中甚至是以后的工作中起到潜移默化的作用。

（一）组织国旗护卫队

太原理工大学国旗护卫队是由学校党委和武装部直接领导的，是由每年从新生军训当中选拔的优秀学员组成的一支外树形象、内强素质的学生组织。从2008年成立组建到现在已经是第9个年头了，每年有120人参加，累计人数已达千余人次。他们按照国家国旗护卫队的标准进行训练，是一支半军事化的队伍，是一支有着严明的纪律、硬朗的作风、团结友爱的精神、深厚的战友情谊的队伍。国旗护卫队制定的队训是：自强自律，唯实唯先，勇于开拓，百折不挠。口号是：掉皮掉肉不掉队，流血流汗不流泪。从队训和口号可以看出，他们是以军人的标准来严格要求，以军人的姿态展现队伍的风貌。参加国旗护卫队学员们各个都是都是学习优秀，品行端正，有着雷厉风行、吃苦耐劳、团结一致精神的优秀学生，自觉自愿地每天坚持早上出操训练，风雨无阻。对国旗的热爱就是对祖国的热爱，每当"七一""八一""十一"等大型节日期间，不仅为学校升国旗、参与国防教育活动，还为本市十多所中小学义务示范升旗。他们的精彩表现和惊艳亮相，受到了老师、同学以及社会各界的好评，特别是小学生每次升旗后久久不愿离去，羡慕大哥哥、大姐姐们的帅气戎装和精气神，此举也影响和带动了广大师生的爱国热情，激发了民族自尊心和自信心，增强了国防意识。

（二）组建军事训练营

2013年太原理工大学组建"国防军事训练营"。这又是学校为加强国防教育，增强国防意识，树立国防观念的一项重大举措。军事训练营以国防教育为主线，坚持高等教育规律和国防军事人才成长规律相结合，坚持学生的成长成才与从军报国的理想信念相结合，响应国家大力推进大学生参军入伍的新号召，进一步创新高校军事教学、国防教育、军民融合、征兵工作等模式，为高校参加全国国防军事类各项比赛取得优异成绩做出良好铺垫，为高校向国家和军队输送合格后备兵员和预备役军官打下坚实的基础。

太原理工大学"国防军事训练营"将国防教育和爱国主义教育融入同学们的日常学习和生活中，被誉为"校园文明建设的突击队""国防教育的主力军"。在2015年10月太原理工大学军事训练营与CCTV-7国防军事频道合作协办"家家户户挂国旗"倡议活动。通过制作展板、派发传单、赠送国旗等方式，号召广大师生及社会群众积极响应，参加到"家家户户挂国旗"活动中来，并取得良好效果，极大地激发了在校大学生和民众的爱国情怀。此活动得到中央电视台CCTV-13新闻频道及CCTV-7国防军事频道的报道，影响深远，意义重大。训练营从成立以来组织举办了大大小小上百个活动，特别是与山西老兵协会一起组织纪念抗美援朝烈士回家立碑活动，让那些为祖国牺牲的无名英烈魂归故里，是一次对新一代大学生心灵的震撼、思想的洗礼。这些课堂以外国防教育的延伸，提高了他们的国防意识和履行国防职责的素质和能力。军事训练营的成立，不仅培养了一批有理想、能吃苦、敢挑战的爱国青年，为国防现代化建设提供了一支可靠的后备力量，为太原理工大学的光辉增添了一笔浓重的色彩，更是贯彻落实大学生国防教育，增强国防观念，将国防教育渗透到学校的各个角落，深入人心。目前军事训练营由初建的50人，发展到现在上百人，累计参加人次已达600余人。

（三）成立军事爱好者协会

在国旗护卫队的带动下，在军事训练营的影响下，2014年成立"太原理工大学军事爱好者协会"（以下简称"军协"）。将有军人情结、有兴趣爱好的学生们组织到一起，给他们搭建一个展示的平台。该协会是以太原理工大学校武装部为指导单位，校学生社团联合会为依托的有鲜明特色和浓厚军事色彩的大型社团。虽然都只是学生，但却是学生中的"军人"，以部队的条令条例来管理社团，以部队的结构来划分单位，用战友的情谊链接各种关系，从专业的角度出发，把中国军人的精神表现和渲染出来，成为一个不是部队胜似部队的优秀团体。协会成立以来，组织参加各种活动，与校团委联合开展"军事大冲关"活动，与当地景区开展"学雷锋，我植树"活动，受到当地电视台采访引起热议，在学校中掀起学雷锋的热潮。每年与当地武装部联合开展国防教育宣传活动，参观国防教育基地。军协中的无线电测向队，在2016年10月教育部举办的全国军事课教学检验中荣获团体二等奖，并在2018年全国首届无线电测向锦标赛中获得佳绩。载誉归来，身边的同学纷纷投来羡慕和敬佩的目光，他们也从没事低头看手机、打游戏中抬起头来，转向有意义、有趣味同时又锻炼身心的活动中。这一团体的成立，再一次体现了国防教育在太原理工大学的活动渗透、环境渲染无时不在，无处不在。以点带面，以少带多，组织中的成员，不断地影响着周围其他的同学，他们纷纷要求加入。这些活动从另一个侧面普及了国防知识，提高了国防认知。

四、国防教育之校园文化

文化，民族之魂。国防，国家之脊。当前，实现民族的伟大复兴是我们全民的"中国梦"，国防文化既为实现"中国梦""强军梦"提供了强大的精神支撑，也在军民融合式发展中提升了国防教育的质量和层次。校园文化以学生为主体、以教师为主导、以校园空间为依托，是学校在发展过程中形成的具有自身特色的文化意识，是物质财富与精神财富的总和，是凸显校园精神特质的群体文化。

为完善国防教育校园行，可以从以下几个方面着手：

一是校园媒体要开设国防专栏。应运用好新媒体、新技术与传统优势结合融合的手段：学校校报、学院院报等官方报纸至少每月设立一期"国防之窗"专栏；校园广播开设"国防之声"专栏，每期至少一条播报；校园内部各官方微信公众号可以相应设置"国防时空"专栏，每周至少一期推文，主要反映国防时事动态、宣传国防政策法规、报道国防建设典型事迹，在重大节日和纪念日积极跟进加强宣传。用以上方法确保国防文化传播走上制度化、多元化、常态化运行的轨道。

二是校园文化要注入国防元素。要将国防文化作为一个单独的主题突出出来，纳入校园文化成为其中一部分，可以一年举办一个"国防文化宣传月"，结合迎接党的十九大、建军90周年等重大时节，设置强军强国系列主题演讲、国防理论知识竞赛、国防题材文艺创作、强军系列文艺汇演等活动，广泛发动各级学院各类学生参加。通过开展形式多样的国防文化系列活动，在潜移默化地思想引领、文化育人中不断提高学生的思想水平、政治觉悟、爱国情操和道德品质。

三是课堂教学要搭建国防讲坛。用好课堂教学这个主渠道，按照编好教材、开好课程、讲好课时的总要求，统编国防教育和军事基础理论教材，从大学新生入学军训开始就设置国防军事类必修课，开设形势与政策课贯穿每名学生的大学生涯，把国防军事自主学习课程放到在线课程平台上。可以在校设立国防讲坛，每年定期邀请部队领导官兵、国安部门人员、社会优秀学者到校作关于国家形势、国防安全、理想信念等内容的报告，引导广大青年树立正确的国防观、安全观、价值观。

四是校园环境要营造国防氛围。高校的校园文化环境对青年大学生有潜移默化的熏陶作用。把国防设施建起来，可以在校园环境中开设国防小道、布展国防故事灯箱、介绍英雄人物事迹，若校内有国防军事设施的可定期组织参观、演练、使用等。让国防宣传到路旁，即可以在校园各大干道上分别设置不少于一块国防宣传橱窗，各个学生宿舍园区要在主要场所固定设置国防军事和时事政治内容的宣传橱窗，宣传内容根据形势政策需要常换常新。让国防教育随处有，即在校园各园区广泛设置国防宣传教育公益广告、标语，在征兵时节、重大节日和纪念日，悬挂宣传横幅、设置国防展板，以营造浓厚的国防教育氛围。

五是社团活动要增添国防色彩。高校的各级党团委（支部）、社团谋划开展活动要融入国防文化，每学期至少开展一次国防文化内容的主题党团日或社团活动。在社团活动中，一要用好红色资源搞活动，用好高校所在城市的红色纪念场所等资源抓好参观见学；二要建好社团搞活动，可以建立国防军事爱好者协会等国防军事类社团，尤其要发挥好高校退役士兵复读生、国防生等生力军作用，经常举办国防军事讲座，宣讲国防军事政策，宣传优秀退役复学士兵，开展国防军事实践活动，通过寓教于乐的形式增进国防文化铸魂育人功效。

论新时代全民国防教育的传承与创新

李 瑾 昝金生[*]

摘 要：全民国防教育要以习近平新时代中国特色社会主义思想和习近平强军思想为指导，在传承的基础上积极创新，拓展国家安全教育、国防文化教育等全民国防教育新领域，全面培育公民的国防素质。笔者认为应通过完善全民国防教育领导机制的顶层设计、探索全民国防教育的法律意识培育模式，拓展具有区域特色的全民国防教育平台，重视学校国防教育在全民国防教育中的作用，开辟全民国防教育新路径，为实现"中国梦""强军梦"凝聚强大的力量。

关键词：全民国防教育；国防素养；国防意识

全民国防教育是国防建设的重要组成部分，是增强民族凝聚力、实现中华民族伟大复兴的"中国梦"的重要保证。如何以习近平新时代中国特色社会主义思想和习近平强军思想为指导，紧紧围绕维护国家主权、安全、发展利益，做好全民国防教育工作，是全面贯彻党的十九大关于加强全民国防教育的部署要求的重大课题。

一、立足时代要求，开创全民国防教育新局面

（一）时代对公民国防素养的要求不断提升

党的十九大以来，新形势下的国家安全态势和现实需求使国防所面临的内部、外部形势日益复杂，不稳定性和不确定性大大增强。从国际局势变动和当前世界形势来看，尽管和平与发展是时代的主题，但是霸权主义、冷战思维和强权政治依然存在，传统安全威胁和非传统安全威胁相互交织，恐怖主义、难民危机、气候变化等威胁持续蔓延。全球化所带来的国际局势不可预测性、国内形势变动性，使我们必须根据时代发展的潮流和自身根本利益做出正确的战略抉择，认清自身所处的复杂多变的国际环境和周边安全环境，重视全体公民国防意识的培养和国防素质的提升，树立正确的国家利益观、综合安全观，才能坚持和平发展道路，有效维护和全面保障国家的安全与发展。新的时代对全民国防教育提出了新的要求，使这项工作任重道远，不容懈怠。

---

[*] 作者简介：李瑾（1978年~），女，江苏苏州人，苏州大学法学博士，现任苏州大学军事教研室讲师，主要从事国防教育方面的研究；昝金生（1975年~），男，江苏徐州人，苏州大学历史学博士，现任苏州大学军事教研室讲师，主要从事国防教育方面的研究。

（二）国家对全民国防意识的培养日益重视

在全球化的今天，信息的获取和传播方式的改变深刻地影响着整个社会的生产方式，也极大地改变了人们的生活、学习、交往方式。出于现实的需要，当前我国对提升公民现代国防意识的诉求不断上升。"现代国防观认为，国防是综合国力的体现。因而，在国防力量构成和国防斗争手段方面，都较之以往'单纯武力战'的国防观和以武力战为基础的'总动员'国防观，都有着明显的区别。"① 具有现代国防意识的公民，其国防观念更具前瞻性，国防视野也更为开阔。现代国防意识应建立在现代的国防观念基础上，涵盖更为丰富的内容，政治、经济、社会、文化、教育、科技、军事等众多领域都应包含其中。随着时代的发展和进步，国家对全民国防意识的培养日益重视。疆域观念的日益更新与拓展，也使得现代国防已不再是传统意义上的守边护土，而是包括陆、海、空、天、电、网等多维立体的国防、军民融合的国防，需要凝聚全民的力量。

（三）军民融合在国防教育领域渐成趋势

全民国防教育的有力推进，需要社会各方面力量的配合与军地教育资源的深度融合。2015年3月12日习近平在中国十二届全国人大三次会议解放军代表团全体会议上，第一次明确提出："把军民融合发展上升为国家战略。"军民融合也将成为21世纪全民国防教育的推进重点和发展趋势。2017年中国指挥与控制学会成功举办了首届"全国兵棋推演大赛"，大赛以"聚焦新时代国防教育，树立科学理性国防观"为主题，以"智谋方寸棋盘，运筹万里疆场"为口号，不仅推动了信息化时代新型指挥与控制系统及技术的普及，促进了我国人工智能技术在军事指挥控制系统的加速应用，而且也激发了广大青年公民尚武爱国的激情。近年来，我国也在高级中学和职业技术学校开办具有国防特色的班次，探索建立军事人才储备培养体系。军民融合的趋势成为近年来全民国防教育活动的亮点，为培养、激励、遴选有智慧、有本事、有血性、有品德的新一代国防军事人才发挥了积极作用。

二、继承优秀传统，发展全民国防教育新领域

新形势下的全民国防教育应顺应新时代发展要求，积极拓展新领域、增加新内容，尤其要着力加强全民国家安全教育、全民国防文化教育，注重对公民国防素质的培育。

---

① 罗海曦：《建设21世纪的中国国防——党的第三代领导核心对毛泽东、邓小平的国防思想的运用和发展》，载《军事经济研究》，1997年第9期。

（一）重点加强全民国家安全教育

没有国家安全，就没有公民个人的安全与保障。全球化时代，民众对国家安全问题的认识与理解、对国家利益问题的思考发生着前所未有的变化。"以数字化、网络化、智能化为特征的信息革命正蓬勃兴起，推动人类认识世界、改造世界的能力空前跃升，深刻改变着全球经济格局、利益格局和安全格局。"[①] 2017年党的十九大报告共18次提到"国家安全"，以习近平同志为核心的党中央比以往任何时候都更加重视国家安全。现代国家安全意识，不仅涵盖了反间谍、反分裂、反颠覆渗透等传统安全领域，而且将政治安全、文化安全、经济安全、信息安全、网络安全、生态安全等非传统安全领域也纳入其中。

"随着全球化的深入推进和互联网的广泛使用，人类社会的流动性大大增强，人、信息、资本、物品溢出了传统的时间和空间的限定，形成所谓的流动的时间、空间和社会。"[②] 世界范围内人际交往的日益频繁使个人在维护国家安全中的作用日益增加。我国公民跨地区和跨国界的学习、交流、工作的机会不断增多，然而相当一部分的公民缺乏国防意识，未建立起与自身公民身份相匹配的现代国防和安全观念，对国家防务安全和个人安全的密切关系缺乏思考，认知尚不充分。国家安全问题往往就发生在我们身边，因此全民国防教育应从大处着眼、小处入手，从培养与公民个人安全、社会安全等密切相关的日常生活中的安全意识出发，增强广大公民的国家安全意识，提高警惕性，加强防范能力。将国家安全教育落到实处，切实提高全民的国家安全意识是当前全民国防教育所面临的重要时代新课题。

（二）着力推进全民国防文化建设

文化是一个民族的精神和灵魂，是国家发展和民族振兴的强大力量。习近平强调："一个没有精神力量的民族难以自立自强，一项没有文化支撑的事业难以持续长久。"2014年12月13日，习近平总书记前往江苏出席南京大屠杀死难者国家公祭仪式，发表了重要讲话。2017年12月13日，习近平再次前往江苏出席南京大屠杀死难者国家公祭仪式，并走进纪念馆参观了"南京大屠杀史实展"。2017年12月，习近平在十九大后调研江苏，专程瞻仰了淮海战役烈士纪念塔，参观了淮海战役纪念馆。这些都充分体现了党和国家领导人对中国特色国防文化建设与传承的高度重视，

[①] 贺福初：《世界新军事变革未来走向》，载《参考消息》，2017年8月23日。
[②] 何雪松、袁园：《全球城市的流动性与社会治理》，载《华东师范大学学报》，2017年第6期。

对全民国防文化建设成果的肯定。

"党的十八大以来，习近平一再强调传承红色基因，继承发展革命文化和社会主义先进文化，在全党全军全国人民中树立起坚定的文化自信问题。"① 作为中国特色社会主义先进文化的重要组成部分，全民国防文化建设是推动全民国防教育深入开展的基础性工程。国防文化以其独特价值和作用成为现代国家国防实力的重要组成部分，建设先进的全民国防文化是增强国家文化软实力的重要渠道。科学认识国防文化的内涵，全面发掘全民国防文化的优质资源，全方位创新有地区特色的全民国防文化推广模式，是新形势下增强社会主义文化自信的重要途径，对于提升全民思想文化建设层次水平、推进军民融合发展、提升国家文化软实力均具有重要意义。

（三）全面落实全民国防素质培育

中国古语云："国之大事，在祀与戎。"没有军队，国家就失去了重要的安全保障。人民不仅是构成国家的最基本要素，也是国家军队的主要来源。瑞士著名军事思想家约米尼说："如果政府不采取措施培育人民的尚武精神，那么它为建设军队而采取的一切最好的措施也都将是徒劳的。"② 公民素养是当代公民必须具备的素质和能力，是国家综合国力的重要体现，是国际竞争的重要方面，也是国家经济和社会发展的基础。国防素养作为公民素养的有机组成部分，主要包括国防知识文化素质、国防安全技能、国防法律意识、国防品德修养等。

当前，我国正处在和平发展的上升时期，但依然面临着不稳定因素的困扰，国家统一大业尚未最终完成，改革开放进入一个深化调整期。随着社会主义市场经济的深入发展，我国在社会结构上发生很大的变动，利益分配方式多样化，中国社会面临着许多具体而现实的问题。这些问题的影响往往会迁移到社会生活的各个领域，也导致人们在价值观念、思想文化、道德伦理等方面均发生了很大的改变。对于物质层面的利益分配，人们变得更加务实，而在精神层面，大众也常常倾向于以实用主义的态度和标准做出决定与判断。因此，在全民国防教育中，要引导公民主动思考和理性分析有关数据、案例与事实，培育和提升国防素质，从根本上深刻认识到公民在维护国家安全与稳定方面的重要意义。

---

① 沈成飞、连文妹：《论红色文化的内涵、特征及其当代价值》，载《教学与研究》，2018年第1期。

② 于化民、胡哲峰：《当代中国军事思想史》，河南大学出版社1999年版，第32页。

三、创新发展思路，开辟全民国防教育新路径

传统全民国防教育内容相对单薄、形式单一，总体来看是一种自上而下、以灌输为主的教育，着眼于宏大的教育目标，行政命令化的气息浓厚。在新时代全民国防教育中，要创新发展，从领导机制、运行机制上下功夫，抓住重点，积极开辟新平台、新渠道。

（一）完善全民国防教育领导机制的顶层设计

提升全民国防教育水平，完善其领导机制的顶层设计是关键。首先要加强全民国防教育领导力度。只有在思想上对全民国防教育工作重视起来，建立健全组织机构，才能保证这项工作的有序发展。特别是各级党政领导干部，更应该充分认识全民国防教育事业的重要性。一个国家国防实力的强弱，固然取决于经济发展和军事实力等硬实力，但也与民众国防意识的强弱和国防建设水平高低等软实力密切相关。公民国防意识的培养与强化，不可能一蹴而就，靠的是长效机制，所以这是一项长期艰巨的工作。只有认识到全民国防教育意义责任重大，才能使之进入规范化管理轨道。

坚持党管教育原则，健全完善国防教育领导体制，完善顶层设计，规范运行机制，统筹规划，推动形成党委统一领导、职责任务明确、沟通协调顺畅、工作督导有力的组织领导体系。全面布局、建立健全组织，加强对全民国防教育事业的领导与管理，加大投入力度，在制度上进行完善、组织上进行保证、费用上予以保障。构建全民国防教育运行机制的支持系统，建立国防教育协会、基金会、学会等国防教育社会组织，鼓励引导企业、社会力量参与国防教育活动，运用社会力量组织、开展全民国防教育活动。在全民国防教育的实施过程中，突出发挥"军地融合"的优势。按照2017年中央军委批准的《中国人民解放军军营开放办法》，推开军营向社会开放，激发人民群众爱军尚武的热情。

（二）探索全民国防教育的法律意识培育模式

国防法规是国家国防政策的法律体现，是指导国防活动的行为准则，也是国家法律体系的重要组成部分。我国颁布了《中华人民共和国国防法》《中华人民共和国兵役法》《中华人民共和国国防教育法》《中华人民共和国军事设施保护法》《中华人民共和国人民防空法》《中华人民共和国反恐怖主义法》《中华人民共和国反分裂国家法》《中华人民共和国反间谍法》《中华人民共和国国家安全法》《中华人民共和国国防动员法》《中华人民共和国保守国家秘密法》等法律法规。

社区与广大基层组织可以通过设立相关全民国防教育课程、开展国防

法律法规知识讲座、进行安全保密教育、展示警示教育案例、举行竞赛活动等，从国家法律层面普及、确立、深化和提高当代公民的国防法律意识。高度重视国家在法律层面设定的对全民进行大规模国防教育的主题活动日。2001年8月31日，九届全国人大常委会第二十三次会议决定设立全民国防教育日，确定每年9月的第三个星期六为全民国防教育日。这是中国第一个以法律形式明确规定国防教育的主题节日。2015年7月1日，全国人大常委会通过的《中华人民共和国国家安全法》规定，将每年4月15日确定为全民国家安全教育日。

（三）拓展具有区域特色的全民国防教育平台

充分发挥报纸、杂志、电视、广播等传统媒体，以及微博、微信及其他专业APP等新兴媒体在全民国防教育中的积极作用。不仅要积极发挥国防军事类报刊杂志、电视节目等专业性传统媒体平台在全民国防教育中的重要影响力和辐射作用，更要研究和充分利用国防军事类权威网站、全民国防教育微信公众号、相关专业APP等新兴媒体在全民国防教育中的作用，在全社会推进红色基因传承工程，开展群众性国防教育实践活动，拓展全民国防教育的渠道和空间。

根据国家规范与要求，充分利用国庆阅兵、征兵宣传、军地双拥活动等平台，积极探索全民国防教育新路径。各地可以充分发掘和利用革命历史文化资源，积极发展红色旅游，鼓励和组织公民参观红色旅游景点，广泛开展爱国主义和革命传统教育，缅怀学习革命精神，把红色人文景观和绿色自然景观有机结合，把革命传统教育与健体休闲活动有机结合，寓教于游、寓游于教，实现观光赏景陶冶情操、增强民族凝聚力、加强国防意识的多重功效。加强包括烈士陵园、革命遗址在内的国防教育基地建设，发挥各类博物馆、纪念馆、科技馆、文化馆、青少年宫等场所的国防教育功能，大力弘扬英雄精神，营造崇尚英雄、缅怀先烈、尊崇军人的良好社会氛围。

（四）重视学校国防教育在全民国防教育中的作用

青少年是中国最新鲜的力量，承载着国家的未来与希望。当代青少年视野日益开阔、素质不断提高、思想也更趋复杂，在价值取向、思想面貌、心理状态、思维方式和行为选择上呈现出许多不同于以往的新特点。作为一个关键人群，当代青少年国防素质的整体状况也是反映中国公民国防意识的一个重要现实指标。因此，要高度重视学校国防教育在全民国防教育中的作用。

各级各类学校可以采取多元模式，把集中教育与日常教育、课堂教育与课外教育、理论教育与实践活动巧妙结合起来，通过严格的军事素质课程、丰富的校园国防文化活动、第二课堂拓展培训，使学生们在活动中学习、在参与中体验、在思考中成长，引导和帮助不同年龄段、学龄段的学生树立起现代的、综合性的国防观念，明确自身的国防责任和义务，使维护国家安全成为其日常学习生活中的主动意识和自觉行动。学校也要因时制宜、因地制宜地发挥社会力量共同参与推进深化国防教育长效机制，巧妙利用、充分整合、全面辐射，发挥当地政府、军队、企事业单位、社区等在青少年国防教育中的支持作用和影响力，从而推进全民国防教育的发展。

四、结语

全民国防教育与国家安全战略有着密切的关联，在打造现代化革命军队、促进国家综合国力提升和实现国防动员能力等方面都发挥着重要的作用。广泛开展全民国防教育，有助于公民牢固树立现代国防观念，认清自身的国防责任和担当，形成较强的国家安全意识，具备辨识、判断、甄别危害国防言行与信息的能力和相应的素养，掌握基本的斗争策略和应对能力。加强全民国防教育工作，必须认清形势，处理好传承与创新的关系，围绕全民国防教育的目标，坚持突出工作重点，拓展教育领域，在教育形式上积极探索创新，在教育方法上因地制宜，在教育内容上紧贴实际，在教育对象上因材施教，着力推动实现教育对象、时间、地域、内容、手段"五个全覆盖"，不断强化广大干部群众全民国防观念和爱军拥军意识，为实现"中国梦""强军梦"凝聚强大力量。

新时代国防教育与大学生爱国情怀的培育初探

张志勇[*]

摘　要：培育大学生爱国情怀是高校国防教育的重要功能，国防教育可以提高大学生的爱国认知、增强大学生的爱国情感、坚定大学生的爱国信念、督促大学生积极践行爱国行动。新时代高校国防教育应从责任意识教育、忧患意识教育和民族精神教育三个方面来深入培育大学生的爱国情怀。高校国防教育教师要努力提高自身的教育教学素养，为开展好新时代国防教育提供保障。

关键词：国防教育；爱国情怀；大学生

开展国防教育，是国家适应人才培养战略目标和加强国防后备力量建设的需要。《中华人民共和国国防教育法》第三条规定：国家通过开展国防教育，使公民增强国防观念，掌握基本的国防知识，学习必要的军事技能，激发爱国热情，自觉履行国防义务。爱国是社会主义核心价值观中个人层面的重要内容，是中国精神的重要内容，也是高校长期以来开展国防教育的核心。习近平总书记在讲话中指出：爱国主义是中华民族的精神基因，维系着华夏大地上各个民族的团结统一，激励着一代又一代中华儿女为祖国发展繁荣而不懈奋斗。[①] 随着国家进入新的时代，高校仍应坚持不懈地培育大学生的爱国情怀，发挥好国防教育在培育大学生爱国情怀方面的特殊作用和深远意义。

一、国防教育是培育大学生爱国情怀的重要组成

（一）国防教育能扩宽大学生的视野，使其提高爱国的认知能力

高校的国防教育主要通过三种渠道来进行，军事理论课、军事技能训练和日常国防教育活动，其中军事理论课和军事技能训练属于集中教育，日常国防教育活动属于分散教育。国家有关部门规定了高校军事理论课的教学内容和学时，但课程内容所涉及的知识非常广泛，例如在军事高技术部分包括了微电子、计算机、自动化、卫星通信、信息材料、能源材料、太阳能、海洋能、基因工程、海水淡化、航天遥感等多学科的基础知识，每一部分的内容既自成系统又相互联系。在军事技能的训练过程中，学生

---

[*] 作者简介：张志勇（1979 年～），男，硕士学位，现任辽宁工程技术大学葫芦岛校区国防教育教研部主任兼校区学生处副处长，讲师。

[①] 《习近平总书记系列重要讲话读本》，学习出版社、人民出版社 2016 年版，第 11 页。

们通过与军人的接触交流，从军人角度来领悟爱国的含义，常常被军人的爱国热情和奉献精神所打动，对军人产生崇拜、对军营产生向往。日常国防教育形式比较灵活，有高校组织的活动，如邀请军事专家开展国防教育报告，也有大学生社团组织开展的活动，如开展纪念建军90周年主题演讲活动。可见，高校的国防教育能够拓宽大学生的视野，使大学生认识爱国的多个方面，进而能够系统、全面地掌握国防和国家安全的相关知识，增强对国防观念的认识和保护国家安全的意识。

（二）国防教育能激发大学生的自豪感和情感认同，使其增强爱国情怀

国防历史是高校国防教育的重要内容，是国防教育的生动教材。中国的近代国防史，是一部悲壮的屈辱史，让中国人民感到心酸和愤慨。对比新时代的中国国防，从前的"小米加步枪"到今天的隐形飞机、东风系列导弹、北斗导航系统等；从当年落后的海防，到今天实现航空母舰的国产、多种型号的驱逐舰和护卫舰入列服役等，让中国人民心情振奋。在国家和国防强大的同时，也迎来了更多的外交。习近平总书记在党的十九大报告中指出：全面推进中国特色大国外交，形成全方位、多层次、立体化的外交布局，为我国发展营造了良好外部条件。实施共建"一带一路"倡议，发起创办亚洲基础设施投资银行，设立丝路基金，举办首届"一带一路"国际合作高峰论坛、亚太经合组织领导人非正式会议、二十国集团领导人杭州峰会、金砖国家领导人厦门会晤、亚信峰会等。倡导构建人类命运共同体，促进全球治理体系变革。我国国际影响力、感召力、塑造力进一步提高，为世界和平与发展做出新的重大贡献[①]。今天的中国，外交能力今非昔比，受尽屈辱的时代已经成为过去和历史。今天的中国，是世界的主导者，越来越多的国家开始学习中国经验、模仿中国的发展模式、分享中国智慧。一些大学生在观看完《辉煌中国》之后说到："我为中华民族感到骄傲，我为我是中国人而感到自豪。"可见，国防教育能够提高大学生的民族自豪感。

（三）国防教育能提高大学生的认识水平，使其坚定爱国信念

国防教育具有系统的思想理论根基，国防教育理论以马列主义基本原理为指导，并运用马克思主义辩证唯物论和历史唯物论的立场、观点和方法，灵活处理中国的具体问题，继承和发展了马克思主义军事理论。国防教育使大学生系统地了解中国共产党党史和中国革命史，深刻体会中国共

---

① 习近平：《决胜全面建成小康社会 夺取新时代中国特色社会主义伟大胜利——在中国共产党第十九次全国代表大会上的报告》，人民出版社2017年版，第7页。

产党领导革命取得胜利的艰辛历程。国防教育用历史的眼光，让大学生了解中国道路的产生背景和选择过程，指导大学生在学习中进行分析和比较，使他们对中国取得的巨大成就感到钦佩，让他们明白成绩的取得来源于中国共产党人坚定的信仰和为人民服务的价值追求，从而使大学生坚定自己的爱国信念。

（四）国防教育能约束大学生的行为，使其自觉践行爱国行动

国防教育能够帮助指导大学生科学、理性地看待热点问题，如日本对我国固有领土钓鱼岛的无理之争问题，容易使人产生一些爱国的盲目性，但通过国防教育，可以从更高的视角来看待这个问题，相信中国的能力和政策方针，自觉维护社会的稳定，理性爱国。国防工业及其科研工作者的事例也是国防教育的内容。我国国防工业的迅速发展，离不开孜孜奋斗的科研工作者们，他们放弃优越的生活条件，甚至不顾个人的安危，为祖国的国防事业贡献一生。这样的事例能够激发大学生的热情，树立报国之志，抵触低俗的思想和行为，自觉践行爱国行动。

二、新时代国防教育培育大学生爱国情怀的途径

高校的国防教育是大学生思想政治教育的重要组成，是提高大学生思想政治素质的重要载体，坚持以理想信念教育为核心，而理想信念教育的途径是大力开展爱国主义、集体主义和社会主义教育。由此可见，培育大学生爱国情怀仍然是新时代国防教育的核心。新时代高校国防教育应重点抓好"三个教育"。

（一）抓好责任教育，增强报效国家的使命感

马克思、恩格斯在谈到人的责任时指出：作为确定的人，现实的人，你就有规定，就有使命，就有任务，至于你是否意识到这点，那都是无所谓的①。高校通过国防教育加强大学生的责任意识教育，主要从以下几个方面进行。

一是要继续做好大学生的世界观、人生观和价值观的教育。形成正确的世界观、人生观和价值观，是大学生增强责任意识、履行责任使命的基础。高校应加强思想政治理论课教育，创新形式和方法，让思想政治理论课与学生的生活实际和学生时代特征紧密联系，让马克思主义的世界观深入到学生心里，让学生把为人民服务作为人生的奋斗目标，把集体利益作为价值追求。二是要加强比较教育，激励大学生勇于担当责任。通过国防教育，让大学生们了解美国、日本、德国、英国等发达国家的国防教育，

---

① 《马克思恩格斯全集》，人民出版社1980年版，第329页。

尤其是对青年的国防教育，以及一些外国军队的年轻化、知识化和现代化，是源于青年的积极加入，并利用所学建设国防，以此来不断激励学生。三是要加强实践体验教育。高校应开展体验式教育，让学生在实践中体会责任。高校可以经常开展心理行为训练，设置责任意识提升训练项目，让大学生在训练中认识到责任的重要性，提高自身的责任意识；还可以开展团队形式的竞赛活动，让大学生认识到个体在集体中的作用和责任，在责任的承担中体会到成功的喜悦。

（二）抓好忧患教育，增强建设国家的紧迫感

如果一个人有忧患意识，能够增强其个人成长的动力；如果一个国家的多数人有对国家的忧患意识，能够极大地增强个人为国家发展服务的动力。高校通过国防教育来加强大学生的忧患意识教育，首先要加强形势与政策教育。形势与政策教育能够使大学生客观地了解国际环境及其发展态势，通过比较了解我们国家的领先方面和薄弱方面，使大学生增强对国家的忧患意识。高校应以课程、主题报告会等形式，合理安排和开展形势与政策教育。其次要引领学生学习了解国防历史。马克思曾说过："历史常常有惊人的相似之处，看重历史者，未必能得到历史的赐福，蔑视历史者，则肯定会受到历史的嘲弄。"[①] 中国的国防史给予了我们深刻的启示，国家强大国防亦强大，国家就会繁荣昌盛，反之则会衰败。再次，要大力开展国家安全教育。形势不断演变，目前我们国家面临的威胁包括传统的安全威胁和非传统的安全威胁，尤其是非传统的安全威胁，如一些国家采用各种形式来渗透自己的价值观，需要我们足够重视。《中华人民共和国国家安全法》的颁布，为高校开展国家安全教育提供了依据，高校要以法规为基础，以重大节点为手段，开展好国家安全教育。最后要及时做好针对热点问题的解答。一些热点问题的出现，极易引起国人的愤慨，如印军越界对峙事件。特别是大学生所处的特殊阶段，如果不及时解答他们心中的疑惑，容易使他们产生偏激的思想和行为，从而造成不必要的麻烦。高校要及时做好热点问题的解答，让大学生及时了解事件背后的深层次原因和国家战略选择的重大意义。

（三）抓好民族精神教育，增强热爱国家的自豪感

习近平总书记曾说过："往往出国的人了解了国外的情况后会变得更爱国，我所到之处中国留学生的热情是非常高的，是非常热爱我们这个国家的。"民族精神是一个民族的精神血脉，实现中华民族伟大复兴的"中国梦"，必须有强大的民族精神支撑。高校要通过国防教育，加强大学生

---

① 郜际、王永敏、韩毅：《新编大学生军事教程》，国防大学出版社2015年版，第7页。

的民族精神教育。一是用优秀传统文化教育感染大学生。中华民族优秀传统文化，体现了中华民族的伟大智慧，是中华民族的伟大精神财富。国防教育通过革命传统教育和民族文化教育，引领大学生继承和发扬中华民族的优秀传统文化，把民族精神与当前国家倡导的时代精神结合起来，自觉培育推动中华民族不断进步的爱国主义情感。二是尊重学生的主体地位。高校在国防教育的过程中，要注重发挥学生的主体作用，引导调动学生积极地参与到活动中来，在活动过程中多听听学生的意见、多看看学生的反应，增强大学生参与活动的主动性和积极性，在活动中培养和提高学生的自我教育意识和能力，不断增强育人成效。三是充分调动学生的民族自豪感。高校通过组织学生观看阅兵、奥运会比赛等国家重大活动，提升大学生的民族自豪感，体会民族精神的深刻内涵。

三、国防教育教师提升自身的教育教学素养是保障

习近平总书记在十九大报告中指出：青年兴则国兴，青年强则国强。青年一代有理想、有本领、有担当，国家就有前途，民族就有希望。[①] 高校开展国防教育，主要是依托军事理论课教学、军事技能教学和日常国防教育活动来进行的，国防教育教师的能力和水平，尤其是国防教育教师的教学素养对国防教育的质量具有重要影响。新形势下，从国家人才培养战略的角度出发，国家、社会、高校和学生都提出了新的要求和期望，国防教育教师要努力提高自身的教学素养，教师只有具备较高的教学素养，才能满足国防教育教师的职业要求，进一步提升国防教育的效果，切实提高人才培养质量。

（一）国防教育教师要强化自身的责任意识，增强提高教学素养的动力

国防教育教师是高校国防教育的组织者和实施者，是开展军事理论教学、军事技能教学、国防实践教育的骨干力量，国防教育教师要牢记自己的职业责任，不断提高自身的教学素养。一是要牢记职业使命。高校开展国防教育的目的是为国家安全、发展和民族振兴培养人才，使学生能从国家安全、发展和民族的角度来考虑和处理事情，为继承和建设中国特色社会主义事业培养合格人才，国防教育教师要不断努力，履行好职业所赋予的使命。二是要注重提高自身的思想政治修养。高校的国防教育教师，要坚定政治立场，强化国防观念，增强国防和国家安全意识，深化爱国主义

---

① 习近平：《决胜全面建成小康社会夺取新时代中国特色社会主义伟大胜利——在中国共产党第十九次全国代表大会上的报告》，人民出版社2017年版，第70页。

情感，不断提高思想政治修养，在日常的工作和生活中模范践行，做学生的优秀范例。三是要爱学生。爱是教育的力量，也是教育的灵魂。对学生的仁爱是对高校教师与工作对象关系的根本要求，是高校教师育人工作的最重要落脚点。大学生正处于世界观、人生观和价值观的形成阶段，看待和处理问题容易出现偏差，存在着不稳定因素，国防教育教师要理解学生、宽容学生、关怀学生，做学生的良师益友。国防教育教师要严在当严处，爱在细微中，从硬生生的管理转变到育人之中。

（二）国防教育教师要强化自身的学习意识，切实提高教学素养

不断加强自身的学习，是提高国防教育教师教学素养的核心，也是做好新时代国防教育的关键。国防教育教师有了足够的知识储备，才能更好地组织实施国防教育教学活动，提升教育效果。一是要学习国防教育教学内容。国防教育教师要认真研习教材，掌握好基础知识，多查阅军事科学资料，从宏观和整体上对教学内容进行全面的梳理和掌握，在微观上了解相关事件的背景、原理的运用条件等，使自己的知识结构成系统、有深度。二是要注重平时累积。国防教育教师可以通过多读一些军事名著以筑实自身基础，可以通过电视报道、期刊、报纸等各种渠道获取相关的信息，也可以通过"慕课"听其他高校优秀教师的课程或网络培训来提高自己，不断地查找弥补自身的不足。三是要提高教育教学设计能力。国防教育教师要树立"因材施教"的理念，根据不同专业学生群体的特点，尊重学生的主体地位，合理安排教育教学内容与方法。特别要注重教学方法的选择，大胆进行创新和尝试，如通过案例教育教学来调动大学生的学习兴趣和学习主动性。教师要多和学生互动交流，听取学生的意见和反馈，多总结多思考，不断完善和提高。四是要提高分析和解释热点问题的能力。大学生所处的特殊时期和特殊环境，对事件容易产生好奇，进而探索事件的原委，每个热点问题都能触动他们的心弦，他们的特点是反应积极，这一特点也往往会被一些别有用心的人所利用，因此国防教育教师要及时地指导学生分析热点问题，消除他们心中的疑惑。国防教育教师要熟悉掌握基本的原理和方法，全面分析阐述问题的根源，指导学生科学理性地看待问题。五是要有运用网络工具育人的能力。今天社会的信息化程度越来越高，反映在社会的各个方面。国防教育教师要紧跟时代发展的脚步，学习运用网络等信息化工具来开展国防教育教学活动，这种工具具有时代性和新颖性，不受时间和空间限制，在内容编排上集图、文、影、音等于一体，并可以实时地进行交流互动，能够有效提升大学生的学习兴趣，提高育人效果。六是要积极开展科学研究工作。国防教育教师要切实加强科学研究工作，如通过申请科研课题、撰写论文、参加学术交流活动等途径，来提高自身的理论水平，用科学、先进、系统的理论来指导工作实践。

新时代高校国防教育依靠系统推进、整体发力，才能更好地培育大学生的爱国情怀。在社会方面，要以社会主义核心价值观为引领，加强全民的爱国情怀培育，继续发挥国防教育基地在新时代的育人作用，不断提高全民的国防观念，完善地方的资源，为高校国防教育提供服务。在部队方面，运用军地融合发展的契机，多与高校交流，多为高校开展国防教育提供资源和经验。在高校方面，要充分重视和发挥国防教育的重要作用，加强对国防教育的研究和指导，加大提高国防教育教师队伍素质建设，解决国防教育教师的职称等发展问题，切实为开展国防教育提供支持和保障。对于大学生来说，国防教育是一种特殊的人生经历，提升质量是新国防教育的重要课题，高校要研究解决好这个课题，使国防教育在人才培养体系中具有更多的价值体现。

新时代高校国防教育与思想政治教育融合的思考

罗强强　张晓松*

摘　要：青年一代有理想、有本领、有担当，国家就有前途，民族就有希望。新时代青年大学生需有爱国自觉、报国担当的特质。这种特质的培育需要高校国防教育与思想政治教育实现有效融合。本文利用文献回顾，梳理当前高校国防教育与思想政治教育融合的研究现状，挖掘两者在教育目的、内容、逻辑上的共通基础，搭建分析框架，对新时代高校国防教育与思想政治教育融合的实现路径提出了几点思考。

关键词：国防教育；思想政治教育；新时代

青年大学生作为社会重要的一个群体，他们的思想觉悟与行动自觉至关重要。实现爱国思想与报国行动的深化与统一，既需要在国防教育过程中贯穿思想政治教育，也需要在思想政治教育过程中引入国防教育理念，即实现二者的重构。

一、高校国防教育与思想政治教育融合的研究现状——文献回顾

1984年，新的兵役法颁布实施，明确规定在校大学生必须接受军事技能训练。1985年，50余所高校开始实施大学生军训，其中部分高校开展了国防教育理论课程。20世纪80年代，国防教育在高校全面铺开，主要形式是军事技能训练和军事理论课程。进入90年代后，高校国防教育的内容和形式更加多元化：一是多数高校成立相应国防教育机构；二是组织相关国防教育活动；三是开设相关必修课程与选修课程。发展至今，高校国防教育形成了较为完善的体系。

伴随高校国防教育体系的不断演进与发展，相关的学术研究也不断迸发。以"高校国防教育""思想政治教育"为关键词，在中国知网上检索出相关文章百余篇，通过对文献的梳理，当前研究生态呈现"百花齐放"，

---

* 作者简介：罗强强（1990年~），男，现任江汉大学军事教研室教师，主要从事思想政治教育、国防教育方面的研究；张晓松（1983年~），男，现任江汉大学军事教研室主任，副教授，主要从事国防教育、大学生思想政治教育方面的研究。

基金项目：武汉市2017年高校教研项目"《军事理论》课程翻转教学模式研究"（2017062）资助。

但又"良莠不齐"的特征。"百花齐放"主要体现在,研究者身份多样、主题延伸广、文章数量迅增,一定程度上体现出该研究逐渐得到学界的关注;"良莠不齐"主要体现在发文期刊及文章水平层次不一,从侧面反映了目前该研究亟待规整。

面对"百花齐放"同时又"杂草丛生"的研究生态环境,如何在眼花缭乱的岔路口寻求科学之道、理性之路?有两个问题,我们有必要厘清。

(一) 理论困惑:学科何以归

理解国防教育学的学科归属是研究的前提。回顾当前的文献,主要形成了两种观点:一种观点认为国防教育学归属于教育学。吴温暖、郑宏在《论国防教育学的学科归属》一文中认为,国防教育学是教育学与军事学的交叉学科,还处于初创阶段,其学科归属问题亟待学界深入研究探讨。国防教育学宏观研究对象的本质属性是"教育"活动,国防教育学研究的问题从属于教育学研究范畴,国防教育功能实现的途径是"育人",因此,国防教育学归属于教育学更加合理。[①] 杨茂锐在《高等学校国防教育学科建设研究》中提出:高等学校国防教育学科建设是一个系统工程,它是由构成国防教育这一学科学术体系的各个分支学科所组成,包括国防教育学概论、中国国防教育史、中国国防教育法律法规概论、中国高等学校国防教育概论、国防心理学、国防教育管理学概论和中外国防教育比较等学科。另一种观点认为,国防教育学是军事学的一种形式。李彦涛、郑海龙等就"高校国防教育学科归属"问题进行了深入探究和分析,通过对20所高校的调查发现:超过一半的高校国防教育由学工部、武装部、保卫处承担,有近30%的高校由体育部和思政部门承担,并从军事技能训练角度展开论述,认为从技能训练角度而言,国防教育应该是军事学的重要组成部分。[②] 另外,很多研究者在研究国防教育时,以军训作为切入视角进行研究,从内涵、功能、意义、机制构建等角度论述大学生军事技能训练,从他们的论述中可以看出,将综合训练、野外求生、技能训练活动等看作是国防教育的主要内容,在一定程度上认为国防教育是军事学的一种形式。

从内容结构看,两者也存在一定差异性。高校国防教育包含丰富的内

[①] 吴温暖、郑宏:《论国防教育学的学科归属》,载《厦门大学学报(哲学社会科学版)》,2010年第4期。

[②] 李彦涛、郑海龙等:《高校国防教育学科归属探析》,载《广东技术师范学院学报(自然科学版)》,2016年第11期。

容，构成了完整的内容体系，其基本内容包括政治观教育、革命英雄主义教育、军事技能教育等。① 思想政治教育的内容则更为丰富，其基本内容包括政治观教育、世界观教育、人生观教育、法制观教育、道德观教育等。② 综上，从综合学科建设与内容结构两个层面来看，高校国防教育与思想政治教育是"和而不同"的两个教育领域，二者并不能相互替代，也不存在包含与被包含的关系。③ 也就是说，国防教育与思想政治教育既有"和"的基础，也有"不同"的方面，对于两者的融合研究必须深挖其"和"。

（二）现实困境：体系构建何以为

国防教育与思想政治教育虽有不同点，但也有共通性。从搜集的文献资料中不难发现，近年来尝试将大学生国防教育与大学生思想政治教育结合的研究呈现逐渐增多的趋势，其中不乏高质量的文章，比如：罗立新、丁飞在2003年发表的《大学生国防教育的意义、内容及其素质教育功能》一文中，对大学生国防教育的素质教育功能进行了深度挖掘；④ 熊静在《思想政治教育研究》上发表的《大学生军训的思想政治教育资源探析》一文，以军训作为国防教育的切入点，并对其中蕴含的思想政治教育资源进行了解析；⑤ 朱凌云在《思想理论教育导刊》上发表的《促进大学生军训和思想政治教育工作良性互动的探索与实践》，建构了军训与思政工作之间的互动机制。因此不难发现，研究者们在尝试挖掘国防教育中的思想政治教育资源，致力于更好地将国防教育资源与思想政治教育资源结合起来，以实现大学生教育的"善治"蓝图。这些研究成果在很大程度上为后来的研究者指明了方向，提供了启示。但是深入梳理，当前的研究仍然存在一些问题：其一，就国防教育与思想政治教育结合的权威性文献比较少，当前引用率比较高的文献大多来自普通期刊，影响力仍然不够；其二，当前大多数文献集中在如何挖掘教育资源上，对两者共通基础的研究仍然不够，就如何搭建高校国防教育与思想政治教育融合机制的研究仍然不够，形成的模式、路径、体系仍然不够健全明确。

---

① 艾跃进、朱旭：《增强"90后"大学生国防意识的重要意义及对策》，载《思想理论教育导刊》，2009年第10期。
② 陈万柏、张耀灿：《思想政治教育学原理》，高等教育出版社2007年版，第56页。
③ 李科：《高校国防教育与思想政治教育："和而不同"的两个教育领域》，载《海军工程大学学报（综合版）》，2014年第3期。
④ 罗立新、丁飞：《大学生国防教育的意义、内容及其素质教育功能》，载《安徽电子信息职业技术学院学报》，2003年第6期。
⑤ 熊静：《大学生军训的思想政治教育资源探析》，载《思想政治教育》，2005年第5期。

二、新时代国防教育与思想政治教育的共通基础——分析框架

青年一代有理想、有本领、有担当,国家就有前途,民族就有希望。培养既有爱国担当,又有报国自觉的青年大学生的理性诉求,要求实现大学生国防教育与思想政治教育的融合互通。李科认为:国防教育与思想政治教育"和而不同",其中的"和"正是两者互融共通的基础。[1] 因此,借鉴李科的观点,本文认为无论是作为学科领域,亦或是教育介质,国防教育与思想政治教育存在着"交集",即在教育目的的相似性、教育内容的契合性、教育逻辑的共通性,并立足于新时代的新内涵、新要求,尝试构建文章研究的分析框架(见表1)。

表1 新时代国防教育与思想政治教育融合的分析框架

	国防教育与思想政治教育
目的	助力学生发展:以实现培养新时代有责任、有担当的青年为指引
内容	挖掘共通资源:爱国主义精神、社会主义核心价值观、"中国梦"
逻辑	构建互助体系:搭建国防教育与思想政治教育融合的共通机制

(一)教育目的的相似性

新时代对青年大学生提出了更高的要求,通俗而言,就是做到心中有责任、肩上有担当、手上有行动。正如习近平总书记在全国思想政治工作会议所指出的,高校思政工作的根本任务在于"立德树人",这也就决定了看似"殊途同归"的高校国防教育与思想政治教育的根本目的在某种程度上具有相似性,即如何帮助青年大学生立德、立志,以实现自由全面发展、综合素质提高,成为新时代有责任、有担当的新青年,为中国特色社会主义事业建设奉献青春力量。

(二)教育内容的契合性

高校国防教育与思想政治教育在教育内容上具有共同之处,即政治观教育是二者共有的教育内容,尽管在具体的知识体系上各有偏重,存在着较大差异:国防教育的知识体系偏重于"军事""国防"的范畴,思想政治教育的知识体系偏重于"思想""道德"的范畴,但是不难看出政治观教育是二者共同的、首要的教育内容,尤其在新时代,进一步挖掘两者在爱国主义精神、社会主义核心价值观、"中国梦"等方面的共通内容,是

---

[1] 李科:《高校国防教育与思想政治教育:"和而不同"的两个教育领域》,载《海军工程大学学报(综合版)》,2014年第3期。

构建两者契合性的关键环节。

（三）教育逻辑的共通性

"思想"是高校国防教育与思想政治教育的逻辑起点，即两者在"意识""观念""觉悟""精神"等方面的教育逻辑存在一致性。同时，两者逻辑起点的"思想"所蕴含的内容存在一定差异：一是两者在培育侧重点上不同，国防教育偏向于爱国主义精神、国防观念、国家安全意识等方面的培育，思想政治教育则偏向思想观念、行为规范、政治观点、道德规范等方面的塑造；二是在发展历程上有所不同，当前思想政治教育学科已经成为较为成熟完善的学科，国防教育在这个方面可以学习借鉴其发展路径，探索出一条科学成长之路，并构建互助体系，搭建国防教育与思想政治教育融合的共通机制。

三、新时代高校国防教育与思想政治教育融合的几点思考

新时代对国防教育和思想政治教育提出了更高的要求，因此两者之间的融合程度也直接决定了新时代青年大学生综合素质的高低。要实现两者的有机融合，应该明晰两者在教育目的上的相似性、教育内容上的契合性、教育逻辑上的共通性。

（一）明晰教育目的的相似性，确立以学生为本的核心理念

习近平总书记在十九大的报告中明确提出："青年兴则国家兴，青年强则国家强。青年一代有理想、有本领、有担当，国家就有前途，民族就有希望。"[1] 高校国防教育与思想政治教育融合机制的构建，其价值指向是培育新时代有责任、有担当的青年大学生，为社会主义事业的建设培育坚实的力量。国防教育与思想政治教育两者是"和而不同""殊途同归"的，其发展指向均是促进大学生的自由全面发展，促进大学生综合素质的提高。因此，在搭建两者融合机制的过程中，厘清教育目的是前提，明晰教育目的的相似性是关键，唯有如此，才能实现国防教育与思想政治教育融合的无缝对接，增强亲和力，真正贯彻以学生为本的核心理念。

（二）深化教育内容的契合性，深挖育人成才的重要载体

1. 坚持以爱国主义精神为抓手，启发激励青年群体凝心聚力

新时代我国综合国力增强、国际地位提升，然而一系列事实也不断给予我们警醒：国内民族分裂势力依旧存在；周边安全环境仍然不稳定；国际形势依然复杂。面对这样的形势，青年大学生必须要有居安思危的意

---

[1] 习近平：《决胜全面建成小康社会 夺取新时代中国特色社会主义伟大胜利——在中国共产党第十九次全国代表大会上的报告》，《人民日报》，2017年10月28日。

识，树立正确的爱国主义精神。爱国主义是情怀、情感与品德的结合体，因此，在国防教育与思想政治教育融合构建中，应以爱国主义精神为抓手，一方面，以实际案例作为剖析对象，向青年大学生传递正确的爱国情怀，帮助他们端正爱国意识与态度；另一方面，可以借助鲜活的历史案例，展现中华民族对爱国主义的历史传承，帮助青年大学生了解国防发展历史及爱国主义的内涵演变，以培育大学生爱国自觉与报国担当的特质。

2. 以"中国梦"为指引，引导青年大学生为民族复兴而奋斗

中华民族伟大复兴的"中国梦"，既是国家的梦想、民族的梦想，也是每一个中国人的梦想，自然也是每一个青年大学生的梦想。"中国梦"的实现需要全体中国人民的努力奋斗、艰辛付出，尤其需要青年一代的积极参与。从英勇抗击匈奴的卫青、霍去病，到精忠报国的岳飞，再到少年英雄夏完淳、青年立志的毛泽东等，中华民族一批又一批有志青年诠释了理想信念的光辉。从某种程度上来讲，"中国梦"是一种理想信念，习总书记提出的"中国梦"包含国家、民族、人民三个层面，是新时代青年大学生成长成才、贡献青春力量的重要指引。新时代，我们面临的环境更加复杂，文化多样化、世界多极化、经济全球化、社会信息化更加明显，各国综合实力竞争愈加激烈，在这个过程中，人才特别是青年人才在这种竞争中将扮演关键角色，发挥重要作用。因此，高校国防教育与思想政治教育的融合，应该坚持以"中国梦"为指引，积极培育青年大学生正确的理想信念，凝聚青年力量，引航青春梦想，释放青春力量。

3. 以践行社会主义核心价值观为路径，引导大学生成长成才

社会主义核心价值观从国家、社会、公民三个层面做出了高度凝练，在公民层面倡导"爱国、敬业、诚信、友善"，为全社会的价值观教育指明了方向。新时代的新青年时代个性更为强烈，存在思想特点、历史地位和肩负使命的特殊性，因此对青年一代进行社会主义核心价值观教育意义重大。在国防教育与思想政治教育融合过程中，要注重"扣好人生第一粒扣子"，以践行社会主义核心价值观为路径，塑造青年大学生正确的人生观、价值观、世界观，确保青年大学生人生成长的正确方向，为青年大学生的成才保驾护航。

（三）尊重教育逻辑的共通性：构建融合互通有效路径

1. 尊重主体性，充分发挥创造力

高校国防教育与思想政治教育融合机制的作用主体是大学生，以学生为本，尊重大学生主体性是其逻辑起点。因此，在这个机制搭建过程中应坚持学生需求为导向，关注学生情感需要，设计、开展富有情绪色彩的体验式教育内容：首先，挖掘教育载体的情感依附点，探究学生思维模式、

行为动机与国防教育、思政教育的相通之处，以此作为着力点建构机制框架；其次，借助新媒体激发学生兴趣点，国防教育与思想政治教育不能仅依靠传统的教育者单向灌输教育模式，应充分利用符合时下大学生特征的新媒体，如微信、微博、QQ等，采用视频、语音、漫画、图片等，适当结合健康网络流行语，以便大学生更容易接受，从而到达从形式到内容的精神共鸣；再次，开展特色教育活动激发情感共鸣点。可以通过组织大学生参观相关的遗址、遗迹，观看相应的纪录片等方式，强化大学生的概念认知、情感认同。

2. 增强持续性，跟进促成催化力

实现高校国防教育与思想政治教育融合，是一个长期的、持续的、递进的过程。这个过程最重要的是实现大学生的情感认同，即实现国防教育与思想政治教育融合的亲和力。心理学界认为：人在接纳某一事物会经历图式认知、行为从众、局部同化、结构顺应四个阶段。有鉴于此，应当依据"宣传教育—依从肯定—同化激励—巩固创造"四位一体的渐进式发展逻辑，在图式认知阶段做好正面宣传教育，在行为从众阶段给予积极肯定，在局部同化阶段做好适当激励，在结构顺应阶段做好持续引导，以助推高校国防教育与思想政治教育融合的衔接性，实现过程的无缝对接、高度融合，从而提升融合机制的实效。

3. 强化协同性，构建促进整合力

高校国防教育与思想政治教育融合是一个系统复杂的工程，在这个过程中，国防教育与思想政治教育是两个重要组成部分，在促使两者结合时尤应注重整合力。因此，机制搭建过程应该将教育主体、客体、方式、环境等要素有机整合，形成合力，以实现"1+1>2"的效果：一方面，高校在这个过程中首先应该着力顶层设计，把国防教育与思想政治教育两个教育的融合进行统筹规划；另一方面，思想政治教育过程中尤其应有针对性地将爱国主义精神、国防观念、国家安全意识等引入课堂，必要时可以开设相应的专题课程，在国防教育过程中引导青年大学生树立正确的思想观念、政治观点、道德规范，切实达到两者融入教育教学全过程的目标。

努力成为助力人才强军兴军的新时代的优秀派遣军官

乔俊建　张　杰[*]

摘　要：派遣军官队伍是确保学生军训工作有序推进、规范运行的重要力量，面对新时代学生军训工作新情况、新形势、新任务，进一步深化对派遣军官地位作用的理解认识，准确把握派遣军官队伍的能力素质建设标准和工作重心，积极研究对策举措，对推动新时代学生军训创新发展具有重要的理论意义和实践意义。

关键词：新时代；派遣军官；人才强军兴军

青少年学生是十分宝贵的人才资源，是民族的希望、祖国的未来，是国防后备力量的重要来源。建设好一支具有"铁一般信仰、铁一般信念、铁一般纪律、铁一般担当"的过硬派遣军官队伍，与地方院校合力搞好学生军事训练工作，按规定有计划地让普通高等学校和高中学生掌握必备的军事知识、军事理论和军事技能，增强国防观念、国家安全意识以及综合素质，对于加快推进国防现代化建设、助力人才强军兴军、实现"中国梦""强军梦"具有重大而深远的战略意义。

一、育人就是主业，要集中精力潜心做学问、精心育人才

世界上最难的两件事，一件是把别人的钱装到自己兜里，另一件是把自己的思想装到别人脑袋里。派遣军官在高校开展的军事理论课教学工作，就是后面这件。但这绝不是"灌输"的过程，而是分享、说服、交流的结果。每个人都是平等的，军事理论课教学工作不能高高在上、居高临下，也不是照本宣科就可以轻松完成的。做好高校军事理论课教学工作，要因事而化、因时而进、因势而新。要遵循军事理论课教学规律，遵循教书育人规律，遵循学生成长规律，真心想着育人的事，不断提高育人的真本事，培养出助力人才强军兴军的时代骄子。

（一）把育人作为主业就要真心想着育人的事

针对青少年学生特点，积极宣传释惑。意识形态领域阵地虽不见硝烟战火、血刃刀光，但精神的博弈、信仰的角力、文化的撞击更直接关乎着

---

[*] 作者简介：乔俊建（1980年~），男，湖北襄阳人，硕士，讲师，主要从事国防教育、军队管理方面的研究；张杰（1977年~），男，山东高密人，军种战役学博士研究生，火箭军指挥学院工程师，主要从事工程保障、作战保障方面的研究。

魂与根、生与死、存与亡。长期以来，西方国家通过所谓的西方"民主"和"自由"，竭力侵蚀我国青少年学生的思想，对青少年学生的世界观、人生观产生重大影响，部分青少年学生爱国意识严重弱化甚至丧失，历史虚无主义开始抬头，企图否定我党我军的光荣传统。军事理论课既是军事课，也是政治课，派遣军官要真心把培育符合社会主义核心价值观要求的当代青少年学生作为主业，在课堂上积极宣传党的路线方针政策，不仅向大学生传授军事理论知识，而且要关心他们的政治立场、政治态度和政治表现，及时答疑释惑，纠正引导学生的模糊认识和错误观点，牢牢坚守意识形态的精神高地，让正确的政治立场、价值追求、舆论声音占据思想阵地、主导思维方式、引领舆论导向，构建起坚不可摧的思想防线。

（二）把育人作为主业就是要提高育人的真本事

育人者必先育己，立己者方能立人。茂盛的大树，只有依靠深广的根系从广阔的大地中汲取养分，才能枝繁叶茂、傲然而立。派遣军官与学生是相互依存的生命统一体。作为肩负"立人"使命的派遣军官，首先要做到"立己"，具备深厚系统的综合知识是派遣军官实现"立己"的根。军事理论教学主要包括五大版块，内容丰富、体系庞杂，涉及政工、战略、装备、通信等多个学科，既具有很强的理论性，又具有明显的时代性。要求派遣军官不仅要具备自己所任教的军事学科的基础理论、知识结构和专业知识，而且还要具备扎实的国防专业知识、丰富的关联学科知识、前沿的军事科技知识等，了解熟悉国内外最新的军事动态和军事理论。平时要不断加强学习积累，拓展知识储备的维度，并将各类知识信息巧妙融会贯通，灵活运用到军事理论教学中，才能做到课堂授课驾轻就熟、得心应手。

（三）把育人作为主业就要多培养爱国崇军的时代英才

青少年学生作为国防和军队建设的后备军，抓好这个群体的国防教育，就能为国防和军队建设输送高质量的人才，助力强军兴军。世界许多军事强国都非常重视青少年国防教育。以色列从小学开始就组织学生进行"系列国防教育课"；美国在全国90%的高校和高级中学开办后备军官训练团；俄罗斯规定所有未服役但有服役义务的大学生都必须接受军事训练。上述种种为这些国家的国防军队建设积累了众多的后备人才。当前，随着科学技术的飞速发展和大批高新技术应用于军事领域，储备一大批具有高科技能力、掌握一定军事技能的高素质国防后备力量更为紧迫。派遣军官作为军队在普通高校开展国防教育的专业群体，这就要求派遣军官在平时的工作中，要站在强军战略的高度，牢记育人主业，不断激发青少年学生的爱国之情、忧国之心、报国之志，往骨子里注入文化、往脑海里注入知识、往肌体里注入活力、往意识里注入责任，又多又快地培养爱国崇军的时代英才，确保社会主义江山永不变色，永远有人来保护和捍卫。

二、思维关系成败，要具备全媒体时代的思维模式

全媒体时代，派遣军官需要具备"互联网思维""大数据思维""用户思维"，以提升军事理论教学针对性，提高工作效率，创新工作模式，营造贴近校园、贴近学生的课堂氛围，适应在院校开展国防教育的时代要求，把学生培养成政治坚定、素质过硬的新一代革命事业接班人，成为党的执政地位的忠诚拥护者和坚强捍卫者。

（一）要有联通参与的"互联网思维"

"互联网思维"最早由百度公司创始人李彦宏提出，原意是在"互联网+"、大数据、云计算等科技不断发展的背景下，对用户、产品、企业价值链乃至对整个商业生态进行重新审视的思考方式。互联网思维不是一种技术而是一种思想，其本质特征是大数据、零距离、趋透明、慧分享、便操作、惠众生，关键的实现路径就是联通参与。延伸到国防教育领域，对于派遣军官而言，运用互联网思维，就是要掌握互联网技术，了解云计算、大数据等前沿技术，在组织军事技能训练、开展军事理论课教学过程中，以学生为中心，与学生建立平等师生关系，尽可能打通与学生之间的"隔阂"，重塑师生协同互动能力，鼓励学生积极参与到教学活动中来，提高教育实际效果。

（二）要有分析总结的"大数据思维"

大数据被认为是继信息化和互联网后整个信息革命的又一次高峰。有人云：三分技术、七分数据，得数据者得天下。中国文化传播业新坐标人物卢俊卿认为：在大数据时代，人们对待数据的思维方式会发生三个变化，一切都将变成数据，大数据将成最大资产，谁远离大数据谁将远离未来。对于派遣军官来讲，运用"大数据思维"，就是在备课时要提前了解学生的基本情况，借助大学的各种数据库了解教学班次学生的相关情况，为针对性教学提供数据支持。比如：在学生工作信息管理系统上了解学生的学习专业、成长经历，进而因人施教、精准教学；借助一卡通系统，掌握学生的进出图书馆情况以及借阅图书类型，进而从侧面了解学生的关注重点，为针对性教育引导打下基础。要学会在大数据下挖掘分析数据，掌握学生的基本状况，从而提高教学工作的针对性。

（三）要有换位思考的"用户思维"

"用户思维"，第一个特点是指满足用户的众多需求，而不是单一需求。比如：用户需要个POS机，我们不仅只卖一个好POS机给他；如果他

还需要办理信用卡,那我们就帮他办理信用卡;如果他还需要贷款,那我们帮他贷款。如果是传统思维的话,那就是只管用户的POS机需求,而不管其他需求。第二个特点就是换位思考,也就是说要站在用户的角度研发产品、推销产品。"用户思维"关注的是"人"而不是"物",注重人性化、个性化和多样化。对于派遣军官而言,运用"用户思维",就是在军事理论课教学过程中,教学活动要立足于课堂而不局限于课堂,要向课堂外进行延伸。在正常的课堂讲授以外,在课后要多与学生进行互动,增进彼此情感,用派遣军官人格的魅力促进教学内容更好地转化为学生对国防和军队的情感认同。其次是要换位思考,要多站在学生的角度,在大纲规定的范围内尽可能地灵活教学方法,把授课内容讲得更鲜活、更生动,让学生爱听且听了有用。

三、厚德才能远行,要把品行修养作为派遣军官的终身课题

派遣军官首先是军人,他们是军队派遣至院校的工作队、宣传队、战斗队,担负着军事理论教学、军事教师培训和学生军训组织计划、训练管理、检查评估等重要使命,是军队在学校的"代言人",作为军队形象的"窗口",工作神圣,地位重要,必须把品行修养作为终身课题,内化于心,外化于行。

(一)厚德源于对理想信念的坚守,需要在内心深处扎下根来

信念,是人们对一种主义或理论在思想上坚定不移的认同和信服,以及行为上的自觉实践。[①] 理想信念是共产党人的政治灵魂,也是派遣军官最重要的"德"。习主席反复强调:"理想信念就是共产党人精神上的'钙',没有理想信念,理想信念不坚定,精神上就会'缺钙',就会得'软骨病'。"作为人类精神层面的最高形态,信仰构成了人们理想信念的基础,从根本上决定人的思想认识、精神状态和一切实践活动。习主席深刻指出,共产党人的信仰就是对马克思主义的信仰,马克思主义信仰就是共产党人的命脉和灵魂。作为派遣军官,必须坚持靠灵魂站立,必须把共产主义信仰作为人生的精神支柱,坚持用党的创新理论和习主席系列重要讲话精神武装头脑,用思想建党、政治建军的标准要求校正偏差,自觉强化政治意识、大局意识、核心意识、看齐意识,在贯彻改革决策部署上,时刻与党中央、中央军委和习主席保持高度一致,争当学生军事训练改革的"促进派"和"实干家"。

---

① 于建荣、王丽珂、申海龙:《三严三实党员干部读本》,中共党史出版社2015年版,第114页。

（二）厚德源于对党性觉悟的锤炼，需要在骨子里面保持本色

派遣军官一般都是共产党员，对于共产党员来讲，"德"最鲜明的就是体现在党性上。习主席强调："党性是党员干部立身、立业、立言、立德的基石，必须在严格的党内生活锻炼中不断增强。"派遣军官受党培养教育多年，一定要时刻牢记自己的共产党员身份，经常重温党章的规定要求，重温入党时的誓言，始终在名利得失面前经得住考验、在人情关系面前能拉下面子、在歪风邪气面前敢瞪起眼睛。要始终做到谨言慎行，要明白"不矜细行，终累大德"和"千里之堤，毁于蚁穴"的道理，坚持从"小节"做起，不以恶小而为之，不以善小而不为。小节关乎大节，在小节上过不了关，在大节上就很难立硬。派遣军官作为为人师者，应该自觉注重从小节做起，加强对党性觉悟的锤炼，以良好的师德促进学生的道德完善。

（三）厚德源于对人格品行的磨砺，需要在细微之处体现操守

人格魅力是人品、气质、能力的综合反映，也是派遣军官所应具备的严谨求实、以身作则、言行一致优良品质的外在表现。人格力量是一种内在的感召力，失去了人格力量，即使教学水平再高、科研能力再强，学生也不会买你的账。派遣军官待人要诚信厚道，讲过的话就要兑现承诺，不能糊弄别人；干事要知行统一，不弄虚作假，不投机取巧。古人讲："德高为师，身正是范"，"师""范"二字的本意就是要求教师做到以身作则、言行一致。孔子说："其身正，不令而行；其身不正，虽令不从。"这句话充分说明了以身作则人格品行磨砺的重要性和必要性。试想，作为一名派遣军官，如果对一些反动政治观点和错误思潮认识模糊，似是而非，又怎么去教育学生保持政治上的清醒与坚定？如果自己说一套做一套，表里不一，又怎么去教育学生求真务实，言行一致？如果自己对工作不安心、不尽心，马马虎虎、得过且过，又怎么去教育学生干一行、爱一行？马克思有句名言："一个实际行动胜过一打纲领。"派遣军官只有真正言行一致、知行合一，小处不放松、暗处不自欺，才能成为一个品行高尚的人、让组织放心的人、让学生喜欢的人。

四、规矩成就方圆，要把纪律挺在前面、自觉遵守

四书中的《大学》，开篇就写道："大学之道，在明明德，在亲民，在止于至善。"对于"德行"的追求，中国古人孜孜不倦，景行行止。派遣军官在军事理论课教学中教给学生的知识，多年以后可能会过时，可能会遗忘，但教给学生为人处世的道理将是其一生的财富。派遣军官要自觉锤炼自身过硬作风，时刻严格要求自己，成为学生做人的镜子，以高尚的人格魅力赢得学生的敬仰，以模范的言行举止为学生树立榜样，把真善美的

种子不断播撒到学生心中①。

（一）时刻遵守党纪国法

党纪国法是每一名党员的基本行为规范。《中国共产党章程》明确规定："党的纪律是党的各级组织和全体党员必须遵守的行为规则，是维护党的团结统一、完成党的任务的保证。"派遣军官要从遵章守纪做起，自觉遵纪守法，平时努力做到"三个多想一想"：一是多想一想组织和领导的关怀，经常想想怎样自觉地为单位建设增光添彩，坚决不干对不起组织和领导的事；二是多想一想亲人的期盼，在关键时刻把持住自己，不做对不起亲人的事；三是多想一想违法乱纪的后果，算好政治账、经济账、自由账、亲情账、名誉账等，扎紧违法乱纪的篱笆，管好自己的嘴，做到"三尺讲台无杂音"，做党纪国法和各项规章制度的模范践行者。

（二）时刻听招呼守规矩

面对当前国内国外、网上网下各种思想思潮的波诡云谲，必须始终把党性原则牢牢立起，把对党忠诚始终挺立，特别是在改革当下，面对小道传言、利益割舍、政策调整，派遣军官要始终坚持个人服从组织、小我服从大我，坚决拥护支持改革各项政策制度的落地，做到大是大非不含糊、棘手矛盾不推诿、执行号令不迟疑。自觉把政治纪律和政治规矩挺在前面，从绝对忠诚的高度与党中央、中央军委的改革决策部署保持高度一致，绝不说三道四、自行其是、阳奉阴违。

（三）时刻严格要求自己

常言道："千里之堤，溃于蚁穴。"派遣军官要经常做到慎独、慎微、慎初，防微杜渐，从小事做起，严格要求自我。派遣军官经常到地方高校上课，代表着军队的整体形象，自身形象好与差、讲课水平高与低，直接影响到整个军队的形象和声誉②。因此，派遣军官在与青少年学生的接触中，要时刻注意自身的军人形象和姿态，以严谨的教风、良好的气质、严整的军容，树立派遣军官的良好形象。以敬业奉献、甘为人梯的师德，赢得地方高校师生的尊敬和爱戴，使他们从派遣军官这个"窗口"看到军队的整体力量，激发大学生参军报国、爱军习武的热情。

五、精神决定动力，要铸就铁一般的信念

人生最可怕的敌人，就是没有坚强的信念。苏联教育家霍姆林斯基讲

---

① 韩宇峰：《教育的力量在一个"真"字》，载《解放军报》，2015年5月12日。
② 周荣华：《必须把培养大学生的国防意识作为高校军事理论教学的根本目的》，引自《全军学生军训30周年理论研讨》，国防大学出版社2015年版，第13页。

过:"人类的精神与动物的本能区别在于,我们在繁衍后代的同时,在下一代身上留下自己的美、理想和对于崇高而美好的事物的信念。"信念是意志行为的基础,是个体动机目标与其整体长远目标相互的统一。没有信念,人们就不会有意志,更不会有积极主动性的行为。派遣军官在高校国防教育中,要成为塑造学生品格、品行、品位的"大先生",最重要的就是要坚定自己的信念,善作善成,有始有终,做学生的人生导师。

(一) 保持政治定力

坚定信念,政治上才会有魂魄,精神上才能有支柱。一事当前,注重从政治上观察和思考,以小见大,见微知著。当前全军上下对军队改革比较关注,议论也比较多,这说明大家对军队建设很关心,同时也要求派遣军官要自觉做到政治上令行禁止、思想上同频共振、行动上步调一致。怎么样对待军队改革,本身就是一个讲政治的具体体现,必须认识到组织的需要是我们最好的选择,干好工作是最好的答卷,军队大局好才是最好的归宿。

(二) 加强自我学习

理论素养决定了一个人看问题的高度和深度,影响着一个人的思想进程和思想觉悟[①]。同样一个事情,有的人能由表及里,看到根上,抓住本质;有的人只能就事论事,站位很低,他们的差别就在于理论素养。提高理论素养的关键在于学习。我们应该把学习当作分内之事、当作看家本领、当作成事之基,主动学、自觉学、深入学。注重超前,搞好预置,平时加强无用之用的积累、无备之备的研究,靠有意识的积淀,防止和克服失之于粗、失之于浅的问题,真正用知识武装头脑、丰富思想、坚定信念,确保军事理论教学贴近实际、贴近学生、贴近生活。

(三) 端正生活情趣

清代李汝珍在《镜花缘》中描写过一个令人称绝的"自诛阵":此阵不布一兵一卒,而以"贝、才、刀、巴、水、酉"布之(即财、色、酒),凡入阵之人若无清醒头脑,见财则贪,见色则淫,见酒则醉,在尽情欢乐中自取灭亡。个中寓意,发人深省。对派遣军官而言,健康的生活情趣,是一种强大的催人奋进的精神力量。虽然情趣看起来属于私生活范畴,但它总是连着个人的党性修养、精神信念。派遣军官身为育人的人,要自觉做到"趣"而有度、"好"而有道。只有这样,才能养成高尚纯洁的精神境界,才能在各种诱惑面前不为所动、淡泊宁静,才能做到物质享受少一点、精神追求多一点,才能做到以理服人、以行示人,与国防教育工作大局步调一致。

[①] 顾林元:《军队思想作风建设》,金盾出版社2011年版,第68页。